Das Recht der „Soldatenkaiser“

Das Recht der „Soldatenkaiser“

Rechtliche Stabilität in Zeiten politischen Umbruchs?

Herausgegeben von
Ulrike Babusiaux und Anne Kolb

DE GRUYTER

Gefördert durch Mittel des Modul 1 der Universität Zürich im Rahmen des Bundesprogramms Chancengleichheit 2008–2012 (Förderung des Lehrstuhlaufbaus von neuberufenen Professorinnen der Universität Zürich).

ISBN 978-3-05-006032-3
e-ISBN (PDF) 978-3-05-009471-7
e-ISBN (EPUB) 978-3-11-038069-9

Library of Congress Cataloging-in-Publication Data
A CIP catalog record for this book has been applied for at the Library of Congress.

Bibliografische Information der Deutschen Nationalbibliothek
Die Deutsche Nationalbibliothek verzeichnet diese Publikation in der Deutschen Nationalbibliografie; detaillierte bibliografische Daten sind im Internet über http://dnb.dnb.de abrufbar.

Einbandabbildung: Porträts von Soldatenkaisern aus der Abguss-Sammlung Antiker Plastik Berlin, Foto: Hans Rupprecht Goette.
Satz: Werksatz Schmidt & Schulz, Gräfenhainichen
Druck und Bindung: Hubert & Co GmbH & Co. KG, Göttingen
♾ Gedruckt auf säurefreiem Papier
Printed in Germany

www.degruyter.com

Inhaltsverzeichnis

Vorwort — VII

Ulrike Babusiaux / Anne Kolb, Zürich
Das Recht der Soldatenkaiser – Problematik und Ergebnisse — 1

Grundlagen und Entwicklungen — 13

Michael Sommer, Oldenburg
‚A vast scene of confusion' – Die Krise des 3. Jahrhunderts in der Forschung — 15

A.J.B. Sirks, Oxford
Das Recht der Soldatenkaiser — 31

Michael A. Speidel, Bern/Zürich
Kaiserliche Privilegien, Urkunden und die „Militäranarchie" des Zeitalters der „Soldatenkaiser". Einige Beobachtungen — 46

Pierangelo Buongiorno, Lecce
„Il senso della crisi". Ritual und Legitimität der kaiserlichen Macht nach Herodian — 65

Gesetzgebung und Rechtsprechung — 87

Detlef Liebs, Freiburg i.B
Kommilitonen erhalten Bescheid. Die Reskripte der Soldatenkaiser an Soldaten — 89

Jakob Fortunat Stagl, Santiago de Chile
Das Soldatentestament unter den Soldatenkaisern — 109

Lorena Atzeri, Frankfurt a.M./Mailand
Die *infamia* in der Rechtssetzung der Soldatenkaiser — 127

Iole Fargnoli, Bern/Mailand
Zu Decius' Kaiserkonstitutionen im *Codex Iustinianus* — 160

Katharina Wojciech, Freiburg i.B.
***Cum urbem nostram fidei tuae commiserimus* (D. 1,12,1,4). Das *officium* des Stadtpräfekten zwischen Anspruch und Herausforderung — 172**

Bernhard Palme, Wien
Die Reform der ägyptischen Lokalverwaltung unter Philippus Arabs — 192

Zur Rolle der Jurisprudenz — 209

Michael Peachin, New York
Weitere Gedanken zum Prozess des Verfassens kaiserlicher Reskripte — 211

Lukas de Blois, Nijmwegen
Why did the Influence of Scholarly Jurists at the Roman Imperial Court disappear after about A.D. 241? — 225

Ulrike Babusiaux, Zürich
Zitate klassischer Juristen in den Reskripten der Soldatenkaiser — 238

Teilnehmer der Tagung — 270

Sachregister (inklusive Orts- und Personenregister) — **273**

Quellenregister — 282
Literarische Quellen — **282**
Inschriften und Papyri — **284**
Vorjustinianische Rechtsquellen und Sammelwerke — **285**
Corpus iuris civilis — **286**

Vorwort

Der Band versammelt die Beiträge einer interdisziplinären internationalen Tagung, die vom 10.–12. April 2013 am Historischen Seminar und am Rechtswissenschaftlichen Institut der Universität Zürich unter dem Titel „Recht der Soldatenkaiser" stattgefunden hat.

Mit diesem Vorhaben sollte eine Brücke zwischen der historischen Forschung zum dritten Jahrhundert und der rechtshistorischen Forschung zu den Rechtsquellen dieser Zeit geschlagen werden, um die Ergebnisse beider Fächer zusammenzuführen und dadurch zu neuen Ansätzen und Einsichten zu gelangen.

Für die Finanzierung der Tagung und Drucklegung des Bandes danken wir der Universität Zürich, die im Rahmen des Bundesprogramms „Chancengleichheit" (Modul 1, 2008–2012: Förderung des Lehrstuhlaufbaus von neuberufenen Professorinnen der Universität Zürich) Gelder bereitgestellt hat, die hierfür genutzt werden konnten.

Die redaktionellen Arbeiten am Tagungsband haben unsere Mitarbeiter und Kollegen in Zürich tatkräftig und hilfsbereit unterstützt. Dafür gilt unser herzlicher Dank: Nina Bremi, Dominique Brugger, Adrian Häusler, Yvonne Kastner, Elena Koch, Maria Lapadula, Katharina Röhl, Joanna Stadler und Maude Willener (Rechtswissenschaftliches Institut) sowie Monika Pfau und Rainer Petretti (Historisches Seminar).

Danken möchten wir ferner auch den Mitarbeitern des De Gruyter Verlags (Berlin), Mirko Vonderstein und Kerstin Protz, für die effiziente Zusammenarbeit.

Zürich, Februar 2015 Ulrike Babusiaux und Anne Kolb

Ulrike Babusiaux / Anne Kolb, Zürich

Das Recht der Soldatenkaiser – Problematik und Ergebnisse

I. Ausgangslage

Die Epoche zwischen den severischen Kaisern und Diokletian, die im englischen und italienischen Sprachraum als Militäranarchie, in der deutschsprachigen Forschung als Zeit der „Soldatenkaiser" bezeichnet wird, gilt in Geschichts- und Rechtswissenschaft als Zeit des Übergangs und des Umbruchs[1]. Dieser Umbruch wurde in der Geschichtswissenschaft traditionell mit dem Begriff der „Krisenzeit" beschrieben, der die innen- und außenpolitische Instabilität, vor allem in der 2. Hälfte des 3. Jahrhunderts, sowie strukturelle und gesellschaftliche Umwälzungen, die in Folge oder als Begleiterscheinung dieser Krise zu beobachten sind, zusammenfassen sollte. In der jüngeren Forschung sind sowohl der Krisenbegriff als auch das „Krisenszenario" dagegen zunehmend in die Kritik geraten, da die vielfältigen Krisensymptome nicht in allen Reichsteilen gleichermaßen nachzuweisen sind. Auch lassen sich in verschiedenen Regionen durchaus Stabilität oder Aufschwung erkennen, während gleichzeitig politische Desintegration und Aufruhr Transformationsprozesse in Gang gesetzt haben[2]. Obwohl der Zuwachs an Zeugnissen dokumentarischer Natur diese Revision des traditionellen Bildes befördert, ist der Mangel an belastbaren Quellen, der weniger auf die Krise als auf spätere Überlieferungsverluste zurückzuführen sei, zu beklagen.

Aus Sicht der römischen Rechtsquellen bleibt dagegen der Befund der Zäsur. Besonders auffällig ist, dass die Überlieferung der Juristenschriften, die vorrangig durch die Kompilation Justinians überdauert haben, mit dem Ende der Severerzeit endet. Nur ausnahmsweise sind Schriften von Juristen aus der Zeit Diokletians in die justinianischen Digesten übernommen worden; Juristenschriften aus der Zeit zwischen den Severern und Diokletian fehlen völlig. Ungebrochen, ja von steigender Bedeutung, erweist sich dagegen die Tradition der kaiserlichen Rechtssetzung, die über die Konstitutionensammlungen des *Codex Gregorianus*, des *Codex Theodosianus* und des Justinianischen Codex auch und gerade für die Zeit zwischen 235 und 284 n. Chr. überliefert werden. Schon diese Beobachtung legt eine Bedeutungsverschiebung von der privaten Schriftstellerei der Juristen auf die kaiserliche Kanzlei nahe.

---

1 Zum Epochenbegriff zuletzt Heil 2006; zur Rolle der „Soldatenkaiser" Ruffing 2010.

2 Zu Krise und Krisenbewusstsein e.g. Alföldi 1967; Alföldy 1989; ablehnend Strobel 1993; Witschel 1999; Begriffsgeschichte bei Gerhardt 2006; revisionistisch Ando 2012, der wieder von Krise bzw. dem „critical century" spricht.

Soweit diese Rechtsquellen bisher überhaupt zum Gegenstand der epochenbezogenen Forschung gemacht worden sind, hat man die Kontinuität gegenüber dem klassischen, das heißt dem vom 1. Jahrhundert v. Chr. bis zum Anfang des 3. Jahrhundert n. Chr. gebildeten und gepflegten römischen Recht, betont. Grundlegend für diese Sicht waren Untersuchungen Franz Wieackers in den 1970er Jahren, der die Juristen dieser Zeit als „Epigonen" und das Zeitalter aus juristischer Perspektive als „Epiklassik" gekennzeichnet hat[3]. Für einzelne Gebiete des Schuld- und Sachenrechts hat Schnebelt diesen Eindruck präzisiert, indem er die Reskripte dieser Epoche auf ihren rechtlichen Gehalt untersucht und mit dem Gehalt des klassischen Rechts verglichen hat[4]. Dabei hat er auch einzelne, behutsame Fortbildungen des Rechts festgestellt, die aber auf der Linie des klassischen Rechts fortführen und an Traditionen des klassischen Rechts anknüpfen.

Während der Zeitraum des 3. Jahrhunderts seit einigen Jahren im Zentrum der Forschungen der Alten Geschichte steht und diese sich daher immer weiter diversifiziert und spezialisiert hat[5], ist die römischrechtliche Forschung zur Epoche seit diesen Untersuchungen quasi zum Erliegen gekommen. Auch in dem 2008 von Johne herausgegebenen Sammelband, der gleichsam eine Summe der bisherigen Forschung liefert, ist die Rechtsgeschichte lediglich mit einem schmalen Beitrag von Monika Schuol, der einen Überblick über den Forschungsstand, vor allem die äussere Rechtsgeschichte gibt, berücksichtigt[6]. Der insoweit fehlende Austausch zwischen römischrechtlicher Forschung und Alter Geschichte ist überraschend: So ist auf Seiten der Wissenschaft vom römischen Recht seit dem Abebben der Interpolationenkritik in den 1960er Jahren anerkannt, dass die Historisierung des Fachs auch zu einer stärkeren Berücksichtigung epochenspezifischer Merkmale führen muss. Aus Sicht der Alten Geschichte ist dagegen auf den Wert der Rechtsquellen hinzuweisen, die gerade im *Codex Justinianus* für diese Zeit überaus reich fliessen und dazu beitragen können, Überlieferungslücken zu schliessen.

Angesichts der offenkundigen Schwierigkeiten, die eigenen Fachgrenzen zu überwinden und in einen Dialog mit der Nachbardisziplin einzutreten, haben wir Juristen und Historiker im April 2013 zu einer gemeinsamen Tagung nach Zürich eingeladen. Dabei wurde aus ganz verschiedenen Perspektiven untersucht, ob und inwieweit sich Recht und Rechtsentwicklung zwischen 235 und 284 n. Chr. von der

3 WIEACKER 1971, 209 f.

4 SCHNEBELT 1974, bes. 193–201.

5 Neben dem Forschungsüberblick von SOMMER in diesem Band seien noch die jüngeren Biographien von JACOB 2004 (Aurelian) und ALTMAYER 2014 (Carus, Carinus und Numerianus) sowie die anregende interdisziplinäre Studie zur „Umweltkrise des 3. Jh. n. Chr. im Nordwesten des Imperium Romanum" von HAAS 2006 erwähnt; thematisch vielfältige und innovative Beiträgen auch in den Sammelbänden von QUET 2006, JOHNE / GERHARDT / HARTMANN 2006, HEKSTER / DE KLEIJN / SLOOTJES 2007 und JOHNE 2008.

6 SCHUOL 2008.

vorangehenden oder auch der nachfolgenden Epoche unterscheidet, ob es also überhaupt ein eigenes „Recht der Soldatenkaiser“ gibt. Die Ergebnisse dieser Tagung sind im vorliegenden Band zusammengefasst, der sich als Auftakt verstanden wissen will, dieser Umbruchszeit auch aus Sicht der Rechtsquellen mehr Aufmerksamkeit zu widmen und bei der Behandlung dieser Epoche auch die Rechtsquellen und die Rechtsentwicklung in den Blick zu nehmen. Die Beiträge, die je nach den individuellen Forschungsinteressen der Bearbeiter verfasst wurden, betreffen die Grundlagen und generellen Entwicklungstendenzen des Rechts (II), betrachten Fragen und Tendenzen der Gesetzgebung und Rechtsprechung (III) und widmen sich schliesslich der Rolle der Jurisprudenz (IV).

II. Grundlagen und Entwicklungen

Der Aufsatz von Michael Sommer (Oldenburg) zeichnet die Forschungsgeschichte zur Epoche von Edward Gibbon bis heute nach und betont die Bedeutung, die die Bewertung für das jeweilige Bild von der römischen Geschichte insgesamt hatte. Die Qualifikation der Zeit zwischen 235 bis 284 n. Chr. sei ähnlich emblematisch wie die Bewertung der Spätantike: Solle man die Schwierigkeiten der Zeit als Konsequenz der Konstruktionsmängel des klassischen Prinzipats auffassen? Oder seien die Usurpationen Ausdruck eines nicht vorhersehbaren Zusammenbruchs der bestehenden Ordnung? Sommer fordert eine neue Synthese zur hier interessierenden Zeit, die die verschiedenen Einzelforschungen zusammentragen und zu einem Gesamtbild fügen solle. Unter Anlehnung an die jüngste Untersuchung von Clifford Ando betont Sommer, dass es nicht genüge, den Krisenbegriff zu kritisieren, sondern dass ein neues Gesamtbild gezeichnet werden müsse, ohne dass die vielen Einzeluntersuchungen kaum einen Wert hätten.

Einen Überblick über die Rechtsquellen bietet Boudewijn Sirks (Oxford). Ausgehend von der justinianischen Kompilation gibt er zunächst eine statistische Auswertung der Rechtsproduktion einzelner Kaiser, wobei er Kaiser mit sehr kurzen Regierungszeiten aus der Statistik ausscheidet. Als erstes Ergebnis dieser Zusammenstellung hebt Sirks hervor, dass gerade diejenigen Herrscher, die auch in der Historiographie und Panegyrik besondere Wertschätzung erfahren, eine intensive Reskriptenpraxis pflegten, während von den als Tyrannen oder Usurpatoren gebrandmarkten Kaiser in der Regel auch weniger Reskripte überliefert seien. Ebenso wie in der klassischen Kaiserzeit sei die Rechtsproduktion mithin von der individuellen Herrscherpersönlichkeit abhängig. Auch in den behandelten Rechtsfragen sieht Sirks Kontinuität: Weder seien klassische Rechtsbereiche weggefallen noch träten neue Rechtsbereiche hinzu, wie dies sodann für die Zeit Diokletians zu beobachten sei. Ein ungelöstes Problem bilde die Auswahlentscheidung der Kompilatoren: es lasse sich trotz der – im Übrigen nur in Auszügen verfügbaren – Parallelüberlieferung im *Codex Gregorianus* nicht entscheiden, ob die unterschiedliche Intensität der

Reskriptenpraxis nicht auch davon abhänge, welche Rechtsfragen die Kompilatoren im 6. Jahrhundert für beachtlich hielten. Dennoch hält Sirks auch dadurch Verluste für wahrscheinlich, dass die Kanzlei sich mit dem Kaiser fortbewegte und durch die häufigen militärischen Auseinandersetzungen auch juristische Unterlagen verloren oder vernichtet wurden.

Einen ersten Blick auf die im deutschen Begriff „Soldatenkaiser“ deutlich werdende Fokussierung auf das Militär bietet der Beitrag von Michael Speidel (Zürich / Bern), der sich dem Verhältnis von Soldaten und Bevölkerung im ausgehenden 3. Jahrhundert anhand epigraphischer Quellen widmet. Als Paradebeispiel dienen die sog. „Hilferufe aus den Provinzen“ (Herrmann). Hier überzeichne die bisherige Forschung die Notlage, die durch Forderungen militärischer Beauftragter in der Zivilbevölkerung entstehe: Zum einen sei die Versorgung aus dem durchzogenen Land auch zur Zeit der antoninischen und severischen Kriege üblich gewesen und habe zu Beschwerden geführt; zum andern konzentrierten sich die sog. „Hilferufe“ schon in severischer Zeit auf bestimmte Provinzen und Orte. Da diese „Hilferufe“ öffentlich auf Stelen präsentiert wurden, handle es sich nicht primär um Klagen über die Bevorzugung der Soldaten, sondern um Abschreckung und Schutz vor Übergriffen, den die Urkunden gewährleisten sollten. Auch aus weiteren Zeugnissen, welche den gefährlicheren Dienst des Heeres sowie den Neid der Zivilbevölkerung auf soldatische Privilegien belegen, zieht Speidel das Fazit, dass die Zeit der „Soldatenkaiser“ sich nicht als eine „Zeit der Soldaten“ beschreiben lässt, da sich die Epoche weder als Militäranarchie charakterisieren noch eine stärkere Bevorzugung des Militärs als in der früheren Kaiserzeit feststellen lässt.

Ebenfalls einer klassischen Fragestellung ist der Beitrag von Pierangelo Buongiorno (Salento) gewidmet, der Herodians Geschichtswerk als juristische Quelle analysiert, um Ritual und Legitimität der kaiserlichen Macht nach Herodian zu beleuchten. Seiner Quelle folgend betont Buongiorno die Rolle des Senats für die Ergreifung der kaiserlichen Macht; insoweit bestünden keine Unterschiede zwischen dem Ende des dritten Jahrhunderts und der klassischen Kaiserzeit. Die Einsicht in die Sukzessionen der kaiserlichen Macht und Überlegungen zur Kontinuität der republikanischen Institutionen sei Gemeingut juristischen Wissens im 3. Jahrhundert. Ein Seitenblick gilt Opellius Macrinus, der als Jurist zum Kaiser berufen wurde. Allerdings seien die Werke dieses Nachfolgers Papinians verlorengegangen, was Buongiorno infolge einer *damnatio memoriae* erklärt.

Die unter dem Stichwort „Grundlagen“ zusammengetragenen Überlegungen belegen damit einerseits die Relevanz der Fragestellung auch für die Bewertung des Prinzipats, andererseits zeigen sie, dass sowohl aus Sicht der Rechtsproduktion als auch aus staatsrechtlicher Perspektive Übereinstimmungen zwischen dem klassischen Prinzipat und dem Ende des dritten Jahrhunderts zu beobachten sind. Dennoch bleibt die Feststellung, dass sich sowohl die Voraussetzungen der Machtausübung als auch die Wirkungsbedingungen der Reskriptenkanzlei gewandelt haben. Speidels Beitrag zeigt freilich, dass der Erklärungsansatz, die militärische Prägung der

Macht habe andere Aspekte in den Hintergrund treten lassen, zu kurz gegriffen ist. Viel eher wird man also von einer Zuspitzung ausgehen, die bestehende Schwächen der kaiserlichen Legitimität und Rechtssetzung stärker als vorher zu Tage treten lässt. Die eigentliche Zäsur ist unter diesem Blickwinkel freilich nicht dort zu setzen, wo die Schwierigkeiten ersichtlich werden, sondern dort, wo ihnen durch Umbau der kaiserlichen Verwaltung auch Rechnung getragen oder begegnet wird. Trotz aller Relativierungsversuche der jüngeren Forschung wird man gleichzeitig von einem Umbruch ausgehen müssen, weil zwar Probleme auftreten, die bereits in der klassischen Kaiserzeit von Bedeutung waren, dort jedoch weder militärische noch organisatorische oder rechtliche Konsequenzen zeitigten.

III. Gesetzgebung und Rechtsprechung

Drei Untersuchungen beschäftigen sich mit rechtlichen Einzelfragen, die aus der Reskriptenpraxis erarbeitet und in einem chronologischen Vergleich zum klassischen Recht gestellt werden. Detlef Liebs (Freiburg i. Br.) untersucht allgemein die Reskripte, die an Soldaten ausgestellt wurden, versucht also aus der Rechtspraxis das bereits von Speidel untersuchte Verhältnis zwischen kaiserlicher Machtausübung und Militär, das heißt die Beziehungen zwischen den „Soldatenkaisern" und ihren namengebenden Untertanen, herauszuarbeiten. Auch Liebs vermag keine Veränderungen in den Reskripten der Soldatenkaiser im Verhältnis zu früheren Reskripten festzustellen: Die Soldatenkaiser knüpften an die severische Tradition an und hätten nur in seltenen Fällen eigene Rechtsfortbildungen zugelassen; eine Tendenz zugunsten der Soldaten sei kaum und schon gar nicht generell erkennbar. Zudem sei auch die Qualifizierung aller Kaiser des Endes des 3. Jahrhunderts als „Soldatenkaiser" zweifelhaft, da nicht alle, insbesondere nicht Gordian III. und Gallien, ihre Macht den Soldaten verdankten.

Liebs' Untersuchung der an Soldaten ergangenen Reskripte beginnt mit einem Überblick über die Reskriptenproduktion. Die schwankenden Zahlen der einzelnen Jahre erklärt er mit den dringenden militärischen Aufgaben, die die Kaiser in Anspruch genommen hätten sowie der häufig zu beobachtenden Praxis, das Personal des Vorgängers zu ermorden. Diese habe sich in einer Zeit häufiger Machtwechsel besonders nachteilig ausgewirkt und könne auch eine Vernichtung des Materials des Vorgängers einschliessen. Diokletians Reskripte seien im Übrigen nur deshalb so zahlreich überliefert, weil die unter ihm erreichte Stabilität die Libellsekretäre ermutigt habe, die Konstitutionen selbst zu sammeln. Von den 57 Reskripten, die zwischen 235 und 284 nachweislich an Soldaten ergangen seien, beträfen die meisten Rechtsfragen, die nicht an den Soldatenstand gebunden seien. Interessanterweise sei der Anteil der beschiedenen Soldaten bei Gordian III. und Gallien besonders hoch, obwohl beide nicht in ihrer soldatischen Funktion, sondern als Parteigänger des Vorgängers an die

Macht gelangt seien. Eine Tendenz, Soldaten zu bevorzugen oder das Recht zu ihren Gunsten fortzuentwickeln, vermag Liebs in keinem der Reskripte zu beobachten.

Eine ähnliche Unabhängigkeit des Rechts von politischen Zwängen konstatiert Jakob Stagl (Santiago de Chile), der die Praxis des Soldatentestaments unter den Soldatenkaisern untersucht. Das Soldatentestament, das nach den Digesten bereits auf Trajan zurückzuführen ist, unterscheidet sich dadurch von Testamenten ziviler Personen, dass die Kaiser in Anbetracht der meist provinzialen Herkunft vieler Soldaten auf viele spezifisch römische Formvorschriften und inhaltliche Förmlichkeiten verzichteten. Stagl zeigt, dass die sog. Soldatenkaiser hier kein neues Recht setzen, sondern ganz in der Tradition ihrer Vorgänger Entscheidungen treffen. Genauso wenig wie Speidel oder Liebs kann Stagl eine Privilegierung der Soldaten, die über das bereits im klassischen Recht zulässige Maß hinausgehe, beobachten. Er stellt jedoch eine gewisse Simplifizierung und Banalisierung der Rechtsfragen fest, die er aus dem Verschwinden einer komplexen Rechtskultur außerhalb der Kanzlei erklärt.

Zu vergleichbaren Ergebnissen gelangt Lorena Atzeri (Frankfurt/Mailand), die die *infamia* in der Rechtsprechung der Soldatenkaiser untersucht. Als infam werden Personen bezeichnet, die aufgrund unehrenhafter Tätigkeit oder als Rechtsfolge einer unehrenhaften Verurteilung, nicht mehr zur Klageerhebung zugelassen sind und ihr Zeugnisrecht vor Gericht verlieren. Die Infamie ist eine bereits im prätorischen Edikt der klassischen Zeit, aber auch in Senatusconsulta angeordnete Rechtsfolge. Atzeri zeigt zunächst, dass sich die Anwendungsfälle der *infamia* in der Zeit der Soldatenkaiser nicht von der Praxis des klassischen Rechts unterscheiden lassen. Allerdings konstatiert sie Unterschiede in der sprachlichen Fassung der Reskripte, insbesondere bei der Bezeichnung und dem Ausspruch dieser Rechtsfolge. Neben dem juristisch-technischen Sprachgebrauch, der sich bis auf die Juristenschriften zurückführen lasse, trete eine stärker rhetorisch ausgemalte oder auch verbrämte Sprache auf, in der erzieherische Motive gegenüber dem Bescheidempfänger zutage träten. Als Hintergrund dieser Entwicklung vermutet Atzeri die stärkere Bedeutung der Rhetorik in der Ausbildung der Kanzleijuristen.

Eine ähnliche Tendenz vermag auch Iole Fargnoli (Bern/Mailand) für die von ihr untersuchten Kaiserkonstitutionen des Decius auszumachen. Fargnoli wendet sich zunächst dagegen, Decius' Wirken auf sein sog. Religionsedikt zu beschränken und zeigt anhand der im Codex überlieferten Reskripte, dass auch von diesem Kaiser Bescheide aus ganz verschiedenen Rechtsbereichen, vor allem aus dem Privatrecht, überliefert sind. Auch diese fügten sich nahezu nahtlos in die bisherigen Entscheide klassischer Kaiser sowie der Juristenschriften ein; kleinere Abweichungen, die Fargnoli beobachtet, erklärt sie aus der Bedeutung der Einzelfallgerechtigkeit sowie aus dem Bemühen, die eigenen Entscheidungen dem Rechtsunterworfenen erklären zu wollen.

Die Verwaltungspraxis steht im Mittelpunkt der Beiträge von Katharina Wojciech (Freiburg i. Br.) und Bernhard Palme (Wien). Wojciech widmet sich dem *officium* des Stadtpräfekten, den sie als Stabilitätsfaktor in einer unruhigen Zeit kennzeichnet. Mit Blick auf Herkunft und Aufgaben des Präfekten, insbesondere in der Stadt Rom selbst, konstatiert sie Kontinuität. Diese Kontinuität schließe aber schrittweise Veränderungen und Anpassungen ein, die zu einer Verbreiterung der Amtsbefugnisse und einer Ausweitung der Kontrollmechanismen geführt hätten. Insbesondere das private Handeln sei einer stärkeren Kontrolle unterworfen gewesen. Diese Veränderungen wiesen auf die Spätantike voraus.

Palme behandelt die in der Forschung als „Reform der Philippi" beschriebenen Umgestaltungen in der Verwaltung Ägyptens, die sich durch verschiedene Papyri belegen lassen. Während die bisherige Forschung von einer grundlegenden Reform zur Bewältigung der Umwälzungen des 3. Jahrhunderts in dieser Provinz ausging, betont Palme die Kontinuitäten und den Willen an die bestehende severische Ordnung anzuknüpfen. Er sieht daher die Reform lediglich als eine Etappe in einem langen Prozess der Umstrukturierung von den Severern bis zur Tetrarchie. Palme definiert die sogenannte „Reform der Philippi" als Steuer- und Ämterreform zur Ertragssteigerung, die die Revision der Steuer- und Besitzregister sowie eine Anpassung des Verwaltungsapparats zur leichteren Steuereintreibung umfasst. Daher verschwanden diverse traditionsreiche Ämter auf der Ebene der Dörfer, der Gaue sowie der prokuratorischen Verwaltung und wurden durch neue liturgische Funktionen mit geänderten Aufgabenbereichen ersetzt. Die Reform begegnete damit den Spannungen, die nach der Etablierung der Bulai durch Severus sowie der *Constitutio Antoniniana* zwischen den Verwaltungsfunktionären der lokalen und höheren Ebenen entstanden waren, sei aber keine Reaktion auf eine Krise.

Diese Kontinuität zur Severerzeit bestimmt auch die Untersuchungen zu den römischen Juristen in der hier interessierenden Zeit.

IV. Zur Rolle der Jurisprudenz

Der Haupttätigkeit der Juristen in dieser Epoche ist Michael Peachins (New York) Beitrag gewidmet. Peachin greift die grundlegenden Untersuchungen Honorés zu den Verfassern der kaiserlichen Reskripte bis in das späte 3. Jahrhundert auf und vertieft sie für die *epistulae*. Honoré hatte einige Reskripte aus seiner Stilanalyse ausgeschieden, weil diese offenkundig von den übrigen Reskripten einer Zeitspanne abwichen. Die These Honorés, dass diese Reskripte als *epistulae* anzusehen seien, kann Peachin anhand dreier Beispiele unter Rückgriff auf epigraphische Quellen erhärten und präzisieren. Peachin betont den Einfluss und die entscheidende Rolle der Juristen für die kaiserliche Kanzlei, hebt also die Zusammenarbeit der Juristen mit dem Kaiser auch im 3. Jahrhundert hervor. Sie hätten die Reskripte vorbereitet, seien am Entscheidungsprozess beteiligt gewesen und hätten im Zweifel die promulgierte Antwort formuliert. Genau an diesem Punkt setze die Arbeit Honorés an, der die Reskripte auf individualisierbare Juristen zurückführe. Peachin plädiert nun dafür, sich die Arbeit der Reskriptenkanzlei nicht zu formal und starr vorzustellen, sondern offene Diskussionen als zulässig zu erachten. Damit verbunden ist ein Kompromissvorschlag zwischen Kanzleistil und individuellem Juristenstil, der die Möglichkeiten beider Stilebenen zu recht hervorhebt.

Luuk de Blois (Nijmegen) untersucht einleitend die veränderten prosopographischen Daten der Juristen. Er macht drei Gründe aus, die zu einer Verringerung des Einflusses der Juristen auf die kaiserliche Machtausübung geführt hätten: Zum einen glaubt er, dass die militärischen Verpflichtungen des Herrschers, die vor allem auch zu längerer Abwesenheit aus Rom geführt hätten, die Möglichkeiten der Kontaktaufnahme zwischen Kaiser und Juristen beschränkt und damit den über das persönliche Gespräch erfolgenden Einfluss reduziert hätten. Zum andern hätte sich die Rekrutierung der kaiserlichen Entourage angesichts der militärischen Herausforderungen auf Personen konzentriert, die weniger juristisch als militärisch gebildet gewesen seien; dieser Umschwung habe sich auch in der Produktion juristischer Schriften niedergeschlagen. Schließlich sei durch die in der Severerzeit fortgeschrittene Bürokratisierung ein Verlust an Ansehen der Juristen zu konstatieren, weshalb diese vor eigener schriftstellerischer Tätigkeit zurückgeschreckt seien. Die severische Blüte erklärt De Blois umgekehrt aus dem persönlichen Interesse des Septimius Severus für die Jurisprudenz und aus der Tatsache, dass die Juristen weniger in der Provinz unterwegs gewesen seien, als in Rom Kontakte zu knüpfen. Der Bedeutungsverlust der Juristen setze daher ein, als die Herrscher nicht mehr hauptsächlich in Rom anwesend gewesen seien, sondern durch das Reich reisten.

Zum Abschluss untersucht Ulrike Babusiaux (Zürich) die namentlichen Zitate klassischer Juristen in der Reskriptenpraxis der sog. Soldatenkaiser. Sie betont, dass namentliche Zitate klassischer Juristen erst mit Alexander Severus einsetzen und sich dann bis auf Diokletian erstrecken. Diese Beobachtung wirft die Frage auf, warum nicht schon klassische Kaiser mit Juristenzitaten aufwarten. Babusiaux entwickelt die Vorstellung, das Zitat klassischer Juristen in den Reskripten des Prinzipats sei deshalb unterblieben, weil der Dialog zwischen Kaisern und Juristen noch tatsächlich stattgefunden habe; der Kaiser habe sich in der Selbstdarstellung wie in den juristischen Schriften als Teilnehmer am fachlichen Gespräch geriert. Mit dem Verlust des Einflusses und der Gesprächsmöglichkeiten zwischen Kaiser und Juristen sei dagegen die Notwendigkeit entstanden, berühmte Vorbilder als Stütze der eigenen Argumentation zu bemühen.

V. Überblick über die Ergebnisse

Fasst man die verschiedenen Einzelerkenntnisse aus dem Blickwinkel des Leitthemas noch einmal zusammen, so ergeben sich einige Akzentverschiebungen gegenüber der bisherigen Forschung auf die Frage, ob und inwieweit sich das Recht und die Rechtsentwicklung zwischen 235 und 284 n. Chr. von der vorangehenden oder auch der nachfolgenden Epoche unterscheidet, ob also überhaupt zutreffend von einem eigenen Recht der Soldatenkaiser gesprochen werden kann.

Mit der Epochenbildung zusammenhängend ist die Frage nach der Begrifflichkeit, die auch in den hier vorgestellten Beiträgen zur Sprache kommt. Die suggestive Bezeichnung „Soldatenkaiser" führt dabei zu abweichenden Deutungen: Während Sommer und Speidel die Bezeichnung auf die kaiserliche Machterlangung über das Militär zurückführen, hebt Liebs auf die eigene Herkunft einiger Herrscher aus dem Soldatenstand ab. In beiden Fällen wird die Bezeichnung als nicht zielführend abgelehnt; ein interessantes Argument hierfür liefert Buongiorno, der die These vertritt, dass die Ausrufung des Kaisers durch die Armee keineswegs Ausdruck der Bedeutung der Soldaten für die Machtergreifung sei als vielmehr dazu diente, die Kontinuität der kaiserlichen Macht zu behaupten. In jedem Fall ist die Verwendung des Begriffs, solange Einigkeit darüber besteht, dass der Epochenbegriff eine Verständigungshilfe ist, die keine historische oder rechtliche Kennzeichnung vorwegnehmen soll, unschädlich. Zu Recht steht die Terminologie daher nicht im Zentrum der Beiträge.

Besonderes Interesse gilt den Rechtsquellen und ihrer Überlieferung, vor allem den für die Zeit relativ zahlreich überlieferten Bescheiden der Kaiser, das heißt dem Reskriptenwesen. Die erste Beobachtung betrifft die Überlieferungslage. Für diese arbeiten Sirks und Liebs die verschiedenen Störfaktoren heraus, die sowohl die statistische als auch inhaltliche Auseinandersetzung mit den im *Codex Justinianus* gesammelten Quellen, erschweren. Die statistische Übersicht bei Sirks bestätigt die These vom Rückgang der Reskriptenpraxis, wenngleich Sirks zu recht auch die Überlieferungsschwierigkeiten hervorhebt, die nicht nur durch die militärischen Aktionen, sondern auch durch die Praxis, die Entourage des Kaisers beim Antritt des Nachfolgers zu töten, entstanden seien. Mithin seien Überlieferungslücken und scheinbarer Ausfall von Reskripten in dieser Zeit nicht nur auf die Auswahlentscheidung der Kompilatoren zurückzuführen, sondern auch auf die Schwierigkeiten, auf die die Archivierung und Bewahrung durch das Wanderkaisertum und die Usurpationen stieß. Diese Überlieferungslage ist auch für die Frage der Urheberschaft der Reskripte, das heißt für die Theorie Tony Honorés zur Autorenschaft verschiedener Libellsekretäre, von Bedeutung, worauf zu recht Atzeri hinweist. Allerdings sieht sie die vorhandenen Doppelüberlieferungen als wichtiges Indiz für die relative Konstanz der überlieferten Fassung, weshalb sie Stilforschungen für nicht aussichtslos erachtet. Wie Speidel und Palme zeigen, ist gerade mit Blick auf das Recht in einzelnen Regionen, auch der papyrologische und epigraphische Befund noch auszuwerten und die neuen Erkenntnisse einzubeziehen. Gerade der Vergleich von epigraphischem Material (Entlassungsurkunden) und den Juristenschriften, wie er von Speidel vorgeführt wird, erlaubt es, den rechtlichen Rahmen der Entwicklung genauer zu beschreiben.

Mit diesen Bemerkungen treten die Juristen als Akteure der Rechtsentwicklung in den Blick. Dass sie besonderen Einfluss auf die Reskriptenkanzlei ausübten, darf als gesichert gelten und wird von Peachin in seiner Studie zu den *ab epistulis* für eine Spezialfrage bestätigt. Im Gegensatz zu Sirks ist wohl davon auszugehen, dass die Kanzleien trotz verschiedener Machtwechsel fortbestanden und in ihrer Funktion kaum eingeschränkt wurden. Allerdings zeigt De Blois, dass die Juristen aus dem

Zentrum der Macht verdrängt wurden; als eine Auswirkung dieser Verdrängung sieht Babusiaux die Zitierpraxis der Kanzlei an, die erst in dieser Zeit beginnt, klassische Juristen mit Namen als Beleg einer Ansicht anzuführen. Auch für die Bewertung der Jurisprudenz dieser Zeit ist daher die Severerzeit miteinzubeziehen, denn einerseits setzen sich die dort begonnenen Tendenzen der Professionalisierung und Bürokratisierung der Jurisprudenz fort (Liebs, Stagl), andererseits sind die Juristenschriften und das Ansehen der Juristen dieser Zeit ein Kontrapunkt zu den anonymen und sozial abgestiegenen Juristen des Ende des 3. Jahrhunderts (Babusiaux, De Blois).

Damit ist erneut die Frage aufgeworfen worden, wie aus der Sicht des Rechts die Epoche allgemein zu kennzeichnen sein dürfte. Obgleich Buongiorno darlegt, dass (nach Herodian) die Regeln für den Herrschaftsantritt weitgehend dem Vorbild der antoninischen und severischen Zeit folgen, ist bei dem Autor prinzipiell ein Niedergangsszenario angelegt und hat somit zeitgenössischen Ursprung. Auch das Privatrecht bleibt – wie Liebs, Fargnoli, Atzeri und Stagl aus verschiedener Perspektive zeigen – im Wesentlichen konstant, wenngleich Rhetorik und Niveau der Entscheidungen variieren. Die rechtliche Kontinuität steht damit in einem Spannungsverhältnis zum Umbruch, der jedenfalls für das Ende des 3. Jahrhunderts allgemein akzeptiert zu sein scheint. Der Umbruch ist vorrangig politisch, wird aber – wie Palme für Ägypten und Wojciech für das Amt des Stadtpräfekten zeigen können – auch von Verwaltungsreformen begleitet, die ihren Ursprung freilich bereits in der Severerzeit haben. Vergleichbares soll nach De Blois und Stagl für die Organisation der Jurisprudenz gelten: Das von De Blois konstatierte Verschwinden der Juristen aus den höchsten Staatsämtern und die von Stagl hervorgehobene Bürokratisierung der Jurisprudenz sind ebenfalls nur aus der Kontinuität der Severerzeit zu erklären.

Von besonderem Gewicht ist zuletzt die Frage, ob und gegebenenfalls inwieweit sich der angeblich soldatische Charakter der Herrschaft – sei er nun mit Blick auf die Legimitation der Macht oder mit Blick auf die Herkunft des Herrschers definiert – auf die Rechtsproduktion auswirkte. Aus ganz verschiedenen Blickwinkeln wird diese Frage im vorliegenden Band verneint: So betont Speidel, dass die sog. „Hilferufe" aus den Provinzen kein Zeichen der Bevorzugung des Militärs vor der Zivilbevölkerung darstellten, sondern gerade das Vertrauen der Letzteren in militärische Instanzen angesichts einer „Strukturkrise" belege. Für die Reskriptenpraxis konstatieren sowohl Liebs als auch Stagl, dass keine Tendenz zur Bevorzugung von Soldaten feststellbar sei: Liebs' Analyse der an Soldaten ergangenen Reskripte belegt in der Tat, dass das Recht auch im 3. Jahrhundert grundsätzlich nicht anders angewandt wird, wenn ein Soldat als Partei beteiligt ist. Diese konservative Grundhaltung gilt selbst für das schon aus dem Prinzipat stammende Privileg des sog. Soldatentestaments. Wie Stagl zeigt, wird auch dieses Sonderrecht, das durchaus eine weitere Fortentwicklung zugunsten von Militärpersonen erlaubt hätte, nicht erweitert, sondern in den Bahnen des klassischen Rechts fortgeführt. Diese Konstanz, jedenfalls zur Zeit der Severer, gilt auch für das Amtsrecht und die Rechtsanwendung in der Stadt Rom, wie Wojciech am Beispiel des Stadtpräfekten erhärten kann.

Kontinuität scheint damit das Hauptmerkmal der Rechtsentwicklung im späten 3. Jahrhundert zu sein. Dabei betonen Sirks, Fargnoli und Stagl die geringe Innovativität der von der Kanzlei getroffenen Entscheidungen. Nach Sirks ist die geringe Anzahl origineller Bescheide auch eine Frage der Überlieferung; Babusiaux und Fargnoli zeigen, dass sich die Entscheide auch inhaltlich um Anknüpfung an das frühere Recht bemühen, während Stagl einen gereizten Ton der Kanzlei bei einer wiederholten Anfrage ausmachen möchte. Einen Wandel im Ton belegen auch die Untersuchungen von Liebs und die explizit terminologische Studie zum Thema Infamie von Atzeri: Sie zeigen, dass die Reskripte der Zeit stärker mit ethischen und moralischen Maßstäben argumentieren und dabei zugunsten einer eindringlichen Formulierung auch auf technische Vokabeln verzichten. Diese als „Rhetorisierung" bekannte Tendenz verdiente nähere Betrachtung, wenngleich die Schwierigkeiten einer solchen Untersuchung nicht von der Hand zu weisen sind: So ist nicht zu übersehen, dass die Rhetorik schon für die klassischen Juristen eine wichtige Richtschnur darstellte; vorschnelle Zuweisungen rhetorischer Argumente an das 3. oder 4. Jahrhundert sind also abzulehnen. Um Vorurteile des Betrachters gegenüber einer klassisch-technischen Sprache auszuschliessen, kann mithin eine rhetorische Färbung der Argumentation in den Reskripten dieser Zeit nur dann vorgenommen werden, wenn von einem sicheren Standpunkt aus argumentiert wird. Dieser Standpunkt kann – wie dies Atzeri zeigt – vor allem durch einen Vergleich mit dem severischen Recht gewonnen werden. Möglicherweise lässt sich eine derartige Stiluntersuchung auch mit der Beobachtung von De Blois verbinden, der einen sozialen Abstieg der Juristen zwischen Severern und Soldatenkaisern konstatiert. Gleichsinnig vermutet Atzeri Veränderungen in der Ausbildung der Juristen, die sich ebenfalls auf die in der Kanzlei gepflegte Sprache niederschlagen könnten.

Alle hier vorgestellten Ansätze bestätigen damit den allgemeinen Eindruck der Kontinuität trotz weniger inhaltlicher und sprachlicher Veränderungen in der Rechtsentwicklung des 3. Jahrhunderts. Dieser allmähliche Wandel ist aber weder singulär noch allein aus den Bedingungen der „Soldatenkaiserzeit" zu erklären. Seine Gründe sind vielfältig und in der Forschung verschiedentlich akzentuiert (Sommer). Dass die Rechtsentwicklung erst unter Diocletian eine spürbare Veränderung erfuhr, mag sich aus der Schwerfälligkeit des Rechts gegenüber der politischen Entwicklung erklären.

Die literarischen Quellen werden soweit möglich entsprechend dem Abkürzungsverzeichnis in: Der Neue Pauly, Band 13, 1999, XLIX–LVI abgekürzt. Die epigraphischen, papyrologischen und numismatischen Quellen orientieren sich am Abkürzungsverzeichnis in: Der Neue Pauly, Band 13, 1999, XXIV–XLIX bzw. Clauss / Slaby im Internet: http://www.manfredclauss.de/abkuerz.html sowie J.D. Sosin et al. (ed.), Checklist of Greek, Latin, Demotic and Coptic Papyri, Ostraca and Tablets unter http://library.duke.edu/rubenstein/scriptorium/papyrus/texts/clist.html.

Bibliographie

ALFÖLDI 1967 – A. ALFÖLDI, Studien zur Geschichte der Weltkrise des 3. Jahrhunderts nach Christus, Darmstadt 1967.

ALFÖLDY 1989 – G. ALFÖLDY, Die Krise des Römischen Reiches Geschichte. Geschichtsschreibung und Geschichtsbetrachtung. Ausgewählte Beiträge, Stuttgart 1989.

ALTMAYER 2014 – K. ALTMAYER, Die Herrschaft des Carus, Carinus und Numerianus als Vorläufer der Tetrarchie, Stuttgart 2014.

ANDO 2012 – C. ANDO, Imperial Rome AD 193 to 284. The critical century (The Edinburgh history of ancient Rome, Bd. 6), Edinburgh 2012.

GERHARDT 2006 – T. GERHARDT, Zur Geschichte des Krisenbegriffs, in: Johne/Gerhardt/Hartmann 2006, 381–410.

HAAS 2006 – J. HAAS, Die Umweltkrise des 3. Jahrhunderts n. Chr. im Nordwesten des Imperium Romanum. Interdisziplinäre Studien zu einem Aspekt der allgemeinen Reichskrise im Bereich der beiden Germaniae sowie der Belgica und der Raetia, Stuttgart 2006.

HEIL 2006 – M. HEIL, ‚Soldatenkaiser' als Epochenbegriff, in: JOHNE/GERHARDT/HARTMANN 2006, 411–428.

HEKSTER/DE KLEIJN/SLOOTJES 2007 – O. HEKSTER/G. DE KLEIJN/D. SLOOTJES (Hg.), Crises and the Empire, Leiden 2007.

JOHNE 2008 – K.-P. JOHNE (Hg.), Die Zeit der Soldatenkaiser. Krise und Transformation des Römischen Reiches im 3. Jahrhundert n. Chr. (235–284). 2 Bände, Berlin 2008.

JOHNE/GERHARDT/HARTMANN 2006 – K.P. JOHNE/T. GERHARDT/U. HARTMANN (Hg.), Deleto paene imperio Romano. Transformationsprozesse des Römischen Reiches im 3. Jahrhundert n. Chr. und ihre Rezeption in der Neuzeit, Stuttgart 2006.

KÖRNER 2007 – C. KÖRNER, Rezension zu: *Haas, Jochen: Die Umweltkrise des 3. Jahrhunderts n. Chr. im Nordwesten des Imperium Romanum. Interdisziplinäre Studien zu einem Aspekt der allgemeinen Reichskrise im Bereich der beiden Germaniae sowie der Belgica und der Raetia. Stuttgart 2006*, in: H-Soz-u-Kult, 22.01.2007, http://hsozkult.geschichte.hu-berlin.de/rezensionen/2007-1-049.

QUET 2006 – M.-H. QUET (Hg.), La «crise» de l'Empire romain. De Marc-Aurèle à Constantin. Mutations, continuités, ruptures, Paris 2006.

RUFFING 2010 – K. RUFFING, Der römische Kaiser im 3. Jh. n. Chr., in: G.B. LANFRANCHI/R. ROLLINGER (Hg.), Concepts of Kingship in Antiquity, Padova 2010, 197–208.

SCHNEBELT 1974 – G. SCHNEBELT, Die Reskripte der Soldatenkaiser, Karlsruhe 1974.

SCHUOL 2008 – M. SCHUOL, Das Recht, in: K.-P. JOHNE/Z. HARTMANN/T. GERHARDT (Hg.), Die Zeit der Soldatenkaiser, Vol. 1, Berlin 2008, 633–640.

STROBEL 1993 – K. STROBEL, Das Imperium Romanum im „3. Jahrhundert". Modell einer historischen Krise? Zur Frage mentaler Strukturen breiterer Bevölkerungsschichten in der Zeit von Marc Aurel bis zum Ausgang des 3. Jh. n. Chr, Stuttgart 1993.

WIEACKER 1971 – F. WIEACKER, Le droit romain de la mort d'Alexandre Sévère à l'avènement de Dioclétien, RHD 49, 1971, 201–223.

WITSCHEL 1999 – C. WITSCHEL, Krise – Rezession –Stagnation? Der Westen des römischen Reiches im 3. Jahrhundert n. Chr., Frankfurt am Main 1999.

Grundlagen und Entwicklungen

Michael Sommer, Oldenburg

‚A vast scene of confusion' – Die Krise des 3. Jahrhunderts in der Forschung

Zusammenfassung: Der Aufsatz zeichnet die Forschungsgeschichte zum 3. Jahrhundert und zur Soldatenkaiserzeit nach: von Edward Gibbon bis zur Wiederentdeckung der Epoche für die akademische Lehre und die Forschung. Jede Althistorikergeneration hat, damals wie heute, ihre Idealtypen auf Erfahrungen der Gegenwart gegründet; prägend für das Verständnis der Soldatenkaiserzeit waren zugleich Entwürfe der römischen Geschichte insgesamt. Nach einem halben Jahrhundert akribischer Forschung, durch die die vielen Komplexitäten des Zeitalters an die Oberfläche getreten sind, ist jetzt die Zeit für eine neue Synthese über die tiefste Krise des römischen Imperiums gekommen.

Abstract: This paper outlines the history of research on the third century and the time of military anarchy, ranging from Edward Gibbon to the most recent rediscovery of the period as a laboratory for academic teaching and research. Any generation of ancient historians, past and present, has modelled its concepts of history on current experience, and its understanding of this particular period on its interpretations of Roman history as a whole. After half a century of meticulous research into the many complexities of third century history, this generation needs a new narrative of the Roman Empire's single most profound crisis.

„Sobald Maximinus die Herrschaft angetreten hatte, verursachte er einen großen Umsturz (πολλὴν τὴν μεταβολὴν), indem er seine Macht grausam und viel Furcht verursachend ausübte", schrieb, gegen Mitte des 3. Jahrhundert n. Chr., der Historiograph Herodian. Er wird sogleich konkreter: Der Thraker Maximinus habe aus einem „sanftmütigen, durch und durch milden Königtum" (ἔκ τε πραείας καὶ πάνυ ἡμέρου βασιλείας) eine „brutale Tyrannei" (ἐς τυραννίδος ὠμότητα) zu machen versucht, weil er sich des Hasses bewusst gewesen sei, den er als jemand auf sich gezogen habe, der aus kleinsten Verhältnissen „zu solch einem Glück" (ἐς τοσαύτην τύχην) aufgestiegen sei[1].

1. Eine Epoche gewinnt Konturen: Edward Gibbon

Herodian, dem als Intellektuellen und als Chronist von Geschichte meist nicht viel zugetraut wird, gelingt hier eine bemerkenswert differenzierende Analyse des Epo-

1 Herodian. 7, 1.

chenwechsels, der 235 n. Chr. mit Maximinus' Usurpation eintrat. Maximinus sei ein Kaiser neuen Typs gewesen, weil er, im Gegensatz zu seinen Vorgängern, einen präzedenzlosen sozialen Aufstieg absolviert habe; und er habe einen Prinzipat neuen Typs geprägt, weil ihm der Makel seiner geringen Geburt bewusst gewesen sei. Die μεταβολή, von der Herodian spricht, ist nicht nur einer in einer Kette vieler Umstürze. Sie unterscheidet sich auch grundlegend von zeittypischen Geschichtsbildern, wie sie etwa noch Cassius Dio seinen Überlegungen zur römischen Kaiserzeit zugrunde legt: Das „goldene Zeitalter" sei, so behauptet Dio, mit M. Aurelius zu Grabe getragen und mit Commodus' Herrschaftsantritt von einem Geschlecht aus „Eisen und Rost" abgelöst worden[2].

Herodians Darstellung hat sich vom grundsätzlichen Pessimismus der mindestens in die griechische Archaik zurückreichenden Weltalter-Lehre emanzipiert und bemüht stattdessen für den Epochenwechsel, den er 235 n. Chr. stattfinden lässt, eine von soziologischen und politikwissenschaftlichen Kategorien informierte Erklärung. Den einmal von Herodian gesponnenen Faden greift in der europäischen Aufklärung Edward Gibbon (1737–1794) auf, für den „the superior prerogative of birth" das am unmittelbarsten wirkende Distinktionsmerkmal von Menschen ist. Seine Geburt verleihe dem Monarchen eine über jeden Zweifel erhabene Legitimität, weshalb er, anders als der Despot, seine Zuflucht nicht zu Terror und Gewalt zu suchen brauche. In Rom sei das Geburtsrecht zuerst mit dem Ende der Republik untergraben worden: „The right to the throne, which none could claim from birth, every one assumed from merit." So hätten allmählich „the daring hopes of ambition" die heilsamen Fesseln von Gesetz und Standesdünkel gesprengt. Doch erst mit Maximinus habe das grausame Spiel um die höchste Macht im Staate seine gesamte, gnadenlose Dynamik entfaltet: „no emperor could think himself safe upon the throne, and every barbarian peasant of the frontier might aspire to that august, but dangerous station." Gibbons ernüchterndes Fazit: „the Roman empire (...) was a vast scene of confusion"[3].

Das Bewusstsein dafür, dass die Usurpation des Maximinus Thrax eine Zäsur im historischen Kontinuum der römischen Kaiserzeit einleitete, fehlt also weder den Zeitgenossen noch dem ersten wirklich wissenschaftlich vorgehenden modernen Betrachter der Epoche. Gibbon weiß auch, wo er die Klammer zu schließen hat: Das Chaos, das mit Maximinus Einzug gehalten hatte, endete für ihn mit Diokletian: „Like Augustus, Diocletian may be considered as the founder of a new empire." Wie der erste Princeps, so habe auch Diokletian sich nicht durch „the daring and generous spirit of a hero" bewährt, sondern als Staatsmann, der sich durch Zielstrebigkeit,

---

2 Cass. Dio 71, 36, 4.

3 Gibbon 1994. Im Prinzip ähnlich, wenn auch noch enger an Herodian angelehnt, Tillemont 1732: „(...) ils estoins entrez d'un reigne de paix, de joie & de douceur, en une tyrannie pleine de trouble, de terreur et de carnage."

Anpassungsfähigkeit und Erfahrung ausgezeichnet habe, sowie die Kunst, seinen Ehrgeiz durch den Anschein von Gerechtigkeit und Gemeinwohl zu tarnen[4].

Innerhalb der durch die Klammern Maximinus Thrax und Diokletian markierten Periode der „vast confusion" macht Gibbon einen Zeitraum von zwanzig Jahren als absoluten Höhepunkt der Krise – oder besser: Tiefpunkt der römischen Machtentfaltung – aus: Die zwei Dekaden, die auf die von Philippus Arabs glanzvoll gefeierte Millenniumsfeier Roms folgten, seien „a calamitous period", oder schlimmer noch: „twenty years of shame and misfortune" gewesen, „(...) every instance of time", begründet Gibbon sein Urteil, sei von „barbarious invaders and military tyrants" heimgesucht worden: „and the ruined empire seemed to approach the last and fatal moments of its dissolution." Rom habe um die Jahrhundertmitte, glaubt Gibbon, nicht nur eine Krise durchlitten, sondern einen Prozess existenzbedrohender innerer und äußerer Zerrüttung[5].

Gibbon wäre nicht Gibbon, würde er es bei purer Bestandsaufnahme belassen. An die akkurate Beschreibung des miserablen Zustands, in dem sich das römische Imperium um 250 n. Chr. befand, schließt sich eine ebenso präzise, wenn auch einseitige, Analyse der Ursachen an. Die Bande der Loyalität, „the ties of allegiance", zwischen Fürst und Volk hätten sich durch das beispiellose Dahinsterben der Kaiser gelockert. So sei die Laune des Militärs, „the caprice of armies", zum bestimmenden Faktor der Politik geworden: Eigentlicher Kern des Problems seien die zu einer disziplinlosen Soldateska herabgesunkenen Legionen gewesen, denn sie, orakelt Gibbon düster, „might every day raise to the throne the most obscure of their fellow-soldiers"[6].

Liest man die entsprechenden Kapitel von Gibbons Chronik römischen Verfalls, dann mag man kaum glauben, dass sich das Imperium aus der Talsohle überhaupt wieder emporarbeiten konnte. Als organischen Prozess, der bereits mit dem Ende der Republik einsetzte, deutet der britische Gentleman und Historiker den Niedergang Roms. Nicht von ungefähr dürfte Gibbon Tacitus und Cassius Dio, wie er Vertreter der Leisure Class, darin gefolgt sein, dass die Abdankung der Nobilität den eigentlichen politischen Sündenfall der römischen Geschichte dargestellt habe. Der Prinzipat habe die Privilegien der Geburt untergraben und so den Kreis der Regimentsfähigen immer weiter gezogen. Mit Tacitus urteilt Gibbon, die Überzahl der *capaces imperii* habe sich

---

4 Gibbon 1994. Dafür, dass der Beginn der Tetrarchie bereits in der Antike als Epochengrenze wahrgenommen wurde, gibt es keine Belege. Ohnehin ist die Epoche in der historiographischen Literatur schlecht dokumentiert: Die entsprechenden Teile von Ammianus' Werk sind verloren, dasselbe gilt für die Geschichte des Zosimus, während christliche Autoren, vor allem Lactanz (mort. pers. 7, 2), den Verfolger Diokletian natürlich in den düstersten Farben zeichnen. Noch am ausführlichsten behandelt die Tetrarchenzeit Aurelius Victor (Caes. 39). Victor nimmt zwar insgesamt eine differenzierende Bewertung Diokletians und seiner Kollegen vor und unterstreicht durchaus auch die innovativen Züge ihrer Herrschaft, setzt sie aber nirgends deutlich von der Krisenperiode ab. Vgl. Kuhoff 2004.

5 Gibbon 1994.

6 Ebd.

in periodischen Gewaltausbrüchen entladen, die, seit mit Maximinus auch professionelle Militärs an die Spitze des Imperiums drängten, ein epidemisches Ausmaß angenommen hätten. Im Prinzip hat Gibbon damit bereits die Idealtypen des „Soldatenkaisers" bzw. der „Militäranarchie" vorweggenommen, die später der Auseinandersetzung mit dem 3. Jahrhundert den Weg weisen sollten. Einzelne Kaiser wie Aurelian und Diokletian hätten sich mit Durchsetzungsvermögen (Aurelian) und Organisationstalent (Diokletian) dem allgemeinen Trend zum Chaos entgegengestemmt, aber nicht dauerhaft den Verfall aufhalten können.

2. Paradigmenwechsel: Max Weber und Michael Rostovtzeff

Das von antiken Autoren begründete und von Gibbon verwissenschaftliche Deutungsszenario des moralischen Niedergangs als eines unentrinnbaren Prozesses der langen Dauer wurde im gesamten 19. Jahrhundert lediglich variiert, aber kaum je modifiziert, geschweige denn verworfen. Die Militarisierung der Monarchie beklagte besonders eindringlich der Schweizer Historiker Jacob Burckhardt (1818–1897). Den „Despotismus", der sich in seiner übelsten Spielart mit Caracalla durchgesetzt habe und den Verfall militärischer Disziplin sieht Burckhardt als zwei Seiten derselben Medaille. Dieses neue Kaisertum sei die Antithese all dessen gewesen, für das Rom bisher gestanden habe: „Diese alte Welt mit ihren Denkmälern voll Schönheit, ihrem Leben voll Bildung". Materialisiert habe sich die Nemesis von allem, „was vornehm, reich und gebildet war", zuerst in Gestalt des Maximinus Thrax, eines „gänzliche[n] Barbar[en] der Abstammung und überdies der Bildung nach." Für Burckhardt ist die Periode, die mit dem Thraker beginnt, wohl ein langes Jammertal, aber keine Krise im eigentlichen Sinn, denn: „Wenn man Rom gewesen ist, so ändert man sich nicht mehr freiwillig"[7].

Die Verfasser der großen Synthesen römischer Geschichte im 19. Jahrhundert klammerten das unruhige Halbjahrhundert der Soldatenkaiser aus: Barthold Georg Niebuhrs (1776–1831) Werk endete mit dem Ersten Punischen Krieg; für die späte Republik gibt es nur die postum edierten, das Geschehen eher kursorisch behandelnden Vorlesungen. Niebuhrs recht pauschales Urteil darin unterschied sich kaum von dem Gibbons oder Burckhardts. Auch für ihn ist der Herrschaftsantritt des Thrakers Maximinus Auftakt zu einem wahren Pandämonium: „Das Jahr 235 war der Anfang eines

---

7 BURCKHARDT 1954. Als historische „Krise", mit deren Morphologie er sich in seinen „Weltgeschichtlichen Betrachtungen" beschäftigte, wollte Burckhardt die Zeit der Soldatenkaiser nicht durchgehen lassen. Wohl seien die Usurpationen „stürmische Momente" gewesen, eine Umwälzung des Bestehenden hätten sie aber nicht bedeutet. Sie sei, folgert Burckhardt, in Rom auch gar nicht denkbar gewesen, denn: „Niemand will die Form des Reiches ändern; große Kaiser beschäftigen die Armeen durch große Kriege" (BURCKHARDT 1978).

schrecklichen Zeitraums nach der milden und glücklichen Regierung des Alexander Severus." Wie bei Gibbon ist Maximinus Getriebener seines „wahrhaft revolutionären Ha[sses]" auf das senatorische Establishment. Er habe, so Niebuhrs Fazit, „wie die Terroristen in Frankreich" – gemeint sind die Protagonisten der Französischen Revolution – agiert[8].

Auch Theodor Mommsens (1817–1903) *Römische Geschichte* ist ein monumentaler Torso geblieben, und auch seine Gedanken zur römischen Kaiserzeit sind nur in Form einer Vorlesung überliefert, in diesem Fall durch die Mitschriften der Brüder Sebastian und Paul Hensel. Ähnlich wie Niebuhr, Gibbon und Burckhardt hebt auch Mommsen das Ungebildet-Barbarische des neuen Herrschertypus hervor. Der Nobelpreisträger nennt diese Kaiser „Unteroffiziersfiguren" – Männer aus der „Hefe des Pöbels", Protagonisten von „Barbarisierung und Verrohung". Wieder ist es ein moralisches Motiv, das der Epoche ihr charakteristisches Timbre gibt: der im Sinkflug begriffene Bildungsgrad der Gesellschaft und ihrer führenden Repräsentanten; das Symptom dafür ist das „verdorben[e] Latein" offizieller Urkunden. Doch hat für Mommsen der neue Kaisertypus auch ein landsmannschaftliches Fundament: In ihm kam, wie in der ethnischen Zusammensetzung des Heeres, „*Illyricum* zur Geltung" – die noch halbbarbarischen Balkanprovinzen. Mommsen hielt die gesamte Kaiserzeit für eine „arme und bedeutungslose" Epoche, eine Zeit fortwährenden Verfalls, dessen Symptome, „Barbarisierung" und der schleichende Bedeutungsverlust der klassischen Zivilisationszentren, im 3. Jahrhundert einen kritischen Kulminationspunkt erreichten[9].

Die sechsbändige *Geschichte des Untergangs der antiken Welt* des Mommsen-Schülers Otto Seeck (1850–1921) setzt erst mit dem Amtsverzicht der Tetrarchen ein und fasst die Vorgänge des 3. Jahrhunderts auf gerade einmal einer Seite zusammen. Eine „harte Zeit der inneren Wirren, die das Reich bis in seine Grundfesten erschüttert hatten", war die vorangegangene Epoche für Seeck. Der erste Band von Seecks Werk erscheint in erster Auflage 1895; es vollzieht explizit die Abkehr von den Paradigmen des 19. Jahrhunderts. Völker, so Seeck, seien nicht wie Lebewesen den unabänderlichen Gesetzen von Werden und Verfall ausgesetzt. Sie hätten die Chance, sich stets zu erneuern. Das kaiserzeitliche Rom indes habe diese Chance verspielt, weil es den tatkräftigsten Männern stets den höchsten Blutzoll abverlangt habe. „So sank eine hohe Ähre nach der andern dahin", lautet Seecks sozialdarwinistisch inspiriertes Fazit. In diesem Tenor geht es weiter: „Bürgerkriege und Monarchenwillkür, Beamtenkorruption und Söldnerwesen, Askese und Glaubenseifer, sie alle wirkten zusammen, um jeden hochstrebenden Geist auszutilgen und ein Geschlecht von Feiglingen grosszuziehen"[10].

---

8 Niebuhr 1844–45.
9 Mommsen 1992.
10 Seeck 1921.

Im Januar 1896, also wenige Monate, nachdem Seeck dies niedergeschrieben hat, hält der da noch in Freiburg lehrende Nationalökonom Max Weber einen öffentlichen Vortrag mit dem etwas ungelenken Titel „Die sozialen Gründe des Untergangs der antiken Kultur". Wie praktisch alle Althistoriker vor ihm, so sucht auch Weber die Ursachen für den Verfall der klassisch-antiken Welt überwiegend im Innern der römischen Gesellschaft. Nur sind eben für den verstehenden Sozialwissenschaftler Weber nicht moralische oder gar genetische Insuffizienzen Ursache des „Untergangs" der „antiken Küstenkultur", sondern deren auf Sklaven abgestellte Wirtschaftsweise, die mit dem Versiegen der Expansion in der Kaiserzeit mit dem Problem akuten Arbeitskräftemangels konfrontiert gewesen sei. Weber entwickelt, ohne im Einzelnen auf das 3. Jahrhundert einzugehen, sein Untergangsszenario als veritable Systemkrise. Unter Anpassungsdruck geraten, hätte das römische Imperium seine Sklavenhalterwirtschaft umgestellt: Abhängige, aber freie Arbeit habe die Sklaverei ersetzt, eine ländliche Gutswirtschaft das Netz städtischer Märkte. Unweigerliche Folge sei das „Zusammensinken der Städte" gewesen, die doch das Wesen der antiken Kultur ausgemacht hätten: „Die Kultur ist ländlich geworden"[11].

Erstmals also hat Max Weber den säkularen Wandel, der die römische Welt in der mittleren Kaiserzeit ergriff und der in die, von ihm zuerst so bezeichnete, „Spätantike" mündete, als Prozess beschrieben, der seine Dynamik durch das Zusammenwirken unterschiedlicher – innerer wie äußerer – Faktoren entfaltete. Diesen Faden spinnt, bei aller Unterschiedlichkeit der Ansätze, Michael Rostovtzeff in seiner monumentalen, erstmals 1926 veröffentlichten „Social- and Economic History of the Roman Empire" weiter. Auch Rostovtzeff konstatiert beim Zustandekommen der „Militäranarchie", die er als „große soziale und politische Revolution" begreift, ein Ineinandergreifen verschiedener Variablen: „Die Frage des militärischen Schutzes wurde allmählich zur Lebensfrage für das Reich", akzentuiert Rostovtzeff die Bedeutung des äußeren Drucks, der zunehmend auf den römischen Grenzen lastete. Um ihm zu begegnen, hätten die Kaiser nach Severus Alexander konsequent die Politik der Severer fortgesetzt und die Bürokratie militarisiert, das System staatlichen Terrors perfektioniert und die besitzenden Stände expropriiert. Im Ergebnis hätten die „Zwangsmaßnahmen" die Prinzipien römischer Herrschaft auf den Kopf gestellt: Während Barbaren als Kaiser über das Imperium geherrscht hätten, seien dessen tragende Gruppen – der *ordo senatorius* und die „Bourgeoisie" – unter dem Terror und den überbordenden finanziellen Belastungen kollabiert[12].

Für Rostovtzeff ist das 3. Jahrhundert lediglich Durchgangsstadium zu jener „orientalischen Zwingherrschaft", in der sich die „niederen Klassen des Reiches" gegen die „städtische Bourgeoisie" durchsetzten; es markiert eine „soziale Revolution", welche „die Fundemente des wirtschaftlichen, sozialen und intellektuel-

11 Weber 2006.
12 Rostovtzeff 1929.

len Lebens der alten Welt zerstörte." Sehr weit entfernt ist dieses Modell nicht von demjenigen Webers, für den ja ebenfalls die Deurbanisierung der Mittelmeerwelt der Spätantike ihren Stempel aufdrückte. Ein Fazit der damaligen Forschung zieht der 1939 publizierte 12. Band der „Cambridge Ancient History" („The Imperial Crisis and Recovery. A.D. 193–324"), der zugleich die Zeit zwischen dem Vierkaiserjahr 193 und der Erringung der Alleinherrschaft durch Konstantin unter dem Rubrum der „Krise" zusammenfasst. Darin ragen zwei Beiträge aus der Feder András Alföldis heraus, der bereits zuvor, in einer Serie von Aufsätzen, der Soldatenkaiserzeit intensiver Beachtung geschenkt hatte. Auch Alföldi legt ein leidenschaftliches Bekenntnis zum Primat innerer über äußere Krisenfaktoren ab: Der militärische Notstand an den Reichsgrenzen sei sogar unmittelbare Folge des Verlusts an innerer Stabilität gewesen – und nicht etwa umgekehrt. Sämtliche Motive, die in der Forschung zum 3. Jahrhundert bis dahin angeklungen sind, sind auch in Alföldis Darstellung gegenwärtig: der gleichsam biologisch determinierte Lebensweg von Gesellschaften vom „Aufstieg" über ihre „Blüte" bis zum mit naturgesetzlicher Logik folgenden „Verfall"; das barbarische Element, das mit den Berufssoldaten an die Spitze des Reiches drängte und die Stelle der „erschöpften Italiker" einnahm; der Trend zur Despotie samt Auslese der Schlechtesten, die die Fundamente der klassischen Zivilisation unterhöhlten – all das verdichtet Alföldi zu einem Szenario der „Krise" bzw. „Weltkrise", die einen Wendepunkt in der römischen Geschichte markierte, zugleich aber die Verwandlung der antiken in die mittelalterliche Welt vorbereitete[13].

Bereits Alföldi hat Ende der 1920er Jahre den Begriff der „Soldatenkaiser" endgültig in der deutschsprachigen Forschung etabliert. Franz Altheim popularisiert ihn 1939 mit seinem gleichnamigen Buch, das als Band 1 die Schriftenreihe *Das Ahnenerbe* eröffnete, die von der wiederum von der SS finanzierten „Forschungs- und Lehrgemeinschaft das Ahnenerbe e.V." herausgegeben wurde. Altheim sieht hinter den das Reich erschütternden Bürgerkriegen ethnisch-rassische Spannungen am Wirken: Mit Septimius Severus, der als Befehlshaber der Donaulegionen 193 n. Chr. den Purpur usurpierte, habe der Siegeszug des „Illyriertums" begonnen, dessen Barbarentum der antiken Mittelmeerzivilisation zwar antithetisch gegenübergestanden, aber dennoch die Rettung der imperialen Mission auf sich genommen habe. So habe sich vor dem von Maximinus Thrax belagerten Aquileia der das Reich durchziehende „Nationalitäten- und Rassengegensatz" entladen, der zwischen den „femininen" mediterranen, „maskulinen" germanischen und schließlich den orientalischen „Rassen" bestanden habe. „Altheim at his best is a bold – sometimes perhaps definitely unsound – interpreter of archaeological and philological data", urteilt Arnaldo Momigliano in einer das Werk auf charmante Weise vernichtenden Rezension[14].

13 Alföldi 1938; Alföldi 1939a; Alföldi 1939b. Vgl. Alföldi 1927; Alföldi 1928; Alföldi 1930.
14 Altheim 1939; Momigliano 1945.

3. Der Teufel im Detail: Jenseits der großen Synthesen

Nach dem Krieg hatten große, mit steilen Thesen und mutigen Anachronismen aufwartende Synthesen, wie Rostovtzeff oder Altheim sie vorgelegt haben, keine Konjunktur mehr. Allenthalben widmete man sich der Erschließung neuer und der kritischen Interpretation bestehender Quellen. Und die flossen für die Zeit der Soldatenkaiser alles andere als reichlich. Lange ist deshalb die mittlere Kaiserzeit in den Hörsälen kaum präsent, in der Forschung findet sie vergleichsweise wenig Beachtung. So handelt der 1960 von Alfred Heuß herausgegebene 4. Band der Propyläen Weltgeschichte die Zeit zwischen dem Vierkaiserjahr 193 und der Machtübernahme Diokletians auf lediglich 37 von insgesamt über 700 Seiten ab, auf die eigentlichen Soldatenkaiser entfallen nur 19 Seiten. Eine Schattenexistenz führte das 3. Jahrhundert auch in der Fischer-Weltgeschichte. Im von Franz Georg Maier verfassten 9. Band, erschienen 1968, ist die „Reichskrise" dem Autor gerade einmal 10 Seiten wert, als Vorspiel für das „Imperium Romanum Christianum". Die im angelsächsischen Raum beliebte und ins Deutsche übersetzte Fontana Ancient History klammert das halbe Jahrhundert zwischen Maximinus Thrax und Carus gar ganz aus: Der von Colin Wells besorgte 6. Band endet mit der Usurpation des Thrakers, eines „brutalen und kulturlosen Riesen"; Averil Camerons später nachgereichter Überblick über die Spätantike beginnt mit dem „neuen Reich" Diokletians[15].

Aus der Reihe tanzt lediglich Joseph Vogts Beitrag zu „Kindlers Kulturgeschichte Europas", der 5., 1965 erschienene Band zur Spätantike. Vogt räumte der „Krise der antiken Welt im 3. Jahrhundert" breiten Raum ein, zeichnete ihre politischen, sozialen, wirtschaftlichen und geistesgeschichtlichen Dimensionen nach. Der Tübinger Althistoriker verbindet den damaligen Forschungsstand mit einer durchaus originellen Konzeption: Für Vogt ersetzten die severischen Kaiser den Prinzipat durch ihren „Absolutismus" und leiteten so die endgültige Nivellierung der Disparitäten zwischen Rom, Italien und den Provinzen ein. Zehn Jahre später fasst die bis dahin geleistete Forschungsarbeiten noch einmal eine Reihe von Beiträgen zum Band II. 2 des aus einer Festschrift für Vogt hervorgegangenen Monumentalwerks „Aufstieg und Niedergang der römischen Welt" zusammen: Xavier Loriot beleuchtet hier in zwei Aufsätzen die Zeit von Maximinus Thrax bis Philippus Arabs, weitere Beiträge gelten den kurzlebigen Kaisern Trebonianus Gallus und Aemilianus, der Herrschaft Valerians und seines Sohnes Gallienus, Aurelian sowie der späten Soldatenkaiserzeit von Tacitus bis Carus. Schwerpunkte waren politische Geschichte und Chronologie, nur ein Aufsatz ist explizit einem kulturgeschichtlichen Problem gewidmet: der vermeintlichen „Italicité", die Gallienus proklamiert haben soll; drei Aufsätze sind numisma-

---

15 Mann/Heuss 1960; Maier 1968; Wells 1985; Cameron 1994.

tisch ausgerichtet. Wenige grundsätzliche Erwägungen steuert allein die Einleitung des Byzantinisten Peter Charanis bei[16].

Seither hat die Forschung auf vielen Feldern unser Wissen entscheidend vermehrt: durch neue archäologische Funde und neue Inschriftenfunde, vor allem aber durch neue Methoden, die bekanntes Material in neuem Licht erstrahlen lassen. Die wohl spektakulärsten Neufunde stammen beide aus Deutschland: 1992 förderten Bauarbeiten den sogenannten Augsburger Siegesaltar zu Tage, der während der Regierungszeit des Kaisers Severus Alexander aufgestellt und später, nach dem Sieg über die durch Rätien abziehenden Semnonen und Juthungen, zur Anbringung einer Inschrift genutzt wurde, die den gallischen Kaiser Postumus nennt und damit entscheidend hilft, Chronologie und Ausdehnung des Gallischen Reiches besser zu verstehen. Noch weitaus wichtiger war die Entdeckung des Schlachtfelds am Harzhorn, durch die nachgewiesen werden konnte, dass römische Soldaten zur Zeit des Maximinus Thrax tief im germanischen Raum operierten – und das unter Einsatz schwersten Kriegsgerätes[17].

Weniger schlagzeilenträchtig, aber für die Forschung womöglich noch wichtiger, war die Neubewertung bestehender Quelleninventare, teilweise unter veränderten Fragestellungen, fast immer unter Heranziehung innovativer Methoden. So gelang Karlheinz Dietz bereits 1980 mit einer prosopographisch angelegten Arbeit der Nachweis, dass sich senatorische Karrieren in der späten Severer- und frühen Soldatenkaiserzeit noch wesentlich in den gewohnten Bahnen bewegten, die Kaiser ihr Spitzenpersonal noch weitgehend nach den Schemata des 2. Jahrhunderts rekrutierten. Zuvor hatte Frank Kolb eine völlige Neubewertung des Sechskaiserjahres 238 vorgelegt: Als Eigendynamik entwickelnde lokale Revolte deutete er die Usurpation der Gordiane, nicht als Symptom der fiskalischen Krise oder gar Ausdruck antibarbarischen Affekts der mediterranen Oberschichten. Fortan fanden die Kontinuitäten der langen Dauer, die den mit Maximinus beginnenden Zeitabschnitt mit der Severer- und sogar Antoninenzeit verbanden, stärkere Beachtung[18].

Ein stetig länger werdender Katalog von Arbeiten hat sich mit bestimmten Zeitabschnitten der „Krise" und vor allem einzelnen Herrschern befasst. Besondere Beachtung fand zunächst der erste „Soldatenkaiser", Maximinus Thrax. Später kamen andere, noch vergleichsweise prominente Köpfe unter den kurzlebigen Kaisern des 3. Jahrhunderts hinzu: Gallienus und Aurelian. Schließlich blieben für weitere Dissertationen im Sektor der Soldatenkaiserzeit nur die Brosamen übrig: schlecht bezeugte, kaum historisches Profil entwickelnde Herrscher wie Gordian III., Philippus Arabs

---

16 Vogt 1976. ANRW: Callu 1975; Charanis 1975; Christol 1975; Crawford 1975; Gagé 1975; Lafaurié 1975; Loriot 1975; Loriot 1975; Polverini 1975; Sotgiu 1975.

17 Bakker 1993; Pöppelmann 2013.

18 Dietz 1980; Kolb 1977. Die Kontinuitäten bis in die Jahrhundertmitte hat vor allem Körner 2002 betont.

und Probus. Wenn etliche – keineswegs alle – Qualifikationsarbeiten zu diesen Kaisern relativ ertragsarm bleiben, dann ist das einer desolaten Quellenlage geschuldet, die mono- oder gar biographische Zugänge eigentlich verbietet[19].

Besser ist es um Studien bestellt, die einen thematischen Zugang zur Geschichte des 3. Jahrhunderts eröffnen. Viel Beachtung haben die religiösen Weichenstellungen des Zeitalters gefunden. So würdigten die Christenverfolgungen Valerians und vor allem des Decius gleich mehrere Untersuchungen: Ihr gemeinsamer Grundton lautet, dass für Decius vor dem Hintergrund einer politischen Umbruchsituation die Stiftung eines positiven Reziprozitätsverhältnisses zwischen Menschen und Göttern und die Loyalität der Untertanen, die per Edikt erzwungen werden sollte, Priorität genossen. Nach Elagabal, der noch der Severerdynastie zugehörte, pflegte auch Aurelian ein besonderes Nahverhältnis zu einem bestimmten Gott: Sol Invictus. Die oft als „Religionspolitik" missverstandene Hinwendung einzelner Kaiser zu einem Gott stieß in der Forschung auf reges Interesse[20].

Schwerpunkte ereignis- und politikgeschichtlich ausgerichteter Untersuchungen waren die Kämpfe an Roms Grenzen, die Usurpationsneigung der Legionen und, immer wieder, die sogenannten „Sonderreiche" in West wie Ost. Zu Palmyra und seiner Rolle in der Politik des 3. Jahrhunderts liegt mit der Dissertation Udo Hartmanns eine solide, kaum Fragen offenlassende Studie vor; die Ereignisse um Odaenathus' Abwehr der Perser im Osten beleuchtet auch David Potters Arbeit zum 13. Sibyllinischen Orakel, die zusätzlich mit einer Edition des Textes und einem historischen Kommentar aufwarten kann. Grundlegende Erkenntnisse zum „Gallischen Reich" des Postumus und Tetricus, vor allem zur Numismatik und Chronologie, hat namentlich John. F. Drinkwaters einschlägige Monographie beigesteuert[21].

Noch immer ungeschrieben ist eine wirtschaftshistorische Gesamtdarstellung zum 3. Jahrhundert. An ihrer statt gibt es eine Fülle von Detailstudien, von denen viele den Veränderungen im römischen Währungssystem gelten. So konnte zweifelsfrei ermittelt werden, dass das Vertrauen in die Silbernominale durch die galoppierende Münzverschlechterung der Zeit bis Aurelian nicht nachhaltig erschüttert wurde; erst dessen Währungsreform brachte die Geldwirtschaft an den Rand des Kollapses. Auf

19 Maximinus Thrax: Bellezza 1964; Bersanetti 1965 und jetzt Börm 2008; Gallienus: Blois 1976; Kuhoff 1979 und jetzt Geiger 2013; Aurelian: Cizek 1994; Watson 1999; White 2005. Gordian III: Herrmann 2013; Philippus Arabs: Körner 2002; Valerian: Glas 2014; Probus: Kreucher 2003.

20 Allgemein: Molthagen 1975; Selinger 2004. Decius: Bleckmann 2006; Rives 1999. Elagabal: Frey 1989; Icks 2006; Icks 2011; Optendrenk 1969; Pietrzykowski 1986; Sommer 2004; Thompson 1979; Turcan 1985; Aurelian: Berrens 2004. Nicht angemessen Berücksichtigung finden kann hier die lange Bibliographie zum Christentum, vgl. aber Clarke 2005; Zilling 2004.

21 Palmyra: Hartmann 2001; Potter 1990; Sommer 2008; „Gallisches Reich": Drinkwater 1987; Fischer 2012; König 1981. Usurpationen: Flaig 1997; Hartmann 1982; Szidat 1989. Kriege im Osten: Dodgeon und Lieu 1991; Kettenhofen 1982; Winter 1988; Winter/Dignas 2001; Kriege im Westen: Goltz 2008; Goltz 2008.

den Prüfstand geriet, auch und gerade im Zusammenhang mit ökonomischen Fragen, der Krisenbegriff insgesamt. Tamara Lewits eingehende Untersuchung der landwirtschaftlichen Produktion im römischen Imperium des 3. Jahrhunderts macht plausibel, dass sich die agrarische Wirtschaftsleistung von Provinz zu Provinz uneinheitlich entwickelte. Eine allgemeine Wirtschaftskrise vermag auch Christian Witschel, der das epigraphische und archäologische Material aus den Westprovinzen ausschlachtet, nicht zu erkennen[22].

Darüber, dass der Begriff der „Krise" oder gar „Weltkrise" zu wenig differenzierend ist, um die Entwicklungen der Soldatenkaiserzeit zu beschreiben, besteht inzwischen hinreichend Einigkeit. Doch was folgt daraus? Regionale wirtschaftliche Disparitäten harren bis dato der genauen Quantifizierung. Solange nur Daten aus einzelnen Teilen des Reiches vorliegen, ein Gesamtbild aber fehlt, bleibt man auf Mutmaßungen angewiesen, will man etwa den Grad der wirtschaftlichen Integration, die Reichweite der Geldwirtschaft oder die Intensität der Vernetzung über Provinzgrenzen hinweg beschreiben. Karl Strobel hat sich in seiner Heidelberger Habilitationsschrift der Frage gestellt, inwiefern das Krisenparadigma überhaupt noch Anwendung auf die Zeit zwischen den Severern und Diokletian finden sollte: Wohl gebe es einzelne krisenhafte Zuspitzungen – so etwa die Zeit unmittelbar nach Valerians Niederlage bei Karrhai –, doch sei eine allumfassende „Reichskrise" oder ein entsprechendes Krisenbewusstsein, wie von Géza Alföldy behauptet, zu keinem Zeitpunkt nachweisbar[23].

Schließlich ist das Inventar an literarischen Quellen in den zurückliegenden Jahrzehnten einer grundlegenden kritischen Überprüfung unterzogen worden. Auf die Arbeiten zur Historia Augusta, der wohl problematischsten aller Quellen, näher einzugehen, würde den Rahmen dieses Aufsatzes sprengen. Grundlegendes an Forschung ist zu den spätantiken und frühbyzantinischen Historiker geleistet worden; entsprechende Untersuchungen führen heute weit hinaus über die Bestimmung der Quellen, aus denen die jeweiligen Autoren schöpften[24].

4. Ausblick: Neuer Mut zur Synthese

Angesichts der Ressourcen, die in den knapp 40 Jahren seit der Publikation des ANRW-Bandes auf Detailforschungen im Bereich des 3. Jahrhunderts verwandt wurden,

22 Zur Währung zusammenfassend: Corbier 2005; Wirtschaftsleistung: LEWIT 1991; WITSCHEL 1999. Einen nur bedingt überzeugenden marxistischen Deutungsversuch der „Krise" als „Klassenkampf" unternimmt MAZZA 1973.

23 STROBEL 1993. Zum Aspekt der Krise auch die Beiträge in HEKSTER 2007 sowie in QUET 2006. Krisenbewusstsein: ALFÖLDY 1989.

24 Pars pro toto: BLECKMANN 1992; BRECHT 1999.

überrascht nicht, dass die Epoche, gleichsam durch die Hintertür, in die noch immer von „klassischen" Themen dominierten Hörsäle zurückgefunden hat. Mittlerweile liegt eine stattliche Zahl von Handbüchern und Studienhandreichungen in durchweg guter Qualität vor. Als freilich für Studierende unerschwingliches Kompendium geballten Wissens empfiehlt sich das zweibändige, von Klaus-Peter Johne herausgegebene Sammelwerk „Die Zeit der Soldatenkaiser", das die etablierte und tatsächlich ja auch noch immer nicht obsolete Epochenbezeichnung im Namen trägt[25].

Sonst ist seit den Tagen Alföldis, der einst den Begriff prägte, kaum etwas beim Alten geblieben. Unser postmodernes Zeitalter steht historischen „Meistererzählungen" skeptisch bis ablehnend gegenüber. Lieber widmen wir uns der Kärrnerarbeit des Erschließens und Sammelns, wenn wir nicht gleich unsere Zuflucht zu „Diskursen" suchen, die uns davor bewahren, historischen Fakten auf den Grund gehen zu müssen. Doch wozu das alles? Die Mission des Historikers, und der Historikerin nicht minder, besteht noch immer darin, aus der unübersehbaren Fülle der Fakten Sinn zu schaffen. Wir alle tun dies, indem wir sie mit unseren Idealtypen bändigen; indem wir ausufernde Komplexität auf ein verstehbares Mindestmaß reduzieren.

Die Forschung der letzten 40 Jahre hat uns aber gerade die Komplexität, verwirrende Vielschichtigkeit und auch Widersprüchlichkeit des Zeitalters, das hier zur Debatte steht, sehen gelehrt. Sie hat sich mit pauschalen Urteilen, anders als andere Generationen, mit gutem Grund zurückgehalten. Auch die zeitgemäß sich gebende Althistorie freilich hat, implizit oder explizit, die Fakten ihrem Bild von der antiken Geschichte, vom römischen Imperium, seiner Kultur, Gesellschaft, Religion oder Wirtschaft, untergeordnet, ja gefügig gemacht. Diejenigen, die archäologischen Zeugnissen den Primat vor Texten zubilligen und die Paradigmen von Sozial- und Kulturgeschichte der „harten" Politikgeschichte vorziehen, würden die Bedeutung der Krise eher gering veranschlagen, meinte jüngst der in Chicago lehrende Althistoriker Clifford Ando. Er hat unlängst, mit einem mutigen, weil Position beziehenden Buch das Szenario einer Epoche „of serious disintegration and truly profound political upheaval" entworfen, damit die Relativierungen der Krise seinerseits relativiert und die Umrisse einer – im Sinne Max Webers – „verstehenden" Geschichte des 3. Jahrhunderts an die Wand gezeichnet: einer Geschichte, die nicht der Frage ausweicht, warum eigentlich sie uns interessieren soll; die Politik- und Ereignisgeschichte zu ihrem Recht verhilft, ohne die anderen Dimensionen von Geschichte auszublenden; die Antworten auf drängende Fragen sucht – vor allem die, weshalb das Imperium an seinem „kritischen Jahrhundert" nicht zerbrach. Es braucht, ein Jahrhundert nach Weber und Rostovtzeff, Mut zu neuer Synthese[26]!

---

25 Johne 2008. An Überblicksdarstellungen besteht auch sonst kein Mangel, wobei die Epochengrenzen sehr unterschiedlich gezogen sind: Christol 1997; Hekster 2008; Potter 2004; Sommer 2010.
26 Ando 2012.

Bibliographie

ALFÖLDI 1927 – A. ALFÖLDI, Zur Kenntnis der Zeit der römischen Soldatenkaiser. 1. Der Usurpator Aureolus und die Kavalleriereform des Gallienus, *Zeitschrift für Numismatik* 37, 1927, 197–212.

ALFÖLDI 1928 – A. ALFÖLDI, Zur Kenntnis der Zeit der römischen Soldatenkaiser. 2. Das Problem des „verweiblichten" Kaisers Gallienus, *Zeitschrift für Numismatik* 38, 1928, 156–203.

ALFÖLDI 1930 – A. ALFÖLDI, Zur Kenntnis der Zeit der römischen Soldatenkaiser. 3. Die Besiegung eines Gegenkaisers im Jahre 263, *Zeitschrift für Numismatik* 40, 1930, 1–15.

ALFÖLDI 1938 – A. ALFÖLDI, La grande crise du monde romain au IIIe siècle, *Antiquité Classique* 7, 1938, 5–18.

ALFÖLDI 1939a – A. ALFÖLDI, The crisis of the empire (A.D. 249–270), in: F. E. ADCOCK/S. A. COOK (Hg.), Cambridge Ancient History, Bd. 12: The imperial crisis and recovery. A.D. 193–324, Cambridge 1939[1], 165–231.

ALFÖLDI 1939b – A. ALFÖLDI, The invastions of the peoples from the Rhine to the Black Sea, in: F. E. ADCOCK/S. A. COOK (Hg.), Cambridge Ancient History, Bd. 12: The imperial crisis and recovery. A.D. 193–324, Cambridge 1939[1], 138–164.

ALFÖLDY 1989 – G. ALFÖLDY, Die Krise des Römischen Reiches Geschichte. Geschichtsschreibung und Geschichtsbetrachtung. Ausgewählte Beiträge, Stuttgart 1989.

ALTHEIM 1939 – F. ALTHEIM, Die Soldatenkaiser, Frankfurt am Main 1939.

ANDO 2012 – C. ANDO, Imperial Rome AD 193 to 284. The critical century (The Edinburgh history of ancient Rome, Bd. 6), Edinburgh 2012.

BAKKER 1993 – L. BAKKER, Raetien unter Postumus. Das Siegesdenkmal einer Juthungenschlacht im Jahre 260 n. Chr. aus Augsburg, *Germania* 71, 1993, 369–386.

BELLEZZA 1964 – A. BELLEZZA, Massimino il Trace, Genova 1964.

BERRENS 2004 – S. BERRENS, Sonnenkult und Kaisertum von den Severern bis zu Constantin I. (193–337 n. Chr.), Stuttgart 2004.

BERSANETTI 1965 – G. M. BERSANETTI, Studi sull'imperatore Massimino il Trace (Studia historica, Bd. 12), Roma 1965.

BLECKMANN 1992 – B. BLECKMANN, Die Reichskrise des III. Jahrhunderts in der spätantiken und byzantinischen Geschichtsschreibung. Untersuchungen zu den nachdionischen Quellen der Chronik des Johannes Zonaras (Quellen und Forschungen zur Antiken Welt, Bd. 11), München 1992.

BLECKMANN 2006 – B. BLECKMANN, Zu den Motiven der Christenverfolgung des Decius, in: K.-P. JOHNE/T. GERHARDT/U. HARTMANN (Hg.), Deleto paene imperio Romano. Transformationsprozesse des Römischen Reiches im 3. Jahrhundert und ihre Rezeption in der Neuzeit, Stuttgart 2006, 57–71.

BLOIS 1976 – L. DE BLOIS, The policy of the emperor Gallienus, Leiden 1976.

BÖRM 2008 – H. BÖRM, Die Herrschaft des Kaisers Maximinus Thrax und das Sechskaiserjahr 238. Der Beginn der „Reichskrise"?, *Gymnasium* 115, 2008, 69–86.

BRECHT 1999 – S. BRECHT, Die römische Reichskrise von ihrem Ausbruch bis zu ihrem Höhepunkt in der Darstellung byzantinischer Autoren, Rahden 1999.

BURCKHARDT 1954 – J. BURCKHARDT, Die Zeit Constantins des Großen, Frankfurt a. M. 1954.

BURCKHARDT 1978 – J. BURCKHARDT, Weltgeschichtliche Betrachtungen (Kröners Taschenausgabe, Bd. 55), Stuttgart 1978.

CALLU 1975 – J.-P. CALLU, Approches numismatiques de l' histoire du IIIe Siècle (238 à 311), in: ANRW II 2, 1975, 594–613.

CAMERON 1994 – A. CAMERON, Das späte Rom. 284–430 n. Chr, München 1994.

CHARANIS 1975 – P. CHARANIS, Observations on the transformation of the Roman world in the third century, in: ANRW II 2, 1975, 551–559.

CHRISTOL 1975 – M. CHRISTOL, Les règnes de Valérien et de Gallien (253–268): travaux d' ensemble, questions chronologiques, in: ANRW II 2, 1975, 803–827.

CHRISTOL 1997 – M. CHRISTOL, L' empire romain du IIIe siècle. Histoire politique (de 192, mort de Commode, à 325, concile de Nicée), Paris 1997^{2}.

CIZEK 1994 – E. CIZEK, L'empereur Aurélien et son temps, Paris 1994.

CLARKE 2005 – G. CLARKE, Third-century Christianity, in: A. K. BOWMAN/P. GARNSEY/A. CAMERON (Hg.), Cambridge Ancient History, Bd. 12: The crisis of empire. A.D. 193–337, Cambridge 2005^{2}, 589–671.

CORBIER 2005 – M. CORBIER, Coinage, society and economy, in: A. K. BOWMAN/P. GARNSEY/ A. CAMERON (Hg.), Cambridge Ancient History, Bd. 12: The crisis of empire. A.D. 193–337, Cambridge 2005^{2}, 393–439.

CRAWFORD 1975 – M. H. CRAWFORD, Finance, coinage and money from the Severans to Constantine, in: ANRW II 2, 1975, 560–593.

DIETZ 1980 – K. DIETZ, Senatus contra principem. Untersuchungen zur senatorischen Opposition gegen Kaiser Maximinus Thrax (Vestigia, Bd. 29), München 1980.

DODGEON UND LIEU 1991 – M. H. DODGEON/S. N. C. LIEU, The Roman eastern frontier and the Persian Wars (AD 226–363). A documentary history, London 1991.

DRINKWATER 1987 – J. F. DRINKWATER, The Gallic Empire. Separatism and continuity in the north-western provinces of the Roman Empire, A.D. 260–274 (Historia Einzelschriften, Bd. 52), Stuttgart 1987.

FISCHER 2012 – H. T. FISCHER (Hg.), Die Krise des 3. Jahrhunderts n. Chr. und das Gallische Sonderreich. Akten des interdisziplinären Kolloquiums Xanten 26. bis 28. Februar 2009 (Schriften des Lehr- und Forschungszentrums für die antiken Kulturen des Mittelmeerraumes – Centre for Mediterranean Cultures, Bd. 8), Wiesbaden 2012.

FLAIG 1997 – E. FLAIG, Für eine Konzeptionalisierung der Usurpation im spätrömischen Reich, in: F. PASCHOUD/J. SZIDAT (Hg.), Usurpationen in der Spätantike, Stuttgart 1997, 15–34.

FREY 1989 – M. FREY, Untersuchungen zur Religion und zur Religionspolitik des Kaisers Elagabal (Historia Einzelschriften, Bd. 62), Stuttgart 1989.

GAGÉ 1975 – J. GAGÉ, Programme d' »italicité« et nostalgies d' hellénisme autour de Gallien et Salonine. Quelques problèmes de „paideia" impériale au IIIe siècle, in: ANRW II 2, 1975, 828–852.

GEIGER 2013 – M. GEIGER, Gallienus, Frankfurt am Main 2013.

GIBBON 1994 – E. GIBBON, The decline and fall of the Roman Empire, London 1994.

GLAS 2014 – T. GLAS, Valerian. Kaisertum und Reformansätze in der Krisenphase des römischen Reiches, Paderborn 2014.

GOLTZ 2008 – A. GOLTZ, Die Völker an der mittleren und nordöstlichen Reichsgrenze, in: K.-P. JOHNE/ U.A. (Hg.), Die Zeit der Soldatenkaiser Bd. 1, Berlin 2008, 449–464.

GOLTZ 2008 – A. GOLTZ, Die Völker an der nordwestlichen Rheingrenze (Rhein und obere Donau), in: K.-P. JOHNE/U.A. (Hg.), Die Zeit der Soldatenkaiser Bd. 1, Berlin 2008, 427–447.

HARTMANN 1982 – F. HARTMANN, Herrscherwechsel und Reichskrise. Untersuchungen zu den Ursachen und Konsequenzen der Herrscherwechsel im Imperium Romanum der Soldatenkaiserzeit (3. Jahrhundert n. Chr.), Frankfurt am Main 1982.

HARTMANN 2001 – U. HARTMANN, Das palmyrenische Teilreich (Oriens et Occidens, Bd. 2), Stuttgart 2001.

HEKSTER 2008 – O. HEKSTER, Rome and its Empire. AD 193–284, Edinburgh 2008.

HEKSTER 2007 – O. HEKSTER, G. D. KLEIJN/D. SLOOTJES, Crises and the Roman Empire. Proceedings of the seventh workshop of the International Network Impact of Empire (Nijmegen, June 20–24, 2006), Leiden 2007.

HERRMANN 2013 – K. HERRMANN, Gordian III. Kaiser einer Umbruchszeit, Speyer 2013.

Icks 2006 – M. Icks, Priesthood and imperial power. The religious reforms of Heliogabalus, in: L. d. Blois/P. Funke/J. Hahn (Hg.), The impact of imperial Rome on religions, ritual and religious life in the Roman Empire. Proceedings of the fifth workshop of the international network Impact of Empire (Roman Empire, 200 BC – AD 476), Leiden 2006, 169–178.

Icks 2011 – M. Icks, The crimes of Elagabalus. The life and legacy of Rome's decadent boy emperor, London 2011.

Johne 2008 – K.-P. Johne/u.a. (Hg.), Die Zeit der Soldatenkaiser. Krise und Transformation des Römischen Reiches im 3. Jahrhundert n. Chr. (235–284), Berlin 2008.

Kettenhofen 1982 – E. Kettenhofen, Die römisch-persischen Kriege des 3. Jahrhunderts n. Chr. nach der Inschrift Šāhpurs I. an der Ka'be-ye Zartošt (ŠKZ), Wiesbaden 1982.

Kolb 1977 – F. Kolb, Der Aufstand der Provinz Africa Proconsularis im Jahr 238 n. Chr., *Historia* 26, 1977, 440–477.

König 1981 – I. König, Die gallischen Usurpatoren von Postumus bis Tetricus, München 1981².

Körner 2002 – C. Körner, Philippus Arabs. Ein Soldatenkaiser in der Tradition des antoninisch-severischen Prinzipats, Berlin 2002.

Kreucher 2003 – G. Kreucher, Der Kaiser Marcus Aurelius Probus und seine Zeit, Stuttgart 2003.

Kuhoff 1979 – W. Kuhoff, Herrschertum und Reichskrise. Die Regierungszeit der römischen Kaiser Valerianus und Gallienus (253–268 n. Chr.) (Kleine Hefte der Münzsammlung an der Ruhr-Universität Bochum, Bd. 4/5), Bochum 1979.

Kuhoff 2004 – W. Kuhoff, Aktuelle Perspektiven der Diokletian-Forschung, in: A. Demandt/ A. Goltz/H. Schlange-Schöningen (Hg.), Diokletian und die Tetrarchie. Aspekte einer Zeitenwende (Millennium. Studien zu Kultur und Geschichte des ersten Jahrtausends n. Chr., Bd. 1), Berlin 2004, 10–26.

Lafaurié 1975 – J. Lafaurié, L' empire Gaulois. Apport de la numismatique, in: ANRW II 2, 1975, 853–1012.

Pöppelmann 2013 – H. Pöppelmann/K. Deppmeyer/W.-D. Steinmetz (Hg.), Roms vergessener Feldzug : die Schlacht am Harzhorn (Veröffentlichungen des Braunschweigischen Landesmuseums, Stuttgart 2013.

Lewit 1991 – T. Lewit, Agricultural production in the Roman economy, A.D. 200–400 (BAR. International series, Bd. 568), Oxford 1991.

Loriot 1975 – X. Loriot, Chronologie du règne de Philippe l' Arabe (244–249 après J.C.), Aufstieg und Niedergang der römischen Welt II 2, 1975, 788–797.

Loriot 1975 – X. Loriot, Les premières années de la grande crise du IIIe siècle. De l'avènement de Maximin le Thrace (235) à la mort de Gordien III (244), Aufstieg und Niedergang der römischen Welt II 2, 1975, 657–787.

Maier 1968 – F. G. Maier, Die Verwandlung der Mittelmeerwelt (Fischer Weltgeschichte, Bd. 9), Frankfurt am Main 1968.

Mann/Heuss 1960 – G. Mann/A. Heuss (Hg.), Propyläen-Weltgeschichte. Eine Universalgeschichte, Berlin 1960³.

Mazza 1973 – M. Mazza, Lotte sociali e restaurazione autoritaria nel III secolo d.C., Roma 1973.

Molthagen 1975 – J. Molthagen, Der römische Staat und die Christen im zweiten und dritten Jahrhundert (Hypomnemata, Bd. 28), Göttingen 1975².

Momigliano 1945 – A. Momigliano, Review of Franz Altheim, Die Soldatenkaiser, *JRS* 35, 1945, 129–131.

Mommsen 1992 – T. Mommsen, Römische Kaisergeschichte, München 1992.

Niebuhr 1844–45 – B. G. Niebuhr, Römische Geschichte von dem ersten punischen Kriege bis zum Tode Constantins, Jena 1844–45.

Optendrenk 1969 – T. Optendrenk, Die Religionspolitik des Kaisers Elagabal im Spiegel der Historia Augusta (Habelts Dissertationsdrucke. Reihe Alte Geschichte, Bd. 6), Bonn 1969.

PIETRZYKOWSKI 1986 – M. PIETRZYKOWSKI, Die Religionspolitik des Kaisers Elagabal, Aufstieg und Niedergang der römischen Welt II 16, 3, 1986, 1806–1825.

POLVERINI 1975 – L. POLVERINI, Da Aureliano a Diocleziano, in: ANRW II 2 (1975), 1013–1035.

POTTER 1990 – D. S. POTTER, Prophecy and history in the crisis of the Roman empire. A historical commentary on the thirteenth Sibylline Oracle, Oxford 1990.

POTTER 2004 – D. S. POTTER, The Roman Empire at bay. AD 180–395, London 2004.

QUET 2006 – M.-H. QUET (Hg.), La „crise" de l'Empire romain. De Marc-Aurèle à Constantin. Mutations, continuités, ruptures, Paris 2006.

RIVES 1999 – J. B. RIVES, The decree of Decius and the religion of the Empire, *JRS* 89, 1999, 135–153.

ROSTOVTZEFF 1929 – M. ROSTOVTZEFF, Gesellschaft und Wirtschaft im Römischen Kaiserreich, Leipzig 1929.

SEECK 1921 – O. SEECK, Geschichte des Untergangs der antiken Welt, Darmstadt 1921[4].

SELINGER 2004 – R. SELINGER, The mid-third century persecutions of Decius and Valerian, Frankfurt am Main 2004[2].

SOMMER 2004 – M. SOMMER, Elagabal – Wege zur Konstruktion eines ‚schlechten' Kaisers, *Scripta Classica Israelica* 23, 2004, 95–110.

SOMMER 2008 – M. SOMMER, Der Löwe von Tadmor. Palmyra und der unwahrscheinliche Aufstieg des Septimius Odaenathus, *HZ* 287, 2008, 281–318.

SOMMER 2010 – M. SOMMER, Die Soldatenkaiser (Geschichte kompakt, Darmstadt 2010[2].

SOTGIU 1975 – G. SOTGIU, Treboniano Gallo Ostiliano Volusiano Emiliano (1960–1971), in: ANRW II 2, 1975, 798–802.

STROBEL 1993 – K. STROBEL, Das Imperium Romanum im „3. Jahrhundert". Modell einer historischen Krise? Zur Frage mentaler Strukturen breiterer Bevölkerungsschichten in der Zeit von Marc Aurel bis zum Ausgang des 3. Jh. n. Chr, Stuttgart 1993.

SZIDAT 1989 – J. SZIDAT, Usurpationen in der römischen Kaiserzeit. Bedeutung, Gründe, Gegenmaßnahmen, in: H. E. HERZIG/R. FREI-STOLBA (Hg.), Labor omnibus unus. Festschrift Gerold Walser, Stuttgart 1989, 232–243.

THOMPSON 1979 – G. R. THOMPSON, Elagabalus. Priest-emperor of Rome, Ann Arbor, Michigan 1979.

TILLEMONT 1732 – L. D. TILLEMONT, Mémoires pour servis à l'histoire ecclésiastique des six premiers siècles, Venedig, 1732.

TURCAN 1985 – R. TURCAN, Héliogabale et le sacre du soleil, Paris 1985.

VOGT 1976 – J. VOGT, Die Spätantike. Metamorphose der antiken Kultur (Kindlers Kulturgeschichte Europas, Bd. 5), Zürich 1976[2].

WATSON 1999 – A. WATSON, Aurelian and the third century, London 1999.

WEBER 2006 – M. WEBER, Die sozialen Gründe des Untergangs der antiken Kultur, in: M. WEBER (Hg.), Zur Sozial- und Wirtschaftsgeschichte des Altertums, Bd. I/6, Tübingen 2006, 99–127.

WELLS 1985 – C. M. WELLS, Das römische Reich, München 1985.

WHITE 2005 – J. F. WHITE, Restorer of the world. The Roman Emperor Aurelian, Staplehurst 2005.

WINTER 1988 – E. WINTER, Die sasanidisch-römischen Friedensverträge des 3. Jahrhunderts n. Chr. Ein Beitrag zum Verständnis der aussenpolitischen Beziehungen zwischen den beiden Grossmächten, Frankfurt am Main 1988.

WINTER/DIGNAS 2001 – E. WINTER/B. DIGNAS, Rom und das Perserreich. Zwei Weltmächte zwischen Konfrontation und Koexistenz, Berlin 2001.

WITSCHEL 1999 – C. WITSCHEL, Krise – Rezession – Stagnation? Der Westen des römischen Reiches im 3. Jahrhundert n. Chr., Frankfurt am Main 1999.

ZILLING 2004 – H. M. ZILLING, Tertullian. Untertan Gottes und des Kaisers, Paderborn 2004.

A.J.B. Sirks, Oxford

Das Recht der Soldatenkaiser

Zusammenfassung: Haben Rechtsprechung und Gesetzgebung unter den politischen Unruhen zwischen 235 und 285 gelitten oder können wir Kontinuitäten mit der vorherigen Zeit beobachten? Die Quellen stellen uns dabei vor Probleme, weil sie fast ausschließlich aus Reskripten bestehen und daher nur einen, wenn auch wichtigen, Aspekt kaiserlicher Rechtsaktivität widerspiegeln. Eine Analyse dieser Reskripte wie sie im justinianischen Codex erhalten sind zeigt, dass alle Bereiche des Rechts abgedeckt werden, insofern als sie nicht durch spätere Gesetze ersetzt wurden. Aber ist dieser Codex repräsentativ für die kaiserliche Rechtsprechung allgemein? Statistisch gesehen müssen Kaiser mit sehr kurzen Herrschaftsperioden ausgeschlossen werden. Für diejenigen, deren Herrschaftsperioden lang genug waren, um eine umfangreiche Reskripttätigkeit zu erlauben, scheint sich, mit Ausnahme Aurelians, der Befund mit den Aussagen der *Historia Augusta* und Herodians zu decken: Gute Kaiser waren aktiv, schlechte nicht. Im Falle Aurelians ist die einzige denkbare Erklärung eine Leerstelle in den Quellen, die dem Autor des *Codex Gregorianus* zur Verfügung standen. Bei aller Vorsicht lässt sich daher sagen, dass die kaiserliche Rechtsprechung (mit der Unterstützung der Bürokratie) mit derselben Intensität fortgesetzt wurde wie bisher, wobei Abweichungen dem individuellen Interesse einzelner Kaiser geschuldet sind.

Abstract: Did jurisdiction and legislation suffer from the political unrest in the period from 235 to 285 or do we see continuity with the preceding period? The sources are challenging since they almost exclusively consist of rescripts and thus represent only one (but an important) aspect of imperial legal activity. An analysis of these rescripts as transmitted in Justinian's Code shows that all fields of law are represented in them insofar as they can be shown not to have been replaced by later legislation. But are they also representative of the activity of the emperors in general? Statistically speaking those emperors with very short reigns have to be discarded. Regarding those whose reigns were long enough to allow for a substantial productivity through rescripts, it appears that with the exception of Aurelian the evidence corresponds with what the *Historia Augusta* and Herodian tell us: good emperors were active, bad emperors were not. In the case of Aurelian the only explanation that can be offered is a deficit in the sources the author of the *Codex Gregorianus* had at his disposal. With due reservations the conclusion is that imperial legal activity (with the help of its bureaucracy) continued just as prominently as before, with variations being due to the individual efforts of the emperors.

1. Ziel dieses Beitrages ist es, der Frage nachzugehen, wie es im Allgemeinen um die Rechtsschöpfung in der Periode 235–284 (üblicherweise als jene der Soldatenkaiser bezeichnet) stand, d.h., ob diese eine Fortsetzung mit Blick auf Umfang und Niveau der Rechtsschöpfung unter den Severern darstellte, oder ob es Unterschiede gibt. Bezüglich des Letzteren gibt es einen 1973 erschienenen Aufsatz von Alan Watson über das Recht der Kaiser Carus, Numerianus und Carinus (282–285), der vor allem ihre Reskripte behandelte. Sein Urteil war: „the legal standard of the jurists of the Imperial Chancellery was certainly not contemptible" und „the quality of decision is reasonably high (...)"[1], was bedeutet, dass es keinen Niedergang der rechtlichen Produktion gegeben hat. Ihm fiel weiter auf, dass 11 von 26 Reskripten direkt an Petenten in den Provinzen gerichtet waren, nicht an Anfragende in Rom. Aber trifft dieses günstige Urteil auch auf die anderen Kaiser zu? Und wie stand es mit dem Recht im Allgemeinen? Verschiedene Fragen verdienen Beachtung:

- Hat es in dieser Periode eine Strömung oder Unterbrechung in der kaiserlichen Rechtsverarbeitung gegeben oder gibt es keine wesentliche Unterbrechung und ging alles seinen Gang wie vorher?
- Könnte eine Unterbrechung in der Reskriptenpraxis auch eine Unterbrechung in anderer Hinsicht bedeuten?
- Gibt es Gebiete, in denen es keine weitere Rechtsbildung gab?
- Inwieweit waren Reskripte ein Kanzleiprodukt? Inwieweit waren die Kaiser daran beteiligt? Kann man von einer Einflussnahme der Kaiser reden? Gibt es in dieser Hinsicht Unterschiede zwischen den Herrschern?
- Können wir etwas über die kaiserliche Kanzlei in diesem Zusammenhang sagen?
- Gibt es Rechtsbereiche, in welchen in dieser Zeit weniger oder mehr Recht produziert wurde als sonst?
- Gibt es einen Zusammenhang zwischen Krieg und Rechtsproduktion oder bedeutete Krieg eine Behinderung der Rechtspflege?
- Können wir einen geographischen Zusammenhang zwischen Feldzügen und Reskripten feststellen?
- Gibt es gewisse Themen in Reskripten, die für die fünfzig Jahre der Soldatenkaiser typisch sind?

Kurz zusammengefasst, ist zu fragen, ob die fünfzig Jahre (und es wäre schön gewesen, wenn es auch fünfzig Kaiser gegeben hätte) einen Bruch mit der Vergangenheit und einen Niedergang (Vulgarisierung) in Gesetzgebung und Rechtspflege darstellen, oder ob dieses Urteil verfehlt ist. Ich werde nicht all diese Fragen beantworten können. Sie dienen in erster Linie dazu, eine Vorstellung von der Problematik zu geben und aufzuzeigen, in welche Richtung ich gehen möchte.

2. Da es sich hier um eine statistische Auswertung handelt, müssen wir uns auf eine Quelle beschränken, die einen Vergleich zwischen den Kaisern tatsächlich möglich

1 WATSON 1973, 33.

macht. Das ist grundsätzlich der Codex Gregorianus, denn dieser enthält eine Sammlung von Reskripten mit den Namen aller Kaiser zwischen 117/138–296[2].

3. Zunächst aber sind gewisse methodologische Probleme anzugehen.
3a. War der *Codex Gregorianus* eine Auswahl, repräsentativ oder willkürlich, oder eine allumfassende Sammlung aller juristischen Reskripte aus der genannten Periode? Dieser Punkt wird unter 4. angesprochen.
3b. Welchen Stellenwert hatten die Reskripte im Vergleich zu anderen Möglichkeiten der Kaiser, Recht zu schaffen, d.h., in welchem Verhältnis stehen sie zu den anderen Rechtsquellen? In welchen Formen wurde Recht in jener Zeit geschaffen? Es gab keine *leges rogatae* mehr und auch keine Senatuskonsulten. An Stelle letzterer gab es jetzt *orationes in senatu habita*, die Gesetzeskraft erlangten, nachdem sie protokolliert im Archiv abgelegt waren. Edikte gab es selbstverständlich auch. Indirektere Quellen des Rechts waren Dekrete in Rechtsstreitigkeiten, Antworten auf Bittschriften (Reskripte), Mandate und vermutlich auch schon ediktale Briefe, obgleich letztere m.E. eher dem 4. Jh. angehören.
3c. Wie sind die Reskripte überliefert? Die Überlieferung ist fragmentarisch oder einseitig. In literarischen und kirchlichen Schriften sowie epigraphisch sind einige überliefert. Der Hauptteil der Überlieferung stammt aus den juristischen Schriften, freilich meist aus späterer Zeit und in den meisten Fällen auch nur indirekt. So finden sich in den Digesten Fragmente spätklassischer Autoren, die kaiserliche Konstitutionen erwähnen. Reskripte aus der Zeit 117–296 wurden im *Codex Gregorianus* gesammelt, von dem aber nur sehr wenige Texte direkt überliefert sind (im sog. Breviar des Alarich). Viele sind uns durch ihre Aufnahme in den *Codex Justinianus* überliefert, aber auch dann ist unsicher ob die Kompilatoren den Text nicht geändert haben, und ebenso in welchem Titel sie ursprünglich standen. Auch wäre es falsch, sich mit Blick auf die Inskriptionen und Subskriptionen in Sicherheit zu wiegen, weil diese den am schlechtesten überlieferten Teil des *Codex Justinianus* darstellen. Sowohl die Adressaten als auch die Urheberschaft und die Datierung der dort überlieferten Reskripte sind mithin keineswegs sicher. Ein weiterer nicht zu unterschätzender Faktor ist die Auswahlentscheidung der justinianischen Kompilatoren: Ihre Wahl eines bestimmten Reskriptes hing von der späteren Gesetzgebung ab. Wo viel erneuert war, hatte das Alte seine Bedeutung verloren, die Kompilatoren sollten daher nur noch Gültiges

---

2 Über den *Codex Gregorianus*: WENGER 1953, 534–535; ROTONDI 1922, 110–283; SPERANDIO 2005, bes. 331–375 über System und Rekonstruktion des Codex Gregorianus. Laut Rotondi stehen die Bücher II–IX des *Codex Justinianus* mit den Büchern I–XIV des *Gregorianus* in Konkordanz. SPERANDIO 2005, 339 Fn. 181, stimmt insoweit zu. Beide Autoren aber beschäftigen sich nicht mit der Frage nach der Repräsentativität der im *Codex Justinianus* erhaltenen Texte für die Reskriptenpraxis und das Recht des 3. Jahrhunderts.

in den Codex aufnehmen. Nach alldem müssen wir damit rechnen, dass die Kompilation auch zu einem Ausfall geführt hat[3].

Dazu eine letzte Frage: Verfügten die justinianischen Kompilatoren über einen vollständigen *Codex Gregorianus*? Da die meisten Jahre ab den Severern in ihm enthalten sind, und auch in den wesentlichen Rechtsbereichen Reskripte aus dem *Codex Gregorianus* vorhanden sind (siehe hiernach, **4.**), dürfen wir annehmen, dass ihre Vorlage vollständig war.

3d. Sind also die Reskripte des *Codex Gregorianus*, auch wenn sie überwiegend im *Codex Justinianus* überliefert, zur Analyse geeignet, stellt sich nichtsdestoweniger die Frage, ob der *Codex Gregorianus* alle juristischen Reskripte umfasste (wir gehen davon aus, dass er keine nicht-juristischen Reskripte umfasste), oder ob der Verfasser eine Auswahl gemacht, das heißt nur die bedeutenderen Reskripte aufgenommen hat?

3e. Ein Reskript wurde als Antwort auf einen individuellen Fall abgegeben und nur wenn ein Dritter sich die Mühe gab, den Text abzuschreiben, konnte der Inhalt breitere Wirkung erlangen. Wie bei ihrer Aufnahme in den Juristenschriften, haben die Reskripte durch die Sammlung des *Codex Gregorianus* eine größere Bedeutung gewonnen als alle anderen Rechtsbildungsinstrumente.

4. Coriat hat in seinem Buch „Le prince législateur" einen statistischen Überblick von den Quellen für die Severerzeit gegeben. Er hat 1365 Entscheidungen gefunden, von denen 1200 Reskripte waren, 68 Dekrete, 15 Edikte, 4 Mandate, 3 *senatusconsulta*, 7 *leges datae* und 68 unbestimmter Herkunft[4]. Aber Coriat hat auch Quellen außerhalb des *Codex Gregorianus* verwendet, z.B. die Juristenschriften bis zu den Severern, wodurch das Verhältnis zwischen diesen Kaisern und den Soldatenkaisern verzerrt ist. Die Zahl der Severerreskripte im *Codex Gregorianus* beträgt 853, wenn man die Ausgabe im *Codex Justinianus*, *editio sterotypa*, zugrunde legt[5]. Dieser Unterschied zu Coriat ist hier nicht weiter von Bedeutung. Es genügt, dass Coriats Zahl das relative Gewicht der Reskripte für unsere Kenntnisse zeigt, und zugleich, dass wir weniger über wichtige andere Quellen (Dekrete, wohl auch Edikte) wissen als dies wünschenswert wäre. Somit sind wir auf die Reskripte angewiesen. Mit „dem Recht der Soldatenkaiser" ist in dieser Untersuchung mithin das Recht in den Reskripten gemeint.

---

3 Siehe Sirks 2013, 129–130: ein Viertel bis die Hälfte der Titel im Codex Theodosianus wurden in den Codex Justinianus übernommen.

4 Coriat 1997, 156; wichtige Teile bes. 23–157. Diese Entscheidungen stammen von Septimius Severus (576), Caracalla (330), Macrinus (2), Heliogabalus (7) und Alexander Severus (450). Das ergibt Durchschnitte von jeweils 2,8; 3,9; –; –; 1,56 Entscheidungen pro Monat. Sperandio 2005, 331–375 behandelt zwar das System des Codex Gregorianus und rekonstruiert den Aufbau der Bücher und Titel, geht aber nicht auf die Beziehung der Codices Gregorianus und Justinianus ein. Sperandio erwähnt auf 339 in Fn. 181 Rotondi, nach dem C.II–IX auf CGr I–XIV modelliert war.

5 Genommen wurde die *editio stereotypa nona* von 1914.

4b. Leider gibt es bezüglich der Reskripte keinen Vergleich zur späteren Zeit, weil der *Codex Theodosianus* keine Reskripte enthält. Fest steht immerhin, dass sie auch im 4. Jahrhundert erlassen wurden.

4c. Stellte der *Codex Gregorianus* nur eine Auswahl dar, wie grundsätzlich auch die Reskripte, wie sie in den *Codex Justinianus* aufgenommen wurden? Diese Frage ist nicht mit Sicherheit zu beantworten. Das Ergebnis der Forschungen Coriats legt nahe, dass bestenfalls zwei Drittel der severischen Konstitutionen (die meisten Reskripte) mittels des *Codex Justinianus* überliefert sind. Aber ob diese Reduktion der Auswahlentscheidung des gregorianischen Kompilators oder jener der justinianischen Kompilatoren geschuldet ist, ist nicht zu entscheiden. Gegen eine Auswahl durch den ersteren spricht, dass viele Reskripte mehr bestätigend als erneuernd sind und vorrangig über die Linie der Kanzlei und den dogmatischen Kurs, dem sie folgte, informieren. Sie illustrieren daher eher Kontinuität und Rechtssicherheit. Wäre es anders, würden wir nur oder doch vorrangig richtungweisende Reskripte erwarten. Dazu kommt, dass es eher wahrscheinlich ist, dass am Anfang des sechsten Jahrhunderts eine größere Anzahl an Reskripten veraltet war, als am Ende des dritten Jahrhunderts, und somit gemäß Justinians Vorgaben aus dem Codex herausgelassen wurden. Mit denjenigen in den Juristenschriften könnte es anders gewesen sein, weil sie das *ius vetus* verkörperten. Aus diesen Gründen scheint es vertretbar, davon auszugehen, dass der gregorianische Kompilator wenn nicht alle, dann jedenfalls so viele Reskripte und gegebenenfalls andere Konstitutionen aufnahm, die er im kaiserlichen Archiv finden konnte (dieselben Argumente gelten übrigens auch für den *Codex Hermogenianus*).

4d. Die Verteilung über die Jahre ergibt ein differenziertes Bild. Von den Severern gibt es viele Reskripte, nämlich 853, d.h. um die 26 pro Jahr. Für die Periode nach ihnen, jene Periode die uns hier interessiert, 235–284, knapp fünfzig Jahre, ist die Lage anders: 478 Reskripte, d.h., um 9,5 pro Jahr, also bedeutend weniger. Zum Teil wird das mit dem Charakter der Reskripte zusammenhängen. Ein Reskript wurde nur auf Antrag erteilt. Wenn eine Stadt oder hochstehende Person dem Kaiser einen Brief mit einer Frage schickte, bekam man ebenso einen Brief mit der Antwort. Dörfer und niedrige Personen hatten ihre Frage in Person oder mittels eines geeigneten Vertreters schriftlich dem Kaiser abzugeben. Dieser wartete dann auf die Antwort, die unten auf der Bittschrift niedergeschrieben wurde. Danach wurde die Bittschrift mit Antwort ausgehängt und er konnte davon Kenntnis nehmen. Das bedeutete, dass man seine Frage nur überreichen konnte, wenn der Kaiser in der Nähe war. Als Alternative wäre entweder ein Vertreter oder eine Reise in Betracht gekommen, was den meisten nicht leicht gefallen sein dürfte[6]. Einem Kaiser der fortwährend herumreiste, konnten also viel mehr Bittschriften und Rechtsfragen eingereicht werden als einem, der ständig an einem Ort verweilte. Andererseits ist es naheliegend, dass, wenn ein Kaiser Krieg führte, es weniger Petitionen oder gar keine Möglichkeit dazu gab, sie einzureichen.

---

6 Sirks 2001, 122–123.

Zudem entsprach es einer gesellschaftlichen Pflicht des Kaisers, Bittschriften anzunehmen[7]. Hier stellt sich die Frage, ob unfähige Kaiser auch in dieser Hinsicht nachlässig gewesen sein könnten. Ob das stimmt, werden wir noch sehen. Die konstatierten Unterschiede zwischen den Severern und der hier interessierenden Zeit mit Blick auf die Menge der erlassenen Reskripte können aber nicht darauf zurückgeführt werden, dass unsere Quellen mangelhaft überliefert sind, denn die Severer sind sehr gut vertreten, und weil der *Codex Gregorianus* nicht chronologisch sondern thematisch unterteilt war, muss diese Situation somit schon bei den Erstellern des *Codex Justinianus* existiert haben.

5. Was das Verhältnis zwischen den einzelnen Soldatenkaisern anbelangt, lassen sich Unterschiede zwischen ihren Regierungsperioden feststellen. Eine Aufstellung im Anhang dieses Beitrages (S. 45) fasst diese Unterschiede zusammen, wobei annäherungsweise in Monaten die Regierungszeiten gerechnet worden ist. Oft wissen wir nur, dass der eine Kaiser „im Sommer" oder dergleichen von einem anderen Kaiser abgelöst wurde. In jenem Fall ist dann einfach die Mitte des Jahres zugrunde gelegt. Somit sind am Ende alle gegebenen Zahlen nur Annäherungen – und man sollte bedenken, dass wir nur jene Reskripte haben, die die justinianischen Kompilatoren noch aktuell genug fanden um in den *Codex Justinianus* aufzunehmen. Dennoch ist der Befund klar und lässt weitergehende Schlussfolgerungen zu.

Auf einen Monat betrachtet erhalten wir eine beachtliche Reskriptenproduktion überhaupt nur für Gordianus III, Philippus, Valerianus, Gallienus sowie Carus, Carinus und Numerianus. Sie alle erreichen Durchschnittszahlen über 1,0 (3,72; 1,25; 1,25; 1,04) und sind damit vergleichbar mit jenen der drei bereits erwähnten Severer, die durchschnittlich 1,45 Reskripte pro Monat erließen. Die Zeiten zwischen den genannten Herrschern weisen dagegen Durchschnittsquoten von unter 1 auf: So erreicht die Produktion in 235–238: 0,083; in 250–252: 0,22; und in 261–281: 0,067. Der Unterschied zwischen den Kaisern ist sehr groß, und zwar sowohl untereinander in der Periode 235–284, als auch im Vergleich zu den Severern. Ob dies als ein Zufall anzusehen ist, bedarf weiterer Untersuchung.

Wie bereits angedeutet, können gewisse Faktoren den Erlass von Reskripten behindert haben. Zunächst ist darauf hinzuweisen, dass, wenn der *Codex Gregorianus* nur bedeutsame Reskripte umfasste, es eine gewisse Menge Reskripte brauchte, um eines oder mehrere bedeutsame hervorzubringen. Anders gesagt: Je mehr Reskripte, desto grösser die Chance, dass eines schließlich in den Codex aufgenommen wurde. Es gibt aber Kaiser, die so kurz im Sattel saßen, dass sie kaum Gelegenheit gehabt haben können, Reskripte zu beantworteten. Damit „erschwerten" sie (ohne es zu wissen) die Aufnahme eines ihrer Reskripte im Codex. Dasselbe gilt übrigens auch für die erste der zwei Perioden, die je drei Jahre zählen. Dennoch ist es auffällig,

7 Sirks 2001, 131.

dass z.B. von Maximinus oder Gallienus alleine, Aurelianus oder Probus, oder von der Periode 261–281, kaum Reskripte überliefert sind. Es ist auf der Tagung suggeriert worden, dass Kriegsführung die Kaiser von Reskripten abgehalten haben könnten. Maximinus beispielsweise führte fast seine ganze Regierungszeit Krieg im Norden. Warum dann kaum Reskripte, wenn es doch in Gallien ausreichend Römer gab, die ihre Anliegen hätten vortragen können? Vielleicht hinderte ihn der Krieg, aber vielleicht war er auch einfach nicht der Mann, sich mit Reskripten abzugeben (siehe hiernach, **10.**). Wie Decius mag auch Gallus' Regierung durch die Pest in den Jahren 248–251 an weitergehender Reskriptenpraxis gehindert worden sein. Bei Gallienus aber war die Lage anders: Von 260 bis 264 verweilte er in Rom, dann ging er nach Athen, und erst 265 widmete er sich dem Krieg gegen die Gothen und andere Feinde. Sein Nachfolger, Claudius, war fortwährend im Feld; Aurelianus führte 272–273 Krieg im Osten[8]. Das kann aber kaum seine Durchschnittszahl verbessern. Zwar erhöht sie sich, aber wegen der geringen absoluten Zahl ist dies nicht wirklich durchschlagend. Bei Gallienus ist dagegen die niedrige Zahl nicht mit Feldzügen zu erklären.

6. Widmen wir uns nun den Reskripten an sich. Ist eine gleichmäßige Verteilung über die Jahre erkennbar? Oder gibt es auch Jahre, für welche keine Reskripte überliefert sind? Letzteres lässt sich ohne weiteres belegen: So fehlen Reskripte in den Jahren 235, 237, 246, 247, 248 (freilich gibt es aber für 244–249 eine Reihe undatierbare Reskripte von Philippus). Ebenso gibt es keine Reskripte in den Jahren 251, 253, 260 (Gallienus), 261, 263, 264, 266 (261–268 Gallienus), 268, 271, 272, 273, 275 (271–275 Aurelianus), 276, 279, 281, 282. Man könnte die Frage stellen, ob der Verfasser des Codex Gregorianus schlicht nicht über Jahresbüchern oder Semestrien jener Jahre verfügte, die ihm als Grundlage dienen konnten? Allerdings könnten diese Lücken auch der Auswahl der justinianischen Kompilatoren zu verdanken sein. Vor einer voreiligen Antwort ist diesbezüglich natürlich zunächst zu bedenken, auf welche Weise man überhaupt Reskripte sammeln konnte: Da Reskripte ausgehängt wurden, liegt es auf der Hand anzunehmen, dass jemand sie einfach abschrieb. So sind, wie wir annehmen, die Apokrimata zustande gekommen. Aber wie auch Stellen in den Digesten uns belehren, wurden die Reskripte im *consilium* des Kaisers besprochen und die kaiserliche Kanzlei hat die Entscheidungen protokolliert[9]. Es muss also ein Archiv gegeben haben, in Jahres- oder Halbjahresbüchern organisiert, und aus diesen muss der Verfasser, wie später Hermogenian, geschöpft haben. Also könnten durch Unachtsamkeit bei der Archivierung Verluste aufgetreten sein. Das wäre dann nach dem Tode von Maximinus, Gallienus und Aurelianus geschehen, fast wie eine *damnatio memoriae*. Dies scheint m.E. aber nicht der Fall gewesen zu sein, denn nach Maximinus war die Regierung von Gordianus stabil, ebenso nach Aurelianus und es

8 Drinkwater 2005, 28–58.
9 D. 37,14,17pr.; siehe Sirks 2001, 123–124.

gibt keinen Grund anzunehmen, dass das kaiserliche Archiv Verluste gelitten habe. Nachdem der *Codex Gregorianus* erstellt war, können keine Jahre mehr ausgefallen sein, nur Seiten oder Titel im Codex. Wie schon erwähnt, war das wahrscheinlich nicht der Fall. Es bleiben noch zwei Möglichkeiten: Die Wahl der Kompilatoren hat dies rein zufällig verursacht, oder der Kaiser in diesen Jahren hat einfach keine oder zu wenige Reskripte erlassen, um Rechtsfortbildung betreiben zu können. Dies führt uns zur Frage, wie es allgemein mit der Rechtssetzung stand: Gab es noch ein ständiges Angebot von Reskripten? Wurden Petitionen überhaupt noch behandelt? Oder ist das Reskriptensystem zeitweise eingestürzt, weil die Verhältnisse im Reich – Krieg mit Barbaren, Krieg mit Prätendenten, wirtschaftliche Krise, Krise in der Verwaltung – andere Prioritäten setzten? In diesen Zeiten waren eher gute Logistiker als gute Juristen in der Verwaltung benötigt, weil die fortwährenden Feldzüge wirtschaftlich eine große Belastung für die Bevölkerung darstellten: Eine Armee ist wie eine Ameisenkolonie auf Streifzug. In einem Streifen links und rechts der Straße wird alles geplündert, sofern der Nachschub an Vorrat nicht ausreichend geregelt ist[10]. Aber auch Nachschub belastet die Bevölkerung, während die Unruhen und Verwirrungen jener Jahre die Verwaltung schwieriger macht.

Sicherlich sind Reskripte durch spätere Rechtsentwicklungen überflüssig geworden und insoweit gibt es einen Verlust, der durch die Wahl der justinianischen Kompilatoren bestätigt wird. Diese sind allerdings nicht notwendigerweise proportional. Auch konnte eine erhöhte rechtsbildende Aktivität zur Folge haben, dass danach eine gewisse Ruhe eintritt. Aber letzteres trifft auf die Zeit der Soldatenkaiser nicht zu, wie im Fortgang zu zeigen sein wird.

7. Betrachten wir die Intensität der Rechtsbildung. Der *Codex Justinianus* ist bekanntlich in Bücher und Titel aufgeteilt. Gewisse Titel umfassen nur Texte aus dem *Codex Theodosianus* (ggf. mit posttheodosianischen Novellen) und es ist schnell ersichtlich, meistens bereits aus der Rubrik, dass es sich um Gegenstände handelt, die erst im 4. Jahrhundert wichtig oder wichtiger wurden; zum Beispiel, C. 1.19 (Bittschriften an den Kaiser), 7.13 (Freiheit für anzeigende Sklaven), 7.22 (über der *longi temporis praescriptio*). Zu diesen Themen sind dann auch keine Reskripte aus dem 3. Jahrhundert zu erwarten. Es gibt aber auch Titel, die nur Texte aus dem Hermogenianus und Theodosianus umfassen. Dafür könnte dasselbe gelten, denn Diokletian hat das Reich und seine Verwaltung einer Reorganisation unterzogen; wie C. 10.10 (über *bona vacantia* und deren Einziehung; siehe weiter Fn. 11). Ich lasse zudem die posttheodosianischen Konstitutionen außer Betracht. Es bleiben Titel übrig, in denen man Texte der Soldatenkaiser hat, meistens mit vorangehenden Reskripten von den Severern,

---

10 So betont Lo Cascio, dass normalerweise die Bevorratung mittels des freien Marktes stattfand, dagegen während Feldzügen grundsätzlich geplündert und requiriert wurde, was selbstverständlich sehr zum Nachteile der Bevölkerung war. Lo Cascio 2007, 202; siehe auch Roth 2012.

oder sogar nur Texte von den Severern, unmittelbar gefolgt von diokletianischen und bzw. oder späteren Kaisern. Weil durch diese Aufteilung die Chance, Reskripte individueller Kaiser zu begegnen, sich statistisch erheblich verringert, habe ich die Titel des *Codex Justinianus* in Blöcke aufgeteilt. Jeder Block umfasst ein einigermaßen einheitliches rechtliches Thema und somit kann ich auf größere Zahlen zurückgreifen, wodurch das Ergebnis statistisch besser verwertbar wird. Aber es sei betont, dass alles natürlich eine Annäherung bleibt.

8. Wenn wir den *Codex Justinianus*, unsere wichtigste Quelle für die Reskripte und somit die rechtliche Aktivität der Soldatenkaiser, durchsehen, wird erkennbar, dass die Bücher 1, 11 und 12 ganz oder zum größten Teil nichts aus dieser Zeit enthalten. Das liegt auch deshalb nahe, weil Buch 1 und 12 von Ämtern und Einrichtungen handeln, die erst im 4. Jh. oder sogar später entwickelt worden sind. Unter diese Vorzeichen konnten die Kompilatoren zwar z.B., C. 1,26,1, Alex. (a. 230) ein Reskript des Alexander Severus übernehmen, demzufolge die Überreichung einer Klage an den Prätorianerprefekten noch nicht bedeutet, dass der Prozess einen Anfang genommen hat. Im Buch 12 aber findet sich zu Titel C. 12,1 (*de senatoriali dignitate*) nur ein Reskript, in C. 12,35 (*de re militari*) immerhin drei Reskripte, in C. 12.36 (*de peculio castrense*) ein Reskript zwischen 235–285. Buch 11 hat im Teil über die städtische Verwaltung (C. 11,30–47) fünf Reskripte aus der Zeit der Soldatenkaiser, und zudem Material aus der Severerzeit und von Diokletian. Das Buch handelt von der kaiserlichen und munizipalen Verwaltung, die beide im 5. Jh. einem starken Wandel unterworfen waren. Weiter gibt es im Buch 10 im Teil über Steuern nur zwei sehr allgemein gehaltene Reskripte aus der hier interessierenden Epoche (C. 10,16,2–3, Val./Dec. (a. 260/a. 249)), was nicht verwunderlich ist, da Diokletian und die Kaiser nach ihm die Regeln der Steuererhebung grundlegend geändert haben.

Außer in diesen Materien sind auch im *Codex Justinianus* durchaus in allen Bereichen, Reskripte aus der Severerzeit, der Zeit der Soldatenkaiser und aus Diokletians Zeit überliefert; nicht immer aber sind solche aus dem 4. und 5. Jh. enthalten. Offensichtlich sind keine Rechtsgebiete bei der Selektion für den *Codex Gregorianus* ausgefallen. Und weil – wie bereits erwähnt – viele Reskripte eher das auch noch unter Justinian geltende Recht enthalten, dürfen wir annehmen, dass wir eine repräsentative Auswahl für diese Bereiche haben und dass der *Codex Gregorianus* repräsentativ war für das Recht jener Periode, auch wenn er möglicherweise nicht allumfassend war[11].

---

11 Das erste Buch des Codex ist sehr justinianisch geprägt und enthält nur 3 Reskripte unserer Periode. Das genannte Beispiel, C. 1,26,1 Alex. (a. 230) ist ein severisches Reskript über die Befugnisse des Prätorianerprefekten. Erst im 4. Jh. wurden die Präfekturen ausgebildet, und wir sehen dann auch weiter nur Texte aus dem 4. Jh., und separate Titel über die besonderen Präfekturen. Hat es noch weitere Reskripte im 3. Jh. über die Präfektur gegeben? Wir wissen es also nicht: Vielleicht ja, aber dann wurden sie von den Entwicklungen des 4. Jh. verdrängt, vielleicht gab es wirklich keine weiteren allgemeinen Bestimmungen. Dies ist in Kurzem die Lage, mit der wir auch bei anderen Themen rechnen müssen.

9. Diese Folgerung erlaubt nunmehr, wenngleich mit gewisser Vorsicht, Aussagen über die Rechtsbildung in den Jahren 235–284 zu treffen. Wir können behaupten – und bestätigen somit Watsons Aussage, dass während der Soldatenkaiser die Rechtspflege – wie in den Reskripten ersichtlich – ununterbrochen fortbestand, und auch die Verwaltung auf derselben, d.h. einer hohen Ebene bestehen blieb, obwohl wieder erst am Ende des 3. Jahrhundert Juristen wie Arcadius Charisius und Hermogenian namentlich als Autoren bekannt sind. Kann man aber wirklich viel neue Literatur erwarten, wenn gerade drei große Juristen, Ulpian, Paulus und Papinian, Werke von enzyklopädischem Umfang geliefert haben[12]? Zweitens kann man annehmen, dass Juristen auch in der Verwaltung gebraucht wurden und somit der juristische Unterricht fortgeführt wurde. Kurz gesagt: Alles blieb beim Alten. Drittens: Wenn diese

---

Das zweite Buch handelt vom Prozessrecht und insbesondere der *restitutio in integrum* (im Folgenden: *r.i.i.*). Titel 1 bis 17 handeln vom Prozessrecht, 18 von der *negotiorum gestio*, 19–20 von der *r.i.i.*. im Allgemeinen, 21 bis 46 von der *r.i.i.* für *minores*, 46 bis 54 von der Weise in der die *r.i.i.* angewendet wird und 54–58 vom Prozessrecht im Allgemeinen. Diese sind die von mir für die Statistik gewählten thematischen Blöcke. Die Frage ist nämlich: zwar gibt es in einem Block Titel mit Reskripten der Severer und, oder, Diokletian und späterer Kaiser, aber nicht von Soldatenkaisern. Doch die Zahlen pro Titel sind oft zu gering um Aussagen zu erlauben. Erweitern wir das Material mittels Themen, die mehrere Titel umfassen, dann fragt sich, ob es ein Thema gibt, worüber keine Reskripte von Soldatenkaisern existieren? Denn falls dem so ist, könnte man vermuten, dass sie hierüber nicht reskribiert haben und dies wiederum könnte andeuten, dass die Umstände es nicht zuließen. Aber in diesem Falle ist das nicht so. In allen Blöcken gibt es ihre Texte und es ist klar, dass in der Periode 235–284 das Zivilprozessrecht und die *restitutio in integrum* kontinuierlich gepflegt blieben.

Dasselbe gilt für das dritte Buch, das ebenso vom Prozessrecht handelt. Hier sieht man sogar, dass es Bereiche gibt, wo der Theodosianus wenig (C. 3,28–31) oder nichts (C. 3,32–44) beiträgt. Das vierte Buch handelt von Kondiktionen und Verträgen. Es gibt dasselbe Bild: kontinuierlich Soldatenkaiser, immer Reskripte des *Codex Hermogenianus*, und sparsam Texte des *Codex Theodosianus*. Im fünften Buch sind die Soldatenkaiser vertreten beim Eherecht, beim Dotalrecht und bei der Vormundschaft. Das sechste Buch handelt vom Statusrecht (Freilassungen) und vom Erbrecht. Die Soldatenkaiser sind dabei. Auffällig ist wie sie sehr wohl beim *testamentum militis* vertreten sind. Im siebten Buch gibt es wieder Statusrecht (C. 7,1 bis 7,24); *usucapio* und *praescriptio l.t.* (hier wirken die justinianischen Maßnahmen); ab C. 7,62 handelt es sich von der Appellation, ab C. 7,71 von der gerichtlichen Exekution von Urteilen. Ebenso sind die Soldatenkaiser vertreten im achten (Interdikten, ab C. 8,13 bis 34 Pfandrecht; C. 8,46 bis 51 Familienrecht; C. 8,53 bis 56 Schenkungen) und neunten Buch (das ausschließlich von Strafrecht [C. 9,1 bis 39] und Strafprozessrecht [C. 9,40 bis 51] handelt). Das zehnte Buch beginnt in C. 10,1 bis 15 mit dem Fiskalrecht, dann folgt C. 16 bis 31 mit Steuerrecht und C. 32 bis 78 mit Munizipalrecht. Hier gibt es im Teil über die Steuer nur zwei sehr allgemeine Reskripte (C. 10,16,2–3), weiter nichts. Das braucht nicht zu wundern, weil Diokletian und die Kaiser nach ihm die Steuerregelungen sehr geändert haben. Im elften Buch gibt es nur im Teil über die städtische Verwaltung, C. 11,30–47,5 Reskripte unserer Periode. Das Buch handelt von der kaiserlichen und munizipalen Verwaltung, die sich beide in 5. Jh. sehr verändert hatten. Deswegen ist diese Absenz nicht verwunderlich. Im zwölften Buch gibt es bei C. 12,35 (*de re militaris*) 3 Reskripte, bei C. 12,36 (*de peculio castrense*) 1 Reskript, bei C. 12,1 (*de senatoriali dignitate*) 1 Reskript. Weiter nichts, weil alle Titel von Ämtern und Sachen handeln, die aus dem 4. Jh. oder später stammen.

12 Zum Verschwinden der Rechtsliteratur: vgl. Beitrag Babusiaux, 238–269.

Annahmen zutreffen, sind die Unterschiede zwischen Regierungen und Lücken in der Reskriptenproduktion tatsächlich mit dem Fleiß von gewissen Kaisern in Verbindung zu setzen. Mit anderen Worten kann gefragt werden, wie die Kaiser, von denen keine Reskripte überliefert sind, also Maximinus, Gallienus und Aurelianus ihre Aufgaben als Kaiser erfüllten? Und zu dieser Frage können wir auf die Schilderungen des Herodian und die *Historia Augusta* (HA) zurückgreifen. Von Maximinus sagt die HA (HA Max. 4,1)[13]: Er war ein Kraftmensch, konnte eine kapitolinische Amphore Wein pro Tag trinken und gelegentlich vierzig Pfund Fleisch verzehren; aber sie sagt nichts über seine Zuwendung zu Staatsangelegenheiten wie die Rechtspflege. Dagegen beschreibt Herodian ausführlich seinen Despotismus und wie er die falschen Anklagen zuließ und zur Selbstbereicherung benutzte (Herodian 7,3).

Bei Gallienus steht nichts über Recht. Er gab sich, so die HA, nach Valerians Gefangennahme durch die Perser, einem Leben von Genuss hin, unterbrochen von einigen Feldzügen (HA Gall. 3,6–7; 4,3; 6,4–6; 7,4). Es deutet nichts auf Beantwortung von Petitionen hin. Auch Herodians Beschreibung lässt keinen Raum für verfeinerte Rechtsanwendung durch ihn. Zwar regierte Maximinus wohl zu kurz um etwas erwarten zu dürfen, bei Gallienus ist das nicht so, umso mehr als unter seinem Vater reichlich Reskripte abgegeben sind. Auch sind von den sechs ihm zugeschriebenen Reskripten fünf datiert, in Gegensatz zu, wie wir hiernach sehen werden, Aurelianus. Der Hersteller des Gregorianus muss also über gute Vorlagen verfügt, aber wenig vorgefunden haben.

Insgesamt scheint mir das Fazit berechtigt, einen Zusammenhang zwischen der Person des Kaisers und der Reskriptenproduktion anzunehmen. Bei Maximinus kann auch mitgespielt haben, dass er sich als Emporkömmling wenig um diesen Aspekt des Kaiseramts kümmerte. Dagegen sprach bei Gordian III., der aus einem alten aristokratischen Geschlecht stammte, alles für die Erfüllung einer solchen Aufgabe, die eher einen aristokratischen Zug im Amt darstellt, wie früher der Empfang von Bittschriften von Klienten. Die HA sagt nichts hierüber, rühmt ihn aber als vortrefflichen Herrscher, dem nur das Alter fehlte (HA Gord. 31,4).

10. Aurelian stellt die HA als energischen aber auch harten Kaiser dar und hebt hervor, dass er viele Gesetze hinterließ (HA Aur. 35,3). Davon sind dann freilich nur wenige überliefert. Er hat lange Zeit im Osten und im Westen Krieg geführt, aber auch

---

13 Die Historia Augusta ist, so wird heute angenommen, das Werk eines anonymen Autors des 4. Jahrhunderts, der Fakten und Phantasie in eine unterhaltsame Erzählung verbunden hat. Er hat aber gute Quellen benutzt. Somit sind seine Angaben immer mit großer Vorsicht zu verwenden. Ich habe nur seine Charakterisierungen der Kaiser verwendet, aber man muss auch hier damit rechnen, dass der Anonymus hierbei Übertreibungen angebracht hat, um „gute" und „schlechte" Kaiser zu unterscheiden. Leider steht uns aber nichts Anderes zur Verfügung, weil die einzige andere Quelle für diese Zeit, Herodian, zu früh endet. Zur HA vgl. R. Hanslik, v. Historia Augusta, in: DKP, Bd. 2, München 1979, 1191–1193.

das hätte doch reichlich Gelegenheit geboten, Petitionen zu empfangen. Vielleicht war er tatsächlich zu sehr General und Verwalter und hat Petitionen selten beantwortet, und vielmehr mittels Edikten regiert (von denen freilich auch keine überliefert sind); oder die HA hat ihn als „guten Kaiser" besserschreiben wollen. Zum Vergleich seien die fünf von Aurelianus überlieferten Reskripte kurz betrachtet[14].

C. 2,44,1 Aurel. A. Agathocleti. Eos, qui veniam aetatis impetraverunt, etiamsi minus idonee rem suam administrare videantur, in integrum restitutionis auxilium impetrare non posse manifestissimum est, ne qui cum eis contraheret principali auctoritate circumscriptus esse videatur. Pp. k. Iul. Aureliano A. et Capitolino conss. [a. 274]
Es ist überaus offensichtlich, dass die, welche die venia aetatis erlangt haben, auch wenn sie ihr Vermögen in ungeeigneter Weise zu verwalten scheinen, den Rechtsbehilf der Wiedereinsetzung in den vorigen Stand nicht erlangen können, damit nicht derjenige, der mit ihnen Verträge abschließt, durch die kaiserliche Autorität übervorteilt zu sein scheint.

C. 5,3,6 Aurel. A. Donatae. Cum in te simplicem donationem dicas factam esse die nuptiarum et in ambiguo possit venire, utrum a sponso an marito donatum sit, sic distinguendum est, ut, si in tua domo donum acceptum est, ante nuptias videatur facta esse donatio, quod si penes se dedit sponsus, retrahi possit: uxor enim fuisti.
Wenn du behauptest, dass dir am Hochzeitstag eine einfache Schenkung gemacht sei, und es in Zweifel gezogen werden kann, ob vom Verlobten oder vom Ehegatten geschenkt worden ist, so muss in der Art unterschieden werden, dass, wenn in deinem Haus das Geschenk angenommen ist, die Schenkung vor der Hochzeit gemacht zu sein scheint, dass dieselbe dagegen, wenn der Verlobte sie in seiner Behausung gegeben hat, zurückgenommen werden kann, denn du bist [dann schon] seine Ehefrau gewesen.

C. 5,72,2 Aurel. A. Pulchro. Illud requirendum est, an adito principe Saturninus vir clarissimus specialiter ius venditionis acceperit. Ad instar enim praesidialis decreti concessio principalis accedit. Pp. Byzantii id. ian. sine conss.
Es ist auszumitteln, ob der clarissimus vir Saturninus den Kaiser erbeten und von ihm ausdrücklich die Befugnis zum Verkauf erhalten hat. Denn die Bewilligung des Kaisers kommt dem Dekret des Provinzialgouverneurs gleich.

C. 7,16,7 Aurel. A. Secundo. Si ab eo cuius servus fuisti manumissus es, frustra libertatis controversiam sustines, maxime ab herede eius qui manumisit, cum, etsi iure libertas non processit, respectu tamen aditae hereditatis voluntatem defuncti suo consensu firmare debuit.
Wenn du von dem, dessen Sklave du gewesen, freigelassen worden bist, so ist ein Streit wegen der Freiheit gegen dich ganz vergebens, am meisten von Seiten des Erben deines Freilassers, indem, wenn auch die Freiheitserteilung nicht rechtmäßig vor sich ging, er dennoch den Willen des Erblassers aus Rücksicht auf den Erbschaftsantritt durch seine Einwilligung hat bestätigen müssen.

C. 10,62,2 Aurel. A. Aspasio. Cum appellasse te dicas, ostendis causam ad te pertinere: potueras enim nominato filio tantum contestari et non consentire honori ei delato.

14 Übersetzungen nach Otto/Schilling/Sintenis 1830–1833.

Da du angibst, du habest appelliert, so gibst du dadurch schon zu verstehen, dass dich die Sache angehe; denn du konntest nach der Ernennung deines Sohns bloß vor Zeugen deine Erklärung ablegen, und [brauchtest] nicht in die ihm aufgebürdete Last einzustimmen.

Vier der fünf Reskripte sind ohne Angaben des Konsulats, drei auch ohne Ort. Die Reskripte sind inhaltlich nicht auffällig und auch nicht besonders innovativ. Das erste spricht für sich und erläutert nur die Bedeutung der *venia aetatis*. Allerdings kann hier Konstantins ausführliche Konstitution aus 321, C. 2,44,2 (CTh 2,17,1), in der das Alter um *venia aetatis* zu beantragen auf 21 gesetzt wurde, frühere Reskripte überflüssig gemacht haben[15]. Aurelianus' Reskript behielt dennoch Wert, weil die Wiedereinsetzung bis zum 25. Lebensjahr beantragt werden konnte[16]. Das zweite Reskript, über die Schenkung, belegt, dass die Ehe eher aus Äußerlichkeiten abgeleitet wurde als aus einer Zeremonie, wenn das „Über-die Schwelle-Tragen" nicht als Zeremonie galt. C. 5,72,2 handelt vom Verkauf des Grundstücks eines Mündels, hier von Saturninus, der, seinem Status gemäß, vom Kaiser persönlich die Genehmigung empfing. Lediglich C. 7,16,7 aus dem Titel über Statusprozessen, enthält ein interessantes Argument: Auch wenn die Freilassung nicht rechtmäßig gewesen sei (man könnte an einen Verstoß gegen die Altersgrenzen denken), impliziere der Erbschaftsantritt für den Erben des Freilassers trotzdem, dass er den Willen des Erblassers zu respektieren habe. Der Antritt impliziert somit einen Verzicht, er kann nicht mehr den Freigelassenen als Sklaven auffordern[17]. In C. 10,62,2 ist dem Sohn eine öffentliche Last auferlegt worden, wofür sein Vater haften soll, d.h., er haftet für Verluste und Schäden in der Erfüllung der Last. Dieser hat, indem er gegen die Ernennung appellierte, dadurch gezeigt, dass er mit seiner Haftung einverstanden war. Sonst hätte er einfach sich erklären sollen (nämlich, dass er nicht damit einverstanden war), und dann hätte der *nominator* gehaftet.

Diese Entscheidungen sind illustrativ und verständlich. Wenn Aurelian so entschied, oder so seiner Kanzlei folgen wollte, hätte man aber mehr erwarten dürfen: vielleicht bei einem Reskript pro Monat insgesamt 60 Reskripte. Dennoch verfügen wir nur über fünf Reskripte. Auffällig ist, dass nur das erste Reskript die Konsulatsangabe trägt, 274. Ist es möglich, dass hier dem Kompilator des Codex Gregorianus

---

15 Ulpian berichtet in D. 4,4,3pr. (Ulp. 11 ad ed.), dass Konsuln und Provinzstatthalter Minderjährigen *venia aetatis* verleihen und dies von Severus und Caracalla bestätigt wurde, die Kaiser selber aber solches nur ausnahmeweise vornahmen. Es könnte also Reskripte diesbezüglich gegeben haben, wobei die Frage sehr wohl gewesen sein kann, bei welchem Alter die *venia* verliehen werden dürfte; Kaser 1975, 119 Fn. 30.

16 Kaser 1975, 119.

17 Man fragt sich, wie der Status des Freigelassenen jetzt war. Jedenfalls konnte er nicht mehr von der einzigen Person, die ein Recht an ihm hat, belastet werden. Somit läge jedenfalls ein *in libertate morari* vor wie bei Junianisch-Latinern. Falls gegen die Altersgrenzen verstoßen wäre, fragt man sich, ob dies beim Erreichen der Altersgrenze geheilt würde.

ein Mangel an Material vorlag, also, dass es ihm an Semestrien vor 274 fehlte? Weil solche Bücher gewöhnlich das Konsulat am Anfang hatten, wäre es möglich, dass er nur einige Reskripte aus einem Buch hatte, und damit nicht das Jahr angeben konnte. Nur so könnte man den Text der HA, die zwar streng für Aurelianus, aber ihm nicht feindselig scheint, mit den Tatsachen versöhnen.

11. Es gibt hier insgesamt also weniger Klarheit, als wir erhofft haben. Aber auch eine solche Folgerung ist wissenschaftlich wichtig, denn die gestellte Frage war berechtigt. Wichtiger aber ist noch die daran anschließende Folgerung – und Bestätigung früherer Aussagen –, dass die Rechtspflege und Rechtsentwicklung während dieser Jahre nicht unterbrochen wurde und auch nicht abschwächte oder unter das frühere Niveau herabsank, sondern erhalten blieb.

Bibliographie

Drinkwater 2005 – J. Drinkwater, Maximinus to Diocletian and the ‚crisis', in: A.K. Bowman/ P. Garnsey/A. Cameron (Hg.), Cambridge Ancient History, Vol.XII, Cambridge 2005, 28–66.

Coriat 1997 – J.-P. Coriat, Le prince législateur, Rome 1997.

Kaser 1975 – M. Kaser, Das römische Privatrecht, 2. Teil, München 1975.

Lo Cascio 2007 – E. Lo Cascio L'approvvigionamento dell'esercito romano. Mercato libero o ‚commercio amministrato'? in: L. De Blois/E. Lo Cascio (Hg.), The Impact of the Roman Army (200 B.C. – A.D. 476). Economic, Social, Political, Religious and Cultural Aspects, Leiden 2007, 195–206.

Otto/Schilling/Sintenis 1830–1833 – K. Otto/B. Schilling/C.F.F. Sintenis, Das Corpus juris ins Deutsche übersetzt, Leipzig 1830–1833.

Roth 2012 – J. Roth, The logistics of the Roman army at war (264 BC – AD 235), Leiden/Boston 2012.

Rotondi 1922 – G. Rotondi, Scritti giuridici, Milano 1922, Vol. I, 110–283.

Sirks 2001 – A.J.B. Sirks, Making a request to the emperor: rescripts in the Roman Empire, in: L. De Blois (Hg.), Administration, Prosopography, and Appointment Policies in the Roman Empire, Amsterdam 2001, 121–135.

Sirks 2013 – A.J.B. Sirks, Theodor Mommsen und der *Theodosianus*, in: I. Fargnoli/S. Rebenich (Hg.), Theodor Mommsen und die Bedeutung des Römischen Rechts, Berlin 2013, 121–140.

Sperandio 2005 – M.U. Sperandio, Codex Gregorianus. Origini e vicende, Napoli 2005.

Wenger 1953 – L. Wenger, Die Quellen des römischen Rechts, Wien 1953.

Watson 1973 – A. Watson, Private law in the rescripts of Carus, Carinus and Numerianus, *TR* 19, 1973, 19–34 .

Anhang

1. Überblick über die „Produktion“ von Reskripten

Regierungszeit	Name	Monate	Zahl der Reskripte; pro Monat	
235–238	Maximinus Thrax	40	2*	0,08
238–244	Gordianus III	72	268	3,72
244–249	Philippus	63	79	1,25
249–251	Decius	32	8*	0,25
251–253	Trebonianus Gallus	26	2*	
253	Aemilianus	3		
253–259/260	Valerianus I	87	77/60**	}1,25/0,7
253–259/260	Gallienus	180		}
259/260–268	Gallienus	104	6/23**	/0,22[18]
[260–269]	[Postumus]	[102]		
268–270	Claudius Gothicus	16	1*	
270–275	Aurelianus	60	6*	0,1/0,6*
[271–274]	[Tetricus]	[42]		
275–276	Tacitus	10		
276–278	Probus	74	4	
282–283	Carus	9		}
283–284	Numerianus	24	25	} 1,04
283–285	Carinus	24		}
193–211	Severus/Caracalla	222	165	0,74
211–217	Caracalla	78	244	3,15
222–235	Alexander	288	444	1,54

} Durchschnittliche Reskriptenzahl in eckigen Klammern

* Kaiser war oft kriegsbedingt abwesend und konnte keine Petitionen empfangen oder beantworten

** Konstitutionen vom Jahr 260 n.Chr. können Gallienus zugerechnet werden

18 Es wurde auf der Tagung die Möglichkeit erwähnt, dass ca. 30 der 77 Reskripte von Valerian und Gallienus zusammen Gallienus alleine zuzurechnen seien. Das würde zu dem Ergebnis 37 führen (also 0,4) und 36 (also 0,6).

Michael A. Speidel, Bern / Zürich

Kaiserliche Privilegien, Urkunden und die „Militäranarchie“ des Zeitalters der „Soldatenkaiser“. Einige Beobachtungen

Zusammenfassung: Auf der Suche nach dem Verhältnis von Krise und Recht in der Zeit der sogenannten „Soldatenkaiser“ kommt gerade auch dem der deutschsprachigen Historiographie geschuldeten Begriff „Soldatenkaiser“ erhebliche Bedeutung zu. Denn ähnlich wie der Ausdruck „anarchie militaire“ im Französischen impliziert dieser Begriff die Existenz eines besonderen Zeitabschnitts im mittleren dritten Jahrhundert (235–283 n.Chr.), in dem die römischen Kaiser ein besonderes, die Zeit prägendes Verhältnis zu den Soldaten des Heeres gepflegt haben sollen. Der Begriff „Soldatenkaiser“ eigne sich deshalb gut, weil in ihm das Wesentliche der Epoche deutlich werde, nämlich ein politisches System, in dem das Herrschaftsrecht „letztlich allein auf dem faktischen Gehorsam der Truppen“ geruht habe. Eine genauere Analyse der wichtigsten und aussagekräftigsten, vor allem auch dokumentarischer Quellen führt zu einem ganz anderen Ergebnis, das einer Verwendung des Epochenbegriffs grundsätzlich widerspricht: Die sogenannten Soldatenkaiser blieben tief in den vorgefundenen Traditionen verwurzelt. Die Zeit der Soldatenkaiser war keine Zeit der Soldaten.

Abstract: The impact of the so-called ‘Crisis of the Third Century’ on Roman rule and legal practice is often thought to have been due to a new type of Roman emperor. This is borne out by the frequent use of such terms as soldier emperors (or barracks emperors), ‘anarchie militaire’, or ‘Zeit der Soldatenkaiser’ to describe the period from 235 to 283 CE. The new type of emperor is said to have had a particularly good relationship with the soldiery to which alone he allegedly owed his power. A close analysis of the most significant, mainly documentary sources suggests otherwise. The so-called soldier emperors remained deeply rooted in imperial traditions. Their rule was not the rule of the military.

Auf der Suche nach dem Verhältnis von Krise und Recht in der Zeit der sogenannten „Soldatenkaiser“ kommt gerade auch dem der deutschsprachigen Historiographie geschuldeten Begriff „Soldatenkaiser“ erhebliche Bedeutung zu. Denn dieser Begriff, ähnlich wie etwa jener der „anarchie militaire“ im Französischen (oder entsprechenden Begriffen im Italienischen und Spanischen), impliziert die Existenz eines besonderen Zeitabschnitts (gemeint ist jener vom Regierungsantritt des Maximinus Thrax,

235 n. Chr., bis zum Tode des Carus im Jahre 283 n. Chr.)[1], in dem die römischen Kaiser, vor allem auf Grund der Umstände ihrer Machtergreifung ein besonderes, die Zeit prägendes Verhältnis zu den Soldaten des Heeres gepflegt haben sollen[2]. Im Gegensatz zu früheren Kaisern habe ihnen die Beauftragung durch den Senat, die Berufung auf eine verpflichtende Idee und vor allem die Legitimierung durch die Zugehörigkeit zu einer etablierten Dynastie gefehlt[3]. Der Begriff „Zeit der Soldatenkaiser" eigne sich deshalb gut, weil er das Wesentliche der Epoche hervorhebe, nämlich „die Konstitution des politischen Systems, die sich in einer besonderen Form des Kaisertums manifestiert", in dem das Herrschaftsrecht der „Soldatenkaiser" „letztlich allein auf dem faktischen Gehorsam der Truppen" geruht habe[4].

Das Fehlen einer dynastischen Legitimierung (oder einer einheitlichen sozialen Herkunft) der allermeisten Kaiser ist für diese Zeit zweifellos genau so kennzeichnend wie die besondere Intensität militärischer Aufgaben in ihrem Alltag oder die hohe Zahl an (vergeblich versuchten und erfolgreichen) Usurpationen, die vor allem durch die Waffengewalt römischer Provinzheere getragen wurden. Allerdings ist dabei zu bedenken, dass sich die Rolle des Heeres bei gewaltsamen Machtergreifungen im römischen Staat seit den Bürgerkriegen des ausgehenden ersten Jahrhunderts v. Chr. nicht grundsätzlich verändert hat. Wer im kaiserzeitlichen Rom eine bestehende Regierung stürzen oder die Macht an sich reißen wollte, war fast immer auf die Hilfe von Soldaten angewiesen. Auch war die Gefolgschaft des Senats dabei fast immer erst eine Folge des militärischen Erfolgs eines Usurpators. Aber auch wer als Herrscher in Rom die Macht inne hatte, war seit Augustus auf die Loyalität des Heeres angewiesen, wollte er nicht miterleben, wie seine Herrschaft und sein Leben in Gefahr gerieten. Selbst eine übergeordnete, gemeinsame und verpflichtende Idee fehlte den Soldaten des dritten Jahrhunderts genau so wenig wie ihren Vorgängern im ersten und zweiten Jahrhundert, denn sogar (oder: gerade auch) bei Bürgerkriegen wurde von den kriegführenden Parteien stets behauptet, sie kämpften *pro re publica*[5].

Man könnte freilich vermuten, dass die oft sehr rasche Folge von Umsturzversuchen und Bürgerkriegen über einen Zeitraum von rund einem halben Jahrhundert hinweg dazu führte, dass die erfolgreichen Usurpatoren dieser Zeit zur Sicherung ihrer Herrschaft ihrem öffentlichen Auftritt und ihrem Regierungshandeln besondere militärische Kennzeichen verliehen oder sich das anhaltende Wohlwollen der Soldaten durch die Verleihung von Vorrechten, Soldanhebungen oder Vergünstigungen sowie durch nachsichtige Milde in Angelegenheiten der Disziplin „erkauften".

---

1 Zu Einschätzungen aus jüngerer Zeit siehe etwa Strobel 1993; Witschel 1999; Johne/Gerhardt/Hartmann 2006, 429–430; Eck 2007; Johne 2008, 5–12; Sommer 2010, 29–67 und die Beiträge in Hekster/de Kleijn/Slootjes 2007, 259–351.

2 Siehe nur Heil 2006; Ruffing 2010; Sommer 2010, passim.

3 Siehe dazu besonders die wertvollen Ausführungen von Heil 2006, 419–425.

4 Heil 2006, 425 und 422.

5 Speidel 2010, 145–146 mit den Zeugnissen.

Auch wurde etwa angenommen, die „Soldatenkaiser" hätten notwendige Reformen im Heer aus Furcht vor den Soldaten unterlassen und die „Dominanz des Militärs" habe damit zu „Qualitätsproblemen gerade beim Heer" geführt. Dies zeige sich etwa daran, dass die Markomannenkriege, die aus militärischer Sicht keine geringere Herausforderung gewesen seien als die Invasionen des dritten Jahrhunderts, schneller und leichter überwunden worden seien, obwohl Mark Aurel „gewiss kein großer Feldherr" gewesen sei[6]. Dagegen lässt sich zwar leicht einwenden, dass einerseits die Überlieferung es nicht erlaubt, die militärische Gefahr eines bestimmten feindlichen Einbruchs ins Reichsgebiet verlässlich mit jener eines anderen zu vergleichen, sowie andererseits, dass Mark Aurels Zeitgenossen, sein Biograph und die späteren Historiker gerade in diesem Kaiser einen der bedeutendsten Feldherren der römischen Geschichte erkannten[7]. Denn an die Rolle des römischen Kaisers waren zwar viele unterschiedliche Erwartungen gebunden, zu denen etwa ganz selbstverständlich auch ein hoher Grad an Bildung (*humanitas*) gehörte, glaubte man aber das Reich von äußeren Feinden gefährlich bedroht, so prägten gerade die militärischen Fähigkeiten und Erfolge eines Kaiser das Urteil der Zeitgenossen und der Nachwelt über seine Regierungszeit in besonderem Maße[8].

Damit bleibt aber die Frage bestehen, ob die „Soldatenkaiser" eine besonders soldatenfreundliche Politik betrieben haben und ob deshalb die „Zeit der Soldatenkaiser" im Unterschied zu jener der Severer davor und jener der Tetrarchen danach nicht auch eine „Zeit der Soldaten" gewesen sei. Sollte dies der Fall gewesen sein und wäre ein grundsätzlicher Wandel (d.h. auch außerhalb der Bürgerkriege) im kaiserlichen Verhalten in rechtlichen Angelegenheiten gegenüber den Soldaten des römischen Heeres eingetreten, so dürfte man erwarten, dass sich dies etwa in Belangen des militärischen Strafrechts und der Disziplin oder in der Verleihung verschiedener Vergünstigungen und Privilegien erkennen ließe. Besonders aussagekräftige Hinweise auf einen solchen Wandel hat man in der epigraphischen Überlieferung einer Gruppe von Texten des Petitionswesens erkannt.

I. Die „Hilferufe" aus den Provinzen

Die von Peter Herrmann als „Hilferufe aus den Provinzen" bezeichneten Inschriften sind auf Stein übertragene Auszüge aus der Korrespondenz einzelner Gemeinden mit dem Kaiser oder dem Statthalter aus der Zeit des späteren zweiten und besonders

6 Heil 2006, 423.

7 Speidel, im Druck a.

8 Cass. Dio 71,36,3; Aur. Vict. Caes. 39,26; siehe auch Eck 2007, bes. 23–43; Speidel 2009, 46–51.

aus der ersten Hälfte des dritten Jahrhunderts[9]. Diese Texte enthalten Klagen und Bitten einzelner Gemeinden sowie – falls erhalten – die Antworten der Obrigkeiten. In diesen Klageschriften bitten die Geschädigten um eine Verurteilung der Täter und um die Beendigung des von ihnen beschriebenen rechtswidrigen Verhaltens von Soldaten und anderen staatlichen Beauftragten, denen verschiedene Missetaten vorgeworfen werden, darunter vor allem unrechtmäßige Requisitionen in ländlichen Gebieten. Geographisch konzentriert sich die überwiegende Mehrheit dieser epigraphisch überlieferten Hilferufe zwar auf Kleinasien, doch Einzelfälle sind etwa auch aus Moesia Inferior, Thracia oder Nordafrika bekannt. Insgesamt ist aber anzunehmen, dass nur ein kleiner Bruchteil des ehemaligen Bestandes an solchen Inschriften erhalten ist und dass deren Überlieferung an den verschiedenen Fundorten sehr unterschiedlichen Bedingungen unterworfen war. Als Gruppe verweisen diese Texte aber nicht so sehr auf einzelne oder (etwa im Rahmen von Bürgerkriegen oder anderen Ausnahmesituationen begangene) besonders schlimme Gräueltaten von Soldaten, sondern sie beziehen sich auf über lange Zeiträume hinweg wiederholte rechtswidrige Handlungen römischer Militärangehöriger, die an verschiedenen Orten und zu unterschiedlichen Epochen feststellbar sind und damit auf ein strukturelles Problem hinweisen[10].

Es ist nicht notwendig, hier auf die Details der Rhetorik dieser Texte einzugehen, denn diese allein ist kein verlässliches Instrument, um reichsweit die Realitäten des dritten Jahrhunderts zu rekonstruieren. Die „Hilferufe“ hat man aber immer wieder als Zeugnis für die damalige Existenz einer Militäranarchie gedeutet. Sie gelten zudem als Ausdruck einer reichsweiten Militarisierung und als Zeugnis der „Krise des dritten Jahrhunderts“. Damit wurden sie auch als aussagekräftige Kennzeichen der Epoche der „Soldatenkaiser“ eingestuft, in der zivile Gemeinden angeblich überall im Reich unter den damals besonders disziplinlosen und verhassten Soldaten gelitten hätten, während diese aber für ihren Machtmissbrauch von ihren Vorgesetzten und den zuständigen Gerichten nicht mehr ernsthaft zur Rechenschaft gezogen worden seien[11]. Denn illegale Requisitionen waren bekanntlich Straftaten, für welche die

---

9 Herrmann 1990; ferner: Hauken 1998; für Kleinasien Mitchell 1993, 228; Mitchell 1999, 37; ferner AE 2003, 1690 mit Lampe/Tabbernee 2004, 169–187; RECAM III 112 mit Haensch 2006, 157; vgl. außerdem etwa Phil. Flacc. 5; PSI 446 = Sel.Pap. II 221; OGIS 609; Dig. 1,18,6,5–6 (Ulpian); siehe zum folgenden bes. auch Speidel 2009, 483; Speidel 2009a.

10 Zu den Gewalttaten von Soldaten gegenüber Zivilisten und dem sich daraus entwickelnden Ansehen des Militärs siehe etwa Paneg. 9,3,9. 11(3),3,9 sowie Alföldy 1987, 41–42; Alföldy 1989, 278–284; Speidel 2011. Zu Überlieferungen von zunehmender Disziplinlosigkeit im römischen Heer allgemein und ihrer historischer Aussagekraft siehe etwa Speidel 2009, 33, 497–499, 524–525; Speidel 2011, bes. 215 und 218.

11 Bes. etwa MacMullen 1963, 86; MacMullen 1988, 129; Herrmann 1990, passim; Mitchell 1993, 228 (unter dem Titel «Militarization»); Campbell 1984, 246; Campbell 1994, 170–171; Isaac 1992, 269; Pollard 2000, 85 und bes. 109–110. Zur Frage der Militarisierung allgemein siehe auch Speidel 2009, 273 und Speidel 2012.

schuldigen Soldaten hätten gerichtlich zur Verantwortung gezogen werden müssen[12]. Für Kleinasien hat Stephen Mitchell deshalb den Schluss gezogen: „peaceful and prosperous Asia Minor was reverting to a condition of anarchy", und: „Soldiers emerge from their way-stations, frontier garrisons, and more dangerous montain areas to become virtually ubiquitious in cities and the countryside"[13].

Zu Recht wurde in jüngerer Zeit wiederholt Kritik an dieser traditionellen Bewertung der sogenannten „Hilferufe" geübt, wobei man die Texte jetzt freilich nur mehr als Ergebnis einer für die damalige Zeit typischen epigraphischen Modeerscheinung bewerten will. Demnach seien längst verbreitete Erscheinungen seit dem ausgehenden zweiten Jahrhundert lediglich durch Kopien auf dauerhaftem Material festgehalten worden, und diese Inschriften würden so das Bild, das sich aus der Überlieferung ergibt, erheblich verzerren[14]. Nach dieser Deutung sei den genannten Inschriften überhaupt keine inhaltliche Aussagekraft mehr zuzugestehen, die für die Zeit und den Ort ihrer Abfassung von Bedeutung wäre, denn die beschriebenen Missstände seien schon seit Beginn der Kaiserzeit überall im Reich vorhanden gewesen. Man habe es deshalb lediglich mit einem „kulturell bedingten Phänomen zu tun, für das sich die Bezeichnung *epigraphic habit* eingebürgert hat", und das inhaltlich nichts weiter als ein „endemisches Problem" bezeuge, „das die Kaiser seit Augustus und Tiberius trotz wiederholter Regelungsversuche nie völlig in den Griff" bekommen hätten[15]. Die Vertreter dieser Bewertung nehmen damit an, dass die genannten Texte Zustände widerspiegeln, die nicht allein für die erste Hälfte des dritten Jahrhunderts und für die Provinz Asia kennzeichnend waren, sondern die vielmehr auch in vergleichbarer Häufigkeit und in ähnlichem Ausmaß während der gesamten Kaiserzeit und im ganzen Reich vorkamen[16].

Sowohl die ältere als auch die neuere Bewertung vernachlässigt jedoch das Bild, das sich aus der geographischen und chronologischen Herkunft dieser Texte ergibt. Denn die „Hilferufe" wurden in Kleinasien fast ausschließlich in den ländlichen Gebieten Lydiens (dort vor allem in der Landschaft Katakekaumene) und Phrygiens gefunden. Als epigraphische Eigenheit dieser beiden Landschaften im späteren zweiten und im dritten Jahrhundert sind diese Inschriften allerdings kaum zu erklären, denn verwandte Texte und vergleichbares epigraphisches Verhalten sind

12 Dig. 1,18,6,6 (Ulpian), siehe Speidel 2009, 498.

13 Mitchell 1993, bes. 228–233.

14 Siehe etwa Scheidel 1991; Witschel 1999, 60; Kolb 2000, 119 mit Anm. 1.

15 Witschel 1999, 60–62, der die Behandlung dieser Inschriften in der älteren Forschung als *„anecdotical method"* beschreibt. Seiner Ansicht nach „(...) stellt sich hier vor allem die Frage, ob die in diesem Falle unbestreitbare quantitative Zunahme der Wiedergabe eines bestimmten Phänomens in den Inschriften tatsächlich bedeuten muss, dass dieses selbst in der in Frage stehenden Epoche an Bedeutung gewann".

16 Für einige moderne Autoren scheint dies freilich *a priori* festzustehen. Siehe etwa Pollard 2000, 85.

auch aus dem ersten und zweiten Jahrhundert und aus ganz anderen Reichsteilen bekannt, wenn auch in weit geringerer Zahl[17]. Bei der überaus reichen epigraphischen Hinterlassenschaft Kleinasiens dürfte die auffällige Häufung solcher Inschriften seit dem späten zweiten Jahrhundert und im Süden der Provinz Asia weit eher besondere Ursachen gehabt haben, die in der Region und der Zeit ihrer Entstehung zu suchen sind. Vieles spricht dafür, dass diese Ursachen mit den Kriegen im Osten zusammen hingen und mit dem dadurch stark angestiegenen militärischen und staatlichen Verkehr auf der *via Sebaste*[18]. Dieser Verkehr scheint im Süden der Provinz Asia das staatliche Nachrichten- und Transportsystem sowie das Versorgungssystem für durchziehende Truppen, die beide in starkem Maße auf die Verfügbarkeit lokaler Ressourcen angewiesen waren, an den Rand der Leistungsfähigkeit gebracht und so wesentlich zum beklagten und wiederholten Missbrauch beigetragen zu haben. Die „Hilferufe" sind damit wohl tatsächlich als Ausdruck einer Krise zu bewerten. Diese Krise bestand allerdings vor allem darin, dass die vorhandenen Strukturen wegen der angespannten militärischen Lage überlastet waren und nicht wie vorgesehen funktionierten, was zu Not und Mangel in den von den Kriegsschauplätzen weit entfernten Regionen Phrygiens und Lydiens führte.

Für die Frage nach dem „Militärrecht der Soldatenkaiser" ist es aber von Bedeutung, dass die Klagen der „Hilferufe" in Kleinasien nicht nur bereits rund ein halbes Jahrhundert vor der Epoche der „Soldatenkaiser" einsetzten, sondern auch dass sie sich keineswegs nur gegen Soldaten, sondern auch gegen andere staatliche Beauftragte richteten, darunter besonders auch gegen eine *kolletiones* (κολλητίωνες) genannte Personengruppe, bei denen es sich vermutlich um vertraglich gegen Bezahlung und auf Zeit zu verschiedenen Hilfsdiensten eingestellte Zivilisten handelte[19]. Gerade diese Stellung der *kolletiones* zwischen Militärs und Zivilisten eröffnete wohl zahlreiche Möglichkeiten des Machtmissbrauchs[20] und erschwerte offenbar zudem die Strafverfolgung und (nach expliziter Aussage eines „Hilferufs") die gerichtliche Verurteilung[21].

---

17 Eck 1997, 368, siehe etwa die Texte aus Dagis, Moesia Inferior (159/160 n.Chr.): SEG XXXIII 577 = Hauken 1998, 170; Saltus Burunitanus, Africa (181/2 n.Chr.): ILS 6870 = Hauken 1998, 2; Gasr Mezuar, Africa (181 n.Chr.): CIL VIII 14428 = Hauken 1998, 29; Skaptopara, Thracia (238 n.Chr.): AE 1994, 1552 = Hauken 1998, 74; vgl. auch AE 1976, 653 = SEG XXVI 1392 (Augustus/Tiberius, Sagalassos); CIL III = ILS 214 (Claudius, Tegea); IGRR I 1262 = OGIS 665 (Claudius, Oase El-Kharga); SEG XVII 755 = IGLS V 1988 (Domitian, Hama); Hauken/Malay 2009.

18 Speidel 2009a.

19 Zu den *kolletiones* siehe Speidel 2009, 488 und jetzt auch Haensch 2012, 503; verfehlt: Fuhrmann 2012, 219 („a nick-name"). Zu ähnlichen zivilen Gehilfen im Heer siehe auch Speidel 1992, 71; Wesch-Klein 1998, 43–44; Nelis-Clément 2000, 207; Speidel 2009, 489.

20 So werden sie etwa in der Inschrift aus Kemaliye/Mendechora (Hauken 1998, 62, Nr. 4) als Hauptbeschuldigte beschrieben.

21 Hauken 1998, 62 (Kemaliye/Mendechora). Die Kläger in dieser Inschrift scheinen befürchtet zu haben, dass die *kolletiones* von militärischer Seite nicht ausreichend bestraft würden.

Dennoch trifft die Deutung der „Hilferufe“ als Ausdruck zunehmend anarchischer Zustände kaum das Richtige. Denn der eigentliche Grund, weshalb diese Texte auf Stein übertragen und auf dem Gebiet der Gemeinden aufgestellt wurden, lag zweifellos in den obrigkeitlichen Entscheidungen zugunsten der betroffenen Gemeinden. Die öffentliche Aufstellung der Texte auf dauerhaftem Stein sollte ebenso dauerhaft vor künftigen Übergriffen schützen[22]. Ob dies immer den gewünschten Erfolg erbrachte und weitere Übergriffe eindämmte oder gar verhinderte, lässt sich natürlich nicht feststellen. Aus der Anzahl und der zeitlichen Streuung der „Hilferufe“ darf aber geschlossen werden, dass man sich mindestens bis in die Mitte des dritten Jahrhunderts davon tatsächlich auch Schutz vor künftigen Schäden versprach. Mit dem Begriff „Anarchie“ können deshalb die damaligen Zustände selbst in jenen Gebieten, in denen mehrfacher Machtmissbrauch durch Soldaten bezeugt ist, nicht treffend beschrieben werden. Denn die Inschriften und das durch sie bezeugte Vorgehen der Geschädigten beweisen viel mehr, dass man trotz widriger Umstände weiterhin ein gewisses Vertrauen in die Funktionsfähigkeit des Staates und den Schutz durch seine Organe setzte[23]. Auch können die Texte der „Hilferufe“ die Vermutung nicht stützen, dass die des Machtmissbrauchs beschuldigten Soldaten grundsätzlich oder regelmäßig unbestraft blieben. Dagegen spricht jedenfalls ein aus Kilter in Phrygien stammender Text, in dem der *proconsul Asiae* einen Tribunen anwies, er möge dafür sorgen, dass auf bestimmten Ländereien kein Missbrauch vorkomme. Zweifellos handelte es sich dabei um den *tribunus cohortis I Raetorum*, den Befehlshaber der einzigen in der Provinz Asia stationierten Einheit. Diese hatte ihr Lager beim nur wenige Kilometer entfernten Eumeneia. Die selbe Anweisung gab der *proconsul* aber auch einem weiteren Befehlshaber, den man als den Kommandanten einer im benachbarten Aulutrene bei Apameia stationierten Vexillation identifizieren kann. Der Kohortentribun drohte daraufhin seinen Soldaten Strafen für eine Reihe namentlich aufgezählter Vergehen an[24].

Ob die Drohungen gewirkt haben, können wir natürlich nicht wissen. Zur Beurteilung der Umstände ist es aber wichtig, dass Aulutrene ein Etappen- und Versorgungslager für solche Verbände war, die sich auf dem Marsch an die Kriegsschauplätze im Osten befanden oder von dort zurückkehrten. Zumindest die Einwohner der nahe gelegenen Stadt Apameia scheinen dabei mit der Nachbarschaft und den

22 Mitchell 1976, 116–117; Speidel 2009a. Siehe auch die ausdrückliche Anweisung des Statthalters von Syria an die Bewohner von Phaina i.J. 185/187: OGIS 609; ferner SEG XXXVII 1186; AE 1994, 1552 und vgl. auch CIL III 14203,25 = ILS 5794. Stolze Selbstdarstellung der Gemeinden, die mit dem Kaiser oder Statthalter erfolgreich korrespondiert hatten, mag ebenfalls mit zur Übertragung der Texte auf Stein geführt haben, doch das allein kann die Entstehung dieser Texte nicht sinnvoll erklären. Siehe allgemein dazu die entsprechenden Beiträge in Haensch 2009.

23 So auch Palme 2006, 327 zur Aussage der papyrologischen Quellen bezüglich des Verhältnisses der Zivilisten zum Militär in der Provinz Ägypten.

24 SEG XLVIII 1514, Z. 7. Zur Identifizierung der beiden Befehlshaber siehe Speidel 2009, 490; Speidel 2009a, 204.

Taten des Kommandanten von Aulutrene keine größeren Probleme gehabt zu haben, denn sie errichteten ihm eine Ehrenstatue und feierten ihn als den Wohltäter ihrer Stadt[25]. Aber auch der Rat und das Volk von Eumeneia haben in dieser Zeit einen Tribunen der *cohors I Raetorum* als ihren Wohltäter geehrt[26]. Solche Ehrenstatuen für Offiziere finden sich aber auch sonst während der Zeit der Severer und jener der „Soldatenkaiser“ in den Städten und Gemeinden des ganzen Reichs. Das gilt auch für den Süden der Provinz Asia, dem Herkunftsgebiet der meisten „Hilferufe“, wo unter anderem sogar Statuensockel für zwei *centuriones frumentarii* gefunden wurden[27]. In einem der Hilferufe aus Phrygien vom Jahre 213 baten die geschädigten Gemeindebewohner von Anosa sogar ausdrücklich um die Stationierung eines *stationarius* auf ihrem Gebiet[28]. Ganz ähnlich hatte schon Trajan der Stadt Byzanz zum Schutz vor Übergriffen durch Soldaten und andere im staatlichen Auftrag reisende Personen einen Zenturionen geschickt. Die Stadt Iuliopolis in Bithynien bat Trajan vergeblich um denselben Gefallen, denn der Kaiser fürchtete, einen Präzedenzfall zu schaffen, der zahlreiche andere, vor allem kleinere und schwächere Gemeinden veranlassen könnte, um dasselbe nachzusuchen[29]. Es scheint deshalb, dass es in West-Kleinasien sowohl im zweiten als auch im dritten Jahrhundert immer wieder Gemeinden gab, die zum Schutz vor Übergriffen die Stationierung eines Soldaten in ihrem Territorium gerne gesehen hätten. Aus den als „Hilferufe aus den Provinzen“ bezeichneten Texten aus Phrygien und Lydien kann aus diesen Gründen keine reichsweite Entwicklung hin zu einer Militäranarchie erschlossen werden. Viel mehr zeugen diese inschriftlich überlieferten Klagen von einer durch die Kriege im Osten verursachten lokalen Überlastung des staatlichen Nachrichten- und Transportsystems und einem Vertrauen der betroffenen Gemeinden auf den Schutz durch die Obrigkeit und ihre Organe, darunter gerade auch die Soldaten des römischen Heeres.

II. Dolor

Man darf zwar annehmen, dass die Senkung der Rekrutierungsmaßstäbe seit Mark Aurel im Zusammenspiel mit dem zunehmenden Bewusstsein der Soldaten für die eigene Macht gerade während der Bürgerkriege immer wieder zu einem Verlust der Disziplin geführt hat[30]. Es genügt jedoch nicht, die vermeintlich grundsätzliche Lust

---

25 IGRR IV 786.

26 IGRR IV 728.

27 MAMA VIII 508; AE 1981, 771; IGRR III 301 und IV 786; vgl. auch IGRR III 55, 280, 811. Zahlreiche weitere Beispiele solcher und ähnlicher Ehrungen etwa bei Erkelenz 2003, 50, 61, 305; Stoll 2001, 72.

28 SEG XVI 754; siehe auch SEG XXXVII 1186 = Hauken 1998, 217 (Takina).

29 Plin. epist. 10,77 und 78.

30 Gewalttaten: siehe oben Anm. 10. Senkung der Rekrutierungsmaßstäbe: HA Ant. Phil. 21; vgl. auch Cass. Dio 52,14,3 und 52,27,4–5 (Maecenas-Rede); ferner Speidel 1994, 79–80. Allerdings hatder Soldaten an der Gewalt und ihre Gier nach fremdem Eigentum als wichtigste Erklärung dafür beizubringen. Denn wären die Missstände allein mit dem zunehmend gewalttätigen Charakter der Soldaten zu erklären, so müsste man mit einer wesentlich weiteren Verbreitung der überlieferten Klagen in Kleinasien (und anderswo) rechnen. Zudem blieb die Disziplin der Soldaten auch im dritten Jahrhundert, wie schon in früheren Zeiten, ein Thema der Rechtsgelehrten. So erörterte etwa Herennius Modestinus in seinem vierten Buch „Über Strafen" (*de poenis*) solche, die für fehlbare Soldaten vorgesehen waren. In den Stellen, die in den Digesten aus diesem Werk des mittleren dritten Jahrhunderts dazu zitierten wurden, geht es vor allem um Soldaten, die sich unrechtmäßig vom Dienst entfernt hatten, oder die sich auf andere Art und Weise vor dem Dienst und dem Kampf zu drücken versuchten[31]. Fahnenflucht und Kriegsdienstverweigerung erscheint hier als gravierendes Problem, nicht aber Machtmissbrauch oder andere Auswirkungen einer überprivilegierten und fröhlich marodierenden Soldateska. Zwar lässt sich allein aus diesen Auszügen kein ausgewogenes Bild erstellen, doch auch die Aussagen der literarischen und der dokumentarischen Überlieferung passen zu einem Bild, das einen zunehmend gefährlichen und entbehrungsreichen Militärdienst vor allem an den Nordgrenzen des Reiches vermittelt.

Im vierten Jahrhundert galt das Soldatenleben als von schwerem Dienst geprägt und wurde gar zu einer Metapher von *dolor*[32]. Selbst der Kirchenvater Augustinus hat das Leben der Soldaten in einer der 1990 wieder gefundenen, von François Dolbeau herausgegebenen Predigten als Metapher für ein leidvolles Leben verwendet[33]. Darin verwies Augustin auf das tägliche Leiden der Soldaten, die bewaffnet ihren Militärdienst leisteten, auf die Gefahren, denen sie ausgesetzt waren, auf die Schmerzen und Qualen, die Kälte und die Hitze, den Hunger und den Durst, die sie zu ertragen hatten, sowie auf die Verwundungen und den Tod, die ihnen drohten. Doch die täglichen Strapazen und Gefahren würden die Soldaten ertragen, weil sie stets den Ruhestand (*otium*) des Veteranen vor Augen hätten. Denn im Ruhestand am wohl verdienten Ende dieses harten Berufs würden sie wohlhabend sein, es würde ihnen an nichts fehlen und schließlich käme auch noch die *immunitas* hinzu, die Befreiung von der Verpflichtung zu Gemeindediensten (*functiones civitatum*) – eine schwer wiegende Bürde, die ihnen nach dem Militärdienst niemand auferlegen würde.

Tatsächlich empfand aber mancher Soldat schon im dritten Jahrhundert seinen Militärdienst geradezu als Qual (*dolor*) und hielt dies während langer Jahre nur

ten Verbrecher und Vertreter unehrenhafter Berufe weder in der Zeit davor noch danach Zugang zur Armee: Plin. epist. 10,29 und 30; Veg. mil. 1,7 etc; Leppin 2010. Zum Topos der verfallenen Heeresdisziplin siehe auch Wheeler 1996; Speidel 2009, 32–34.

31 Dig. 49,16,3 (Modestinus). Zur *disciplina Augusti* siehe Speidel 2009, 26. Zu den Erwartungen der Soldaten an ihren Militärdienst siehe jetzt Speidel 2012a.

32 Alltag nur noch schwerer Dienst: Paneg. 9,3,9 (an der Donau).

33 Augustin., serm. Dolbeau 15,4,2–6 (ed. Dolbeau 2009, 198).

deshalb aus, um in den Genuss der Entlassungsprivilegien zu kommen[34]. Selbst ein *eques singularis Augusti*, ein Elitesoldat der kaiserlichen Leibgarde, beschrieb auf seinem Grabstein seinen Militärdienst als *dolor magnus*, den er deswegen *tempore longo* ausgehalten habe, um schließlich die *honesta missio*, die ehrenvolle Entlassung, zu erhalten[35]. Zwar galt die ehrenhafte Entlassung schon im ersten Jahrhundert als Krönung des Militärdienstes, doch der militärische Alltag scheint sich seit dem späteren ersten Jahrhundert erheblich verändert zu haben[36]. Denn noch Juvenal hatte in seiner 16. Satire das lustige Soldatenleben besungen, das von allerlei Privilegien geprägt war sowie vom Vorteil, dass die Militärgerichte bei Klagen von Zivilisten angeblich stets zu Gunsten der Soldaten entschieden.

Je mehr der Alltag der Soldaten von schwerem Dienst geprägt war, um so mehr erwarteten sie dafür auch Anerkennung. Erstaunlicherweise sind aber gerade substantielle Privilegierungen, Vergünstigungen oder gar Solderhöhungen für die Soldaten des römischen Heeres aus der Zeit der „Soldatenkaiser" nicht glaubhaft überliefert. Vielmehr wurden die letzten bedeutenden Zuwendungen von Septimius Severus, Caracalla und von Maximinus ausgesprochen[37]. Allerdings haben auch hier neue Urkunden und neue Forschungen gezeigt, dass nicht alle bisher Septimius Severus zugeschriebenen Begünstigungen der Soldaten und Erleichterungen des Militärdienstes auch tatsächlich stattgefunden haben. So hat Severus weder das Verbot für ein *matrimonium iustum* während des Militärdienstes aufgehoben noch liess er einfache Soldaten in Offiziersgewändern an Paraden auftreten[38].

Anerkennung suchten die Soldaten der ersten Hälfte des dritten Jahrhunderts auch in den Gemeinden, in denen sie ihren Ruhestand, ihr *otium*, geniessen wollten. Dies zeigt etwa eine bemerkenswerte, wohl ins dritte Jahrhundert gehörende Inschrift aus dem kleinen Bergdorf Brigantio (heute Ascros) in den *Alpes Maritimae*, die von Maturius Fuscus, einem Veteranen der *legio II Augusta*, also einer in Isca (heute Caerleon) in Britannien stationierten Einheit, errichtet wurde. Folgender Text wurde gelesen und veröffentlicht[39]:

34 *Dolor*: siehe die folgende Anmerkung. Allgemein dazu ALFÖLDY 1987, 36–37; SPEIDEL 2009, 319 Anm. 8; 523–524, 537; vgl. auch HORSMANN 1991, 187–197.

35 CIL VI 32808 = SPEIDEL 1995, Nr. 596; dazu auch SPEIDEL 1994, bes. 69 und 90.

36 Zur *honesta missio* siehe SPEIDEL 2009, 317.

37 Dazu etwa BIRLEY 1988, 21; SPEIDEL 2009, 350.

38 *Matrimonium iustum*: ECK 2011; SPEIDEL, im Druck. Offiziersgewänder (so A. v. DOMASZEWSKI): SPEIDEL 2009, 453.

39 AE 2004, 867 = MORABITO 2010, Nr. 50; dazu bes. PASSERON/VEYNE 2004. Siehe auch die Fotos in der Epigraphik-Datenbank CLAUSS/SLABY. Auf der linken Schmalseite der Stele wurden in zwei Zeilen je zwei Buchstaben gelesen, P M / F F, die zu *P(ublius) M(aturius) / F(uscus) f(ecit)* aufgelöst wurden.

T(itulus?) p(ublice?) p(ositus?).
Maturius Fuscus
emeritus ex
legione II Aug(usta) mis-
sus honesta mis-
sione de suo sibi
epulavit pa-
gum

Mit diesem Denkmal wollte der Veteran offenbar an ein Ereignis erinnern, das vermutlich zu den wichtigsten in seinem Leben gezählt hat. Denn Fuscus hat nach der ehrenhaften Entlassung aus seiner Legion auf eigene Kosten einen ganzen Landbezirk oder ein Dorf bewirtet: *epulavit pagum*, wie es in den beiden Schlusszeilen des Textes heißt. Vermutlich war dies die kleine Gemeinde, in der er aufgewachsen war und in die er nun, nach vollendetem Dienst als ehrenhaft entlassener Soldat und als wohlhabender Mann zurückkehrte. Seine großzügige Wohltat sollte ihm zweifellos die Anerkennung und den Respekt der Berggemeinde einbringen und er selbst sorgte durch den in Stein gemeißelten Text dafür, dass niemand das Fest so schnell vergessen würde.

III. Militärdiplome

Auf eine ganz ähnliche Entwicklung weisen schließlich auch die sogenannten Militärdiplome[40]. Diese Urkunden gehören seit Kaiser Claudius zur römischen Heeres-, Bürgerrechts- und Verwaltungsgeschichte und wurden seit Kaiser Vespasian in großen Massen hergestellt. Denn nunmehr erhielten nach Ablauf ihrer Mindestdienstzeit (später nach der *honesta missio*) alle Soldaten der Hilfstruppen in den Provinzen, der beiden prätorischen Flotten in Misenum und Ravenna sowie der berittenen kaiserlichen Leibgarde in Rom (*equites singulares Augusti*) von Zeugen beglaubigte, persönliche Doppelurkunden aus Bronze, in denen ein Auszug aus den kaiserlichen Konstitutionen eingeschrieben war, die ihnen und ihren Kindern das römische Bürgerrecht verliehen sowie das *conubium*, das Recht einer vollgültigen römischen Ehe mit einer peregrinen Frau. Ganz ähnliche Urkunden erhielten auch die in den Stadt- und Prätorianerkohorten dienenden römischen Bürger, freilich nur für die Verleihung von *conubium* mit künftigen peregrinen Frauen.

40 Zum Folgenden siehe besonders auch die Ausführungen von WEISS, im Druck. Ich danke Peter Weiss für seine Großzügigkeit, mit der er mir seinen Text noch vor der Drucklegung zugänglich machte.

Die serielle Produktion der Diplome und die Herkunft ihrer Texte aus der kaiserlichen Kanzlei müssten sich besonders eignen, rechtliche Veränderungen in der Zeit der „Soldatenkaiser" aufzuzeigen. Denn die Texte der Konstitutionen und der Militärdiplome unterlagen im Laufe der Jahrzehnte natürlich immer wieder kleineren Veränderungen. Eine außerordentlich folgenreiche Änderung nahm dann aber Antonius Pius nach dem Tod seiner Frau Faustina im Oktober 140 vor, als in einem Akt des von Peter Weiss überzeugend beschriebenen Paradigmenwechsels die kaiserliche Ehe durch Senatsbeschluss für alle Bürger zum Vorbild erklärt wurde: Mit wenigen Ausnahmen hob er die bisherige Praxis der Bürgerrechtsverleihung an die schon geborenen Kinder und die Nachkommen auf und setzte so auch in den Auxilia das seit Augustus für alle aktiven Soldaten des römischen Heeres geltende Verbot durch, eine rechtmäßige Ehe (*matrimonium iustum*) zu schließen[41]. Der nächste massive Einschnitt in die kaiserliche Praxis der Vergabe von bronzenen Militärdiplomen geschah dann unter Kaiser Mark Aurel: Vom Jahr 168 an fehlt in unserer Überlieferung für ein ganzes Jahrzehnt jede Spur dieser Urkunden[42]. Es lässt sich zwar nachweisen, dass die Soldaten nach ihrer Entlassung weiterhin die bisherigen Privilegien erhielten, doch wurden die entsprechenden Urkunden jetzt offenbar auf weniger edlem Schreibmaterial ausgestellt, vermutlich auf hölzernen *tabulae ceratae*, wie dies Werner Eck vorgeschlagen hat. Er hat zudem mit guten Gründen angenommen, dass diese Maßnahme Mark Aurels vor allem darauf zielte, in diesen Jahren der Pest und der Kriege gegen Markomannen, Quaden und Sarmaten Kosten und Rohstoffe einzusparen oder doch zumindest durch die symbolische Einstellung der Produktion der Militärdiplome auf das Ausmaß der Krise hinzuweisen[43].

Als die Produktion der Bronzediplome im Jahr 177 wieder aufgenommen wurde, hatte sich die äußerliche Textgestaltung dieser Urkunden verändert. Die augenfälligste Veränderung war dabei die neue Gestaltung der Außenseiten der Tabellae I, auf denen nun oft das Datum mit den Konsulnamen oder der Namen und die Titulatur des Kaisers, vor allem aber der Name und weitere Angaben zum Empfänger in betont großen Buchstaben geschrieben standen. Diese neue Textgestaltung verlieh der Außenseite der Tabellae I die Züge einer repräsentativen Schauseite[44]. Damit wurde eine Entwicklung fortgesetzt, bei welcher der juristische Wert der Doppelurkunden zugunsten des repräsentativen Vorzeigecharakters der bronzenen Militärdiplome immer mehr zurück trat[45]. Denn der Erinnerungswert der Außenseite der Tabella I mit dem vollständigen Privilegierungstext war deutlich höher als jener der Tabella II.

41 Weiss 2008, 30–37; Eck 2007, 88–98; Eck 2012, 37–41; siehe dazu jetzt auch Waebens 2012. Speidel, im Druck.

42 Eck/MacDonald/Pangerl 2003; Eck 2012, 46–49.

43 Eck 2003, 61; Eck 2012, 47–49; Speidel, im Druck a.

44 Weiss 2004, 243; Speidel 2009, 344; Weiss, im Druck.

45 Eck/Pangerl 2011, 252; Eck 2012, 44–46; Eck 2012a, 331.

Darin liegt sicherlich auch der Grund dafür, dass die Tabellae I von Anfang an in signifikant höheren Zahlen erhalten geblieben sind als die Tabellae II oder die vollständigen, aus beiden Tabellae bestehenden Exemplare[46]. Die Tabellae II, hingegen, wurden offenbar öfter abgetrennt und eingeschmolzen oder zu anderen Gegenständen wie Spiegel (RMD I 45), (Schloss-)Beschlägen (RMD III 140? RMD V 429? vgl. RMD V 447 = RGZM 44), Deckel (RMD I 41; vgl. RMD V 373) und ähnlichem weiter verarbeitet[47]. Die Ausgestaltung der Außenseiten der Tabellae I zu Schauseiten kam den Bedürfnissen der Empfänger deshalb zweifellos entgegen.

Bei den erhaltenen Urkunden, die unter Commodus hergestellt wurden, kann dann eine weitere überraschende Eigenheit beobachtet werden: Gemessen an den fast dreizehn Jahren seiner Herrschaft sind mit höchstens elf oder zwölf Exemplaren auffallend wenige Diplome bekannt[48]. Mehr noch: Von diesen Urkunden wurden sechs für Empfänger aus Truppen in Rom und Italien sowie für einen aus der *cohors XIII urbana* in Lugdunum ausgestellt, aber nur höchstens fünf (vermutlich sogar weniger) für Hilfstruppensoldaten in den Provinzen. Während die Werte für die Diplomempfänger aus Truppen in Italien etwa den früher üblichen entsprechen, sind jene für die Empfänger aus den Hilfstruppen sowohl in absoluten Zahlen als auch im Verhältnis zu den Diplomempfängern aus in Italien stationierten Einheiten dramatisch gesunken. Das lässt sich eigentlich nur damit erklären, dass Commodus die automatische Ausgabe von bronzenen Militärdiplomen an alle Hilfstruppensoldaten wieder eingestellt hat und Diplome nur noch für jene Soldaten der Auxilia ausgestellt wurden, die eine solche edle Urkunde beantragt und bezahlt haben. Diese Praxis wurde, wie die Anzahl erhaltener Diplome für Hilfstruppensoldaten nahelegt, unter Septimius Severus weiter fortgesetzt. Die übrigen Auxiliarsoldaten dürften die entsprechenden Texte erneut auf hölzernen Schreibtafeln erhalten haben.

Unter Severus lässt sich dann aber wiederum eine zunächst überraschende Veränderung feststellen[49]. Denn etwa seit dem Jahre 202 steigt die Zahl der bekannten

---

46 Von den bis heute in Corpora (CIL XVI, RMD I–V und RGZM) erfassten 688 Exemplaren sind 417 (60,6 %) Tabellae I. 117 (17 %) sind Tabellae II. 154 (22,4 %) sind Diplome, von denen sich (wenigstens Bruchstücke) beide(r) Tabellae erhalten haben. Die Lücke des Jahrzehnts von 168–177 (?) n. Chr. hatte auf diese Verteilung offenbar keinen signifikanten Einfluss: vor 168 – Tab. I: 322 (60,1 %). Tab. II: 99 (18,5 %). Tab. I&II: 115 (21,5 %). Nach 177 (?) – Tab. I: 95 (62,5 %), Tab. II: 18 (11,8 %), Tab. I&II: 39 (25,7 %), wobei sich in dieser Gruppe mehrere Exemplare unsicherer Datierung befinden.

47 Auf der Grundlage von CIL XVI, RMD I-V und RGZM gut erkennbar weiter verarbeitete Tabellae II (6 Exemplare = 5,1 %): RMD V 328 (85 n. Chr.). RMD V 331 (88 n. Chr.). RMD III 140 (?) (97 n. Chr.). RMD I 41 (133/140 n. Chr.). RMD I 45 (141/147 n.Chr.). RMD V 429 (148 / 160). — Tabellae I (8 Exemplare = 1,9 %): RMD V 338 (97 n. Chr.). RMD V 373 (128/129 n. Chr.). RMD III 160 (136/137 n. Chr.). RMD I 57 (138/161 n. Chr.). RMD V 437 (162/163 n. Chr.). RMD V 447 = RGZM 44 (192 n. Chr.). RMD III 190 (202/203 – 209 n. Chr.). CIL XVI 156 (298 n. Chr.). Es mag durchaus noch weitere, nicht erkannte oder als solche beschriebene Exemplare in den genannten Corpora geben.

48 Dazu Weiss, im Druck.

49 Zum Folgenden siehe Eck 2012a.

Prätorianerdiplome massiv an. Während bis dahin insgesamt nur neunzehn Diplome für die *cohortes praetoriae* und *urbanae* bekannt sind, kennen wir aus der Zeit zwischen 202 und der Alleinherrschaft des Gallienus (260–268), insgesamt 107 Diplome für diese Truppen. Am Inhalt der verliehenen Privilegien änderte sich in der gesamten Zeit aber nichts – auch nicht nach der *constitutio Antoniniana* im Jahre 212. Die geringe Zahl von Diplomen für Soldaten der stadtrömischen Truppen aus dem ersten und zweiten Jahrhundert hat Werner Eck auf Grund der dort verzeichneten Herkunftsangaben der Empfänger überzeugend damit erklärt, dass diese Soldaten jeweils ein ganz persönliches Interesse an einem Militärdiplom mit der Bestätigung des *conubium* hatten. Die geringe Zahl dieser Diplome dürfte deshalb damit zu erklären sein, dass für die Soldaten der Stadt- und Prätorianerkohorten bronzene Diplome nur auf Bestellung und Bezahlung angefertigt worden sind.

Die Auflösung der alten Prätorianerkohorten unter Septimius Severus und ihre Neuaufstellung in mindestens doppelter Stärke dürften dann wesentlich für den starken Anstieg der Diplome mitverantwortlich gewesen sein, zumal die neuen Prätorianer nicht wie früher vor allem aus Italien und den alten römischen Kolonien stammten, sondern hauptsächlich aus den Provinzen zwischen Pannonien und der Donaumündung, besonders Thrakien und Niedermösien. Diese Soldaten hatten zweifellos ein bedeutend höheres Interesse an Militärdiplomen als ihre Vorgänger im ersten und zweiten Jahrhundert, denn einerseits war bei ihrer Rückkehr in die Heimat das *ius conubii* mit einer peregrinen Frau sicherlich ein deutlich nützlicheres Privileg, als es vor Septimius Severus für die überwiegend aus Italien stammenden Prätorianer gewesen war. Andererseits hatten vor dem dritten Jahrhundert schon Generationen von Soldaten aus den östlichen Donauländern in den Hilfstruppen, den italischen Flotten und in der kaiserlichen berittenen Leibgarde für Rom gedient und am Ende ihres Dienstes ein Militärdiplom aus edler Bronze erhalten, das sie dann in ihrer Heimat mit Stolz herum zeigen konnten. Es ist deshalb denkbar, dass die Rekruten dieser Länder, denen seit Septimius Severus der Dienst in den Prätorianerkohorten grundsätzlich offen stand, erwarteten, bei ihrer Rückkehr in die Heimat ebenfalls eine solche Urkunde vorzeigen zu können.

Jedenfalls hielt im dritten Jahrhundert wohl jeder Veteran nach seiner ehrenhaften Entlassung aus einer Prätorianerkohorte eine offizielle, edle und ursprünglich sogar fast goldfarbene Bronzeurkunde in Händen, auf der sowohl sein eigener Name in auffallend großen Buchstaben zu lesen war als auch der Name des Kaisers, der dem Veteranen bezeugte, *pie et fortiter* seinen Dienst geleistet zu haben. Allein durch das Vorzeigen dieser Urkunde konnte sich der Veteran in der Praxis wohl dort, wo er sich ansiedelte, seine Privilegien sowie besonderes Ansehen sichern, zumal die seit Mark Aurel und Commodus feststellbare Ausgestaltung der Außenseiten der Tabellae I zu Schauseiten von einer zunehmenden Vernachlässigung der Innentexte begleitet war. Ähnlich wie schon vor der Mitte des zweiten Jahrhunderts wurde die Schrift der Innenseiten wieder zunehmend vernachlässigt, bis sie teils überhaupt nicht mehr zu lesen war[50]. Wenn aber der versiegelte Innentext, der ja der eigentliche rechtswirksame Text der als Doppelurkunden gestalteten Militärdiplome war, sich nicht entziffern ließ, war die Urkunde vor Gericht eigentlich wertlos. Doch ein Veteran musste vermutlich kaum damit rechnen, dass er je gezwungen sein würde, sein Militärdiplom vor Gericht zu öffnen. Wichtiger als der eigentliche juristische Wert der Diplome, d.h. als die rechtsgültige Dokumentation des vom Kaiser verliehenen *ius conubii*, waren nun die repräsentativen Außenseiten der edlen Militärdiplome. Sie taugten in der Praxis vielleicht sogar als „Urkunde" und waren jedenfalls vor allem als Erinnerungsstück begehrt. Das wird auch daran ersichtlich, dass im dritten Jahrhundert Texte, die ursprünglich entweder als Entlassungsurkunden auf hölzernen *tabulae ceratae* gestanden hatten oder als Kaiserbriefe oder Aktenstücke aus den Truppenarchiven den Namen des entlassenen Soldaten enthielten, offenbar nicht selten auf Bronzetafeln kopiert wurden[51]. Solche privat in Auftrag gegebenen Bronzetafeln hatten natürlich keinerlei Urkundenwert, doch als Prestigeobjekt und Erinnerungsstück erfüllten sie ihren Dienst zweifellos sehr gut. Ähnlich wie die oben besprochene Inschrift aus den Meeralpen vermitteln somit auch die Militärdiplome und „Bronzeurkunden" des dritten Jahrhunderts den Wunsch der Veteranen, die Bewohner ihrer Heimatgemeinde (oder jener Gemeinde, in der sich der Veteran nach seiner Entlassung ansiedelte) zu beeindrucken und bei ihnen Ansehen zu gewinnen[52].

IV. Schluss

Es ist nicht notwendig, die hinreichend bekannten Gräueltaten römischer Soldaten des dritten Jahrhunderts oder den destabilisierenden Einfluss der Armee auf die politischen Verhältnisse an der Reichsspitze hier erneut zu beschreiben. Die von Bürgerkriegen und äußerer Bedrohung ausgelöste Verrohung und Fanatisierung, aber auch der Ehrgeiz und die Skrupellosigkeit zahlreicher Protagonisten dieser Epoche bieten für solche Erscheinungen vielfältige und tragfähige Erklärungsansätze. Auch blickten viele Soldaten des dritten Jahrhunderts mit Neid und Missgunst auf die in ihrer Vorstellung Feste feiernden Zivilisten im Innern des Reiches[53]. Diese missgönnten ihrerseits den Soldaten schon früh ihre Vorrechte und ihre Vergünstigungen für einen Dienst, der ihrer Meinung nach frei von jeglichem Müßiggang zu sein hatte. Selbst dass sie warme Bäder nahmen, wurde den Soldaten jetzt vorgeworfen[54]. Die

50 Siehe nur die Beispiele bei Eck/Pangerl 2011. Mitte des zweiten Jahrhunderts: Eck 2012, 44–46.

51 Siehe etwa RMD IV App. I,1–3 und RGZM 75. Dazu Speidel 2009, 336–337 und 344–346.

52 Siehe auch Speidel 2012a, 178–179.

53 Herodian 1,6,1–9. Paneg. 11(3),3,9.

54 Kein Müßiggang: z.B. Hor. carm. 2,16. Der Soldat sollte nach Tac. hist. 1,53,14 ein von zivilen Vergnügungen freies, asketisches Leben führen, denn: *inter paganos miles corruptior*. Keine warmen

hier betrachteten Urkunden lassen sich jedoch nicht als Stütze dafür anführen, dass die Soldaten durch strukturelle Veränderungen des Militärwesens unter den „Soldatenkaisern“ oder durch eine neue, soldatenfreundliche Politik oder Praxis der Militär- und Statthaltergerichte dieser Zeit insgesamt zu überprivilegierten und marodierenden Kriegern mit einem neuen und stark gesteigerten Selbstbewusstsein wurden. Die Zeit der „Soldatenkaiser“ lässt sich nicht als eine „Zeit der Soldaten“ beschreiben. Einmal entzogene Privilegien wurden auch von den „Soldatenkaisern“ nicht mehr erneuert, wichtige neue, reichsweit und dauerhaft gültige Vorrechte und Vergünstigungen wurden (soweit erkennbar) nicht ausgesprochen, während gleichzeitig der Militärdienst härter und gefährlicher wurde. Unter dem „Soldatenkaiser“ Gallienus wurde die Produktion der Militärdiplome ganz eingestellt[55]. Auch blieb die *disciplina militaris* bis zur Mitte des dritten Jahrhunderts Thema juristischer Abhandlungen und selbst die als „Hilferufe“ bezeichneten Texte des späten zweiten und des dritten Jahrhunderts lassen die Bemühungen des römischen Staates erkennen, mit Hilfe der Rechtsprechung Sicherheit und Ordnung zu erhalten. Die hier behandelten Urkunden und Texte deuten deshalb weder auf eine in Rechtsfragen besonders soldatenfreundliche Politik noch weisen sie auf Entwicklungen hin, die mit Begriffen wie Militarisierung oder Militäranarchie passend beschrieben wären[56]. Vielmehr scheinen selbst die sogenannten „Soldatenkaiser“ im allgemeinen tief in den vorgefundenen Traditionen verwurzelt geblieben und vor allem von den besonderen politischen und militärischen Umständen sowie von den allgemeinen Erwartungen an die Rolle eines römischen Kaisers geleitet gewesen zu sein. Vielleicht sollte man deshalb auf den Begriff „Soldatenkaiser“ in dieser Zeit der Usurpatoren künftig besser verzichten.

Bibliographie

ALFÖLDY 1987 – G. ALFÖLDY, Römische Heeresgeschichte. Beiträge 1962–1985, Amsterdam 1987.

ALFÖLDY 1989 – G. ALFÖLDY, Die Krise des Römischen Reiches. Geschichte, Geschichtsschreibung und Geschichtsbetrachtung, Stuttgart 1989.

BIRLEY 1988 – E. BIRLEY, The Roman Army. Papers 1929–1986, Amsterdam 1988.

CAMPBELL 1984 – J.B. CAMPBELL, The Emperor and the Roman Army 31 BC – AD 235, Oxford 1984.

CAMPBELL 1994 – J.B. CAMPBELL, The Roman Army 31 BC–AD 337. A Sourcebook, London 1994.

CARRIÉ 1989 – J.-M. CARRIÉ, Il soldato, in: A. GIARDINA (Hg.), L'uomo romano, Rom 1989, 99–142.

DOLBEAU 2009 – F. DOLBEAU, Augustin d'Hippone, Vingt-six sermons au peuple d'Afrique, 2. Auflage. Paris 2009.

Bäder: HA Avid. 5,5; HA Alex. 53,2. Zu solchen Forderungen bes. CARRIÉ 1989, 136; SPEIDEL 2011, 214–215; SPEIDEL 2012a, 179.

55 Die kurzzeitige Wiederaufnahme dieser Praxis während der Tetrarchie blieb Episode.

56 Zur Problematik des Begriffs „Militarisierung“ für die Zeit der Severer und jene der „Soldatenkaiser“ siehe auch SPEIDEL 2009, 273–281 und SPEIDEL 2012.

Eck 1997 – W. Eck, Die Verwaltung des Römischen Reiches in der Hohen Kaiserzeit. Vol. II., Basel 1997.

Eck 2003 – W. Eck, Der Kaiser als Herr des Heeres. Militärdiplome und kaiserliche Reichsregierung, in: J.J. Wilkes (Hg.), Documenting the Roman Army. Essays in Honor of Margaret Roxan, London 2003, 55–87.

Eck 2007 – W. Eck, Krise oder Nichtkrise – das ist hier die Frage, in: Hekster/de Kleijn/Slootjes (Hg.), Leiden u.a. 2007, 23–153.

Eck 2007a – W. Eck, Die Veränderungen in Konstitutionen und Diplomen unter Antoninus Pius, in: M. A. Speidel – H. Lieb (Hg.), Militärdiplome. Die Forschungsbeiträge der Berner Gespräche von 2004, Stuttgart 2007, 87–104.

Eck 2011 – W. Eck, Septimius Severus und die Soldaten. Das Problem der Soldatenehe und ein neues Auxiliardiplom, in: Onken/Rohde 2011, 63–77.

Eck/Pangerl 2011 – W. Eck/A. Pangerl, Diplome für Prätorianersoldaten aus der Herrschaftszeit der Philippi, *ZPE* 176, 243–261.

Eck 2012 – W. Eck, Bürokratie und Politik in der römischen Kaiserzeit. Administrative Routine und politische Reflexe in den Bürgerrechtskonstitutionen der römischen Kaiser, Wiesbaden 2012.

Eck 2012a – W. Eck, Diplomata militaria für Prätorianer vor und seit Septimius Severus. Eine Bestandesaufnahme und ein Erklärungsversuch, *Athenaeum* 100, 321–336.

Eck/MacDonald/Pangerl 2003 – W. Eck/D. MacDonald/A. Pangerl, Die Krise des römischen Reiches unter Marc Aurel und ein Militärdiplom aus dem Jahr 177 (?), *Chiron* 32, 365–377.

Eich 2010 – A. Eich (Hg.), Die Verwaltung der kaiserzeitlichen Armee. Studien für Hartmut Wolff, Stuttgart 2010.

Erkelenz 2003 – D. Erkelenz, Optimo praesidi, Bonn 2003.

Fuhrmann 2010 – C.J. Fuhrmann, Policing the Roman Empire: Soldiers, Administration, and Public Order, Oxford 2010.

Haensch 2006 – R. Haensch, Von den Augusti liberti zu den Caesariani, in: Kolb 2006, 153–164.

Haensch 2009 – R. Haensch (Hg.), Selbstdarstellung und Kommunikation. Die Veröffentlichung staatlicher Urkunden auf Stein und Bronze in der Römischen Welt, München 2009.

Haensch 2012 – R. Haensch, *Kolletiones* et *canalicularii*, in: Wolff 2012, 503–511.

Hauken 1998 – T. Hauken, Petition and Response, Bergen 1998.

Hauken/Malay 2009 – T. Hauken/H. Malay, A New Edict of Hadrian from the Province of Asia Setting Regulations for Requisitioned Transport, in: Haensch 2009, 327–348.

Heil 2006 – M. Heil, ‚Soldatenkaiser' als Epochenbegriff, in: K.P. Johne/T. Gerhardt/U. Hartmann 2006, 411–428.

Hekster/de Kleijn/Slootjes 2007 – O. Hekster/G. de Kleijn/D. Slootjes (Hg.), Crises and the Empire, Leiden 2007.

Hermann 1990 – P. Herrmann, Hilferufe aus römischen Provinzen: ein Aspekt der Krise des römischen Reiches im 3. Jhd. n. Chr., Hamburg 1990.

Horsmann 1991 – G. Horsmann, Untersuchungen zur militärischen Ausbildung im republikanischen und kaiserzeitlichen Rom, Boppard 1991.

Isaac 1992 – B. Isaac, Limits of Empire, Oxford 1992[2].

Johne/Gerhardt/Hartmann 2006 – K.P. Johne/T. Gerhardt/U. Hartmann (Hg.), Deleto paene imperio Romano. Transformationsprozesse des Römischen Reiches im 3. Jahrhundert n. Chr. und ihre Rezeption in der Neuzeit, Stuttgart 2006.

Johne 2008 – K.-P. Johne (Hg.): Die Zeit der Soldatenkaiser. Krise und Transformation des Römischen Reiches im 3. Jahrhundert n. Chr. (235–284). 2 Bände, Berlin 2008.

Kennedy 1996 – D. L. Kennedy (Hg.), The Roman Army in the East, Ann Arbor 1996.

Koehn/Grieb, im Druck – C. Koehn/V. Grieb, (Hg.), Marc Aurel. Akten der Tagung vom 8.–11. April 2011 an der Helmut Schmidt Universität in Hamburg, im Druck.

Kolb 2000 – A. Kolb, Transport und Nachrichtentransfer im Römischen Reich, Berlin 2000.

Kolb 2006 – A. Kolb (Hg.), Herrschaftsstrukturen und Herrschaftspraxis. Konzepte, Prinzipien und Strategien der Administration im römischen Kaiserreich, Berlin 2006.

Lampe/Tabbernee 2004 – P. Lampe/W. Tabbernee, Das Reskript von Septimius Severus und Caracalla an die Kolonen der kaiserlichen Domäne von Tymion und Simoe, *EA* 37, 169–187.

Leppin 2010 – H. Leppin, Truppenergänzungen in einer aussergewöhnlichen Situation. Theodosius der Grosse und die Rekrutierungen nach Adrianopel, in: Eich 2010, 187–199.

MacMullen 1963 – R. MacMullen, Soldier and Civilian in the Later Roman Empire. Cambridge MA 1963.

MacMullen 1988 – R. MacMullen, Corruption and Decline of Rome. New Haven 1988.

Mitchell 1976 – S. Mitchell, Requisitioned transport in the Roman Empire, *JRS* 66, 106–131.

Mitchell 1993 – S. Mitchell, Anatolia. Land, Men, and Gods in Asia Minor. Vol. I. Oxford 1993.

Mitchell 1999 – S. Mitchell, The Administration of Roman Asia from 133 BC to AD 250, in: W. Eck (Hg.), Lokale Autonomie und römische Ordnungsmacht in den kaiserzeitlichen Provinzen vom 1. bis 3. Jahrhundert, München 1999, 17–46.

Morabito 2010 – S. Morabito, Inscriptions latines des Alpes Maritimes, Nice 2010.

Nelis-Clément 2000 – J. Nelis-Clément, Les *beneficiarii*: militaires et administrateurs au service de l'empire (Ier s.a.C. – VIe s.p.C.), Paris 2000.

Onken/Rhode 2011 – B. Onken/D. Rohde (Hg.), In omni historia curiosus. Studien zur Geschichte von der Antike bis zur Neuzeit. Festschrift für Helmut Schneider zum 65. Geburtstag, Wiesbaden 2011.

Palme 2006 – B. Palme, Zivile Aufgaben der Armee im kaiserzeitlichen Ägypten, in: A. Kolb 2006, 299–328.

Passeron/Veyne 2004 – J.-C. Passeron/P. Veyne, Un vétéran qui fit banqueter un pagus. Nouvelle lecture d'une inscription d'Ascros (Alpes-Maritimes), *Gallia* 61, 271–280.

Pollard 2000 – N. Pollard, Soldiers, Cities, and Civilians in Roman Syria, Ann Arbor 2000.

RGZM – B. Pferdehirt, Römische Militärdiplome und Entlassungsurkunden in der Sammlung des Römisch-Germanischen Zentralmuseums, 2 Bände, Mainz 2004.

RMD – M. M. Roxan (1978 – 2003), P. Holder (seit 2003), Roman Military Diplomas, 5 Bände, London.

Ruffing 2010 – K. Ruffing, Der römische Kaiser im 3. Jh. n. Chr., in: G.B. Lanfranchi/R. Rollinger (Hg.), Concepts of Kingship in Antiquity. Padova 2010, 197–208

Scheidel 1991 – W. Scheidel, Dokument und Kontext: Aspekte der historischen Interpretation epigraphischer Quellen am Beispiel der ‚Krise des dritten Jahrhunderts', *RSA* 21, 145–164.

Sommer 2010 – M. Sommer, Die Soldatenkaiser, Darmstadt 2010².

Speidel 1992 – M.P. Speidel, Roman Army Studies. Vol. II, Stuttgart 1992.

Speidel 1994 – M.P. Speidel, Riding for Caesar. The Roman Emperors' Horseguard. London 1994.

Speidel 1995 – M.P. Speidel, Die Denkmäler der Kaiserreiter, Köln 1995.

Speidel 2009 – M.A. Speidel, Heer und Herrschaft im Römischen Reich der Hohen Kaiserzeit, Stuttgart 2009.

Speidel 2009a – M.A. Speidel, Les longues marches des armées romaines. Réflets épigraphiques de la circulation des militaires dans la province d'Asie au IIIème s. apr. J.-C., *CCG* 20, 199–210.

Speidel 2010 – M.A. Speidel, Pro patria mori ... La doctrine du patriotisme romain dans l'armée impériale, *CCG* 21, 139–154.

Speidel 2011 – M.A. Speidel, Römische Soldaten auf Abwegen – Amtsmissbrauch, Korruption und Fahnenflucht, in: M. Reuter/R. Schiavone (Hg.), Gefährliches Pflaster. Kriminalität im Römischen Reich. Xantener Berichte 21, 2011, 213–221.

Speidel 2012 = M.A. Speidel, Faustina – *mater castrorum*. Ein Beitrag zur Religionsgeschichte, *Tyche* 27, 127–152.

SPEIDEL 2012A = M.A. SPEIDEL, Being a Roman soldier: expectations and responses, in: WOLFF 2012, 175–186.

SPEIDEL, im Druck – M.A. SPEIDEL, Les femmes et la bureaucratie: Quelques réflexions au sujet de l'interdiction du mariage dans l'armée romaine, *CCG*, im Druck.

SPEIDEL, im Druck a – M.A. SPEIDEL, Der Philosoph als Imperator: Mark Aurel und das Militär, in: C. KOEHN/V. GRIEB (Hg.), Marc Aurel. Akten der Tagung vom 8.–11. April 2011 an der Helmut Schmidt Universität in Hamburg, im Druck.

STOLL 2001 – O. STOLL, Römisches Heer und Gesellschaft, Stuttgart 2001.

STROBEL 1993 – K. STROBEL, Das Imperium Romanum im ‚3. Jahrhundert', Stuttgart 1993.

WAEBENS 2012 – S. WAEBENS, Imperial Policy and Changed Composition of the Auxilia: The „Change in A. D. 140" Revisited, *Chiron* 42, 1–23.

WEISS 2004 – P. WEISS, Neue Fragmente von Flottendiplomen des 2. Jahrhunderts n. Chr. Mit einem Beitrag zum Urkundenwert des Außentexts bei den Militärdiplomen, *ZPE* 150, 2004, 243–252.

WEISS 2008 – P. WEISS, Die vorbildliche Kaiserehe. Zwei Senatsbeschlüsse beim Tod der älteren und jüngeren Faustina, neue Paradigmen und die Herausbildung des ‚antoninischen' Prinzipats, *Chiron* 38, 1–45.

WEISS, im Druck – P. WEISS, Die Militärdiplome unter Marc Aurel, Lucius Verus und Commodus. Kontinuitäten und Brüche, in: KOEHN/GRIEB, im Druck.

WESCH-KLEIN 1998 – G. WESCH-KLEIN, Soziale Aspekte des römischen Heerwesens in der Kaiserzeit, Stuttgart 1998.

WHEELER 1996 – E. WHEELER, The laxity of Syrian legions, in: KENNEDY 1996, 229–276.

WITSCHEL 1999 – C. WITSCHEL, Krise – Rezession – Stagnation? Der Westen des römischen Reiches im 3. Jahrhundert n.Chr., Frankfurt 1999.

WOLFF 2012 – C. WOLFF (Hg.), Le métier de soldat dans le monde romain, Lyon 2012.

Pierangelo Buongiorno, Lecce

„Il senso della crisi". Ritual und Legitimität der kaiserlichen Macht nach Herodian*

Zusammenfassung: Die sehr umfangreiche Literatur zu Herodian hat den potenziellen Beitrag dieses Autors für die Rechtsgeschichte – und insbesondere für die Untersuchungen im Bereich des römischen Staatsrechts – außer Acht gelassen. Dies gilt vor allem zum einen für die Definition der Sukzession der kaiserlichen Macht, zum anderen für die Rolle des Senats bei der Machtverleihung am Ende des Prinzipats. Im vorliegenden Beitrag wird das Werk Herodians mit dem Ziel untersucht, zu neuen Überlegungen zu diesen Aspekten anzuregen. Insbesondere werden die Beziehungen inzwischen Ritual und Legitimität der kaiserlichen Macht in der Prodromalphase der „Soldatenkaiserzeit" beleuchtet, mit besonderem Fokus auf der herodianischen Perspektive.

Abstract: The extensive research on Herodian has so far failed to adequately investigate the potential contribution of this author to the History of Law, particularly in the field of Roman public law: He primarily provides information on two aspects, namely the definition of imperial succession at the end of the imperial age and on the role played by the senate in this process. This paper attempts to offer a novel interpretation of Herodian's text in order to investigate the relations between ceremony and legitimacy of imperial power in the prodromal phase of the 'Crisis of the Third Century', seen mainly from Herodian's perspective.

1. Die Beschreibung der Ereignisse der Jahre zwischen 180 und 238 n. Chr. durch den Historiker Herodian bildet eine der Hauptquellen für die Geschichte der ereignisreichen 60 Jahre vom Tod des Kaisers Marcus Aurelius über die Epoche der Severer bis zum Anfang der Soldatenkaiserzeit.

Die anderen Quellen, die sich auf diese Periode beziehen, erweisen sich entweder als Überarbeitungen aus der Zeit der Spätantike (Cassius Dio) oder sind relativ viel später entstanden (*Historia Augusta*). In Anbetracht dessen kommt dem Werk Herodians[1] –

---

* *Dieser Aufsatz wurde während meines Forschungsaufenthaltes bei der Kommission für alte Geschichte und Epigraphik (DAI) in München (Mai 2013) angefertigt. Diesbezüglich bedanke ich mich bei den Direktoren des Instituts, Christoph Schuler und Rudolf Haensch, für ihre Gastfreundschaft. Ulrike Babusiaux, Annarosa Gallo, Francesco Grelle, Cesare Letta, Giusto Traina und Carlo Martino Lucarini haben die vorläufige Fassung des Aufsatzes gelesen, ihnen verdanke ich viele wertvolle Bemerkungen. Für die Unterstützung bezüglich der deutschen Fassung danke ich Nina Bremi und Aleksander Grebieniow.*

1 Für einen kurzen Überblick über die Quellen der Periode von 193 bis 284 n. Chr. s. Mennen 2011, 12–17. Eine kritische Rekonstruktion der Ereignisse ist in Carrié/Rousselle 1999 und in Ando 2012 zu finden. Das Werk Herodians wird manchen Stimmen zufolge unmittelbar nach 253 n. Chr. datiert (Polley 2003, 203–208) oder, wahrscheinlicher, schon gegen Ende der Herrschaft Philipp Arabs. So

von einigen in der Vergangenheit ausgedrückten Zweifeln abgesehen[2] – die Hauptrolle für die Rekonstruktion dieser komplexen Zeitperiode zu. So schrieb Santo Mazzarino: „La sua stessa interpretazione del tempo in cui vive (...), sebbene rientri nella topica della *aúxesis* proemiale, esprime tuttavia il suo senso della crisi“[3].

Es scheint mir, dass die, wenngleich sehr umfangreiche, Literatur zu Herodian[4] den potenziellen Beitrag des Autors für die Rechtsgeschichte und insbesondere für die Untersuchungen im Bereich des römischen Staatsrechts außer Acht gelassen hat[5]. Vor allem gilt dies zum einen für die Definition der Sukzession der kaiserlichen Macht, zum anderen für die Rolle des Senats bei der Machtverleihung am Ende des Prinzipats[6]. Im vorliegenden Aufsatz soll das Werk Herodians mit dem Ziel der Anregung zu neuen Überlegungen auf diese Aspekte hin untersucht werden[7]. Wünschenswert

---

überzeugend ZIMMERMANN 1999a, 285–319, der auf eine präzise Neuumschreibung der Person Herodians verweist: höchstwahrscheinlich ein kaiserlicher Beamte asiatischer Herkunft, vielleicht Sohn eines Freigelassenen von Marcus Aurelius; dazu jüngst auch GALIMBERTI 2014, 10–11; für eine ausführliche bibliographische Untersuchung der Person des Autors und dessen Werk, s. MARASCO 1998, 2839 und Fn. 12–15. Zum Problem der Quellen, die Herodian selbst verwendete, vgl. *infra* Fn. 20.

2 Man denke hauptsächlich an die Studien von Géza Alföldy, insb. die Zusammenstellungen in ALFÖLDY 1989. Das Problem ist jedoch weitreichend diskutiert (vgl. z.B. CASSOLA 1956–1957) und die Literatur wurde weiter überdacht von SIDEBOTTOM 1998, 2792–2803, MARASCO 1998, 2904–2910, ZIMMERMANN 1999a, *passim*, GALIMBERTI 2014, 9–10 Fn. 3

3 MAZZARINO 1966, III, 204.

4 Für eine bibliographische Übersicht aus den Jahren 1883–1987 s. MARTINELLI 1987, ergänzt bezüglich der darauffolgenden zwanzig Jahre durch HARTMANN 2008, 30. In diesem Hinblick kommt den Werken von MARASCO, SIDEBOTTOM und ZIMMERMANN, in vorheriger Fußnote zitiert, eine besondere Bedeutung zu. Insb. die Monografie des Letzten bildet die einzige und bisher unvergleichliche systematische Analyse des Werkes Herodians, welche einer modernen Methodologie folgt und sich nicht von Vorurteilen bezüglich der Unglaubwürdigkeit der herodianischen Geschichte leiten lässt.

5 In Bezug auf das Privatrecht ist zu bemerken, dass Herodian (meiner Meinung nach, weil das Thema außerhalb seines Werkes liegt) die *Constitutio Antoniniana* nicht berücksichtigt: vgl. dazu jetzt MAROTTA 2009, 101–132, und manche kritischen Bemerkungen in SANTINI 2013, 239–241. Es scheint mir jedoch wahrscheinlich, dass er das Vorhandensein dieser Konstitution oder mindestens ihre Folgen annimmt, in 7,7,1; 7,7,5 i.f.; 7,8,6 (vgl. *infra* Fn. 44).
Berühmt ist die Rechtsmaßnahme von Pertinax, festgehalten in 2,4,6, welche die Besetzung von *agri deserti* erlaubt hat und den Erlass des Tributs für mindestens 10 Jahre des Anbaus beschreibt. Über den Erlass hat sich eine weitreichende Literatur herausgebildet, vgl. jüngst MAZZA 2009, 166–168 Fn. 43–48.

6 Man denke z.B. an die wichtige Publikation von DE BLOIS 1998, 3415–3423. Der Autor behandelt bei der Darstellung der kaiserlichen Ideologie kaum die technischen Aspekte der kaiserlichen Machtverleihung. Ablehnend auch MARASCO 1998, 2868: „non è da chiedere ad Erodiano una riflessione sui meccanismi costituzionali della successione“.

7 Man beachte die neue kritische Ausgabe des Textes, hrsg. von LUCARINI 2005 (s. auch deren Rezension von LETTA 2012). Die Publikation entfernt sich von den früheren Ausgaben von L. Mendelssohn (1883) und K. Stavenhagen (1922).

wäre außerdem, dass künftige Untersuchungen im Bereich des öffentlichen Rechts, beispielsweise zum *ius senatorium*[8] vom Beitrag Herodians profitieren können.

2. Τῆς μετὰ Μάρκον βασιλείας ἱστορία: „Geschichte des Kaisertums nach Markus Aurelius". Diese Überschrift hat der byzantinische Historiker Nikeforos Gregoras dem Werk Herodians gegeben, nachdem er die in mehreren *codices* überlieferten Titel des Werkes gesammelt und zusammengestellt hatte; Titel, in denen der Autor regelmäßig den Begriff der βασιλεία verwendet[9]. Dass der Begriff βασιλεία in der originalen Fassung des Werkes verwendet wurde, kann aufgrund des Vergleichs mit ähnlichen Werken, z.B. mit Philon von Byblos' Erzählung über die Herrschaft Hadrians (Περὶ τῆς βασιλείας Ἀδριανοῦ)[10] bestätigt werden. Die „Geschichte" von Herodian ist deswegen eine Geschichte des *imperium*: Und zwar nicht als Objekt, sondern eher als Subjekt gedacht[11]. Βασιλεία betrifft in der Tat nicht den institutionellen Aspekt der Macht als *imperium* einer Person. Dieses bezeichnet Herodian mit dem griechischen Wort ἀρχή. Die „Geschichte" Herodians ist eine Geschichte der Kaiser und, in einem weiteren Sinne, auch eine Geschichte der Sukzession kaiserlicher Macht. Die Sukzession bildet dabei die wichtigste Achse der Erzählung.

Die Analyse der Erzählung Herodians erlaubt verschiedene Überlegungen bezüglich der Übergabe der kaiserlichen Macht, ihrer Struktur und den zu ihrer Verleihung erforderlichen Formalitäten in der Zeitperiode vom Tod Mark Aurels bis zum Anfang der sogenannten ‚militärischen Anarchie'. Der Diskurs von Herodian wird umso wichtiger, je mehr die Bedeutung der Soldaten (der Prätorianer *in primis*) bei der Ernennung der Kaiser steigt; eine sicherlich entscheidende Rolle[12], deren juristische Relevanz jedoch ungewiss ist[13].

---

8 Hinsichtlich der Kompetenzen und Mechanismen der Tätigkeit der senatorischen Versammlung. Diesbezüglich bemerkenswert bleiben manche kurze Überlegungen von Spagnuolo Vigorita 1982, 199–209.

9 Mit der Ausnahme von Codex A, Monacensis Graecus 157, München, *Staatsbibliothek (StaBi)*.

10 Suda φ 447 Adler. Dazu vgl. Lucarini 2005, IX und Fn. 2.

11 Über diese Differenzierung s. Buongiorno 2008, 152–153 und Fn. 48.

12 Zu berücksichtigen ist die retroaktive Legitimation von *dies imperii* durch den Senat, welche bis zum Tag der militärischen Akklamation zurückwirkt. Eine Praxis, die wahrscheinlich schon zu Zeiten des Kaisers Claudius, sicher aber ab der Herrschaft Vespasians bestand. Vgl. Milazzo 1989, part. 204–205.

13 Trotz der jüngst ausgedrückten Meinungen von Laurendi 2012 – die glaubt, mit vielen Ratlosigkeiten für den Leser, dass eine fest etablierte Rolle der *milites* auf die Epoche des Kaisers Claudius (!) zu datieren ist – und allgemeiner von Icks 2011, 347–376 sowie des Weiteren von Handy 2009. Mennen 2011, 21–48, behandelt das Problem nicht, obwohl man dies von ihr aufgrund des Titels eines Kapitels ihres Werkes: „Changing Emperorship: setting the scene" erwarten könnte; sie bemerkt nur (insb. S. 47), dass die steigende Zahl der aus den Peripherien des Imperiums stammenden Truppen „minimized the distinction between emeperors and generals, which further complicated emperor's capacity to legitimate power – at least in senatorial eyes"; außerdem habe dies die Zunahme der aus

Die erste vom Autor beschriebene Sukzession (1,5–6) ist die Thronfolge von Commodus nach dem Tod Mark Aurels. In den Augen Herodians erscheint der Machtübergang als fast unumgänglich (1,5,5: „erwartete mich schon, als ich aus dem Mutterleib kam, der kaiserliche Purpur; im selben Augenblick beschien mich die Sonne als (neugeborenen) Menschen und als (künftigen Kaiser)", legt der Historiker dem Commodus in den Mund), und die ganze Beschreibung lässt uns die Evolution der Auseinandersetzungen zwischen den in der Sukzession verwickelten Akteuren nicht erkennen. Der einzige Aspekt, bei dem sich Herodian aufhält, berührt die an die Soldaten adressierte Rede und die ihnen gegenüber ausgesprochene Belohnung, „wie es von Seiten der Herrschaftsnachfolger üblich ist" (1,5,1). Das Fragment klärt aber die Teilnahme der Soldaten bei der Auswahl des Kaisers und die Frage ihrer formellen Legitimität nicht[14].

Viel aufschlussreicher für unsere Untersuchung sind die weiteren Thronfolgen. Am Ende des 2. Jh. n. Chr. verfügen die Prätorianer zweifellos über eine Stellung, mit welcher sich jeder Kaiser auseinandersetzen muss (und dies sagt nicht nur Herodian). Nach dem Tod von Commodus, der eine Folge einer Verschwörung von Laetus und Electus darstellte, war es notwendig, die Unterstützung der Kohorten für Pertinax zu sichern; damit hat sich Laetus, ehemaliger Präfekt der Prätorianer, beschäftigt (2,2,1). War die Zustimmung der *plebs urbana* gesichert, schickten die Verschwörer Abgesandte in die *castra praetoria*, um zu erläutern, dass „Commodus gestorben war und Pertinax zur *castra* βασιλεύσων ging" (2,2,1 i.f.). βασιλεύσων ist ein Partizip mit finaler Bedeutung, welches sich mit „um die Macht zu nehmen" übersetzen lässt.

Bei den *castra* sind die Akteure der Kandidat (mit seinen Anhängern), die Prätorianer und das Volk, noch nicht aber der Senat. Die Prätorianer hegten starke Bedenken bezüglich der Person des Pertinax. Diese Bedenken schwanden dank der Akklamation des Volkes (2,2,9–10), auf welche in der Nacht die Begleitung des akklamierten Kaisers bis zum Kaiserpalast (ἐς τὴν βασίλειον ἀυλὴν), zunächst durch das Volk, danach auch durch die Truppen, folgte.

Erst nach dieser Phase kommt der Senat ins Spiel. Pertinax tritt am nächsten Tag vor den *patres* auf (2,3,3). Eine Stelle aus der Geschichte Herodians ist besonders bemerkenswert: Pertinax hätte keinem Zeichen kaiserlicher Macht zugestimmt πρὶν ἢ μαθεῖν τὴν γνώμην τῆς συγκλήτου βουλῆς (2,3,2), d.h. bevor ihm die Meinung des Senats bekannt wird. Es scheint also, dass die Abstimmung des Senats weiterhin den formell entscheidenden Moment der Machtübergabe bildet, mindestens nach der Tradition *parca et civilis*, welche zum Teil die julisch-claudische, flavische und

der Reichweite stammenden Kaisern provoziert. Die Relevanz des Senats bis zu den ersten Dekaden des 3. Jh. n. Chr. ist durch AMARELLI 2010, 70–71 bekräftigt.

14 Für einen Kommentar zu diesem Text von Herodian vgl. jetzt GALIMBERTI 2014, 35–38.

antoninische Dynastie bis zu Mark Aurel charakterisierte[15]. Herodian überliefert uns einen Bericht über die Sitzung des Senats (2,3,4–10), welcher vielleicht nicht ganz vertrauenswürdig ist, aber die einstimmige Ovation der *patres* glossiert (2,3,11): Daher ist die Annahme des *senatus consultum de imperio* leicht zu vermuten.

Herodian erzählt, wie die Unruhen (2,6,5–6), die er als Staatsstreich bezeichnet (an welchem die ehrlichsten und respektabelsten Senatoren beteiligt waren), den Tod von Pertinax und die Beendigung seines kurzen Prinzipats markiert haben. Nach Verhandlungen mit dem Heer wurde Didius Iulianus als Kaiser begrüßt (2,6,9). Wo Pertinax in die Fußstapfen von Mark Aurel zu treten versucht hatte, folgte Iulianus (den Herodian als habgierig und ehrgeizig bezeichnet) dem Vorbild des Commodus (2,6,10)[16]. Der Ablauf der Ereignisse nach der Akklamation von Didius Iulianus ähnelt der Geschichte des Pertinax. Nach den üblichen Opfern in der *castra praetoria* wurde Iulianus durch die Prätorianer bis zum Palast begleitet. Trotzdem bezeugen wir noch nicht die formelle Verleihung der Macht an den neuen Kaiser: Die stilistische Feinheit Herodians weist deutlich darauf hin. Die Prätorianer begleiten „ihren Kaiser“ (τὸν ἴδιον βασιλέα); erst in der kommenden Phase, die als formelle Verleihung durch den Senat zu verstehen ist, bekommt Didius Iulianus seine Macht: ἐπεὶ παρῆλθεν ἐς τὴν ἀρχήν, lesen wir bei 2,7,1, wo das Verb παρέρχομαι offensichtlich den Erwerb des *imperium* infolge der formellen Verleihung impliziert.

Die formelle Irrelevanz der Akklamationen seitens des Volkes und der Soldaten ergibt sich auch bei der Sukzession des Pescennius Niger. Die Begrüßungen von Pescennius als Kaiser durch die *plebs* Roms (2,7,5) sind offensichtlich so bedeutungslos, dass Herodian sie als βασιλικαὶ φωναὶ bezeichnet, als *voces*, die nicht mehr als „Surrogate politischer Partizipation“[17] sind. Dasselbe darf man über den Zuruf von Pescennius durch die Legionen und römischen Bürger in Syrien sagen (2,8,4–6): „sie akklamierten ihn als Kaiser und begrüßten ihn als Augustus“. Die Überlegungen Herodians zum Verhalten von Pescennius nach seiner Akklamation definieren die Akklamation als informell. Gemäß Herodian benimmt sich Pescennius, als wäre er davon überzeugt, dass ihm die ἀρχή zustehe: Deswegen trägt er Purpur und erhält Botschaften ὡς πρὸς βασιλέα ὁμολογούμενον (2,8,7). Insbesondere die Verwendung des Wortes ὁμολογέω, dem das Adverb ὡς vorangeht, dient dazu, den usurpatorischen Charakter der Herrschaft von Pescennius zu bezeichnen. Die Verleihung von

15 Ausführlicher vgl. MILAZZO 1987, 459, der von einer „globale aspettativa“ von Pertinax „alla successiva investitura nella totalità dei poteri imperiali, che per il senato diventava un atto praticamente dovuto“ spricht.

16 Zur ideologischen Gegenüberstellung von Pertinax und Didius Iulianus vgl. ZIMMERMANN 1999a, 151–170.

17 Diesen zutreffenden Ausdruck verwendet WIEMER 2013, 173–202, der betont, dass „in der Spätantike (...) diese Form der Kommunikation (die Akklamation) jedoch eine bis dahin unbekannte Bedeutung [gewann], insofern sie alle Bereiche des öffentlichen Lebens durchdrang und andere Formen politischer Kommunikation in den Hintergrund drängte“.

cuncta principibus solita – wie Tacitus sie genannt habe (*hist.* 4,3,3) – in üblicher Weise und Form, bleibt – auch in den Augen Herodians – eine unumgängliche Bedingung, um die tatsächliche ἀρχή zu erhalten. Aus diesen Gründen glossiert der Historiker, dass Pescennius unverzüglich nach Rom hätte marschieren sollen (2,8,9), um die Macht formell zu beanspruchen.

Dieselbe negative Beurteilung wird später von Herodian auch mit Bezug auf Septimius Severus vorgenommen, als die in Pannonien stationierten Truppen letzteren als Kaiser begrüßen. In 2,10,6 ist von οὔπω βεβαία ἀρχή die Rede oder von einer noch nicht gesicherten Macht, die wohl durch die Truppen verliehen wird, aber vom Senat in Rom noch nicht bestätigt worden ist: Dort, glaube ich, erklärt sich die Bedeutung der βεβαία ἀρχή als „rituell" verliehenes *imperium*. Auch Herodians Wahl des Erzählstils (2,9,11–13), welcher das Vorgehen der formellen Machtergreifung beschreibt, scheint in diese Richtung zu deuten, indem die „Struktur des Konsenses" bei Septimius Severus als zum Verhalten des Pescennius Niger gegensätzlich dargestellt wird[18].

Zu beachten ist in der an die Truppen gerichteten Rede von Septimius Severus, in der er den Marsch nach Rom für notwendig hält, ἔνθα ἡ βασίλειος ἔστιν ἑστία (2,10,9), eine Aussage, von welcher aufgrund des Stils zu vermuten ist, dass sie von Herodian selbst stammt. Von ideologischen Implikationen abgesehen, lässt sich auf einer rein juristischen Ebene aus dieser Behauptung Septimius Severus' ableiten, dass die kaiserliche Macht eng an die republikanischen (in Rom noch lebendigen) „Apparatstrukturen" gebunden bleibt[19]. Herodian zögert nicht zu glossieren (2,10,9 i.f.), dass auch die Akklamationen mit den Namen des Augustus und des Pertinax, die durch die Soldaten an Septimius Severus gerichtet wurden, bloß Beweise des Enthusiasmus und der Treue waren, denen keinerlei formelle Bedeutung zukam.

Die Relevanz des Vorhabens einer institutionellen Struktur für die Richtigkeit der formellen Machtverleihung (ἀρχή) wird im Folgenden in der Erzählung von den Kämpfen zwischen den Anhängern des Iulianus und des Septimius Severus bekräftigt. Die Verwendung von technischem Wortschatz, wie sie der Tätigkeit des Senats inhärent war, beweist in diesem Punkt (insb. 2,12,3) die hohe Qualität der herodianischen Quelle[20]. In Anbetracht des unmittelbar bevorstehenden Kampfes zwischen

---

18 Vgl. Zimmermann 1999a, 171–188. Über diese Themen schreibt auch Ando 2000, 193–194.

19 Diese Perspektive wird erstmals unter der Herrschaft Maximins, der Rom in seinem Leben nie besucht hatte, in Frage gestellt. S. dazu Haegemans 2010, 83–86.

20 Das Problem der Quellen, die Herodian verwendet hat, reicht weit zurück: vgl. eine Diskussion der ältesten Literatur in Cassola 1957. Auf die schon aus dem 19. Jh. stammende These über die wesentliche Abhängigkeit Herodians von Cassius Dios Werk wurde insb. durch Kolb 1972 hingewiesen, und letztens – mit einigen Änderungen – durch Zimmermann 1999a wieder aufgenommen (der auch eine in Schichten angeordnete Bibliographie verfasst hat). Anders Sidebottom 1998, 2780–2792, insb. 2786, der den Gebrauch von anderen Quellen, von welchen manche Herodian selbst zitiert (1,2,3, 1,2,5, 2,9,4, 2,15,6–7, 3,7,3; vgl. aber auch die in 2,9,6, 5,5,6–7, 7,2,1–8 besprochene Werke), nicht ausschließt. Vgl. auch die Dissertation von Widmer 1967, und die präzisen Überlegungen von Slavich

den Prätorianern und den Anhängern von Septimius Severus beruft Iulianus durch Versand von γράμματα (nicht auszuschließen ist ein *libellus* mit einer *oratio principis*, die durch den kaiserlichen Quästor gelesen wird) die senatorische Versammlung ein (ἀθροισθῆναι κελεύσας τὴν σύγκλητον). In den γράμματα weist Iulianus auf die Gelegenheit hin, dem Septimius Severus die Macht zu erteilen. Er veranlasst damit im Wesentlichen etwas, was als *senatus consultum de imperio* definiert werden kann[21]. Diese Anordnung wurde sogleich durch die Senatoren (ἡ δὲ σύγκλητος ἐψηφίσατο μὲν ταῦτα) befolgt, indem die kaiserlichen Befugnisse an Septimius Severus verliehen wurden. Die Abstufung der Kollegialität lässt sich im Licht unserer Quelle nicht genug präzise definieren. Dieser Kompromiss ist im Zusammenhang mit der Unsicherheit des politischen Moments zu sehen. Die senatorische Sitzung wurde aber innerhalb weniger Tage[22] noch einmal von den zwei Konsuln einberufen, nachdem sowohl der Senat als auch die Prätorianer und das Volk zu den Anhängern von Septimius Severus übergegangen waren (2,12,4–7).

Eine Bemerkung Herodians erregt besonderes Interesse; es ist die Stelle, in der der Autor behauptet (2,12,4 i.f.), dass „für gewöhnlich die Konsuln die *res publica* verwalten, wenn sich die imperiale Gewalt in der Krise befindet" (οἳ τὰ τῆς Ῥώμης διοικεῖν εἰώθασιν ὁπηνίκα ἂν τὰ τῆς βασιλείας μετέωρα ᾖ)[23]. Es ist der Gedanke der Kontinuität des *imperium* in dieser Überlegung zu finden, was eine ideologische Wahl und vielleicht eine Hoffnung Herodians bezüglich des Aufbaus der kaiserlichen Macht auf dem republikanischen Modell deutlich zeigt. Während der fraglichen senatorischen Sitzung beschlossen die *patres*, Iulianus als *hostis publicus* zu verkünden und Septimius Severus als einzigen Kaiser mit „allen kaiserlichen Prärogativen" (πάσας τε αὐτῷ προσφέρει τὰς σεβασμίους τιμάς) zu proklamieren. Die Senatoren schickten ihm eine Botschaft (2,12,6)[24]. Auf die formelle Bedeutung der senatorischen Erwägungen verweist auch der Text 3,1,1, in dem gesagt wird, Pescennius Niger sei überrascht gewesen, dass Septimius Severus vom Senat als Kaiser anerkannt worden war: ὑπό τε

2002, 640–642; in Bezug auf das Prinzipat von Septimius Severus vgl. die Quellenforschung von Rubin 1980, 85–131; in Bezug auf das erste Buch Herodians vgl. jetzt Galimberti 2014, 12–25.

21 Vgl. Buongiorno 2010, 93–99. De Martino 1972–1975, IV.1, 398–399 spricht hingegen von einem *senatus consultum de participatione imperii*, um die Kollegialität von Iulianus und Severus zu betonen.

22 Die herodianische Chronologie bestätigt sich durch epigraphische und numismatische Funde. Gemäß Whittaker 1969–1970, I, 222–223 Fn. 2, sollen die zeitlichen Abstände zwischen den Ereignissen länger gedauert haben.

23 Vgl. Cassola 1967, 116 Fn. *a. h. loc.*, Whittaker 1969–1970, I, 225, und Talbert 1984, 186 Fn. 8. Weniger wahrscheinlich ist aufgrund der mühsamen Syntax, dass das Subjekt des Satzes οἳ (...) εἰώθασιν *etc.* die Senatoren sind: in diesem Fall könnte man feststellen, dass für Herodian der Begriff *auspicia redeunt ad patres* klar war.

24 Mommsen 1887, III.2, 1133 Fn. 1–2 stellt den ganzen Abschnitt der Geschichte Herodians in Frage. Zu dieser Botschaft s. auch De Martino 1972–1975, IV.1, 395 und Fn. 66.

τῆς συγκλήτου αὐτοκράτωρ ἀναδειχθείς; bemerkenswert ist die passive Verwendung des Verbes ἀναδείκνυμι, das die Idee der Machtverleihung hervorhebt[25].

Gleichbedeutend scheint die Sukzession von Decimus Clodius Septimius Albinus zu sein. Herodian erzählt von der Verleihung des Cäsartitels und zahlreicher anderer Symbole an einen wichtigen Senator, damals Statthalter Britanniens, am Vorabend der Abreise von Septimius Severus Richtung Osten, wo er mit Pescennius Niger zu kämpfen hatte (2,15,3–5)[26]. Aber was unsere Aufmerksamkeit besonders in Anspruch nimmt, ist die Formulierung: ἱκετεύων ἐπιδοῦναι αὐτὸν ἐς τὴν τῆς ἀρχῆς φροντίδα (2,13,4pr.). Severus hätte die Bereitschaft von Albinus, das Reich während seiner Abwesenheit von Rom zu verwalten, überprüft. Einer informellen Annahme des Vorschlags durch Albinus folgte eine Diskussion unter den Senatoren, bemerkt Herodian (2,15,5). Ich glaube, dass die ungleiche Kollegialität, wenngleich in Form eines Cäsariates, einer Art Kollegialität ähnelt, die einmal durch Tiberius zugunsten von Seianus eingeführt und später von Claudius dem L. Vitellius verliehen worden ist. Es handelt sich um eine Kollegialität, die Sueton (*Vit.* 2,4) mit dem Ausdruck *cura imperii*[27] bezeichnet. Herodians griechischer Ausdruck τῆς ἀρχῆς φροντίς scheint eine Lehnprägung zu sein[28].

Die Sukzession von Septimius Severus wird, wie im Übrigen auch jene des Mark Aurel, von Herodian nur skizzenhaft behandelt. Sie weist einige problematische Stellen auf, welche vermutlich auf die Vergöttlichung des Kaisers zurückzuführen sind (4,2,1)[29]. Nach dem Tod von Septimius Severus in Britannien haben seine beiden Söhne entschieden (wohl aber aus unterschiedlichen Gründen), das Kaiserreich zu zweit zu regieren, ἐν ὁμοτίμῳ ἀρχῇ, was als *imperium aequum* zu verstehen ist. Der senatorische Beschluss über die Verleihung der Macht an beide Kaiserbrüder wird von Herodian nur beiläufig behandelt. Auch die Sukzessionen, welche auf den Tod von Geta folgten (4,4,8) tragen nur mittelbar zu unserer Untersuchung bei: Caracalla wurde von den Prätorianern als alleiniger Kaiser (μόνον τε αὐτοκράτορα) akklamiert.

---

25 Im folgenden Teil seiner Erzählung (2,14,3), nach der Beschreibung der Ankunft des Severus in Rom, verweist Herodian auf eine senatorische Sitzung, in welcher sich der Kaiser sozusagen dem Senat «präsentiert». In dieser Sitzung wurde meiner Meinung nach über die Verleihung einer Bronzestatue (2,9,6) abgestimmt.

26 S. auch 3,7,8, wo nach der τιμή und ἐξουσία auf den Rang des Cäsaren Albinus verwiesen wird. Zur Titulatur der Cäsaren vgl. Mommsen 1887, II.2, 1140–1141 und Fn. 6; zur herodianischen Erzählung der Auseinandersetzung zwischen Severus und Albinus s. auch Rubin 1980, 123–131. Die Rekonstruktion der Ereignisse nach dem Tod Caracallas, die Hekster, Kaizer 2012, 89–107, vorschlägt, ist hingegen kaum vertretbar.

27 An dieser Stelle erlaube ich mir, auf Buongiorno 2008, 143–147 und 152–153 hinzuweisen.

28 Aus Herodian, 4,12,4, ergibt sich, hinsichtlich der τῆς ἀρχῆς φροντίς und der Befugnisse des Kaisers und seiner Mitarbeiter, eine weitere Frage, die das Werk Herodians im Zusammenhang mit der Typologie der Befugnisse von Flavius Maternianus, Bevollmächtigter Caracallas in Rom in der Zeitperiode des parthischen Krieges, betrifft. Vgl. dazu Buongiorno 2014, 81–89.

29 Dazu s. Whittaker 1969–1970, I, 375 Fn. 3.

Die Prätorianer haben gleichzeitig Geta zum Staatsfeind (πολεμίον) erklärt, ohne dass dies jedoch irgendwelche formelle Auswirkungen gehabt hätte. Wiederum wurde der Kaiser gezwungen, die Einberufung der Sitzung des Senats abzuwarten (welche erst am darauffolgenden Tag erfolgte [4,5,1]), um die Ratifikation der *damnatio memoriae* von Geta zu erhalten[30].

Der Tod von Caracalla ist das Objekt einer minutiösen Beschreibung, wobei Herodian sich insbesondere auf die Rolle des *praefectus praetorio* Opellius Macrinus konzentriert. Der formelle Aspekt gewinnt an Bedeutung, als Herodian von einer Diskussion zwischen den Generälen nach dem Tod Caracallas berichtet (4,14). Die Generäle stellen sich dem drohenden Angriff der Armeen von Artabanos. Die durch Herodian berichtete Sequenz der Ereignisse – die Zuerkennung des Kommandos an Oclatinius Adventus und sodann, nach dessen Ablehnung, an Opellius Macrinus – findet ihre Begründung eher in der Notwendigkeit des Widerstandes gegen die Parther als in der realen πίστις und εὐνοία der Soldaten gegenüber Macrinus (4,14,4). Herodian meint, dass Macrinus nur das Armeekommando angeboten wurde und nicht die ἀρχή im engen Sinne (4,14,3): Die βασιλεία des Macrinus ist hier eher nicht als monarchische Macht ohne formelle Bestätigung zu verstehen, sondern als das zur Überwindung des Konfliktes mit Artabanos ausgesprochene Armeekommando. Diese Interpretation findet m.E. eine Bestätigung in 4,15,7, wo Herodian von einer *epistula* des Macrinus an Artabanos berichtet. In diesem Brief bietet Macrinus Artabanos Frieden an und bestätigt, dass die Römer, Inhaber der ἀρχή, ihm das Kommando erteilt haben: Ῥωμαίους δέ, ὧν ἐστιν ἡ ἀρχή, ἑαυτῷ τὰ τῆς βασιλείας ἐγκεχειρικέναι. Der Text ist auch insofern relevant, als der Autor das *populus Romanus* als Träger des *imperium* versteht, welches somit Objekt der Übertragung an jeden einzelnen Kaiser (gemäß den durch die Praxis konsolidierten Regeln) wird.

Erst nach dem Frieden mit dem Großkönig kehrt Macrinus nach Antiochien zurück (4,15,9), von wo er an den Senat schreibt (5,1,1–8), um eine Verleihung der kaiserlichen Dignität zu erbitten[31]. Die Machtverleihung erfolgt auch im Fall des Macrinus mittels eines Zurufs durch die *patres* und mit dem üblichen Dekret, mit welchem der Senat τὰς σεβασμίους τιμὰς πάσας ψηφίζεται (5,2,1).

Die Erzählung Herodians bezüglich der Sukzession des Macrinus enthält manche Lücken. Der Autor, entschlossen, Macrinus' unterbliebene Rückkehr nach Rom und seine Wollust während des Aufenthaltes in Antiochien zu stigmatisieren (5,2,3; 5,4,12),

---

30 Die Ratifikation von Seiten des Senats kann in der Geschichte Herodians nur vermutet werden, der Autor hat sie weggelassen. Ich glaube hingegen nicht, dass der Senat zur Verkündigung der kaiserlichen Macht von Caracalla einberufen worden ist; verfügte doch Caracalla seit dem Tod seines Vaters über umfassende Machtbefugnisse, welche einfach von beiden Brüder gemeinsam ausgeübt wurden.
31 Zur Verleihung der kaiserlichen Befugnisse an Macrinus vgl. MOMMSEN 1887, II.2, 790–791. Mit Bezug auf seine Briefe an den Senat vgl. ZIMMERMANN 1999a, 61–62. CAVUOTO 1983, 22–23, behauptet, die formelle Machtverleihung sei schon durch die Truppen geschehen. Unter Fn. 13 *retro* wird über Unsicherheiten, die eine solche Lektüre der Quellen verursacht, berichtet.

unterlässt es, über die Ehrenbezeichnungen zu schreiben, welche dessen Sohn Diadumenianus verliehen wurden. Der junge Diadumenianus, der bereits anfangs 217 n. Chr. (*ILS* 461) als *clarissimus puer* akklamiert wurde, wurde später als Cäsar und etwa im Mai 218 sogar als Augustus zusammen mit seinem Vater akklamiert[32].

Viel mehr Aufmerksamkeit schenkt Herodian hingegen der Sukzession des Heliogabal auf Macrinus. Obwohl diese Sukzession nur oberflächlich besprochen wird (5,5,1–2), führt Herodian damit eine subtile Distinktion zwischen der βασιλεία und der ἀρχή ein. In der Tat bemerkt der Autor, dass erst Heliogabals Akklamation als βασιλεία durch die ganze Armee, die auf dessen Seite gewechselt hatte, ihn zum neuen Machthaber τὰ τῆς ἀρχῆς ὑπεδέξατο machte (5,5,1). Die formelle Erteilung der ἀρχή, des *imperium*, hängt wieder von einem formellen Akt von Seiten der *patres* und des *populus* ab, die jedoch gezwungen sind, diesen zu vollziehen, um einen Konflikt mit der Armee zu vermeiden: ὡς δὲ τῇ τε συγκλήτῳ καὶ τῷ Ῥωμαίων δήμῳ τὰ πραχθέντα ἐδηλώθη (...) ὑπήκουον δὲ ἀναγκῃ τοῦ στρατοῦ ταῦτα ᾑρημένου (5,5,2)[33]. Der Schauplatz, an dem die Ereignisse stattfinden, ist wieder, wie bei Macrinus, der Osten des Kaiserreichs. Der Senat und das Volk sind davon weit entfernt und können nichts anderes tun, als den von der Armee erklärten Willen zu ratifizieren.

Nach dem Tod Heliogabals wird Rom wieder der Ort der Ereignisse. Die Leichname des Kaisers, seiner Mutter und der Anhänger Heliogabals wurden dem Pöbel überlassen und die Prätorianer akklamierten Alexander Severus zum neuen Kaiser. Wiederum präsentiert Herodian eine übliche Sequenz der Ereignisse: Nach dem Zuruf begleiten die Prätorianer den Kandidat bis zum Palast (5,8,10); man würde noch den senatorischen Entscheid zum Schluss erwarten, welchen der Autor jedoch verschweigt[34]. Jedenfalls erwähnt die *Historia Augusta*[35] explizit den Beschluss, und auch das *Feriale Duranum* weist darauf hin. Insbesondere die zweite Quelle bestimmt, dass zwischen

32 KIENAST 2006, 170–171.

33 Die sukzessive Verleihung und der spätere Versuch des Widerrufes des Cäsartitels an Alexander Severus betrachtet Herodian hingegen als Element des dynastischen Konflikts und wird folglich nur beiläufig behandelt (5,7,4; 5,8,4). Die Erzählung bezweckt, das Verhalten Heliogabals aus moralischen Gründen zu missbilligen. Es fehlt diesbezüglich der institutionelle Rahmen der besprochenen Sukzession; es ist auch zu bezweifeln, dass der Widerruf Cäsartitels wirksam war (so WHITTAKER 1969–1970, II, 69 Fn. 2: „H[erodian] [...] generalizes from a particular incident"). Zu solchen Sukzessionen vgl. hingegen ZIMMERMANN 1999a, 232–237.

34 Herodians Verschweigung bedeutet jedoch nicht, dass er den senatorischen Beschluss ausschließt. Zu beachten ist die gegenübergestellte Verwendung der Begriffe „Akklamation" und „Verleihung der ἀρχή" in 5,8,10 (οἱ δὲ στρατιῶται αὐτοκράτορα τὸν Ἀλέξανδρον ἀναγορεύσαντες), und im nachfolgenden Fragment 6,1,1 (παραλαβόντος δὲ τὴν ἀρχὴν Ἀλεξάνδρου). Zur Chronologie der Ereignisse s. NASTI 2006, 10 Fn. 17.

35 Hist. Aug., Sev. Alex. 1,2–3: *Cum ante Caesar a senatu appellatus esset (...) Augustumque nomen idem recepit, addito eo ut et patris patriae nomen et ius proconsulare et tribuniciam potestatem et ius quintae relationis deferente senatu uno die adsumeret.*

der Akklamation durch die Prätorianer und der Machtverleihung durch den Senat und das Volk ein oder zwei Tage vergangen sein müssen[36]: Dieser kurze Zeitraum diente meiner Meinung nach dazu, den politischen Konsens zwischen den *patres* und den Volksmassen zu „bilden".

Auch wenn die Erzählung über den Prinzipat des Alexander Severus inhaltlich eher enttäuschend ist[37], ist sie nicht lückenhafter als die Beschreibung der sich in den Händen des Maximinus befindlichen Macht. Trotzdem bleibt auch in diesem Fall die Gegenüberstellung der βασιλεία und der ἀρχή bestehen. Zuerst schreibt Herodian über die Akklamation des Maximinus durch die Truppen (6,8,5; 6,9,5), wohingegen die formelle Machtverleihung nachträglich erfolgt, wenngleich nur von Herodian vorausgesetzt (7,1,1: παραλαβὼν τὴν ἀρχήν; und beiläufig auch 7,1,2)[38].

Präziser, insbesondere in Bezug auf die Rolle des Senats, ist die Beschreibung der Sukzession der kaiserlichen Macht im Jahre 238[39]. Im Mittelpunkt der Szene steht diesmal Africa proconsularis. Die Revolte gegen Maximinus und die grausamen Eintreibungen seiner *procuratores* (7,4,2–6) münden im Sturz der kaiserlichen Symbole und in der kaiserlichen Akklamation des 80-jährigen Prokonsuls Gordian. Herodian verfolgt die Ereignisse sehr aufmerksam (7,5,7–8). Bedeutsam ist indes seine Bemerkung (7,6,1), dass Gordian infolge der Revolte in der von ihm verwalteten Provinz Usurpator geworden sei[40]: Er habe nur den Titel und die Formen der kaiserlichen Macht übernommen: βασιλέως ὄνομα καὶ σχῆμα, aber keine ἀρχή. Erst nach dem Versand der privaten Epistel an die *patres* und der δημόσια γράμματα an das Volk und an den Senat (7,6,3) – in der das Herrschaftsprogramm knapp dargestellt wurde (7,6,4) – habe der Senat die für die Übertragung der kaiserlichen Befugnisse und der kaiserlichen Legitimität erforderlichen Vorkehren getroffen[41]. Herodians genaue Beschreibung der senatorischen Beschlüsse lässt vermuten, dass er diesbezüglich über gute Kennt-

36 Dazu in allen Einzelheiten Whittaker 1969–1970, II, 74–75 Fn. 1–2.

37 Eine Neuformulierung der Politik von Alexander Severus beschreibt Nasti 2006, *passim*.

38 Andere Quellen beweisen explizit die senatorische Maßnahme. Vgl. *CIL* VI 2001 und 2009. Dazu vgl. Haegemans 2010, 81–82. Einige Bemerkungen zum Profil von Maximinus bei Herodian sind in Martin 2006, 95–106, zu finden.

39 Eine umfassende Rekonstruktion der Ereignisse, eine prosopographische Analyse der mitwirkenden Persönlichkeiten eingeschlossen, zeigt die „klassische" Studie von Dietz 1980 auf – vgl. dazu Spagnuolo Vigorita 1982, 199–209 – und den jüngsten Aufsatz von Hilali 2007. Einen allgemeinen Blick auf das Prinzipat Maximins und auf die Ereignisse des Jahres 238 wirft die ausführliche Monographie von Haegemans 2010.

40 Vgl. Hilali 2007, 59.

41 Vgl. Hilali 2007, 60–61. Auch De Martino 1972–1975, V, 60 glaubt, dass die Befugnisse legitim an die beiden Gordianen übertragen worden sind. Zum *consensus* (συμπνία) zwischen den Göttern und den Menschen in einem standarisierten Verfahren der Verleihung der Befugnisse, s. auch Ando 2000, 146–147.

nisse verfügte: Die erste Maßnahme (7,7,2)[42] bestand einerseits in der Verleihung des *imperium* an Gordian und an seinen Sohn, erklärte andererseits Maximin zum *hostis publicus*. Die zweite Maßnahme (7,7,5)[43] zeigt hingegen die führende Rolle des Senats in der Phase des Überganges zum neuen Prinzipat[44].

Der Tod der Gordiane infolge eines Bürgerkrieges mit dem Verfechter des Maximinus, einem gewissen Capellianus (7,9), ermöglichte den Übergang der Macht auf Pupienus und Balbinus. Der kaiserliche Thron blieb formell leer, nachdem Maximinus zum *hostis publicus* erklärt worden war. Der Senat war folgerichtig legitimiert, sich zum neuen *princeps* zu äußern. Das ist auch tatsächlich geschehen: Dem ungeschriebenen Mechanismus der Wahl folgend, wurden zwei der ältesten und einflussreichsten Persönlichkeiten aus dem Senatorenstand zur Kaiserwürde erhoben[45]. Mindestens zwei senatorische Sitzungen mussten stattfinden, um die Wahl der Sukzessoren beider Gordiane zustande zu bringen. Die erste zielte darauf ab, das Wahlverfahrens festzulegen. Herodian – vom Text des *senatus consultum* inspiriert – erklärt die Motive für die Entscheidung, die Macht kollegial zu verleihen: so entschieden sie, zusammenzukommen, um zu beschließen, was zu tun sei. Sie beschlossen dann, den Krieg fortzusetzen, und zwei Kaiser (βασιλεῖς) aus dem Kreis der Senatoren zu wählen: Diese Kaiser könnten dann die ἀρχή teilen, wodurch vermieden wird, dass aus der in den Händen eines Einzelnen konzentrierten Macht wieder eine Tyrannei hervorgeht (7,10,2)[46]. Auf diese Sitzung sind zweifellos die in 7,10,3 genannten Entscheidungen zurückzuführen[47], sich „bei verschlossenen Türen" im Tempel des *Juppiter Capitolinus* zu versammeln – anstatt in der *curia Iulia*, dem für die senatorischen Sitzungen mindestens bis zur späten antoninischen Epoche üblichen Ort – und in zwei Wahl-

---

42 Ἥ τε σύγκλητος συνελθοῦσα, πρὶν τὸ ἀκριβὲς εἰδέναι περὶ τοῦ Μαξιμίνου, (…) τὸν Γορδιανὸν ἅμα τῷ υἱῷ Σεβαστοὺς ἀναγορεύουσι, τὰς δὲ τοῦ Μαξιμίνου τιμὰς ἀνατρέπουσι.

43 Πρεσβεῖαι τοίνυν παντακοῦ πρὸς πάντας ἡγουμένος ἐξεπέμφθησαν, ἐπιλεχθέντων ἀνδρῶν ἔκ τε τῆς συγκλήτου αὐτῆς καὶ τοῦ ἱππικοῦ τάγματος οὐκ ἀδοκίμων, γράμματά τε πρὸς πάντας τὴν Ῥωμαίων καὶ τῆς συγκλήτου γνώμην δηλοῦντα (…).

44 Vgl. Talbert 1984, 402 und 411, und Hilali 2007, 61. Ich unterlasse in diesem Punkt die Beurteilung des «Primats» der *plebs urbana* der italischen und provinzialen Bevölkerung gegenüber (7,7,5 i.f.; der *topos* wird in 7,8,6 in einem negativen Sinne von Maximinus verwendet; vgl. jedoch 7,7,1 zur Herodian zufolge verminderten Bedeutung der *civitas Romana* nach dem Inkrafttreten des Edikts von Caracalla), die Frage würde uns vom Kern des Themas übermäßig entfernen. Zu einem solchen Primat s. de Blois 2003, 150–151. Allgemeiner zur geringen Beachtung, welche Herodian der *plebs urbana* schenkt, Zimmermann 1999b, 127–143. Dies bedeutet aber nicht, daß Herodian nicht „a keen eye for the dynamics of popular opinion in the empire" hatte; s. Ando 2000, 243–244.

45 Nicht auszuschließen ist ein Kompromiss zwischen den Fraktionen, der die Wahl ermöglicht hat. Vgl. diesbezüglich Silvestrini 1993, 161 und Fn. 25 m.w.N.

46 Vgl. De Martino 1972–1975, V, 61. Zu teilen ist die von Hilali 2007, 62, über den Beschluss des Senats geäußerte Meinung, der diesen als „la formulation institutionelle d'une utopie politique" qualifiziert.

47 Zur Besonderheit dieser Vorgehensweise vgl. Mommsen 1887, III.2, 928, und jüngst Talbert 1984, 116–117.

etappen zu beraten: In einem ersten Schritt, um die Anzahl der Kandidaten zu bestimmen, und in einem zweiten Schritt, um die beiden *principes* zu wählen. Herodian ruft den Entscheidungsakt der zweiten Sitzung, in welcher die beiden Mitkaiser gewählt wurden, in Form eines *senatus consultum de imperio* aus: „da die Abstimmung eine Mehrheit für Pupienus und Balbinus ergab, gab der Senat ihnen den Titel *Augusti* und alle kaiserlichen Ehren" (7,10,5).

Gegen diesen senatorischen Entscheid zugunsten von Pupienus und Balbinus positionierte sich jedoch das Volk, welches sich für die dynastische Kontinuität der Herrschaft der Gordiane aussprach (7,10,7). Infolge der daraus resultierenden Tumulte wurden die *patres* gemäß Herodian zur salomonischen Lösung gezwungen (7,10,9), dem jüngsten Enkelkind Gordians, wahrscheinlich mittels eines weiteren *senatus consultum*, den Titel *nobilissimus Caesar* und *princeps iuventutis* zu verleihen[48]. Diese Machtprobe der *plebs urbana*, die das dynastische Prinzip wieder fordert, ist für diese Zeit signifikant. Sie zeigt die Grenzen des Versuchs aristokratischer Reaktion und der tatsächlichen Wirkung der senatorischen Macht auf[49]. So scheiterte die einseitige senatorische Entscheidung, welche dem Willen eines Teils des Volkes widersprach und durch die Wahl Gordians als Cäsar nur teilweise eingedämmt wurde. Die zentrale Rolle der *patres*, die Herodian mehrmals in Bezug auf unterschiedliche Umstände bekräftigt hatte (8,6,6 i.f.; 8,7,3 i.f.; 8,8,2), erlitt durch die Volkserzwingung der Kandidatur Gordians einen bedeutenden Rückschlag. Vielleicht aus diesem Grund sagt Pupienus vor dem Mauerring von Aquileia „das Reich ist nicht das Eigentum eines Mannes. Es ist das gemeinsame Wohl des römischen Volkes" (8,7,2–7)[50]. Das Volk nahm, mittels seiner Vertreter (vielleicht die *lictores* der *comitium curiatum*?), vor allem an der formellen Verleihung der kaiserlichen Befugnisse teil. Dessen ist sich Herodian wohl bewusst (8,6,2), als er berichtet, dass die Bewohner von Aquileia der Armee die Anerkennung und den Ausruf der Mitkaiser Pupienus und Balbinus sowie des Cäsaren Gordian als τοὺς ὑπὸ Ῥωμαίων καὶ συγκλήτου ἀναδειχθέντας αὐτοκράτορας, „die vom Senat und vom Volk von Rom gewählten Kaiser", aufge-

48 Vgl. Mazzarino 1973, 509–510. In der Phase der hier besprochenen Machtübergabe fehlen die Prätorianer vollständig. Wahrscheinlich folgten sie mehrheitlich Maximinus, wohingegen in Rom nur eine kleine Besatzung der ältesten von ihnen geblieben ist (was sich auch aus 7,11,2 ergibt). Ihre Abwesenheit erklärt sich auch durch den Tod des *praefectus praetorio* Vitalianus (7,6,5–9), der von Maximinus offensichtlich nicht ersetzt worden ist. Die Unruhen, über die Herodian in 7,11 berichtet und deren Rolle er überschätzt, sind auf die interne Dynamik der Stadt und nicht auf die Verteidigung «bis zum Äußersten» von Maximinus durch die Prätorianer zurückzuführen. Das auslösende Ereignis sei der Mord an einigen Prätorianern durch die Senatoren gewesen: vgl. Talbert 1984, 158–159.

49 Bestätigend Hilali 2007, 62–63, der eine nähere Beschreibung der Ereignisse und eine numismatische Darstellung der *Augusti* Pupienus und Balbinus unter dem Gesichtspunkt der typischerweise senatorischen Tugenden wie *concordia*, *amor*, *caritas*, *fides*, *pietas* vornimmt.

50 Anders De Blois 1998, 3423, der behauptet, „this is probably only lip service to a political ideal because (...) in Herodian's work the emperor is the central element of the state".

drängt haben. Es handelt sich um eine entscheidende Passage, weil der Autor, abgesehen davon, dass er die Doppelrolle des Senats und des Volkes in der Wahl des Kaisers bekräftigt (als wäre dies selbstverständlich), die Weigerung des Heeres, die Legitimität eines Kaisers, dem die *cuncta principibus solita* verliehen worden sind, anzuerkennen, als irrelevant hinsichtlich der institutionellen Form bezeichnet.

Die letzte Sukzession, die das Interesse Herodians erregt, und mit welcher er die ganze Erzählung beendet, ist die soeben besprochene Thronnachfolge Gordians III. auf die durch die Prätorianer ermordeten Kaiser Pupienus und Balbinus (8,8,7–8). Das Schema ist erneut dasselbe: Es ist ein Prinzipat des Kompromisses[51], dessen Ursprung die Gegenüberstellung der Akklamation und der formellen Verleihung der Befugnisse wiederspiegelt. Dieser Kompromiss ergibt sich aus der herodianischen Formulierung: Die Prätorianer begrüßen den jungen Kaiser Gordian (αὐτοκράτορά τε ἀναγορεύσαντες), ohne dass diese Handlung formelle Auswirkungen hätte. Die formelle Verleihung der Macht erklärt Herodian hingegen mit dem Wort ἀναδείκνυμι (αὐτοκράτωρ τε ἀνεδείχθη καὶ τὴν Ῥωμαίων ἀρχὴν ἀνεδέξατο), mit welchem er die Annahme des *imperium* bezeichnet.

3. Die Kasuistik der erwähnten Machtübergaben ergibt ein recht klares Bild; wenn auch nicht bezüglich der Frage nach der Sukzession und der Legitimität zwischen dem Ende des 2. und dem Beginn des 3. Jh. im Allgemeinen, so doch zumindest bezüglich der Wahrnehmung des Problems durch Herodian. Trotz aller Besonderheiten der hier besprochenen Sukzession ist sich der Historiker stets der institutionellen Rolle der senatorischen Versammlung bewusst, unabhängig vom Volk[52]. Der Einblick in die Sukzessionen der kaiserlichen Macht sowie die Überlegungen zur Kontinuität der republikanischen Institutionen zeugen von einer guten Kenntnis des Autors von den Formen und der Übergabe der Macht. Diese Kenntnis gründet auf dem im 3. Jh. sicherlich weit verbreiteten Gemeingut juristischen Wissens[53]. Bereits ab der späten antoninischen Epoche[54], aber insbesondere in der Blütezeit, welche unter den Severern stattfand, finden wir davon zahlreiche Spuren in den sog. „technischen" Quellen[55]. Herodian bestätigt gewissermaßen seine Beurteilung hinsichtlich jeder der Interessengruppen und der Rolle, die sie bei einer kaiserlichen Sukzession gespielt haben, auf der Ebene der ereignisbezogenen Geschichte. Diese Beurteilung spricht

51 Mazzarino 1973, 511–512.

52 Es handelt sich um den kulturellen Kontext, in dem Herodian tätig war.

53 Das auch weitgehend von Dio 53,32,5–6 unter Beweis gestellt wurde. Vgl. auch Mazzarino 1966, III, 268–269.

54 Gai. 1,5: *cum ipse imperator per legem imperium accipiat* (...).

55 Man denke an Ulp. 1 inst., D. 1,4,1pr. (später in Inst. Iust. 1,2,6 = Theoph. Paraphr. 1,2,6 übernommen): *Quod principi placuit, legis habet vigorem, utpote cum lege regia, quae de imperio eius lata est, populus ei et in eum omne suum imperium et potestatem conferat*; vgl. aber auch C. 6,23,3 (Alex. Sever.). Zu diesen Texten siehe Mantovani 2009, 132–134.

gegen die Vorstellung, dass mindestens bis zur Epoche der Gordiane die durch das Heer oder einen Teil der *civites* ausgesprochenen Akklamationen irgendeine formelle Relevanz gehabt hätten. Herodian bezieht sich stets auf die Unterscheidung zwischen den Begriffen „Akklamation" (βασιλεία) und „Verleihung der ἀρχή" und macht dabei wiederholt expliziten Gebrauch von diesen Begriffen (die sich auf die Macht, obschon noch nicht institutionalisiert, des Einzelnen bzw. auf das *imperium* im engen Sinne beziehen). Jedenfalls berührt die formelle Machtverleihung nur die ἀρχή. Auch die Terminologie, die Herodian bei der Beschreibung der Verleihung von ἀρχή gewöhnlich benutzt, entspricht dieser Interpretation: Es genügt, wenn man an die Verwendung von Syntagmen wie παρέρχομαι τὴν ἀρχὴν (eine Entsprechung des lateinischen *accipere imperium*) oder von Verben wie ἀναδείκνυμι (oder manchmal ἐγχειρίζω), die in ihrer Passivform der Idee einer Verleihung von etwas Formellem entsprechen, denkt, obgleich sie nicht den technischen Terminologien (so vor allem das Verb ψηφίζομαι, *decerno*) aus den Protokollen der senatorischen Sitzungen entsprechen. Im Gegenteil werden die Begrüßungen durch die Armee oder das Volk üblicherweise mit Wörtern wie ἀναγορεύω eingeleitet[56].

Im Hintergrund der herodianischen Erzählung bleibt das Problem der „Retroaktivität" der jedem Kaiser formell verliehenen Befugnisse, d.h. die Rückwirkung auf den Ausruf durch die Armee. Das wohl bekannte Problem war im Prinzipat ein wichtiges Thema, das z.B. von der 8. Klausel der sog. *lex de imperio Vespasiani* behandelt wurde. Nämlich sanktionierte dieses Gesetz die Taten Vespasians und der sich unter seinem Kommando betreffenden Personen, die noch vor der Formalisierung seiner Macht *ex lege regia* stattgefunden hatten[57]. Die Überprüfung, wie diese Problematik in der Dialektik zwischen dem Senat, der Armee und den einzelnen Kandidaten zur Kaisermacht verstanden worden ist, wird weitgehend durch die Abkehr Herodians von einer chronologischen Erzählung erschwert. Der Autor scheint der thematischen Natur der Erzählung mehr Aufmerksamkeit als der Chronologie zu schenken. Ich glaube jedoch, dass generell für die gesamte Periode des severischen Prinzipats und umso mehr für die Übergangsperioden wie 193, 217–218 und 238 n. Chr. kaum eine andere Lösung als eine retroaktive Legitimierung *tout court* der Taten eines später gewählten und durch den Senat bestätigten Kandidaten auf dem kaiserlichen Thron plausibel ist. Der Grund dafür liegt nicht in der entscheidenden Rolle, die die Soldaten durch den Ausruf des neuen Kaisers spielten (im Gegenteil, die Wahl eigener Kandidaten basierte gemäß Herodian auf der Erzwingung durch Gewalt und Androhung

56 Was MAGIE 1905 nicht in Betracht gezogen hat.

57 *Utique quae ante hanc legem rogatam acta gesta / decreta imperata ab Imperatore Caesare Vespasiano Aug(usto) / iussu mandatuue eius a quoque sunt ea perinde iusta rataq(ue) / sint ac si populi plebisve iussu acta essent.* Zu einer derartigen Rechtsnorm, die mit hoher Wahrscheinlichkeit schon seit der Epoche des Kaisers Claudius in das *corpus tralaticium* des Gesetzes über die Investitur des Kaisers übernommen worden sein könnte, s. MANTOVANI 2009, 147–148, sowie BUONGIORNO 2012, 520.

eines Bürgerkrieges), sondern eher darin, dass die Erhaltung einer Kontinuität der kaiserlichen Macht notwendig war.

In der letzten Analyse, gerade bevor die lange Periode der Soldatenkaiserzeit beginnt, beschreibt Herodian einen Mechanismus der Machtübertragung, welcher noch wesentlich – wenigstens unter einem formellen Gesichtspunkt – dem „traditionellen" Modell angenähert ist. Somit leistet Herodian einen Beitrag zur Stärkung der Idee einer konsolidierten, „liturgischen" Übertragung des *imperium*. Es handelt sich um einen Mechanismus, bei welchem der Senat, obwohl er im Hintergrund der durch die Soldaten vertretenen Machtfraktion tätig wird, weiterhin die Quelle der Machtbefugnis und der kaiserlichen Legitimität bleibt[58].

Andererseits ist zu bemerken, dass die durch das Militär vertretene Machtfraktion, wenngleich sie seit Anfang des 3. Jh. n. Chr. an Bedeutung gewann, einen Kaiser – wegen der eigenen *novitas* in der politischen Szene – nicht legitimieren, sondern bloß eine Wahl vom Senat erzwingen konnte[59]. In dieser Hinsicht sind sowohl die Beschreibung des Aufstiegs Heliogabals (bei dem Herodian sich explizit auf die ἀνάγκη beruft [5,5,2]) als auch die senatorische Revolte im Jahr 238 n. Chr. (als Spiel zwischen institutioneller Praxis und politischen Umständen, insb. bei der angeblichen Episode in Aquileia, wo die Anhänger Maximins zum Ausruf von Pupienus und Balbinus gezwungen worden sind) und die darauffolgende Sukzession Gordian III. vielleicht die besten Beispiele einer komplexen Dialektik[60], die unvermeidlich – nach dem langen *intermezzo* der Soldatenkaiserzeit – im neuen Gleichgewicht, welches aus den diokletianischen Reformen resultiert, mündet[61]. Jeder Kaiser, bis zu Diokletian selbst, baut seine Legitimität immer auf der Tatsache auf, dass er Mandatar des Senats und des Volkes ist; dies ist eine Frucht des Kompromisses zwischen dem Senat und dem Heer. Obwohl eine solche Ermächtigung als eine Fiktion angesehen werden darf[62], bleibt dies eine ideologisch notwendige Voraussetzung, um die Entstehung

58 Vgl. Cassola 1967, XI.

59 Vgl. auch De Blois 2003, 154.

60 Herodian ist sich dieser Dialektik bewusst und mir erscheint er und sein Werk entschieden nicht als ein „great deal about actual power relations", was hingegen De Blois 2003, 156, behauptet. Im Gegenteil, wie Zimmermann 1999a, 283–284, meint, liest Herodian die ganze Frage der kaiserlichen Sukzession (und im Allgemeinen alle Ereignisse, deren Zeuge er geworden ist) vor dem Hintergrund der durch Mark Aurel hervorgehobenen Werte. Der Philosoph auf dem Kaiserthron lehrte, dass man solche politischen Modelle ausrufen sollte, die formell und in Substanz mit der Tradition verbunden sind. Herodian äußert seine tiefe Hoffnung, „dass einzelne Kaiser oder Thronprätendenten sein Werk in diesem Sinne konsultieren. Seinen gebildeten Zeitgenossen konsensfähige Maßstäbe zu liefern, dürfte daher sein vorrangiges Ziel gewesen sein".

61 Die Idee, dass die diokletianische Epoche der Zielpunkt eines am Anfang des 3. Jh. begonnenen Vorganges bildet, vertreten Mennen 2011, 1–10, und Ando 2012, *passim*, insb. 224–229.

62 Und eine wirkliche Fiktion war während der Soldatenkaiserzeit, mit 14 ermordeten Kaisern aus der Gesamtzahl von 17 und ca. 40 Usurpatoren!

einer „Diktatur" zu vermeiden[63] und um den sieghaften Anwärter von der Masse der anderen Anwärter zu unterscheiden.

Appendix

Opellius Macrinus, Jurist und Kaiser[64]

Als den Rahmen dieses Beitrages sprengend, aber dennoch als aus rechtshistorischer Sicht erwähnenswert erweist sich die Schilderung (4,12,1), wonach der Präfekt der Prätorianergarde des Caracalla und spätere Kaiser Marcus Opellius Macrinus τῶν δὲ ἐν ἀγορᾷ οὐκ ἀπείρως εἶχε, καὶ μάλιστα νόμων ἐπιστήμης, also nicht unerfahren gewesen sei, was die gerichtlichen Angelegenheiten und insbesondere die Rechtswissenschaft anbelangt. Dieser in der Literatur kaum untersuchte Umstand[65] findet seine Korrelate in Dio 78,11,2 Boiss. (τά τε νόμιμα οὐχ οὕτως ἀκριβῶς ἠπίστατο ὡς πιστῶς μετεχειρίζετο[66]) sowie in Hist. Aug. *Macr.* 13,1 (*fuit in iure non incallidus*) und indirekt in 4,1 (*ius postremo dixisse*). Und, wie auch K.-P. Johne in der *editio altera* der

63 Vgl. Halali 2007, 62–65.

64 Ich danke Detlef Liebs für eine nützliche „triererische" Diskussion (Januar 2014) über Macrinus.

65 So findet Herodians Text beispielsweise weder bei v. Petrikovits 1939, 542–543, noch bei Kunkel 1967, 324–325 und Fn. 677 Beachtung, was zu einer Fokussierung auf die prozessbeistandschaftliche Tätigkeit des Macrinus, welche dieser vor seinem Aufstieg in die Ränge der kaiserlichen Bürokratie ausgeübt hatte (ein Aspekt, welcher Dio 78,11,2 vorwiegend zugrunde liegt), und damit zu einer Darstellung desselben als „Anwalt" und weniger als Jurist führt. Ausnahmen hiervon finden sich bei Cassola 1967, 227: „giurista dottissimo", Crifò 1976, 711, und aktueller bei Granino Cecere 1991, 170, die „le doti oratorie e soprattutto (...) di eccellente giurista" des Macrinus hervorhebt. Crifò – der Macrinus als vollausgebildeten Juristen erachtet – geht sogar so weit, mit Bezug auf das fortgeschrittene Prinzipat festzustellen, dass „anche se i giuristi non sono più in genere reclutati esclusivamente fra gli esponenti dell'aristocrazia senatoria e sono oramai in gran parte di origine provinciale, in ogni caso essi non perdono affatto di rango (...) Del resto, anche se l'assunzione del potere non dipese certo da queste qualità, come vi è stato l'imperatore filosofo Marco Aurelio (e un impero dei filosofi), così vi sono stati gli imperatori giuristi Settimio Severo, Pescennio Nigro, Marco Opilio Macrino (e un impero dei giuristi)". So besteht auch Cavuoto 1983, 12, darauf, dass Macrinus aufgrund seiner „conoscenze giuridiche" ernannt worden sei. Eine strenge Beurteilung des Macrinus nimmt hingegen überraschenderweise Schiavone 2005, 372, auf der Grundlage von Herodian 5,2,3, vor („rozzo illetterato a suo agio solo nei bivacchi"). Der „juristische" Macrinus findet auch in der thematischen Bibliographie von U. Manthe, angeführt im Appendix zu Wieacker 2006, 426–430, keine Beachtung. Handy 2009, 39 e 41, qualifiziert ihn hingegen sowohl als „Anwalt" als auch als „Jurist" (und, auf S. 72, sogar als „Zivilist [!] mit gediegenen Rechtskenntnissen"). Als Verkörperung eines „governo illuminato" beschreibt Macrinus hingegen bereits Mazzarino 1973, 442–444, in einer akkuraten historiographischen Rekonstruktion des Unterbruches in der severischen Dynastie. Dazu jüngst auch Hidber 2006, 165–168 und 215–217.

66 Der im vorliegenden Fall jedoch nicht als Quelle für Herodian zu fungieren scheint. Dazu schweigt beispielsweise Kolb 1972, 183–184, im Appendix.

Prosopographia Imperii Romani[67] betont, gibt es keinen Grund, ihn in Frage zu stellen. Ganz im Gegenteil, wie Detlef Liebs zu Recht festgestellt hat: „In den von Cassius Dio auf uns überkommenen Fragmenten und Auszügen über diese Zeit kommen Papinian und Ulpian zwar, anders als bei Herodian, namentlich vor, aber nur als Prätorianerpräfekten; dass sie Juristen waren, wüssten wir, hätten wir nur Cassius Dio, nicht. Niemand wird daraus schließen, dass für die nichtjuristischen Zeitgenossen Makrin als Jurist berühmter gewesen wäre als Papinian und Paulus“[68]. Herodians Schilderung ist somit meines Erachtens einer erneuten Betrachtung würdig, und zwar gilt dies umso mehr mit Blick auf den Umstand, dass die Formulierung, auf welche Herodian zurückgreift, offensichtlich als eine Lehnübersetzung des lateinischen Terminus *iuris prudentia, scientia iuris* erscheint[69].

Der teilweise vertretene Standpunkt, wonach Macrinus trotz seines Ritterranges die kaiserliche Amtseinsetzung durch den Senat seinen juristischen Kompetenzen zu verdanken habe[70], erscheint wohl als zu weitgehend. Nichtsdestotrotz gilt es zu berücksichtigen, dass die Gleichsetzung des Macrinus mit den zeitgenössischen Juristen im Einklang mit der Dynamik eines kaiserlichen Hofes wie des severischen steht, der kurz zuvor den Tod eines bis zur Prätorianerpräfektur emporgestiegenen Juristen erlebt hatte (Papinian, dessen Nachfolger Macrinus war[71]) und der in seinen Rängen angesehene Juristen wie Ulpian oder Paulus – die ebenfalls Prätorianerpräfekte werden sollten – vereinte[72].

Andererseits scheint den Umstand, dass ein Großteil der Prätorianerpräfekte der ersten Hälfte des dritten Jh. n. Chr. aus dem Kreis der in der mittleren Hierarchieklasse der kaiserlichen Bürokratie tätigen Juristen rekrutiert wurde, auch ein Text des Paulus (3 *decr.*, D. 49,14,50) zu bestätigen, in welchem nebst Papinian ein weiterer im *consilium* des Septimius Severus wirkender Jurist, ein gewisser Messius, genannt wird: *Papinianus et Messius novam sententiam induxerunt* (...). Man ist sich nunmehr einig, dass diese ansonsten unbekannte Persönlichkeit als T. Messius Extricatus zu

67 *PIR*² O 108.

68 Liebs 1980, 167.

69 Zu den lateinischen Entsprechungen (*prudentia, scientia*) des Terminus ἐπιστήμη vgl. Stephanus, *ThLG.* IV, 1801, bei ἐπιστήμη.

70 So beispielsweise Miller 1965, 50–52.

71 Vgl. Dio 79(78),11,3 Boiss., Hist. Aug. *vita Macr.* 2,1 und 7,1, dazu Liebs 1980, 168, und Cavuoto 1983, 11–12, mit bibliographischen Angaben in Fn. 28.

72 Vgl. dazu auch De Blois 2000, 136 (der jedoch – S. 139 – Opellius Macrinus als „juridically skilled bureaucrat“ beschreibt) und nun ausführlich Mennen 2011, 169–176. Es ist an dieser Stelle darauf hinzuweisen, dass Ulpian in C. 4,65,4,1 (Alex. Sev. a. 222) als *parens* des Kaisers definiert wird, was Mazzarino 1973, 448, dazu bewogen hat, von einem «impero dei giuristi» zu sprechen. In diesem Sinne vgl. auch J.-M. Carrié, in Carrié, Rousselle 1999, 55–56, der nicht nur die Severische Zeit als „l'âge d'or des juristes“ bezeichnet, sondern auch feststellt, dass Macrinus (und vor ihm u.a. Septimius Severus) „il fait partie de cette minorité de princes (...) à avoir suivi une formation juridique et à avoir acquis une réelle compétence en la matière“.

identifizieren ist[73]: In dessen *cursus* wird auf die *praefectura annonae* (210), die *praefectura praetorio* (c. 212–215) und sogar auf ein Konsulat (im Jahre 217) hingewiesen; ein *cursus*, der in einem gewissen Sinne denjenigen des Ulpian (*praef. annonae* im Jahre 222 und *praef. praet.* von 222 bis circa 224[74]) vorwegnimmt[75].

Auch darf nicht erstaunen, dass die Werke des Macrinus – Jurist, Prätorianerpräfekt und später Kaiser – verloren gegangen und sogar vergessen worden sind; eine mögliche Erklärung könnte sein, dass jener nach Beendigung seiner kurzen Regierungszeit und nach der Restauration der Severischen Dynastie Opfer der *damnatio memoriae* geworden ist[76] und dass auch seine Werke deshalb in diesem Zusammenhang wahrscheinlich verloren gegangen sind, ohne das Interesse der Juristen am severischen Hof des Elagabal und des Severus Alexander erregt haben zu „können".

Bibliografie

ALFÖLDY 1989 – G. ALFÖLDY, Die Krise des römischen Reiches. Geschichte, Geschichtsschreibung und Geschichtsbetrachtung. Ausgewählte Beiträge, Stuttgart 1989.

AMARELLI 2010 – F. AMARELLI, Itinera ad principatum. Vicende del potere degli imperatori romani. Lezioni, Napoli 2010.

ANDO 2000 – C. ANDO, Imperial Ideology and Provincial Loyalty in the Roman Empire, Berkeley 2000.

ANDO 2012 – C. ANDO, Imperial Rome AD 193 to 284. The Critical Century, Edinburgh 2012.

BUONGIORNO 2008 – P. BUONGIORNO, Nuove riflessioni sui poteri di L. Vitellius nell'anno 43 d.C., RIDA 55, 2008 (2010), 133–161.

BUONGIORNO 2010 – P. BUONGIORNO, Senatus consulta Claudianis temporibus facta. Una palingenesi delle deliberazioni senatorie (41–54 d.C.), Napoli 2010.

BUONGIORNO 2012 – P. BUONGIORNO, Idee vecchie e nuove in tema di lex de imperio Vespasiani, Athenaeum 100, 2012, 513–528.

BUONGIORNO 2014 – P. BUONGIORNO, Erodiano 4.12.4 e i poteri di Flavio Materniano nell'anno 217 d.C., in: R. VAN DEN BERGH (ET ALII) (Hg.), Festschrift Laurens Winkel [= Fundamina, 20], Pretoria 2014, 81–89.

CARRIÉ / ROUSSELLE 1999 – J.-M. CARRIÉ / A. ROUSSELLE, L'Empire romain en mutation des Sévères à Constantin (192–337), Paris 1999.

73 *PIR*² M 518.

74 Der Komplex um den Todeszeitpunkt von Ulpian ist nun von FARO 2002, 251–287, wieder aufgenommen worden (der gleichwohl zum Jahre 223 tendiert).

75 So nun, mit überzeugenden Argumenten, SALWAY 1997, 148–153, der zu Recht erläutert: „T. Messius Extricatus, jurist, (...) is revealed as a more fortunate precursor of Ulpian, jurist (...)", gefolgt u.a. von DE BLOIS 2000, 136 und Fn. 1. Veraltet ist nunmehr die Interpretation von KUNKEL 1967, 229, wonach T. Messius Extricatus einen senatorischen Rang innehatte und – unüblicherweise – während des Prinzipats von Elagabal Prätotorianerpräfekt geworden ist. LIEBS 1980, 164–166, hatte hingegen die Identifikation des Messius als P. Messius Saturninus, *advocatus fisci*, an den Papinian erinnert und der in AE. 1932, 34 Erwähnung findet, vorgeschlagen.

76 Dio 78,39–40.

CASSOLA 1956–1957 – F. CASSOLA, Sull'attendibilità dello storico Erodiano, Atti Acc. Pontaniana 6, 1956–1957, 191–200 (= Scritti, II, Napoli 1994, 13–25).

CASSOLA 1957 – F. CASSOLA, Erodiano e le sue fonti, RAAN n.s. 32, 1957, 165–172 (= Scritti, II, Napoli 1994, 37–45).

CASSOLA 1967 – Erodiano. Storia dell'impero dopo Marco Aurelio, Introduzione, traduzione e note a c. di F. CASSOLA, Firenze 1967.

CAVUOTO 1983 – P. CAVUOTO, Macrino, Napoli 1983.

CRIFÒ 1976 – G. CRIFÒ, Ulpiano. Esperienze e responsabilità del giurista, in: Aufstieg und Niedergang der Römischen Welt, II.15, Berlin/New York 1976, 708–789.

DE BLOIS 1998 – L. DE BLOIS, Emperor and Empire in the Works of Greek-speaking Authors of the Third Century AD., ANRW II.34.4, Berlin/New York 1998, 3391–3443.

DE BLOIS 2000 – L. DE BLOIS, Roman jurists and the crisis of the third century A.D. in the Roman empire. in: L. DE BLOIS (Hg.), Administration, Prosopography and Appointment Policies in the Roman Empire (Impact of Empire, 1), Amsterdam 2001, 136–153.

DE BLOIS 2003 – L. DE BLOIS, The Perception of Roman Imperial Authority in Herodian's Work, in: ID. (ET ALII) (Hg.), The Representation and Perception of Roman Imperial Power. Proceedings of the 3rd Workshop ‚Impact of Empire', March 2002 in Rome, Amsterdam 2003, 148–156.

DE MARTINO 1972–1975 – F. DE MARTINO, Storia della costituzione romana, I–V, II ed., Napoli 1972–1975 (Vol. VI, Indici, a c. di T. SPAGNUOLO VIGORITA (ET ALII), Napoli 1990).

DIETZ 1980 – K.-H. DIETZ, Senatus contra principem. Untersuchungen zur senatorischen Opposition gegen Kaiser Maximinus Thrax, München 1980.

FARO 2002 – S. FARO, Sull'anno della morte di Ulpiano, Index 30, 2002, 251–287.

GALIMBERTI 2014 – A. GALIMBERTI, Erodiano e Commodo. Traduzione e commento storico al primo libro della Storia dell'impero dopo Marco, Göttingen 2014.

GRANINO CECERE 1991 – M.G. GRANINO CECERE, s.v. Macrinus. In: Dizionario Epigrafico di Antichità romane, fondato da E. DE RUGGIERO, V, Roma 1991, 169–198.

HAEGEMANS 2010 – K. HAEGEMANS, Imperial Authority and Dissent. The Roman Empire in AD 235–238, Leuven/Paris/Walpole 2010.

HANDY 2009 – M. HANDY, Die Severer und das Heer, Berlin 2009.

HARTMANN 2008 – U. HARTMANN, Die literarischen Quellen. In: K.-P. JOHNE ET ALII (Hg.), Die Zeit der Soldatenkaiser. Krise und Transformation des Römischen Reiches im 3. Jahrhundert n.Chr. (235–284), I, Berlin 2008, 19–44.

HEKSTER/KAIZER 2012 – O. HEKSTER/T. KAIZER, An Accidental Tourist? Caracalla's Fatal Trip to the Temple of the Moon at Carrhae/Harran, AncSoc. 42, 2012, 89–107.

HIDBER 2006 – Th. HIDBER, Herodians Darstellung der Kaisergeschichte nach Marc Aurel, Basel 2006.

HILALI 2007 – A. HILALI, La crise de 238 en Afrique et ses impacts sur l'Empire Romain. In: O. HEKSTER (ET ALII) (Hg.), Crises and the Roman Empire (Impact of Empire, 7), Leiden/Boston 2007, 57–65.

ICKS 2011 – M. ICKS, Elevating the unworthy emperor: Ritual failure in Roman historiography, in: A. CHANIOTIS, Ritual Dynamics in the Ancient Mediterranean. Agency, Emotion, Gender, Representation, Stuttgart 2011, 347–376.

KIENAST 2000 – D. KIENAST, Römische Kaisertabelle. Grundzüge einer römischen Kaiserchronologie, Darmstadt 2006³.

KOLB 1972 – F. KOLB, Literarische Beziehungen zwischen Cassius Dio, Herodian und der Historia Augusta, Bonn 1972.

KUNKEL 1967 – W. KUNKEL, Herkunft und soziale Stellung der römischen Juristen, Graz/Wien/Köln 1967².

LAURENDI 2012 – R. LAURENDI, Profili costituzionali e orientamenti politici del principato di Claudio, Reggio Calabria 2012.

LETTA 2012 – C. LETTA, Recensione di LUCARINI 2005, Athenaeum 100, 2012, 693–699.

LIEBS 1980 – D. LIEBS, Nichtliterarische römische Juristen der Kaiserzeit. In: K. LUIG/D. LIEBS, Das Profil des Juristen in der europäischen Tradition. Symposion aus Anlaß des 70. Geburtstages von Franz Wieacker, Ebelsbach 1980, 123–198.

LUCARINI 2005 – Herodianus, Regnum post Marcum. Edidit C.M. LUCARINI, Monachii et Lipsiae 2005.

MAGIE 1905 – D. MAGIE, De Romanorum iuris publici sacrique vocabulis sollemnibus in Graecum sermonem conversis, Lipsiae 1905.

MANTOVANI 2009 – D. MANTOVANI, Lex «regia» de imperio Vespasiani. Il vaguum imperium e la legge costante, in: L. CAPOGROSSI COLOGNESI/E. TASSI SCANDONE (a c. di), La lex de imperio Vespasiani e la Roma dei Flavii (Atti del Convegno, Roma 20–22 novembre 2008), Roma 2009, 125–155.

MARASCO 1998 – G. MARASCO, Erodiano e la crisi dell'impero, ANRW II.34.4, Berlin/New York 1998, 2837–2927.

MAROTTA 2009 – V. MAROTTA, La cittadinanza romana in età imperiale (secoli I–III d.C.). Una sintesi, Torino 2009.

MARTIN 2006 – J.-P. MARTIN, L'image de Maximin le Thrace dans Hérodien, in: M.-H. QUET (dir.), La «crise» de l'Empire Romain de Marc Aurèle à Constantin, Paris 2006, 95–106.

MARTINELLI 1987 – G. MARTINELLI, L'ultimo secolo di studi su Erodiano, Genova 1987.

MAZZA 2009 – M. MAZZA, Il breve regno (in)felice di Publio Elvio Pertinace: l'impero romano alla svolta dell'età severiana, Fides Humanitas Ius 9 maggio 2007, Napoli 2009, 161–186.

MAZZARINO 1966 – S. MAZZARINO, Il pensiero storico classico, I–III, Bari/Roma 1966.

MAZZARINO 1973 – S. MAZZARINO, L'impero romano, Bari/Roma 1973.

MENNEN 2011 – I. MENNEN, Power and Status in the Roman Empire (AD 193–284), Leiden/Boston 2011.

MILAZZO 1987 – F. MILAZZO, Pertinacis 'natalis imperii', in: Studi in onore di Cesare Sanfilippo, VII, Milano 1987, 439–461.

MILAZZO 1989 – F. MILAZZO, Profili costituzionali del ruolo dei militari nella scelta del princeps dalla morte di Augusto all'avvento di Vespasiano, Napoli 1989.

MILLER 1965 – S.N. MILLER, The Army and the Imperial House. in: S.A. COOK ET ALII (Hg.), The Cambridge Ancient History, XII: The Imperial Crisis and Recovery (A.D. 193–324), Cambridge 1965, 50–52.

MOMMSEN 1887 – Th. MOMMSEN, Römisches Staatsrecht, I–III.1–2, Leipzig 1887³.

NASTI 2006 – F. NASTI, L'attività normativa di Severo Alessandro. Politica di governo, riforme amministrative e giudiziarie, I, Napoli 2006.

POLLEY 2003 – A.R. POLLEY, The date of Herodian's «History», AC 72, 2003, 203–208.

RUBIN 1980 – Z. RUBIN, Civil war. Propaganda and historiography, Bruxelles 1980.

SALWAY 1997 – B. SALWAY, A Fragment of Severan History: The Unusual Career of ...atus Praetorian Prefect of Elagabalus, Chiron 27, 1997, 127–153.

SANTINI 2013 – P. SANTINI, Romanitas, latinitas, peregrinitas, Index 41, 2013, 236–242.

SCHIAVONE 2005 – A. SCHIAVONE, Ius. L'invenzione del diritto in Occidente, Torino 2005.

SIDEBOTTOM 1998 – H. SIDEBOTTOM, Herodian's Historical Methods and Understanding of History, ANRW. II.34.4, Berlin/New York 1998, 2775–2836.

SILVESTRINI 1993 – M. SILVESTRINI, Il potere imperiale da Severo Alessandro ad Aureliano. In: A. SCHIAVONE (dir.), Storia di Roma, III.1, Torino 1993, 155–192.

SLAVICH 2002 – C. SLAVICH, Recensione di ZIMMERMANN 1999a, Athenaeum 90, 2002, 638–642.

SPAGNUOLO VIGORITA 1982 – T. SPAGNUOLO VIGORITA, I senatori nel principato di Massimino, Labeo 28, 1982, 199–209.

Talbert 1984 – R.J.A. Talbert, The Senate of Imperial Rome, Princeton 1984.
v. Petrikovits 1939 – H. v. Petrikovits, s.v. Opellius 2, in PWRE. 18.1, Stuttgart 1939, 540–558.
Whittaker 1969–1970 – Herodian. History of the Empire, with an English Translation of C.R. Whittaker, I–II, Cambridge (Mass.)/London 1969–1970.
Widmer 1967 – W. Widmer, Kaisertum, Rom und Welt in Herodians μετὰ Μάρκον βασιλείας ἱστορία, Zürich 1967.
Wieacker 2006 – F. Wieacker, Römische Rechtsgeschichte. Zweiter Abschnitt: Die Jurisprudenz vom Frühen Prinzipat bis zum Ausgang der Antike im Weströmischen Reich und die oströmische Rechtswissenschaft bis zur Justinianischen Gesetzgebung. Ein Fragment, J.G. Wolf, mit einer Bibliographie von U. Manthe, u.m. v. M. Bolten (Hg.), München 2006.
Wiemer 2013 – H.-U. Wiemer, Voces populi. Akklamationen als Surrogat politischer Partizipation, in: E. Flaig (Hg.) Genesis und Dynamiken der Mehrheitsentscheidung, München 2013, 173–202.
Zimmermann 1999a – M. Zimmermann, Kaiser und Ereignis. Studien zum Geschichtswerk Herodians, München 1999.
Zimmermann 1999b – M. Zimmermann, Herodians Konstruktion der Geschichte und sein Blick auf das stadtrömische Volk, in: M. Zimmermann (Hg.), Geschichtsschreibung und politischer Wandel im 3. Jh. n. Chr., Stuttgart 1999, 119–143.

Gesetzgebung und Rechtsprechung

Detlef Liebs, Freiburg i. Br.

Kommilitonen erhalten Bescheid. Die Reskripte der Soldatenkaiser an Soldaten

Zusammenfassung: Die an Soldaten gerichteten Privatreskripte der Soldatenkaiser unterscheiden sich in ihrer Tendenz nicht merklich von denen ihrer Vorgänger und Nachfolger auf dem Thron, allenfalls in Nuancen. Gordian III., eigentlich kein Soldatenkaiser, umwarb die Soldaten besonders; Gallien, der den Thron ebenso wenig ihnen verdankte, gerade nicht. Kontinuität zum Zeitalter der Severer ist gewahrt, denn anfangs umwarben auch Caracalla und Alexander Severus die Soldaten. Nur selten nahmen diese Reskripte spätere Änderungen des allgemeinen Rechts vorweg. Als Ertrag dieser Untersuchung ist lediglich eine Verfeinerung der bisherigen Erkenntnisse festzuhalten.

Abstract: The soldier emperors' rescripts addressed to soldiers do not differ substantially from those of the preceding and subsequent emperors, and when they do, it is a question of nuance. Gordian III, not really a soldier emperor, attempted to woo them, but in fact allowed only minimal new soldier privileges. Gallienus, who also became emperor by birth, actually responded to them severely. This situation resembles that of the Severan age: in their first years of power, both Caracalla and Alexander Severus had accommodated the soldiers. The examined rescripts led to minor refinements in general law.

Überlieferung der Reskripte der Soldatenkaiser

Die zu vielen Tausenden ergangenen schriftlichen Rechtsbescheide römischer Kaiser an einfache Reichsangehörige, ausgegeben von der kaiserlichen Kanzlei *a libellis*, sind in großer Zahl erst seit Septimius Severus und nur bis Diokletian erhalten, also im Wesentlichen aus dem 3. Jahrhundert n. Chr.; von Hadrian bis Pertinax nur wenige und nach Diokletian ganz wenige. Sie sind regelmäßig mit dem Namen des Adressaten im Dativ überliefert. Dem Namen ist öfter *militi* hinzugefügt, manchmal *evocato*[1] oder *veterano*[2] und im überlieferten Bestand je einmal *frumentario*[3], *centurioni*[4] und *optioni*[5]. Die Überlieferung hat diese Zusätze nicht immer bewahrt, wie

1 Nämlich C. 4,52,1 Gord.; 4,54,5 Gord.; 2,4,7 = Lex Rom. Visig. Cod. Greg. 1,1 Gord.; C. 4,50,5 Diocl./ Maxim. (a. 290, vielleicht auch 287); von Alexander Severus C. 8,1,1 + C. 8,10,3 = C. 8,52,1 (a. 224); C. 8,16,4 (a. 225); C. 3,33,5 (a. 226); u. C. 2,4,5 (a. 227).

2 Nämlich C. 12,35,7 Gord.; 5,65,2 Gord. (a. 239); 10,55,2 Diocl./Maxim.; u. 7,35,1 Alex. (a. 224).

3 Nämlich CIL III 14 191 = FIRA I 107.

4 Nämlich C. 2,50,6 Valer./Gall. (a. 254).

5 Nämlich Cons. 6,17 Diocl./Maxim. (a. 294).

einigen wenigen doppelt überlieferten und manchen auf mehrere Sachtitel verteilten Reskripten oder auch ihrem Wortlaut zu entnehmen ist[6], abgesehen davon, dass die meisten Privatreskripte für immer verloren sind. Unter den Reskripten der wirklichen Soldatenkaiser, die den Thron ihren militärischen Fähigkeiten verdankten, wozu weder Gordian III. noch Gallien gehörten, ist womöglich sogar die große Masse verloren gegangen. Denn auffälligerweise ist von den Soldatenkaisern der unruhigen Jahre zwischen 235 und 285, wenn auch ihr Sturz von Soldaten herbeigeführt wurde, überhaupt kaum etwas erhalten: von Maximinus Thrax drei Reskripte[7], von Trebonianus Gallus (mit seinem Sohn Volusianus) zwei[8], von Claudius Gothicus ein einziges[9], der zwar nicht selbst von Soldaten gestürzt wurde, sondern an der Pest starb, dessen ihm nachfolgenden Bruder Quintillus aber dieses Schicksal nach wenigen Wochen ereilte; sodann von Aurelian sieben[10], darunter seit Sommer 274 aber kein datiertes mehr, und von Probus vier[11]. Von Philipp ist aus seinen letzten drei Jahren ein einziges datiertes Privatreskript erhalten[12], aus seinen ersten zweieinhalb Regierungsjahren dagegen sind es nicht weniger als 58[13]. Meist erklärt man das damit, dass diese Kaiser von drängenderen Aufgaben, hauptsächlich militärischen, voll in Anspruch genommen gewesen seien, diesen Haudegen die Rechtspflege gar weniger wichtig war[14]. Doch passt eine andere Erklärung besser insbesondere zum Befund bei Philipp, Aurelian und Probus. Es gibt nämlich mit militärischen Aufgaben viel beschäftigte Soldatenkaiser, von denen trotzdem verhältnismäßig viele Reskripte erhalten sind: von Carinus und Numerianus, obwohl anscheinend beide, jedenfalls aber Carinus, allerdings von den eigenen Soldaten ermordet wurde. Beider Nachfolger Diokletian

6 Nämlich C. 2,4,7 = Lex Rom. Visig. Cod. Greg. 1,1 Gord.; C. 3,28,8 Alex. (a. 223), einst mit 6,30,2 zusammenhängend; 3,32,6 Gord. (a. 239), einst mit 4,34,3 zusammenhängend; C. 5,53,3 = cons. 9,8 Carac. (a. 215); C. 6,11,1 Alex. (a. 223), einst mit 6,24,3 zusammenhängend; 8,52,1 = 8,10,3 Alex. (a. 224) u. einst mit 8,1,1 zusammenhängend; 4,21,7 Diocl./Maxim. (a. 286) u. 10,55,3 Diocl./Maxim. aufgrund ihres Inhalts.

7 Nämlich C. 1,26,2 (a. 235), irrig *Idem A.* zugeschrieben, was wegen C. 1,26,1 Alex. (a. 230) zu Alexander Severus führen würde, s. dazu Arcaria 1997, 306–310; ferner 2,3,13 Maximin. (a. 236), korrekt inskribiert; u. 5,12,6 (a. 236), wieder fehlerhaft *Idem A.* zugeschrieben, was wegen C. 5,12,3 Alex. (a. 222) wieder zu Alexander Severus führte; dagegen stammt 2,21,2 (a. 238) schon von Gordian III.; und 1,23,2 (a. 270) gar erst von Aurelian.

8 C. 3,36,12 (a. 252) u. 2,18,16 (a. 252), beide korrekt inskribiert.

9 C. 3,34,6 (a. 269), korrekt inskribiert.

10 C. 1,23,2 (26. Okt. 270, zur Inskription s. soeben Fn. 7); Vat. 30 (a. 271); C. 5,72,2 (13. Jan. vielleicht 273, Halfmann 1986, 239–240); 2,44,1 (24. Juni 274); undatiert C. 5,3,6; 7,16,7; u. 10,62,2.

11 C. 8,55,2 (a. 277); 2,16,1 (a. 278); 8,53,4 (a. 280), ausführlicher, aber nur fragmentarisch als Vat. 288 erhalten; u. C. 5,4,9, alles korrekt inskribiert.

12 C. 9,32,6 (20. Feb. 249). Bei C. 8,55,1 = Vat. 272 (17. Juni 249) handelt es sich um ein Schreiben aus der Kanzlei *ab epistulis Latinis*, s. Honoré 1994, 124.

13 Honoré 1994, Palingenesia Nr. 1215–1272. Die nicht mehr datierbaren, Nr. 1273–1287 u. 1291–1295A, müssen bei diesen Überlegungen beiseite bleiben.

14 Zu Galerius s. etwa Lact. mort. pers. 22,5,2.

zeichnete sich nun dadurch aus, dass er die Mitarbeiter seines glücklich ausgeschalteten Gegners tunlichst übernahm, statt sie wie üblich zu bestrafen[15], was oft Tod bedeutete. Die tumultuarischen Begleitumstände der damals üblichen Machtergreifungen könnte leicht nicht nur Personen: den Vorgänger in der Herrschaft und seine engsten Mitarbeiter ins Verderben gestürzt, sondern auch ihre Texte erfasst haben, zumindest ihre jüngsten. Aus der geringen Zahl erhaltener Privatreskripte aus den Jahren 235 bis Frühjahr 238, 247 bis 254 und 266 bis 282 auf einen drastischen Rückgang schon der Produktion, der kaiserlichen Reskripttätigkeit damals zu schließen, wäre vorschnell; ebenso vorschnell wäre es, aus der überwältigenden Zahl aus 293 und 294 erhaltener Reskripte auf eine ungewöhnliche Intensivierung dieses Dienstes nur in diesen beiden Jahren und nur bei einem der vier Tetrarchen zu schließen, der damals nicht minder militärisch-politisch beschäftigt war als sonst. Diokletians Reskripte sind nur deshalb so zahlreich überliefert, weil die unter ihm erreichte Stabilität zwei seiner Libellsekretäre ermutigte, die Kaiserkonstitutionen, zumal Privatreskripte Diokletians, die sie zum größten Teil selbst entworfen hatten, zu sammeln, zu ordnen und als *Codex Gregorianus* und *Codex Hermogenianus* zu veröffentlichen; die Rechtswelt hat das dankbar aufgenommen[16]. Schon von Elagabal, dessen Ende gleichfalls tumultuarisch war, sind nur zwei Reskripte erhalten[17]; und kein einziges aus dem letzten halben Jahr Alexanders, aus den zwölfeinhalb Jahren vorher dagegen nicht weniger als 407[18]; diese werden ebenso wie die früheren Philipps in trockenen Tüchern gewesen sein, als es zum Tumult kam.

Anteil der Soldatenreskripte am Gesamtbestand

Der Anteil der an Soldaten gerichteten Reskripte am Gesamtbestand schwankte zwischen den einzelnen Kaisern nicht unbeträchtlich, mag vieles auch verloren, manches auch unkenntlich geworden sein; doch wird das Erhaltene die einstigen Relationen ungefähr widerspiegeln. Unter den sogenannten Soldatenkaisern sind von Gordian III. besonders viele Privatreskripte erhalten: 265, wovon 48 explizit an Soldaten gerichtet waren, also 18,1 %, der bei weitem höchste Prozentsatz überhaupt;

---

15 Aur. Vict. Caes. 39,14–16.

16 Zu diesen beiden Codices kurz Liebs 1989a u. 1989b; zu ihrer Verbreitung in Gallien und anderswo Liebs 2002, 100–101.

17 C. 2,18,8 (27. Juli 218); u. Lex Rom. Visig. Cod. Greg. 13,1 (30. Dez. 218 Rom). Dagegen wurden die aus der Samtherrschaft Elagabals mit Alexander Severus als Cäsar erhaltenen drei Reskripte: C. 9,1,3 (3. Feb. 222); 4,44,1 (19. Feb. 222); u. 8,44,6 (8. März 222) schon von dem unter Alexander als Alleinherrscher bis Oktober 222 tätigen Libellsekretär entworfen, Honoré 1994, 95–96 u. Palingenesia Nr. 479–481.

18 Nach Honoré 1994, Palingenesia Nr. 481–522; 526–777; 779–795; 797–886; 888–893.

bei Caracalla waren es 6,7 % gewesen, bei Alexander Severus 6,6 %[19]. Bei Diokletian sollten es insgesamt nur noch 1,5 % werden, das freilich erst, weil die aus den bei weitem überrepräsentierten Jahren 293 und 294 erhaltenen Privatreskripte, also die von seinem Libellsekretär Hermogenian entworfenen besonders selten einen Soldaten als Adressaten nennen: 0,9 %; bis dahin hatte die Rate noch 3,7 % betragen. Von Philipp sind insgesamt 80 Privatreskripte erhalten, von denen sechs den Zusatz *militi* in der Inskription haben und eines an einen *frumentarius* gerichtet war, zusammen 8,8 %; und von Valerian insgesamt 42, eines mit *centurioni* und ein weiteres mit *militi*, zusammen 4,8 %[20]. Das ist schon alles aus unseren 50 Jahren. Unter den 50 von Gallien zumindest fragmentarisch erhaltenen Privatreskripten ist kein einziges eindeutig an einen Soldaten oder Veteranen gerichtet.

57 Reskripte stehen für diese Untersuchung also zur Verfügung. Die meisten wenden lediglich das für alle geltende Recht an; wären sie an Zivilpersonen ergangen, dann hätten sie nicht anders gelautet. Genauer betrachtet werden hier nur diejenigen, die eine besondere Nähe des Herrschers zu den Soldaten erkennen lassen, denen er nach der gängigen Verallgemeinerung den Thron verdankte. In Wahrheit sind zwei der vier Soldatenkaiser, von denen besonders viele Reskripte erhalten sind: Gordian III. und Gallien, nicht aufgrund soldatischer Fähigkeiten Kaiser geworden, sondern weil sie zur Dynastie des Vorgängers gehörten. Und doch war bei Gordian der Anteil der beschiedenen Soldaten besonders hoch, scheint er sich seinen Soldaten also besonders intensiv zugewandt zu haben, als müsste er seine unsoldatischen Anfänge kompensieren. Umgekehrt ist unter den Adressaten Galliens, Kaiser als Sohn seines Vorgängers Valerian, wie gesagt kein einziger als Soldat ausgewiesen.

Angeregt zu dieser Untersuchung hat mich ein an einen Soldaten gerichtetes Reskript Diokletians, das wenige Monate nach Sicherung seiner Herrschaft ausgehängt wurde; er hatte die Entscheidungsschlacht gegen den legitimen Herrscher verloren, aber dessen Soldaten ermordeten ihren siegreichen Feldherrn; sie zogen Diokletian vor. An ihn wandte sich dann ein Soldat, dessen schwer kranker Sklave nach einer Züchtigung durch seinen Herrn gestorben war. Der Kaiser beruhigte den Mann: der Fall erlaube keine Anklage wegen missbräuchlicher Rechtsausübung (*calumnia*) durch maßlose Züchtigung eines Dieners (*propter immoderatam castigationem*); der Grundgedanke der Unschuld verbiete es, daraus eine Anklage hervorgehen zu lassen, was ungefähr unserer Unschuldsvermutung entspricht; darauf vertraue der Soldat mit Recht: *accusationem emergere innocentiae ratio, cuius fiduciam geris, non per-*

19 Überliefert sind von Caracalla 230 Privatreskripte, wovon 15 = 6,7 % an Soldaten ergingen; von Alexander insgesamt 408, davon 27 = 6,6 % an Soldaten.

20 Leicht abweichend die Zahlen von Huchthausen 1973, 26 oben; die Autorin zählt zwischen Hadrian und Diokletian 102 Reskripte an Soldaten, während in der beigegebenen Aufstellung 121 aufgelistet sind; andererseits zählt sie bei der Gesamtzahl die Beamtenreskripte mit, s. S. 19.

mittit[21]. Die Äußerung ist mit dem, was Ulpian in seinen *De officio proconsulis libri* geschrieben hatte, kaum vereinbar. Der Jurist hatte dort aus Konstitutionen der Adoptivkaiser einen neuen Kriminalstraftatbestand abgeleitet: Grausamkeit der Sklavenhalter: *saevitia dominorum*, wenn den angeführten Konstitutionen als Strafen meist auch nur Enteignung, allenfalls zeitige Relegation zu entnehmen war[22]; in schweren Fällen allerdings auch die für Mord und Totschlag vorgesehenen Strafen[23]. Allgemeine Regel wurde nunmehr aber Diokletians Sicht der Dinge: Nicht nur übernahm Gregorius das Reskript in seinen *Codex Gregorianus*[24]*;* sondern zudem hat ein später besonders einflussreiches Rechtsbuch, die pseudo-paulinischen Sentenzen die Maxime des Reskripts ausgeweitet. Hier heißt es nämlich kurz: Bei Tod eines Sklaven aufgrund von Schlägen seines Herrn könne dieser nur bei Tötungsvorsatz wegen Totschlags vor Gericht gestellt werden; auch bei der Bestrafung von Sklaven müsse man sich nämlich mäßigen[25]. Eine andere Sanktion für maßloses Strafen kam offenbar nicht mehr in Betracht, wie auch den späteren Zeugnissen zu entnehmen ist. Konstantin nämlich sollte wenig später ein Gesetz erlassen, das sich anscheinend eigens gegen Ulpians humane Versuche wandte und sogar verbot, gegen einen Sklavenhalter, dessen Sklave infolge einer Züchtigung gestorben war, überhaupt zu ermitteln[26]. Vom Straftatbestand *saevitia dominorum* lesen wir im Dominat nur mehr in einem Rechtstext kirchlichen Ursprungs[27], während *Codex Theodosianus*, *Lex Romana Visigothorum* und *Codex Justinianus* nur einen Titel über Züchtigung der Sklaven, *De emendatione servorum* haben[28]. Diokletian hat also hier zwar kein Sonderrecht für

21 Coll. 3,4 vom 5. Dez. 285.

22 Coll. 3,3 (Ulp. 8 off. proc.); dazu Liebs 2007, 127–139.

23 So schon Kaiser Claudius, Suet. Claud. 45,2; zu Antoninus Pius s. Gai, Inst. 1,53 S. 1 Hs. 2: *ex constitutione sacratissimi imperatoris Antonini, qui sine causa servum suum occiderit, non minus teneri iubetur, quam si alienum servum occiderit.* Dazu etwa Robinson 1981, 219–220.

24 Coll. 3,4 zitiert es aus dem Gregorianus-Titel *De accusationibus*. In den entsprechenden Titel des Codex Justinianus wurde die Konstitution anscheinend nicht aufgenommen, s. C. 9,2,7–9; freilich ist nicht sicher, dass alle Konstitutionen des C.-Titels auf uns gekommen sind.

25 Paul. sent. 5,23,6: *Servus si plagis defecerit, nisi id dolo fiat, dominus homicidii reus non potest postulari; modum enim castigandi et in servorum coercitione placuit temperari.*

26 Cod. Theod. 9,12,2 (a. 329). Zehn Jahre vorher hatte derselbe Konstantin zwar auch schon bestimmt, dass Sklavenhalter, deren Sklave bei einer Züchtigung zu Tode gekommen war, nichts zu fürchten hätten, dann aber neun immer grausamere Vorgehensweisen geschildert, die doch als Totschlag zu qualifizieren wären: Cod. Theod. 9,12,1 (a. 319). Im Codex Justinianus findet sich nur dieses ältere Gesetz (C. 9,14,1), während die *Lex Romana Visigothorum* nur das jüngere Gesetz Konstantins übernahm: Lex Rom. Visig. Cod. Theod. 9,9,1.

27 Eben coll. 3; zum kirchlichen Ursprung der Collatio s. jüngst Frakes 2011. Die Collatio ist übrigens auch unsere einzige Quelle, welche Ulpians Ausführungen (coll. 3,3), Diokletians Konstitution (coll. 3,4) und die Sentenzenstelle (coll. 3,2) überliefert.

28 Cod. Theod. 9,12; Lex Rom. Visig. Cod. Theod. 9,9; u. C. 9,14. Immerhin setzte nach Agath. hist. 2,7 Justinians Feldherr Narses noch 553 und im Krieg in Italien durch, dass selbst fremdstämmige militärische Verbündete ihre Sklaven nicht willkürlich töten dürfen, s. dazu Liebs 2008, 114.

Soldaten eingeführt, aber aus Rücksicht auf Belange eines Soldaten Ansätze zum Schutz der Sklaven vor unverhältnismäßiger Härte ihrer Herren für die Zukunft praktisch zunichte gemacht. Andererseits hat in seinen späteren Jahren sein Sekretär Hermogenian zur Abwehr ungerechtfertigter Ansprüche eines Soldaten formuliert, seine Forderung passe nicht zur Würde eines Soldaten: (...) *tibi restitui postulare nec militari gravitati convenit*[29].

Gordian III.

a) Das erste an einen Soldaten gerichtete Reskript Gordians III. erging im Juni 238 an einen Rogatus, den der Kaiser beruhigte. Rogatus hatte einen Schreiber eingeschaltet, als er bei einem Richter eine Bittschrift (*libellum, preces*) anbrachte; und der Mann hatte darin irrtümlich eingeräumt, Rogatus sei verurteilt worden. Wenn dieser klar beweisen könne: *si* (...) *manifeste probare potes*, dass es zu keiner Verurteilung gekommen war, dann werde sein Richter sehr wohl wissen, dass sein Vorbringen durch einen Fehler in der Bittschrift nicht beeinträchtigt werde: *adlegationes tuas laedi non oportere is, qui super negotio disceptaturus est, non ignorat*[30]. Eine Begünstigung des Soldaten ist das gerade nicht. Der Kaiser erlegt ihm sogar die Beweislast dafür auf, dass eine Aussage in seiner Eingabe unrichtig war, was bei geordneter Rechtspflege freilich keine großen Schwierigkeiten bereitet haben dürfte. Der Bescheid war rechtlich korrekt, eher überkorrekt, als dass er dem anfragenden Soldaten wirklich entgegengekommen wäre[31].

b) Zwischen März 238 und Juni 241 beschied Gordian den Soldaten Gallus[32], der von seinem verstorbenen Bruder zum Erben eingesetzt worden war. Gallus stand noch unter väterlicher Gewalt, weshalb sich die Frage erhob, ob er die Erbschaft als Haussohn für seinen Vater erworben hatte oder sie in sein militärisches Sondergut gefallen war, über das er frei verfügen konnte. Wenn allein die familiäre Bindung den Erblasser veranlasst hätte, Gallus zum Erben einzusetzen, dann hätte dieser Erwerb nichts mit seiner Tätigkeit als Soldat zu tun gehabt und würde den allgemeinen Regeln folgen; Gallus erwürbe diese Erbschaft dann für seinen Vater. Nun aber war auch der Verstorbene nicht nur Soldat gewesen, sondern hatte auch in derselben Einheit wie Gallus gedient: *fratre commilitone in isdem castris*. Aufgrund dessen stellte der Kaiser auf die

29 C. 4,52,4; zu Hermogenians Autorschaft s. Honoré 1994, 167 mit Fn. 338, 181 mit Fn. 556 u. Palingenesia Nr. 2669.

30 C. 2,9,2.

31 Fünf weitere Reskripte an Soldaten, eines aus der Zeit zwischen März 238 und 1. September 239 (C. 3,36,6) und vier zwischen März 238 und Juni 241 (C. 4,31,8; C. 4,52,1–2; u. C. 4,54,5), bestätigen lediglich hergebrachtes Recht.

32 C. 12,36,4, ohne Datum überliefert, aber nach Honoré 1994, 133 Fn. 808 u. Palingenesia Nr. 1142, von Sekretär Nr. 12, der bis Juni 241 tätig war.

gemeinsamen Feldmärsche ab, die Kameradschaft und die gemeinsam verrichteten Dienste: *peregrinationis labor sociatus commilitii eius et obeundorum munerum consortium*. Deshalb sei anzunehmen, dass dies der ohnehin bestehenden brüderlichen Zuneigung nicht wenig hinzugefügt habe: *adfectioni fraternae nonnihilum addidisse, quin immo vice mutua cariores invicem sibi reddidisse credendum est*. Damit ist gemeint, erst der gemeinsame Militärdienst habe die Zuneigung so verstärkt, dass es zur Erbeinsetzung kam. Gallus konnte über diese Erbschaft frei verfügen. Bemerkenswerterweise sagt der Kaiser *credendum est*, es sei anzunehmen, dass die Kameradschaft den Ausschlag gegeben habe; nicht, dass sie es wirklich tat. Die bloße Tatsache, dass zwei Brüder in derselben Einheit dienten, soll also, wenn der gefallene den überlebenden zu seinem Erben eingesetzt hat, juristisch gesprochen die Rechtsvermutung begründen, dass ausschlaggebend für die Erbeinsetzung die Kameradschaft war und weniger die Blutsbande als solche. Sie allein hätten nicht zur Erbeinsetzung geführt. Anders ausgedrückt: Wäre der jetzt Begünstigte zu Hause geblieben, dann hätte der Gefallene seine Rechtsnachfolge – das sei anzunehmen – anders geregelt; er hätte, heißt es unausgesprochen, zumindest auch Kameraden bedacht. Bei gemeinsam dienenden Soldaten sei von besonderer emotionaler Verbundenheit auszugehen und entsprechendem Testierverhalten. Das ist ein normativer Ansatz, mag er auch auf Erfahrung beruhen; sicher war es nicht. Der Kaiser zeichnet hier eine berührende Seite des Soldatenlebens.

c) Zu einem nicht weiter eingrenzbaren Zeitpunkt bestimmte Gordian in einer Konstitution an einen Plato, vermutlich gleichfalls ein Privatreskript, dass Soldaten, die eine überschuldete Erbschaft angetreten haben, für die Erbschaftsschulden entgegen den allgemeinen Regeln nur mit dieser Erbschaft haften, nicht auch mit ihrem Eigenvermögen; das hätten sie mit ihrer Bereitschaft, die Erbschaft anzunehmen, nicht gewollt, ein Gesichtspunkt, der eigentlich für alle gilt, welche die rechtlichen Folgen eines Erbschaftsantritts nicht kennen. Der Kaiser sagt, Soldaten kennten sich mit Waffen besser aus als im Recht: *arma enim magis quam iura scire milites* (...) *existimavit*[33]. Als Maxime formuliert: Soldaten brauchen nichts anderes als das Kriegshandwerk im Sinn zu haben. Das gilt weder für ein anderes Handwerk noch eine sonstige Profession, ein echtes Soldatenprivileg.

d) In einem anderen Reskript[34] ging es wieder um Brüder beim Militär, hier anscheinend mehr als zwei Brüder, denn es ist an Valentinus und andere Soldaten gerichtet, diese im Plural. Alle hatten ein und dieselbe Schwester: *cum adlegatis* (...) *sororis vestrae*. Deren Ehemann, auch er Soldat, war desertiert und hatte sich sieben Jahre lang versteckt, aber Gordian hatte ihn begnadigt: *indulgentia nostra esse restitutum*. Die Auskunft, dass die sieben Jahre auf der Flucht weder auf seine Dienstzeit

33 Bericht C. 6,30,22pr. Just. (a. 531), s. a. § 1. Zum sog. Soldatentestament STAGL, 109–126.

34 C. 12,35,5, nach HONORÉ 1994, 133 mit Fn. 810 u. Palingenesia Nr. 1212, keinem bestimmten Sekretär zuzuweisen.

anzurechnen sind noch gar Sold dafür nachzuzahlen ist, erscheint uns eine bare Selbstverständlichkeit, scheint aber weder ihm noch den Schwägern klar gewesen zu sein, vielleicht, weil es im Begnadigungsdekret nicht eigens ausgesprochen war[35]. Zugleich warb dieses Reskript aber für den Soldatenstand unter Gordian III., denn dieser betont zweimal, dass er den Mann begnadigt hat, das zweite Mal etwas eindringlicher durch die Wortstellung *restitutus nostra indulgentia*. Ein Motiv der Begnadigung kann der Dauer der Fahnenflucht entnommen werden, denn wenn sie sieben Jahre gedauert hatte, muss sie schon unter einem Vorgänger Gordians geschehen sein, vermutlich dem zum Tyrannen erklärten Soldatenkaiser Maximinus Thrax; rechnerisch kämen auch die letzten glücklosen Jahre Alexanders Severus in Betracht.

e) Etwas später als Valentinus erhielt ein Soldat namens Brutus Bescheid[36]. Ein aus besonderen Gründen, insbesondere verwundungs- oder sonst krankheitsbedingt vorzeitig Verabschiedeter werde nicht deshalb, weil er wieder gesund sei, reaktiviert, denn endgültig sei er nach sorgfältiger ärztlicher und richterlicher Prüfung verabschiedet worden[37]. Das setzt offenbar voraus, dass ein Soldat aus Gesundheitsgründen erst dann verabschiedet wurde, wenn die Beeinträchtigung als unheilbar beurteilt worden war. An seiner Reaktivierung konnte ein vorzeitig, aber nicht unehrenhaft verabschiedeter Veteran auch aus materiellen Gründen interessiert sein, weil manche Veteranenprivilegien nach der tatsächlichen Dienstzeit abgestuft wurden[38]. Um Brutus selbst, der in der Adresse nicht *veteranus*, sondern *miles* ist, wird es nicht gegangen sein; er scheint für einen Kameraden angefragt zu haben.

f) In einem weiteren Reskript beschied Gordian III. den Veteranen Domnus[39]. Er brauche nicht zu befürchten, dass seine Ehre als Veteran durch eine Rüge aufgrund eines Militärdelikts befleckt worden ist: *Frustra vereris, ne nota, quae propter delictum militare intercessit, existimationem tuam iam veterani laesisse videatur*. Offenbar hatte er sich in seiner Dienstzeit eines Militärdelikts schuldig gemacht, welches eine *nota* nach sich gezogen hatte. Die Begründung lautet: Auch wer während der Dienstzeit aufgrund eines gewöhnlichen Delikts bescholten wurde, ist es nach seiner Entlassung nicht mehr; zu diesem Ergebnis sei man gekommen: *cum nec ex eo delicto,*

---

35 Vgl. D. 49,16,10,1 (Ps.-Paul. sg. reg.), welche Stelle sich wie eine nachträgliche Zusammenfassung des Gehalts von Gordians Bescheid mit Verdeutlichung des maßgeblichen Gesichtspunkts liest; zur Datierung der Schrift, der das Fragment 10 entnommen wurde, eher ins 4. Jh. LIEBS, 1989c.

36 C. 12,35,6 Gord., im CJ ohne Datum überliefert, aber nach 12,35,5 platziert.

37 Genau umgekehrt versteht JUNG 1982, 913, das Reskript: nach entsprechender Prüfung könne er reaktiviert werden; doch bezieht *nisi* sich auf *constet vitium contraxisse*.

38 So die Befreiung von der Pflicht zur Übernahme von Vormundschaften, D. 27,1,8,3 (Mod. excus. 3). Allgemeiner C. 10,55,2–3 Diocl./Maxim., beide zwischen 285 und Mai 290 zu datieren, HONORÉ 1994, 180 mit Fn. 553.

39 C. 12,35,7, ebenso wenig einem bestimmten Sekretär zuzuweisen, HONORÉ 1994, Palingenesia Nr. 1214.

quod et in paganorum potest cadere personam, notatos milites post missionem placuerit esse famosos. Es ging wohl um regelrechte Verurteilungen, hier um solche, die mit Infamie als Nebenfolge verbunden waren; bei Militärdelikten mochte das auch die einzige Folge gewesen sein[40]. Veteranen, die nach Ableistung ihrer Dienstzeit ohne Tadel entlassen worden waren, zählten im fortgeschrittenen Prinzipat zu den höheren Ständen[41]. Maßgebend war also allein die Entlassung. War diese ehrenhaft, dann würde sie einen vorher erlittenen Makel tilgen; war sie *ignominiosa* gewesen, dann nicht. Doch galt das nicht nur bei *missio honesta* nach Ableistung der vollen Dienstzeit, sondern ebenso bei vorzeitiger *missio causaria*[42]. Anscheinend hat erst Domnus diese konkrete weitere Vergünstigung für das Militär erwirkt, doch war sie für infamierende allgemeine Delikte schon vorgezeichnet: *cum nec* (...) *placuerit*. Gordian scheint das nunmehr auf Militärdelikte erstreckt zu haben, deren infamierende Wirkung man auch stärker als die entsprechende Wirkung allgemeiner Delikte hätte gewichten können.

g) Am 16. Juli 238 erhielt der Soldat Gaius den Bescheid, er könne den Tod seines Vetters mütterlicherseits verfolgen[43]. Denn Soldaten dürften, wenn sie ihnen und ihren Angehörigen zugefügtes Unrecht verfolgen, auch in Kriminalstrafsachen anklagen: *Non prohibentur milites actiones quae iudicii publici instar obtineant intendere, si suas suorumque iniurias exsequantur*. Dem Petenten war in diesem Fall offenbar daran gelegen, klargestellt zu bekommen, dass zu den *sui* eines Soldaten auch ein Vetter mütterlicherseits zählte. Zudem stellte Gordian bei dieser Gelegenheit klar, dass der Soldat nicht nur ein ordentliches, sondern auch ein außerordentliches Kriminalstrafverfahren und nicht nur wegen Mord und Totschlag, sondern wegen jeden Verbrechens anstrengen konnte: *actiones quae iudicii publici instar obtineant*. Der vermutlich afrikanische Provinzialjurist Ämilius Macer hatte in seiner nicht allzu lang nach 210 anzusetzenden Monografie über Kriminalstrafrecht nur erst etwas enger gesagt[44]: (...) *si suam iniuriam exequantur mortemve propinquorum defendent, ab accusatione non excluduntur*[45].

---

40 Die römischen Militärstrafen nennt D. 49,16,3,1 (Mod. 4 poen.), doch ist seine Aufzählung nicht erschöpfend, Jung 1982, 1003. Zur Infamie Atzeri, 127–159.

41 Siehe etwa D. 49,18,3 (Marci. 2 reg.); u. Cod. Theod. 9,30,1 Valent. I. (a. 364), von Mommsen 1899, 1034 Fn. 3, irrig als „Erlass vom J. 354 Cod. Theod. 7, 20, 1“ angeführt.

42 Insoweit waren diese beiden *missiones* offenbar gleichgestellt, s. etwa C. 5,65,1 Carac. (a. 214); D. 27,1,8,5 (Mod. 3 excus.); C. 12,35,8 Phil.; C. 10,55,3 Diocl./Maxim.; u. dazu Neumann 1962, 1603 Z. 5–20.

43 C. 9,1,8.

44 D. 48,2,(8 u.)11pr. (Mac. 2 publ.). Zum zeitlichen Ansatz dieser Schrift Liebs 1997, 215. Ein gutes Jahr später kam Gordian gegenüber dem Soldaten Mucatraulus noch einmal darauf zurück: C. 9,1,10 vom 1. Aug. 239, gleichfalls bezüglich irgendeines Verbrechens.

45 Wiederum lediglich schon bisher geltendes Recht bestätigt Gordian C. 4,35,6 (a. 239), s. D. 17,1,6,2 (Ulp. 31 ad ed.). Ebenso C. 6,21,8 (a. 238), s. dazu D. 29,1,19,2 (Ulp. disp. 4); D. 29,1,15,4 (Ulp. ad ed. 45);

h) Am 5. Oktober 238 beschied Gordian einen Soldaten namens Pudens[46], dass erst mit Entlassung aus dem Kriegsdienst die Jahresfrist[47] zu laufen beginnt, binnen welcher ein 25 Jahre alt Gewordener Wiedereinsetzung in den vorigen Stand wegen nachteiliger Geschäfte verlangen konnte, die er als Minderjähriger getätigt hatte. In Wahrheit war das keine Vergünstigung, sondern nur folgerichtig; der Kaiser sagt auch *iuxta iuris rationem*. Allerdings könne der Soldat das schon vor seiner Entlassung fordern: *toto militaris expeditionis tempore auxilium restitutionis postulare potes*, wobei vorausgesetzt sein wird, dass dieses nur galt, wenn keine dienstlichen Belange entgegenstanden. Wenige Wochen später beschied er den Soldaten Secundinus in einem ähnlichen, freilich komplizierteren Fall[48]. Jetzt hatte der minderjährige Vater des Soldaten das ungünstige Geschäft getätigt, war volljährig geworden, vor Ablauf der Jahresfrist aber gestorben und hatte den Sohn als Erben hinterlassen: *tuque ei heres extitisti*, offenbar ohne Miterben. Wenn dieser nun Soldat wurde entweder, als er noch nicht 25 Jahre alt war, oder höchstens solange danach, als der Vater noch Zeit gehabt hatte Wiedereinsetzung zu verlangen, dann sollte auch der nunmehr Kriegsdienst leistende Sohn noch Wiedereinsetzung verlangen können; wie lange, wird nicht gesagt, aber jedenfalls bis zu seiner Entlassung. Danach wäre es möglicherweise eng für ihn geworden, wenn nämlich das, was der Vater von der Jahresfrist übrig gelassen hatte, der Sohn für einen späten Entschluss, noch nach seinem 25. Geburtstag sich zum Militär zu melden, größtenteils verbraucht hätte; allenfalls könnte der Kaiser dem Sohn noch einmal ein volles Jahr Zeit gegeben haben. Gewöhnlich trat man mit 16 oder 17 Jahren ins Heer ein, weshalb der Kaiser schwerlich auch noch vor diese letzte Frage gestellt worden sein wird; offenbar gingen alle Beteiligten davon aus, dass Secundinus jetzt, auf diesen erfreulichen Bescheid hin die Wiedereinsetzung zügig betreiben werde, was sich auch deshalb empfahl, weil seine Rechte sich sonst faktisch verflüchtigen konnten.

i) In eben diesen Tagen beschied der Kaiser auch einen Soldaten namens Mucianus oder Munianus, dem ein Landgut (*fundus*) aus Familienbesitz (*rei familiaris*) durch Ersitzung von Seiten gutgläubiger Erwerber verloren gegangen zu sein scheint[49]. Er war entweder noch nicht 25 Jahre alt oder doch vorher zum Militär gegangen. Die Wohltat der Wiedereinsetzung soll für ihn verlängert und nicht geduldet werden, dass er durch die Ersitzung, auch wenn sie schon vor Eintritt ins Heer vollendet gewesen sein sollte, mit Verlust des Familienbesitzes geschlagen wird: *continuatum beneficium restitutionis per usucapionem, licet ante militiam suppleta sit, non patitur*

---

u. D. 29,1,41pr. (Tryph. disp. 8), alle im Gegensatz zu D. 28,5,34 (Pap. 1 def.). Und auch C. 4,13,1 = 2,22,1 (a. 238).

46 C. 2,52,1.

47 Die Frist sollte 319 n. Chr. von Konstantin verändert werden, Cod. Theod. 2,16,2; sie ist deshalb nicht mehr unmittelbar überliefert.

48 C. 2,52,2 (a. 238).

49 C. 2,52,3 i. V. m. 3,32,4.

te dispendio rei familiaris adfligi. Das hört sich wie eine wertvolle Vergünstigung an, doch werden lediglich die allgemeinen Regeln angewandt; denn die Vollendung der Ersitzung musste in die Zeit seiner Minderjährigkeit fallen oder doch, wenn er minderjährig zum Militär gekommen war, in die Dienstzeit. Dann wurde die Vollendung rückgängig gemacht. Allenfalls könnte man erwägen, dass *Si intra annos, quibus in integrum restitutionis auxilium indulgetur, constitutus es vel eo tempore nomen militiae dedisti* die zusätzlich gewährte Jahresfrist mitmeinte, die Verjährung aber zwischen dem 25. Geburtstag und dem binnen Jahresfrist danach erfolgten Eintritt in das Heer vollendet war, also zu einem Zeitpunkt, als er schon volljährig, aber möglicherweise noch nicht beim Militär war[50].

j) Zwischen September und November 238 verweigerte der Kaiser sich gegenüber dem Soldaten der 10. Prätorianerkohorte Aurelius Purrus. Dieser hatte sich, auch im Namen der anderen Dorfbewohner und Landbesitzer von Skaptopara (im heutigen Bulgarien), über eigenmächtige Einquartierungen von Soldaten und hochmögenden Reisenden beschwert. Der Kaiser wollte dem nicht selbst nachgehen, sondern verwies ihn an den zuständigen Gouverneur[51]. Der Umstand freilich, dass das Reskript zusammen mit amtlichen Vermerken (Z. 1–7), der vorangegangenen langen griechischen Bittschrift (Z. 8–107) und der ersten Hälfte des griechischen Schriftsatzes eines Beamten der Stadt, zu deren Gebiet das Dorf gehörte, an den zuständigen Gouverneur (Z. 108–164), dass alles auf einer monumentalen Inschrift auf Stein vor Ort verewigt wurde, lässt darauf schließen, dass den Betroffenen schon diese Weigerung des Kaisers, selbst zu entscheiden, nützte, sie sich zumindest viel davon versprachen. Offenbar sollte der Gouverneur dadurch gedrängt werden, sich nachhaltiger, als er und seine Vorgänger es bisher getan hatten, darum zu kümmern, dass die seit Längerem bekannten Missstände wirklich aufhören. Bemerkenswerterweise haben die Dörfler denjenigen der Ihren, der als Prätorianer diente, stellvertretend für alle mit dem Vorbringen und der Übergabe der Bittschrift[52] betraut. Soldaten als Bittsteller hatten offenbar bessere Aussichten auf Erfolg[53].

k) Zweimal hat Gordian Soldaten darüber belehrt, dass sie nicht kurzerhand Besitzungen ihrer Vertragspartner an sich bringen dürfen, wenn diese eine Verpflich-

---

50 Am 1. u. 6. Nov. 238 wandte Gordian wieder schlicht das allgemeine Privatrecht an, C. 4,34,2 u. 4,64,1.

51 CIL III 12 336 = (nur die lateinischen Textteile) FIRA I 106. Dazu Williams 1986, 198–204; Hallof 1994, 405–441 = AE 1994, 1552; Herrmann 1990, bes. 8–27; u. Hauken 1998, 74–139, zu Purrus 105–106. Vgl. auch Speidel, 46–64.

52 Zum Ablauf solcher Petitionen etwa Liebs 2006, 143–144; u. Liebs 2012, 712–714.

53 Vgl. Plin. epist. 10,106–107. Vgl. C. 2,19,5 Gord. (a. 239), wonach ein Rufus *miles* wegen eines Falles von *vis* gegenüber seinem Vater und einem Bruder seines Vaters angefragt hatte; u. das zwischen 244 und 246 ergangene Reskript Kaiser Philipps an den Sprecher der kaiserlichen Landpächter dort: *M Aurelio Eglecto per Didymum militem frumentarium*, Z. 2 der Inschrift von Aragua in Phrygien, CIL III 14 191 = FIRA I 107, u. dazu Hauken 1998, 152–153.

tung nicht erfüllt haben. Im Gebrauch von Waffen geübt, neigten schon immer Soldaten und Veteranen dazu, die Durchsetzung ihrer Anliegen selbst in die Hand zu nehmen, was zur Zeit des Augustus Vergil beinahe das Leben gekostet hätte[54]. Am 11. Juli 239 beschied Gordian den Soldaten Austronius[55], dass es Unrecht ist, alle oder einen Teil der Besitzungen dessen, bei dem er Geld hinterlegt hatte und der mit diesem Geld pflichtwidrig Grundbesitz erworben hatte, gegen dessen Willen an sich zu bringen: *compensationis causa ab invito eo in te conferri iniuriosum est*. Vielmehr könne er von seinem untreuen Verwahrer den Betrag mitsamt Zinsen fordern und müsse dieser ihm dankbar sein, wenn er ihn nicht obendrein wegen Unterschlagung haftbar macht: *cum tibi debeat gratulari, quod furti eum actione non facias obnoxium*; im konkreten Fall hätte er aus diesem Grund zusätzlich eine Buße in Höhe des Doppelten oder gar Vierfachen des veruntreuten Betrags verlangen können[56].

l) Schließlich weigerte sich Gordian am 1. April 241, dem Verlangen des Soldaten Caecilius nachzukommen, der beantragt hatte, das Vermögen seines Gegners kurzerhand durch kaiserliches Reskript auf ihn zu übertragen[57]: *bona adversarii tui in te transferri citra sollemnem ordinem frustra deprecaris*. Der Gegner hatte ihm eine Vertragsstrafe für den Fall versprochen, dass er eine Vereinbarung nicht einhalten würde: (...) *pacto, quo poenam adversarium tuum promisisse proponis, si placito non stetisset*. Der Kaiser legt dar, dass, wenn das durch ein förmliches Schuldversprechen: eine Stipulation, bekräftigt worden ist, Cäcilius aus der Stipulation wahlweise Erfüllung oder die Vertragsstrafe fordern kann: *Si pacto* (...) *stipulatio subiecta est, ex stipulatu agens vel id quod in conventionem devenerat, ut fiat, consequeris vel poenam stipulatione comprehensam more iudiciorum exiges*. Er spricht damit schonend die unangenehme Wahrheit aus, dass er seinen Gegner nur belangen kann, wenn er seinerzeit für die Vereinbarung mitsamt Strafzusage die Form einer Stipulation beachtet hatte[58], und lehnt entschieden ab, was der Soldat gewünscht hatte.

54 Verg. ecl. 9,14; Don. vita Verg. 63; Serv. Aen. ecl. Einl. nach der Mitte; Serv. Aen. ecl. 9,1 u. 24; Serv. Aen. ecl. 9,10 *omnia*; Sch. Bern. Verg. ecl. 9 Einl.; u. dazu Liebs 2013, 330–332.

55 C. 3,32,6 u. 4,34,3, einst miteinander zusammenhängend.

56 Siehe Liebs 1972, 91 Fn. 27. Dagegen vertritt Behrends 2013, 391 f., Gordian habe hier wie einst Cassius (s. D. 47,2,72pr. u. dazu Liebs 1972, 84–91) gegen Kumulation von Vertrags- und Diebstahlsklage entschieden; jedoch übersetzt er *cum tibi debeat gratulari* durch „wobei dir dazu gratuliert werden muss", vernachlässigt also, dass *gratulari* Deponens ist und hier ‚dankbar sein' bedeutet, bezogen auf den Gegner.

57 C. 2,3,14.

58 Dazu näher Knütel 1976, 278–280, der allerdings (278) ohne weiteres annimmt, die Parteien hätten eine Stipulation geschlossen.

Philipp

a) Am 1. Februar 246 erhielt der Soldat Lucianus von Gordians Nachfolger, Kaiser Philipp, folgende Belehrung. Zu Gunsten seines Grundstücks war ein Nachbargrundstück mit einer Grunddienstbarkeit des Inhalts belastet, dass auf dem Nachbargrundstück nicht höher gebaut werden durfte. Der Nachbar hielt sich nicht daran und baute höher: (...) *pars diversa contra servitutem aedibus tuis debitam iniuriose extruxit*. Der Provinzstatthalter als der zuständige Richter werde dafür sorgen, dass es wieder auf seine frühere Höhe zurückgeführt und Lucian obendrein etwaige Schäden ersetzt bekommt: *praeses provinciae revocare ad pristinam formam, damni etiam ratione habita, pro sua gravitate curabit*[59]. Im klassischen Formularprozess war das nicht möglich, weil der Beklagte in diesem Verfahren stets zur Zahlung einer Geldsumme verurteilt wurde; es herrschte das Prinzip der *condemnatio pecuniaria*. Im außerordentlichen Kognitionsprozess des 3. Jahrhunderts, der zumindest in den Provinzen mittlerweile vorherrschte, war man davon aber abgekommen und verurteilte *in rem ipsam*, d. h. dazu, die geschuldete Leistung wirklich zu erbringen[60]. Zum Rückbau ist das hier zum ersten Mal ausgesprochen und hat sich dann gefestigt; Diokletian und die pseudo-ulpianischen *Opinionum libri* aus dem frühen 4. Jahrhundert werden sich im gleichen Sinn äußern[61]. Dass diese Neuerung zum ersten Mal in einer Auskunft gegenüber einem Soldaten überliefert ist, ist aber wohl doch Zufall; allenfalls könnten den Kaiser Bedürfnisse der Kommilitonen leichter veranlasst haben, von alten Grundsätzen endlich auch in solchen Fällen abzugehen.

b) In einem anderen Fall statuierte Kaiser Philipp offen, dass eine Regelung nur für Soldaten gelten solle, ein Soldatenprivileg[62]. Jemand hatte, wie ein Soldat vorbrachte, gleichfalls mit Namen Philipp, mit Geld dieses Soldaten im eigenen Namen etwas gekauft: *pars diversa pecunia tua quaedam nomine suo comparavit*. Der Soldat wandte sich an den Kaiser und verlangte einen billigen Ausgleich: *desideranti partes aequitatis*. Der Kaiser beruhigte ihn: Der zuständige Provinzstatthalter werde ihm deswegen in Anbetracht seines Soldatenstandes eine analoge Herausgebeklage gewähren: *praeses provinciae utilem vindicationem obtentu militiae tibi eo nomine impertiri* (...) *non negabit*. Ebenso werde er ihm, wenn er das geltend macht, aufgrund der Auftragsklage beziehungsweise der Klage aus Geschäftsführung ohne Auftrag Recht sprechen: (...) *mandati quoque seu negotiorum gestorum actionem inferenti tibi iurisdictionem praebebit*. Der Soldat kann also wählen, ob er das aus der Geschäftsfüh-

---

59 C. 3,34,5.

60 Tafaro 1980, 209–214; u. Kaser/Hackl 1996, 495–496 = § 74 mit Fn. 12 u. 512 = § 76 mit Fn. 14.

61 D. 8,5,15 (Ps.-Ulp. 6 op.) a. E. allgemein, wo allerdings gleichfalls meist provinziale Verhältnisse vorausgesetzt sind, Liebs 1973, 306–308; u. C. 3,34,9 Diocl./Maxim. (a. 293), gleichfalls vom Provinzstatthalter gesagt.

62 C. 3,32,8 (a. 246).

rung Erlangte aus Auftrag beziehungsweise Geschäftsführung ohne Auftrag fordert oder ob er mit der hier erstmals bei einer solchen Sachlage begegnenden *utilis vindicatio* gegen den Mann vorgeht. Dass schon der Soldat verlangt hätte, die gekauften Sachen zu vindizieren, ist dem Text nicht zu entnehmen; angesichts dessen, wie der Kommilitone Austronius sieben Jahre vorher in einem ähnlichen Fall vorgegangen war[63], wäre es aber durchaus denkbar. Im eigenen Namen, aber mit fremdem Geld gekaufte Sachen wurden nach römischem Recht Eigentum des Käufers, nach verbreitetem griechischen Recht dagegen des Geldgebers[64]; und sowohl der Name des Soldaten als auch der damalige Aufenthaltsort des Kaisers: er führte Krieg in Dakien, sind – wenngleich nicht sehr starke – Indizien für Befangenheit dieses *miles* in griechischem Rechtsdenken. Der Kaiser gab dem nur erst *obtentu militiae* nach und auch das nur erst verfahrens-, noch nicht materiellrechtlich.

Pringsheim hielt die *vindicatio* hier für justinianisch interpoliert[65]; Philipp habe dem Soldaten lediglich zu einer analogen Klage aus Auftrag oder Geschäftsführung ohne Auftrag geraten. Ein Auftrag erscheint im konkreten Fall unwahrscheinlich; und zweifelhaft ist auch, ob der Gegner ein zumindest auch fremdnütziges Geschäft geführt und das auch gewollt hatte[66]. Da der Petent offenbar nicht angegeben hat, wie sein Gegner in den Besitz seines Geldes gekommen war, hätte der Kaiser ihm mit diesen beiden Klagen möglicherweise eine unvollständige Auskunft geben müssen, mit welcher der Soldat unter Umständen nichts anfangen konnte; und das wird auch der Kanzlei bewusst gewesen sein. Wohl deshalb rekonstruierte Pringsheim: *praeses provinciae utilem mandati seu negotiorum gestorum actionem inferenti tibi jurisdictionem praebebit*. Von vornherein ausgeschlossen wären diese beiden analogen Klagen nicht, doch gibt es für eine *utilis mandati actio* im spätklassischen Recht keine Spur[67] und ist eine *utilis negotiorum gestorum actio* nur ein einziges Mal als abzulehnende Mindermeinung erwähnt[68]. Zudem müsste, wollte man annehmen, der Kaiser hätte hier wie Pringsheim vorschlägt geantwortet, also lediglich eine analoge Vertrags- beziehungsweise Quasivertragsklage empfohlen, feststehen, dass die entsprechenden direkten Klagen ausschieden, weil die *pars diversa* weder vom Anfragenden beauftragt worden war noch in seinem Sinne hatte handeln wollen; eben das ist jedoch wie gesagt offen.

Spätestens am Anfang des 3. Jahrhunderts war ausgemacht, dass Mündel und Pflegebefohlene direkte Klagen gegen den Darlehensnehmer haben, wenn ihr Vormund beziehungsweise Pfleger Geld ihrer Schützlinge als Darlehen ausgegeben

---

63 Oben unter Gordian III. k).

64 Dazu vor allem Pringsheim 1916.

65 Pringsheim 1916, 126–29; ebenso Kaser 1975, 297 = § 245 II 6 mit Fn. 39. Als echt behandelt es dagegen ohne Auseinandersetzung mit Pringsheim und Kaser, aber zu Recht Wittmann 1978, 434.

66 Vgl. etwa Kaser 1971, 588–589 = § 137 II 2.

67 Zu D. 17,1,22,2 (Paul. 32 ad ed.), s. Valiño 1974, 410–418.

68 D. 17,1,40 (Paul. 9 ad ed.); dazu Seiler, 1968, 88–93; u. Valiño 1974, 417–418.

hat und Rückzahlung an sich selbst versprechen ließ[69]. Die pseudo-ulpianischen *Opinionum libri* aus dem frühen 4. Jahrhundert fügten dem den Fall hinzu, dass ein Vormund oder Pfleger mit Geld seines Schutzbefohlenen Grundstücke im eigenen Namen kauft; der Schützling könne dann die Grundstücke vindizieren[70]. Ob auch diese Regelung schon in spätklassischen Juristenschriften vorgezeichnet war, lässt sich nicht mehr feststellen; doch ist es möglich. Beim *procurator* eines Soldaten, der Geld seines Auftraggebers als Darlehen ausgegeben hat und die Rückzahlung sich selbst verbürgen ließ, verzeichnen die *Opinionum libri* demgegenüber ein dem philippischen vergleichbares Soldatenprivileg und gewähren dem Soldaten eine direkte Klage gegen den Bürgen[71]. Justinian setzte für den Fall, dass ein Ehemann mit Geld, das seine Frau ihm – nach römischem Recht unwirksam – geschenkt hatte, etwas erwarb, in einer Reformkonstitution beiläufig eine direkte Klage voraus[72] und ließ sie auch in den Digesten interpolieren[73].

Eine griechische Rechtsvorstellung wurde also im römischen Recht zunächst nur zugunsten von Mündeln und sonst Schutzbefohlenen übernommen. Kaiser Philipp stellte Soldaten Mündeln insoweit gleich. In einem weiteren, vergleichbaren Fall begegnet nicht viel später eine entsprechende Lösung erneut als Soldatenprivileg. Und unter Justinian trifft man sie weiter zugunsten der Ehefrau an, die ihrem Gatten Geld unwirksam geschenkt hatte.

Valerian

a) Am 2. April 254 ließ Valerian ein Reskript für den Zenturionen Germanus aushängen[74]. Als dieser Kriegsdienst leistete, verwerteten die Erben seines verstorbenen Gläubigers Besitzungen von ihm, die er dem Gläubiger verpfändet hatte: *cum militaribus laboribus operam dares, creditoris tui heredes possessiones sibi obligatas distraxerunt*. Deswegen könne er beim zuständigen Provinzstatthalter Wiedereinsetzung in den vorigen Stand erwirken. Wenn daraufhin der Verkauf für unwirk-

---

69 D. 15,1,52pr. (Paul. 4 quaest.); D. 26,7,9pr. (Ulp. 36 ad ed.); C. 5,39,2 Alex.; u. D. 26,9,2 (Ps.-Ulp. 1 op.); vgl. D. 26,7,46,2 (Paul. 9 resp.).

70 Pseudo-Ulpian (soeben Fn. 69): *utilis actio ei, cuius pecunia fuit, datur ad rem vindicandam*, von Pringsheim 1916, 125–126, insoweit nach Älteren folgerichtig ebenfalls für interpoliert erklärt.

71 D. 12,1,26 (Ps.-Ulp. 5 op.), wobei der Autor auf die soeben aus dem ersten Buch angeführte Stelle ausdrücklich Bezug nimmt. Kyrill, Scholion εἰ προκουράτωρ zu der Stelle = Bas. 23,1,26, qualifiziert die Klage ohne klaren Anhalt im Text, aber wohl zutreffend als *utilis*.

72 C. 5,13,1,5a (a. 530).

73 D. 24,1,55 (Paul. 6 quaest.) a. E.: *sed nihil prohibet etiam in rem utilem mulieri in ipsas res accomodare*. Die Interpolation ist auch daran zu erkennen, dass mit diesem Satz der Gedanke der Stelle abrupt abgebogen ist.

74 C. 2,50,6.

sam erklärt worden ist und er anbietet, seine Schuld zu begleichen, werde er seine Besitzungen wiederbekommen: *poteris adito praeside provinciae in integrum restitutionem impetrare retractataque venditione recipies possessiones oblato ante debito* (...) Der Bescheid fährt fort: Wenn der von den Erben erzielte Preis unter dem Betrag der Schuld lag, brauche er lediglich diesen Preis anzubieten: *vel pretio, si minus debito fuisset*. Das ist bemerkenswert; denn dadurch ist nicht nur die verbleibende Restforderung der Erben ungesichert; das wäre sie ohnehin. Sondern obendrein wird ein Käufer, der günstig gekauft, wahrscheinlich ersteigert hatte, um seinen Gewinn gebracht. Einen solchen Gewinn als zweifelhaft, weniger schützenswert zu bewerten, ist nicht ohne weiteres gerechtfertigt; denn der Käufer, der die günstige Gelegenheit ergriffen hat, mag nur deshalb liquide gewesen sein, weil er sich, vielleicht gerade im Gegensatz zum Schuldner, anderweitiger Ausgaben vorerst – in der Hoffnung auf bessere Gelegenheiten – enthalten hatte. Vielleicht hatte der Kaiser nur den Fall des ohnehin Reichen vor Augen, der die Notlagen anderer systematisch zum eigenen Vorteil zu nutzen versteht. Einen derartigen Gewinn zu schützen lehnte er ab, aber vermutlich nur, weil der Leidtragende ein Soldat war, hier ein besonders verdienter, ein *centurio*. Allgemein sollte das wohl nicht gelten, sondern wieder nur als Soldatenprivileg.

b) Am 17. November 255 erhielt der Soldat Gaianus von Valerian einen ablehnenden Bescheid[75]. Sein Vater hatte ihm und seinem Bruder letztwillig ein gegenseitiges Fideikommiss für den Fall auferlegt, dass einer von ihnen – womit nur gemeint sein kann: vor dem andern – kinderlos sterben würde; vermutlich sollte dann, was die Söhne vom Vater geerbt haben würden, dem Überlebenden herausgegeben werden[76]. Inzwischen ist der Bruder offenbar tatsächlich kinderlos gestorben. Als er noch lebte, hatten die Brüder einen Vergleich geschlossen, der die Sache abweichend regelte, wonach es sich nicht mehr lohnen würde, auf den Tod des andern zu spekulieren. Nachdem nun nicht er selbst, sondern der Bruder als erster gestorben war, wünschte der Soldat, dass dieser Vergleich aufgehoben wird. Jemand anders muss das Vermögen des verstorbenen Bruders in Anspruch genommen haben, offenbar weil dieser ihn bedacht hatte, da er durch den Vergleich nicht mehr an das Fideikommiss gebunden war; und Gajan war leer ausgegangen. Der Kaiser gab ihm den gebührenden Bescheid, sein Verlangen sei aussichtslos; nicht einmal, wenn er bei Abschluss des Vergleichs minderjährig war, dürfe ihm geholfen werden: *neque eam cui subveniri solet aetatem agere te proponas nec, si ageres, isdem illis de causis in integrum restitutionis auxilium impetrare deberes*. Nicht einmal dann könnte er den Vergleich anfechten, offenbar weil er durch ihn nicht wirklich benachteiligt worden ist, mag der spätere Gang der Ereignisse sich auch nachteilig für ihn ausgewirkt

75 C. 2,4,11. Dazu SCHNEBELT 1974, 147–154.

76 Vgl. C. 2,3,1 Sev. (a. 200); 2,3,16 Diocl./Maxim. (a. 286); 2,3,19 Diocl./Maxim. (a. 290); u. Paul. sent. 4,1,13.

haben. Um das für den Soldaten ungünstige Ergebnis, das auch anders hätte ausfallen können[77], zu rechtfertigen, holt der Kaiser kräftig aus[78]: Durch den Vergleich sei zu Lebzeiten der beiden die brüderliche Eintracht wiederhergestellt und dem verwerflichen Wunsch, dass der eine den Tod des andern herbeisehnt, der Boden entzogen worden: *cum fratrum concordia remoto captandae mortis alterius voto improbabili retinetur*, noch dazu, wie sich aus dem Zusammenhang ergibt, dem Wunsch, dass der andere kinderlos stirbt.

Während Gordians Kanzlei eine Absage mit einer hoffen lassenden, wenn auch bedingten Aussage verbunden hatte[79], drückte sich die Kanzlei des wirklichen Soldatenkaisers Valerian härter aus, auch stilistisch weniger elegant: Nicht einmal wenn der Petent vorbringen könnte, er sei bei Abschluss des angefochtenen Vertrages minderjährig gewesen, dürfe er im konkreten Fall Erfolg haben: *nec si ageres* (sc. (...) *aetatem*) (...) *in integrum institutionis auxilium impetrare deberes*. Vorbereitet wird das durch die fromme Bewertung des Vergleichs als Eintracht stiftend statt Leben zu bedrohen und den kahlen Verweis darauf, dass Gaianus mit der Neuregelung einverstanden war: *cum pacto tali consenseris*. Auch Diokletian sollte mehrmals betonen, dass ein Soldat einen einmal geschlossenen Vertrag nicht einseitig rückgängig machen kann, wenn er ihm nicht mehr gefällt[80]. Tony Honoré beschreibt den Stil des Sekretärs von Valerian, der das formulierte, mit den Worten: „the new secretary displays a baroque, moralizing style and his (...) rescripts are the longest in our period, (...) he shows that a man steeped in rhetoric can be a sound lawyer. (...) adopts a direct, if at times censorious, tone“[81]. Diesen Ton hat der Sekretär auch gegenüber dem Kommilitonen des Kaisers beibehalten.

Fazit

In Anbetracht der sehr ungleichen Überlieferung können allgemeine Schlüsse nur vorsichtig gezogen werden. Immerhin lässt sich feststellen, dass Gordian die Soldaten besonders umwarb. Er hat verhältnismäßig viele Soldaten beschieden; anders gesagt: auffällig viele seiner Soldaten haben den öffentlichen Zugang zu diesem kaiserlichen Dienst wahrgenommen. Sollten sie sich unter ihm und auch noch unter Philipp besonders dazu ermutigt gefühlt haben? Wenn die Auskunft enttäuschend ausfiel, sagte Gordian das schonend; soweit er dem Petenten nicht entgegenkam, sondern am allgemeinen Recht festhielt wie im ganz überwiegenden Teil seiner

---

77 Siehe Paul. sent. 4,1,13 a. E. u. dazu Schnebelt 1974, 150–151.

78 Deshalb ist der Passus aber nicht etwa interpoliert, Schnebelt 1974, 148–150.

79 Oben unter Gordian III. k).

80 C. 4,44,6–7 (a. 293); s. a. 4,52,4 (a. 294?).

81 Honoré 1994, 125 u. 126.

Bescheide gegenüber Soldaten, kehrte er diese Elemente doch nicht besonders hervor, sondern kleidete sie in annehmbare Worte; manchmal klingt es gar, als gewähre er eine Vergünstigung, ohne dass er es wirklich tat. Schon dass der Kaiser überhaupt reagierte, mochte sein Bescheid in der Sache auch wenig hergeben, konnte als Vergünstigung hingestellt werden. Gordian hielt auch am hergebrachten Militärrecht fest, mochte das auch mit Nachteilen für betroffene Soldaten verbunden gewesen sein. Übergriffe von Soldaten und Veteranen gegenüber Zivilpersonen duldete er nicht.

Zugunsten der Soldaten entschied er, dass sie sich im Gebrauch der Waffen auskennen sollen, Rechtskenntnisse von ihnen dagegen nicht zu erwarten sind, weshalb sie bei Annahme einer überschuldeten Erbschaft für Erbschaftschulden nur mit dieser, nicht auch mit ihrem eigenen Vermögen haften. Ein Testament, um dessen Auslegung es ging, gab Gordian Gelegenheit, den Erfahrungssatz, dass unter Kameraden die soldatische Gemeinschaft mehr Gewicht habe als Familienbande, als Rechtssatz zu statuieren, dessen Widerlegung im Einzelfall also nicht in Betracht kam. Wenn dieser Kaiser bereit war, in verständlichen Fällen Gnade vor Recht gehen zu lassen, stellte er das groß heraus. Eine ehrenvolle Entlassung sollte einzelne Vorkommnisse im Laufe der langen Dienstzeit, auch nach Militärrecht Schimpfliches tilgen. Ergab sich während der Dienstzeit des Soldaten, dass er eigene oder Rechte der Seinen zu verfolgen hat, so kam sein Dienstherr ihm möglichst entgegen.

Gordians Nachfolger Philipp nutzte die Anfrage eines Soldaten auch, um das geltende Zivilprozessrecht fortzubilden, gültig offenbar für alle; Soldaten konnten also Fortschritte im allgemeinen Recht einleiten. Andererseits kam es auch vor, dass Philipp Privatrecht nur erst zugunsten von Soldaten fortbildete, was zu beobachten war, als er eine zugunsten von Mündeln und sonst Pflegebefohlenen bestehende Sonderregel, griechischen Rechtsvorstellungen folgend, auf die Soldaten erstreckte; später kam noch eine weitere Gruppe in den Genuss dieser Sonderregel. Valerian schließlich begünstigte in einem speziellen Fall Soldaten gegenüber Geschäftsleuten, die bei einer rechtmäßigen Versteigerung ein günstiges Geschäft gemacht hatten. Einen anderen Soldaten, der an einem Vertrag nicht festhalten wollte, nachdem sich ergeben hatte, dass das Risiko, das der Vertrag ausschalten sollte, ihn gar nicht getroffen hatte, wies er dagegen entschieden ab.

Im Allgemeinen gingen die Soldatenkaiser in ihren Rechtsbescheiden schonend mit den Soldaten um, gewährten ihnen auch immer wieder kleine Vergünstigungen, die dann geltendes Militärrecht wurden. Aber insgesamt hielten sie auch ihnen gegenüber am für alle gleichermaßen geltenden Recht fest.

Bibliografie

ARCARIA 1997 – F. ARCARIA, Sul potere normativo del prefetto del pretorio, *SDHI* 63, 1997, 301–341.

BEHRENDS 2013 – O. BEHRENDS, Verwebte Fäden. Die zwei Arten des prozessualen Rechtsschutzes: Sicherung naturrechtlicher Werte oder Gewährleistung erworbener Klagerechte, *Index* 41, 2013, 381–436.

FRAKES 2011 – R. M. FRAKES, Compiling the collatio legum Mosaicarum et Romanarum in Late Antiquity, Oxford 2011.

HALFMANN 1986 – H. HALFMANN, Itinera principis. Geschichte und Typologie der Kaiserreisen im Römischen Reich, Stuttgart 1986.

HALLOF 1994 – K. HALLOF, Die Inschrift von Skaptopara. Neue Dokumente und neue Lesungen, *Chiron* 24, 1994, 405–441.

HERRMANN 1990 – P. HERRMANN, Hilferufe aus römischen Provinzen, Hamburg 1990.

HAUKEN 1998 – T. HAUKEN, Petition and Response. An Epigraphic Study of Petitions to Roman Emperors 181 – 249, Bergen 1998.

HONORÉ 1994 – T. HONORÉ, Emperors and Lawyers, Oxford 1994^2.

HUCHTHAUSEN 1973 – L. HUCHTHAUSEN, Soldaten des 3. Jh. u. Z. als Korrespondenten der kaiserlichen Kanzlei, in: Altertumswissenschaft mit Zukunft. Dem Wirken Werner Hartke gewidmet = Sitzungsberichte der Akademie der Wissenschaften der DDR 1973, 2, 19–51.

JUNG 1982 – J. H. JUNG, Die Rechtsstellung der römischen Soldaten, in: ANRW II 14, Berlin 1982, 882–1013.

KASER 1971 – M. KASER, Das römische Privatrecht I, München 1971^2.

KASER 1975 – M. KASER, Das römische Privatrecht II, München 1975^2.

KASER/HACKL 1996 – M. KASER/K. HACKL, Das römische Zivilprozessrecht, München 1996^2.

KNÜTEL 1976 – R. KNÜTEL, Stipulatio poenae, Köln u.a. 1976.

LIEBS 1972 – D. LIEBS, Die Klagenkonkurrenz im römischen Recht, Göttingen 1972.

LIEBS 1973 – D. LIEBS, Ulpiani opinionum libri VI, *TR* 41, 1973, 279–310.

LIEBS 1989a – D. LIEBS, Codex Gregorianus, in: R. HERZOG (Hg.), HLL V: Restauration und Erneuerung. Die lateinische Literatur von 284 bis 374 n. Chr., München 1989, 60–62 = § 504.

LIEBS 1989b – D. LIEBS, Hermogenianus, ebenda 62–64 = § 505.

LIEBS 1989c – D. LIEBS, Pseudo-Paulus II, Regularum liger singularis, in: ebenda 67 = § 507.2.

LIEBS 1997 – D. LIEBS, (M.?) Aemilius Macer, in: K. SALLMANN (Hg.), HLL IV: Die Literatur des Umbruchs von der römischen zur christlichen Literatur 117 bis 284 n. Chr., München 1997, 214–216 = § 430.3.

LIEBS 2002 – D. LIEBS, Römische Jurisprudenz in Gallien (2. bis 8. Jahrhundert), Berlin 2002.

LIEBS 2006 – D. Liebs, Reichskummerkasten. Die Arbeit der kaiserlichen Libellkanzlei, in: A. KOLB (Hg.), Herrschaftsstrukturen und Herrschaftspraxis. Konzepte, Prinzipien und Strategien der Administration im römischen Kaiserreich, Berlin 2006, 137–152.

LIEBS 2007 – D. LIEBS, Vor den Richtern Roms. Berühmte Prozesse der Antike, München 2007.

LIEBS 2008 – D. LIEBS, Konflikte zwischen römischen und germanischen Rechtsvorstellungen, in: H.-G. HERMANN u.a. (Hg.), Von den Leges Barbarorum bis zum ius barbarum des Nationalsozialismus. Festschrift für Hermann Nehlsen zum 70. Geburtstag, Köln 2008, 99–117, auch zugänglich unter www.freidok.uni-freiburg.de/volltexte/6861/.

LIEBS 2012 – D. LIEBS, Rez. S. Conolly, Lives behind the Law. The World of the Codex Hermogenianus, *ZRG rom.* 129, 2012, 711–724.

LIEBS 2013 – D. LIEBS, Eine Karriere in Zeiten des Umbruchs, in: G. M. A. MARGAGLIOTTA/A. A. ROBIGLIO (Hg.), Art, Intellect and Politics. A Diachronic Perspective, Leiden u.a. 2013, 311–336.

MOMMSEN 1899 – Th. MOMMSEN, Römisches Strafrecht, Leipzig 1899.

NEUMANN 1962 – A. NEUMANN, veterani, RE Suppl. IX, 1962, 1597–1609.

Pringsheim 1916 – F. Pringsheim, Der Kauf mit fremdem Geld. Studien über die Bedeutung der Preiszahlung für den Eigentumserwerb nach griechischem und römischem Recht, Leipzig 1916.
Robinson 1981 – O. Robinson, Slaves and the Criminal Law, *ZRG rom.* 98, 1981, 213–254.
Valino 1974 – E. Valino, Actiones utiles, Pamplona 1974.
Schnebelt 1974 – G. Schnebelt, Die Reskripte der Soldatenkaiser, Karlsruhe 1974.
Seiler 1968 – H. H. Seiler, Der Tatbestand der negotiorum gestio im römischen Recht, Köln 1968.
Tafaro 1980 – S. Tafaro, L'interpretatio ai verbi quanti ea res est nella giurisprudenza romana. L'analisi di Ulpiano, Neapel 1980.
Williams 1986 – W. Williams, Epigraphic Texts of Imperial Rescripts. A Survey, *ZPE* 66, 1986, 181–207.
Wittmann 1978 – R. Wittmann, Rez. Schnebelt, *ZRG rom.* 95, 1978, 432–435.

Jakob Fortunat Stagl, Santiago de Chile

Das Soldatentestament unter den Soldatenkaisern

Zusammenfassung: Das Soldatentestament ist ein Privileg der Kaiser an die Soldaten im Feld. Dieses Privileg befreit die Soldaten von allen Arten von Einschränkungen des normalen römischen Testamentsrechts. So sind sie an keine äußere oder innere Form gebunden, können *pro parte testatus, pro parte intestatus decedere* und müssen nicht fürchten, dass ihre übergangenen Angehörigen ihr Testament mit der *querela inofficiosi testamenti* angreifen. Eine Analyse der Konstitutionen der Soldatenkaiser zum Soldatentestament zeigt, dass sie im Großen und Ganzen der Linie ihrer Vorgänger folgen, wobei auffällt, dass die Rechtskenntnisse in der Bevölkerung auf einem sehr niedrigen Niveau waren. Anders als man es erwarten würde, privilegieren die Soldatenkaiser die Soldaten nicht mehr als ihre Vorgänger. Insgesamt ist der von Wieacker geprägte Begriff der „Epiklassik" für die Epoche der Soldatenkaiser vollkommen zutreffend.

Abstract: The military testament is a privilege granted to soldiers in the field by emperors from Caesar onwards. This privilege freed soldiers from all kinds of restrictions: Soldiers were permitted to make their testament without adhering to any formal requirements, without paying attention to the fundamental principle of *nemo parte testatus, pro parte intestatus decedere potest* and without having to fear attacks by disinherited family members with the help of the *querela inofficiosi testamenti*. An analysis of the constitutions by the barracks emperors regarding this special type of testament shows that they (or their legal counsels) are thinking and writing in the same vein as their classical predecessors though it cannot be denied that the emperors' replies to the supplications of ordinary people suggest a widespread decay of legal knowledge in the general populace. Despite the total dependence of the barracks emperors on the military they nevertheless respected certain limits to the freedom of the soldiers just as their predecessors had done. On the whole the term 'epiclassical', coined by Wieacker to characterise the jurisprudence of this era, seems very appropriate.

In der Epoche der Soldatenkaiser wurde das Kaisertum in den Worten Heuss' zum „Spielball der Soldateska" als des einzig verbliebenen Machtfaktors im Römischen Reich[1]. Das Soldatentestament ist eine besondere Privilegierung des Soldatenstandes. Es läge also in der Logik der von Heuss so plastisch beschriebenen politischen Lage, wenn die Privilegien der Soldaten auf dem Gebiete des Testamentsrechts ihrer politischen Bedeutung entsprechend angewachsen wären. Ob dies tatsächlich der Fall war oder ob nicht vielmehr alles beim Alten blieb, ist der Gegenstand der folgenden Untersuchung. Bedeutung hat die Antwort dieser Frage für unser Bild von der klassischen Jurisprudenz und ihrem Absterben nach den Severern.

1 Heuss 2001, 419. Überblick zur Forschung bei Sommer, 2004 *passim*.

I. Einleitung: Das Soldatentestament

Über Entstehung und Wesen des Soldatentestaments[2] sind wir durch Ulpian informiert:

D. 29,1,1pr. (Ulp. 45 ad ed.) Militibus liberam testamenti factionem primus quidem Divus Iulius Caesar concessit: sed ea concessio temporalis erat. postea vero primus Divus Titus dedit: post hoc Domitianus: postea Divus Nerva plenissimam indulgentiam in milites contulit: eamque Traianus secutus est et exinde mandatis inseri coepit caput tale. caput ex mandatis: cum in notitiam meam prolatum sit subinde testamenta a commilitonibus relicta proferri, quae possint in controversiam deduci, si ad diligentiam legum revocentur et observantiam: secutus animi mei integritudinem erga optimos fidelissimosque commilitones simplicitati eorum consulendum existimavi, ut quoquomodo testati fuissent, rata esset eorum voluntas. faciant igitur testamenta quo modo volent, faciant quo modo poterint sufficiatque ad bonorum suorum divisionem faciendam nuda voluntas testatoris.

Als erster gewährte der vergöttlichte Julius Caesar den Soldaten die Befugnis, frei zu testieren. Doch war diese Gewährung nur vorübergehend. Später gewährte der vergöttlichte Titus, dann der vergöttlichte Domitian und dann der vergöttlichte Nerva größte Nachsicht gegenüber den Soldaten. Dem ist Trajan gefolgt und man begann folgendes in die Dienstvorschriften [für Soldaten] aufzunehmen (Das Kapitel aus der Dienstvorschrift lautet): Da ich bemerkt habe, dass wiederholt Testamente von Kameraden vorgelegt werden, welche Anlass zu Rechtsstreitigkeiten böten, wenn sie nach der vom Gesetz angeordneten Sorgfalt und Strenge beurteilt würden, habe ich mich –meiner Liebe zu den besten und treusten Kameraden Folge leistend – entschlossen, ihrer Einfachheit abzuhelfen, damit, wie immer sie auch testieren, ihr letzter Wille Gültigkeit habe. Mögen sie daher ihre Testamente errichten auf welche Art sie wollen und auf welche Art sie können: für die Verteilung ihrer Güter reicht ihrer nackter Wille aus.

Das Soldatentestament bezeichnet also ein Privileg für Militärpersonen[3] hinsichtlich der Errichtung letztwilliger Verfügungen. Unter einem Privileg (*privilegium* oder *beneficium*) ist eine Befreiung einer Person oder Personengruppe von einer ansonsten geltenden Norm zu verstehen[4]. Einer der bekanntesten Fälle eines Privilegs ist der Satz *princeps legibus solutus est*[5], welcher meint, dass die *lex Iulia et Papia*, sprich die Augusteische Ehegesetzgebung, nicht für den Princeps gilt[6]. Er hat also keine rechtlichen Nachteile zu befürchten, wenn er unverheiratet ist und/oder keine Nachkommen hat.

---

2 Arangio-Ruiz 1906, 157–196; Bolla 1953, 273–278; Idem, 1950, *passim*; Burchard, 1875, *passim*; Chevailler 1959, 1–54; Glück/Mühlenbruch 1841, *passim*; Guarino 1995, 346–357; Scarano Ussani 1984, 1383–1396; Stagl (2014a).

3 Die Privilegierung gilt auch für Personen, die zum Troß gehören: D. 37,13,1 (Ulp. 45 ad ed.).

4 Berger 1953, s.v. Privilegium; Stagl 2009, 321 m.w.N.

5 D. 1,3,31 (Ulp. 13 ad leg Iul. et Pap.).

6 Hinweise bei Stagl 2009, 30 Fn. 22.

Kraft des als Privileg in diesem Sinne zu qualifizierenden Soldatentestaments sind Soldaten[7] – wie wir sie der Einfachheit halber nennen wollen – von praktisch allen wichtigen Vorschriften des römischen Erbrechts, wie sie für Paganen (Zivilisten) gelten, auf formaler und materialer Ebene ausgenommen: Soldaten können testieren, wie sie wollen und was sie wollen; das einzige, was zählt, ist ihr nackter Wille, soweit er nur irgendwie erkenntlich wird[8]: *Faciant testamenta quo modo volent, faciant quo modo poterint sufficiatque ad bonorum suorum divisionem faciendam nuda voluntas testatoris*[9]. Dementsprechend gelten die allgemeinen Regeln für die Form von Testamenten bei Soldaten nicht: Ausgangspunkt der klassischen Testamentsformen ist das *testamentum per aes et libram*. Der Erblasser manzipiert sein Vermögen für einen symbolischen Betrag an einen Treuhänder und weist diesen mittels einer *nuncupatio*, also einer einseitigen Weisung, dazu an, entsprechend dem solchermaßen kundgetanen Willen das Vermögen zu verteilen[10]. Dieses Testament ist also mündlich und öffentlich. Hieraus entwickelt sich das schriftliche und ggf. geheime Sieben-Zeugen-Testament: Der Erblasser erklärt vor sieben Zeugen (den fünf Zeugen der Manzipation plus Waagehalter plus *familiae emptor*), dass in den vorgewiesenen verschnürten und versiegelten Wachstäfelchen sein letzter Wille enthalten sei, was von den Zeugen testiert wird[11]. Ein Soldatentestament hingegen kann mündlich oder schriftlich errichtet werden, doch bedarf es für seine Gültigkeit weder der Formalität der Manzipation noch – beim geheimen Testament – der sieben Zeugen. Errichtet der Soldat freilich ein Testament mündlich, so stellt sich von alters her das Problem der Beweisbarkeit: Trajan legt in einem Reskript dar, dass eine gewisse Solennität vonnöten ist, damit ein Testament als solches von losem Gerede unterschieden werden kann, wofür *testes rogati* in unbestimmter Anzahl ein deutlicher Beleg seien[12] – damit ist letztlich nichts anders gesagt, als dass Soldaten an keine Form gebunden sind, aber in ihrem eigenen wohlverstandenen Interesse um der Beweisbarkeit willen auf irgendeine Form von Förmlichkeit achten sollten. Eine *unitas actus* beim Testiervorgang wird von Soldaten nicht gefordert[13].

Die Privilegierung bezog sich aber auch auf den Inhalt von Testamenten: Die Römer unterschieden streng zwischen testamentarischer und gesetzlicher Erbfolge, was zur Folge hatte, dass *nemo pro parte testatus, pro parte intestatus decedere potest*[14]. Hatte der Erblasser hiergegen verstoßen, so trat Anwachsung zugunsten

---

7 Zu den Einzelheiten des Soldaten-Begriffs Glück/Mühlenbruch 1841, 42–58.
8 D. 29,1,24 (Flor. 10 inst.); hierzu Glück/Mühlenbruch 1841, 29.
9 D. 29,1,1pr. (Ulp 45 ad ed).
10 Gai. 2,104. Voci 1963/7, II, 64–73.
11 Gai. 2,119; Kaser 1971, 678–682.
12 D. 29,1,24 (Flor. 10 inst.).
13 D. 29,1,24 (Flor. 10 inst.).
14 D. 50,17,7 (Pomp. 3 ad Sab.); hierzu Kaser 1971, 677, und ausführlich Schmidlin 1975, 71–91; Pérez Siméon 2001 *passim*.

des testamentarischen Erben ein[15]. Diese Regel, welche mit Sicherheit oftmals gegen den Willen des ihrer unwissenden Erblassers ging, galt nicht für Soldaten. *Si miles unum ex fundo heredem scripserit, creditum quantum ad residium patrimonium intestatus decesserit, miles enim pro parte testatus potest decedere, pro parte intestatus,* sagt Ulpian uns unverblümt[16]. Eine weitere Konsequenz hiervon zeigt sich, wenn der Soldat in Unkenntnis des Todes seines Vaters ein Testament nur über die *bona castrensia* errichtet hat: Mit Bezug auf diese bleibt das Testament aufrecht, während mit Blick auf die *bona pagana* gesetzliche Erbfolge eintritt[17].

Die Römer realisierten den Gedanken, dass ein Anteil am Nachlass des Erblassers notwendigerweise der Familie zufallen muss, über die *querela inofficiosi testamenti*: Ein die Angehörigen übergehendes Testament wurde mit der Fiktion umgestoßen, dass nur ein Wahnsinniger in so offener Weise ein gegen das *officium pietatis* verstoßendes Testament errichten könne[18]. Für Soldaten galt dieses Regime nicht[19] und zwar mit solcher Deutlichkeit, dass Ulpian sagt, nicht einmal ein Soldat könne ein Soldatentestament mit der *querela* umstoßen[20]. Aufgrund dieser scharfen Formulierung Ulpians ist davon auszugehen, dass sich die *querela inofficiosi testamenti*, welche am Ende der Republik entstand[21], von vornherein nicht auf das Soldatentestament bezog, welches, wie wir gesehen hatten, etwa um die gleiche Zeit entstand: Soldaten waren eben bei Verstande, wenn sie ihre Lieben enterbten.

II. Reskripte der Soldatenkaiser zum Soldatentestament

Eingangs hatten wir die Frage gestellt, ob die nicht mehr auf den Senat, sondern eben auf die Soldaten bezogenen Soldatenkaiser die Privilegierung ihrer Klientel weiter vorangetrieben hätten. Dies soll im Folgenden anhand der Reskripte[22] ebendieser Soldatenkaiser zum Soldatentestament untersucht werden. Im Codex-Titel 6, 21 *De Testamento militis* finden sich insgesamt 21 solcher Konstitutionen. Diese zerfallen in vier Gruppen. Die erste Gruppe umfasst Konstitutionen aus der Severer-Zeit; die zweite Konstitutionen der Soldatenkaiser; die dritte solche Diokletians und seiner Nachfolger und die vierte solche Justinians. Die zweite Gruppe erstreckt sich über

---

15 Kaser 1971, 687.

16 D. 29,1,6 (Ulp. 5 ad Sab.). S. auch D. 29,1,37 (Paul. 7 quaest.); D. 49,17,19,2 (Tryph. 18 disp.); C. 6,21,1 (a. 212); C. 6,21,2 (a. 213); hierz Voci 1963/7, I, 941.

17 D. 29,1,11,2 (Ulp. 45 ad ed.); D. 29,1,12 (Pap. 6 resp.). Dies gilt nicht wenn ein Zivilist über sein *peculium castrense* verfügt: D. 49,17,19,2 (Tryph. 18 disp.).

18 Kaser 1971, 709–713. Ausführlich: Woess 1910, *passim*; Querzoli 2000, *passim*.

19 D. 5,2,8,4 (Ulp. 45 ad ed.); D. 37,12,1,4 (Ulp. 45 ad ed.).

20 D. 5,2,27,2 (Ulp. 6 op.).

21 Ausfürlich Woess 1910, 199–226.

22 Coriat 1985, 319–348; Nörr 1981, 1–46; Wilcken 1920, 1–42.

den Zeitraum von 238 bis 254 n.Chr.; die diokletianische Gruppe beginnt im Jahre 294 n.Chr. Im Folgenden sollen die Reskripte der Soldatenkaiser der Reihe nach besprochen werden. Um sie auf ihre Eigenart hin überprüfen zu können, werden sie anschließend mit Reskripten vor und nach den Soldatenkaisern kontrastiert. Diese Methode verzichtet bewusst auf einen Vergleich mit anderen Texten der klassischen Jurisprudenz zum Soldatentestament, entstammen diese doch einer anderen Sphäre wie dem Ediktskommentar Ulpians, seinem Werk *Ad Sabinum*, der sog. Problem-Literatur, wie etwa den Disputationen Tryphonins, oder sogar Spezialmonographien wie Tertullians *Liber singularis de castrensi peculio*. Reskripte der Kaiser lassen sich hiermit nicht vergleichen, da sie zwar auf juristische Beratung hin erfolgen, aber sich unmittelbar an Rechtssuchende im Hinblick auf einen konkreten Fall richten und nicht an ein Fachpublikum im weitesten Sinne. Reskripte dienen der Entscheidung, nicht der Lektüre. Zur Feststellung des Rechts des Soldatentestaments wird freilich auf diese anderen Quellen zurückgegriffen werden.

1. C. 6, 21 *(De testamento militis)* 8: Erbeinsetzung auf Zeit

Setzt ein Pagane den Erben unter Anordnung eines Anfangstermins ein, so gilt die Erbeinsetzung so als sei sie ohne diese Anordnung erfolgt: *Hereditas ex die vel ad diem non recte datur, sed vitio temporis sublato manet institutio*[23]. Diese Regel ist ein Ausfluß des allgemeinen Grundsatzes *semel heres, semper heres*[24]. Für Soldaten gilt dieser Grundsatz nicht, wie Ulpian uns ebenso bündig mitteilt: *Miles et ad tempus heredem facere potest et alium post tempus vel ex condicione vel in condicionem*[25]. Hieraus ergeben sich erhebliche Probleme für das Rechtssystem: Die Gläubiger des Erblassers müssen sich mit zwei verschiedenen Erben auseinandersetzen, was die Durchsetzung ihrer Ansprüche nicht erleichtert, und der Nacherbe bekommt nur das, was ihm der Vorerbe übriggelassen hat[26]. Offenbar war diese Ausnahme zugunsten der Soldaten schon knapp zehn Jahre später nicht mehr so klar; jedenfalls finden wir ein Reskript Gordians, wo diese Ausnahme zugunsten der Soldaten wiederholt wird:

> **C. 6, 21 (*De testamento militis*) 8** G Imp. Gordianus A. Aeternio militi. Certi iuris est militem ad tempus etiam heredem instituere posse.
> *Es entspricht gesicherter Rechtsauffassung, dass ein Soldat den Erben auch auf Zeit einsetzen kann.* PP. III k. Oct. Pio et Pontiano conss. [*238 n Chr.*].

23 D. 28,5,34 (Pap. 1 def.). S. auch D. 28,5,24 (Cels. 16 dig.).
24 D. 28,5,89 (Gai. lib. sing. de cas.); D. 28,2,13,1 (Jul. 29 dig.).
25 D. 29,1,15,4 (Ulp. 45 ad ed.). S. auch D. 29,1,41pr. (Tryph. 18 disp.).
26 Glück/Mühlenbruch 1841, 104.

2. C. 6,21 *(De testamento militis)* 9 u. 10: Präterition

Pagane müssen Hauskinder entweder einsetzen oder enterben, wobei Haussöhne *nominatim* zu enterben sind. Kommt ein Erblasser dieser Pflicht nicht nach, so ist die Rechtsfolge, dass sein Testament „umgestoßen" (*ruptum*) wird[27]. Soldaten hingegen können auch Haussöhne *inter ceteros* enterben: *Si patronus testamento iure militari facto filium silentio exheredavit, debebit nocere ei exhereditatio: verum est enim hunc exheredatum esse*[28]. Ein besonderes Problem stellt sich, wenn der *suus* zum Zeitpunkt des Erbfalls noch nicht geboren war, sondern als *postumus* zur Welt kommt. Hat der Erblasser nichts über den Nasciturus verfügt, so führt dessen Geburt dazu, dass das Testament *ruptum* ist, das heißt keine Rechtswirkung entfaltet. Andernfalls hat der *postumus* nämlich weder eine Stellung als gesetzlicher Erbe, da ein Testament vorliegt, noch aus dem Testament, da er dort nicht bedacht ist[29].

Für Soldaten wird diese starre Regel dahingehend aufgeweicht – so scheint es zunächst –, dass es auf den Erblasserwillen ankommt: Auch wenn er von der Schwangerschaft nichts wusste, kann im Übergehen eine bewusste Enterbung gesehen werden: *Quis iure militari testatur, etsi ignoraverit praegnantem uxorem vel non fuit praegnas, hoc tamen animo fuit ut vellet quisquis sibi nascetur exheredem esse, testamentum non rumpitur*[30]. Nach Ulpian führt also das Übergehen des Haussohnes nicht automatisch zur Nichtigkeit des Testaments, vielmehr wird das Übergehen als Basis für die Vermutung eines Enterbungswillens genommen. Entscheidend ist, was die soldatischen Erblasser regelmäßig wollen. Diese Frage ist kaum zu beantworten. Wie man sich hier entscheidet, ist letztlich eine Frage des Bauchgefühls, spricht doch viel dafür, dass der Erblasser sein mit Bedacht verfasstes Testament aufrecht sehen, aber auch viel dafür, dass er ein Hauskind nicht enterben will – was freilich die Konsequenz eines folgenlosen Übergehens des Hauskindes wäre. So nimmt es nicht Wunder, dass in der Entscheidung dieser schwierigen Fragen unter den Juristen keine Einigkeit bestand (sog. *ius controversum*[31]). Papinian entscheidet anders als Ulpian, sind bei ihm doch die Weichen eher in Richtung Unwirksamkeit des Testaments gestellt: *Miles in supremis ordinandnis ignarus uxorem esse praegnantem ventris non habet mentionem. post mortem patris filia* [!] *nata ruptum esse testamentum apparuit* (...)[32]. Selbst die Geburt einer Tochter führe zur Nichtigkeit des Testaments. Dass

---

27 UE 22,14; Gai. 2,131; Kaser 1971, 706 f.

28 D. 38,2,12 pr. (Ulp. 44 ad ed.).

29 Gai. 2,130 f.: *Postumi quoque liberi nominatim vel heredes institui debent vel exheredari. et ideo par ominium condicio est, quod et in filio postumo et in quolibet ex ceteris liberis sive fimini sexus sive masculini praeterito valet quidem testamentum, sed postea agnatione postumi sive postumae rumpitur, et rea ratione totum infirmatur*. Hierzu Lamberti 2001, 108–115.

30 D. 29,1,7 (Ulp. 9 ad Sab.).

31 Hierzu jetzt Bretone 2008, *passim*.

32 D. 29,1,36,2 (Pap. 6 resp.).

sich dieser Zweifel auf die Frage bezieht, was der präsumtive Erblasserwille ist, zeigt deutlich Tertullian: *Si filius familias miles fecisset testamentum more militiae, deinde post mortem patris postumus ei nasceretur, utique rumpitur ejus testamentum, verum si perseverasset in ea voluntate ut vellet adhuc illud testamentum valere, valiturum illud quasi rursum aliud factum, si modo militaret adhuc eo tempore quo nasceretur illi postumus*[33]. In diesem Fall wird also das Fortgelten des durch die Nachgeburt des *postumus* eigentlich ‚umgestoßenen' Testaments davon abhängig gemacht, dass der Soldat – sofern er noch Soldat ist – den Willen hat, das Testament *côute que côute* aufrecht zu erhalten.

Diese Ambivalenz der klassischen Juristen für den Fall des Erblassers, dem die Schwangerschaft seiner Frau nicht bekannt ist, setzt sich unter den Soldatenkaisern fort. Dabei muss man sich vor Augen führen, dass die Unkenntnis der Schwangerschaft – gerade für Soldaten – der praktisch viel wichtigere Fall ist[34].

Die Linie Papinians, das heißt die Tendenz zur Unwirksamkeit des Testaments, findet sich fortgesetzt bei Kaiser Gordian:

> **C. 6, 21 (De *testamento militis*) 9:** Idem [Imp. Gordianus] A. Valerio. Sicut certi iuris est militem, qui scit se filium habere aliosque scripsit heredes, tacite eum exheredare intelligtur, ita si ignorans se filium habere alios scribat heredes, non esse filium adeptam hereditatem, sed minime valente testamento, si sit in potstate, eum ad successionem venire in dubiis non habetur.
> *So wie es gesicherter Rechtsauffassung entspricht, dass ein Soldat, der um das Vorhandensein seines Sohnes weiß, diesen stillschweigend enterbt, indem er andere zu Erben einsetzt, so ist umgekehrt klar, dass wenn er im Falle seiner Unkenntnis des Sohnes andere zu Erben einsetzt, der Sohn [aus dem Testament] nicht zur Erbschaft gelangt, sondern das Testament unwirksam ist, wenn er [der Vater] den Sohn in seiner Gewalt hatte.* PP. V non. Oct., Pio et Pontiano conss. [*238 n. Chr.*].

Bei Gordian bleibt es dabei, dass der soldatische Erblasser den Hauserben nicht *nominatim* enterben muss; war dem Erblasser aber die Schwangerschaft nicht bekannt und übergeht er infolgedessen den Nasciturus, so kommt es zur Unwirksamkeit des Testaments. Ein unmittelbarer Bezug auf die Rechtsauffassung Papinians ist hier nicht ersichtlich, vor allem sprachlich nicht; so fällt namentlich auf, dass Gordian den Terminus technicus *rumpere* nicht verwendet. Bei Philippus Arabs können wir eine nicht unelegante Weiterentwicklung in dieser Frage feststellen:

> **C. 6, 21 (*De testamento militis*) 10:** Imp. Philippus A. et Philippus C. Iustino militi. Si, cum vel in utero haberetur filia inscio patre milite, ab eo praeterita sit, vel in rebus humanis eam non esse falso rumore prolato pater putavit, nullam eius testamento facto mentionem, silentium huiusmodi exheredationis notam nequaquam infligit. Is autem miles qui testamento filiam appelavit eique legatum dedit, non instituendo eam heredem exheredavit.

---

33 D. 29,1,33pr. (Tert. l. s. de castr. pecul.)

34 Darstellung dieser schwierigen Probleme bei GLÜCK/MÜHLENBRUCH 1841, 77–81.

Wenn die Tochter, von welcher der Vater nicht wußte, dass er sie im Bauch [seiner Frau] hatte, von ihm übergangen wird oder die fälschlich für tot gehaltene Tochter im Testament nicht erwähnt wird, so führt dieses Schweigen nicht zu einer Enterbung. Wenn aber der Vater die Tochter im Testament aufführt und ihr ein Legat aussetzt, dann enterbt er sie, indem er sie nicht zum Erben einsetzt. PP. XII k. Iun. Praesente e Albino conss. [*246 n. Chr.*].

In der ersten Hälfte geht es um die Frage, ob ein Übergehen ein Enterben bedeutet. Bei Gordian war dies klar ausgesprochen, doch wurde die soziale Konsequenz damit aufgefangen, dass der solchermaßen enterbte Sohn das Testament „umwarf". Diese Regel hat zum einen den Nachteil, dass sie die Totalnichtigkeit des Testaments nach sich zog, also auch aller Legate oder Freilassungsverfügungen zugunsten von Sklaven[35]. Zum anderen galt diese Regel nicht für Töchter. Die Philippi gehen daher anders vor. Sie sagen, dass im Falle eines unwissentlichen Übergehens die Tochter nicht als enterbt gilt. Was bedeutet das genau? In diesem Kontext kann das nur besagen, dass die Tochter ihre gesetzliche Erbportion erhält und hinsichtlich der Erbportionen der Testementserben in entsprechendem Umfange Abwachsung eintritt. Eine Lösung, die nur deshalb möglich ist, weil der Satz *nemo pro parte testatus, pro parte intestatus decedere potest* hier nicht gilt.

Hat hingegen der soldatische Erblasser die Tochter auch nur minimal mit einem Legat bedacht – dann hat er ihrer gedacht – mit der Folge, dass er sie im Rechtssinne nicht übergangen hat. Diese minimale Zuwendung ist daher als Enterbung wirksam.

3. C. 6, 21 *(De testamento militis)* 11: kaptatorische Verfügungen

Das klassische Recht hielt sog. kaptatorische Verfügungen für unwirksam. Hierunter ist zu verstehen, dass der Erblasser einen anderen zum Erben unter der Bedingung einsetzt, dass dieser ein Gleiches tut. Hierin sahen die Römer eine unzulässige Beschränkung der Testierfreiheit des anderen, wird dieser doch, wie der Ausdruck sagt, „eingefangen"[36]. Dies wird von Philippus Arabs bestätigt in

C. 6, 21 (De testamento militis) 11: Idem A. et C. [Imp. Philippus A. et Philippus C.] Aemilio militi. Captatorias institutiones et in milites testamento nullius esse momenti manifestum est. *Es ist offensichtlich, dass kaptatorische Verfügungen von Todes wegen auch im Soldatentestament keine Gültigkeit haben.* PP. VII k. Iul. Praesente et Albino conss. [*246 n. Chr.*][37].

35 Zu diesem Problem der Totalnichtigkeit von Testamenten jetzt Stagl 2014.
36 D. 34,8,1 (Jul. 78 dig.). Voci 1963/7, II, 795 f. Mit interessanten Hintergründen Paulus 1992, 256–250.
37 Voci 1963/7, I, 795.

Hieran fällt zunächst auf, dass auch die Soldatenkaiser den Soldaten Grenzen gesetzt haben, ihnen also nicht vollkommen willfährig waren. Ebenfalls auffällig ist, dass die Frage der Gültigkeit einer kaptatorischen Verfügung in Soldatentestamenten in den Digesten keine Erörterung fand, dass Philippus hier also nicht auf ausgetretenen Pfaden wandelte, sondern eine eigene Entscheidung fällte.

4. C. 6, 21 *(De testamento militis)* 12: Geltung der „lex Falcidia"

An einem Nachlass können Legate wie Blutegel hängen. Kraft eines Legates kann der Legatar vom Erben die Zuwendung eines bestimmten Vermögensgegenstandes verlangen. Da er – im Gegensatz zum Erben – nicht für die Schulden des Erblassers haftet und auch nicht für die Begräbniskosten gut zu stehen hat, befindet er sich oftmals in einer gegenüber dem Erben privilegierten Position. Der Erbe dagegen sieht sich mehreren Legaten gegenüber, wobei es ohne weiteres möglich ist, dass die Summe der Legate den Wert des Nachlasses übersteigt. Dieser Überlastung des Nachlasses sucht die *lex Falcidia* aus dem Jahre 40 v.Chr. abzuhelfen: Nach ihr muss der Erbe wenigstens einen Viertel des Wertes des Nachlasses unbeschränkt erhalten. Andernfalls wäre der Antritt der Erbschaft unter Umständen so unattraktiv, dass der Erbe davon Abstand nehmen könnte, womit dann das ganze Testament hinfällig würde und der Erblasser ohne Erbe, das heißt ohne Beerdigungsritual und Grabespflege versterben würde[38]. Über die *Lex Falcidia* hinausgehende Legate sind *pro rata* zu kürzen[39]. Dem Erben steht also mindestens die sog. falzidische Quart zu[40]. Die falzidische Quart ist auf jeden Fall eine Einschränkung der Testierfreiheit im öffentlichen Interesse[41]. Trotz dieser starken Begründung setzte sich das Interesse des Soldaten an schrankenloser Testierfreiheit durch. Anscheinend wurde die ratio der *lex Falcidia* in der Kaiserzeit nicht mehr sonderlich ernst genommen, was die Ausnahme zugunsten der Soldaten erleichterte: Sie konnten ohne Rücksicht auf die *lex Falicidia* den Nachlaß bis zur

---

38 Hierzu PAULUS 1992, 285–309.

39 So zuletzt KASER/KNÜTEL 2008, § 26/76. Einzelheiten bei SCHANBACHER 1995, 29–51.

40 KASER 1971, 756 f. Eine knappe, wenn auch nachklassische Darstellung bei I. 2,22pr.: *Superest ut de lege Falcidia dispiciamus, qua modus novissime legatis impositus est. cum enim olim lege duodecim tabularum libera erat legandi potestas, ut liceret vel totum patrimonium legatis erogare (quippe ea lege ita cautum esset: „uti legassit suae rei, ita ius esto"): visum est hanc legandi licentiam coartare, idque ipsorum testatorum gratia provisum est, ob id quod plerumque intestati moriebantur, recusantibus scriptis heredibus pro nullo aut minimo lucro hereditates adire. et cum super hoc tam lex Furia quam lex Voconia latae sunt, quarum neutra sufficiens ad rei consummationem videbatur: novissime lata est lex Falcidia, qua cavetur, ne plus legare liceat quam dodrantem totorum bonorum, id est ut, sive unus heres institutus esset sive plures, apud eum eosve pars quarta remaneret.*

41 D. 35,2,15,1 (Pap. 13 resp.).

Grenze seines Wertes mit Legaten beschweren[42]. Auch diesen Grundsatz wiederholt Philippus Arabs in einem Reskript:

> **C. 6, 21 (De testamento militis) 12:** Idem A. et. C. [Imp. Philippus A. et Philippus C.] Domitiae. In testamento militis legem Falcidiam et in legatis et in fideicommissis cessare explorati iuris est. sane si quid ultra vires patrimonii postulatur, competenti defensione tueri te potes.
> *Es ist ein feststehender Rechtsgrundsatz, dass in Soldatentestamenten die lex Falcidia sowohl hinsichtlich von Legaten als auch Fideikommissen keine Anwendung findet. Wenn jedoch Ansprüche an das Nachlaßvermögen gemacht werden, die über dessen Höhe hinausgehen, kannst Du Dich hiergegen wirksam zur Wehr setzen.* PP. VI non. Iul. Praesente et Albino conss [*246 n. Chr.*].

Der erste Satz ist nichts als eine vollmundige Wiederholung der Ausnahme von der *lex Falcidia* zugunsten von Soldaten. Der andere Satz spricht das Problem an, dass die ausgesetzten Legate den Wert des Nachlasses übersteigen. Hier bleibt es bei dem hergebrachten Grundsatz, dass der Erblasser im Testament Verfügungen nur bis zur Grenze des Wertes des Nachlasses aussetzen kann[43]. Andernfalls erlaubte man ihm unmittelbar zu Lasten eines Dritten zu verfügen, was – wie gesagt – praktisch die einzige Grenze der Soldatenprivilegierung ist.

5. C. 6, 21 *(De testamento militis)* 13: Testamente zum Tode verurteilter Soldaten

Die Verurteilung zum Tode hatte normalerweise den Verlust der Testamentsfähigkeit zur Folge, da das Vermögen des Verurteilten vom Fiskus eingezogen wurde[44] und er selber als *servus poenae* die *testamenti factio* verlor[45]. Wurde ein Soldat zum Tode verurteilt, stellte sich die Frage, ob er überhaupt testieren konnte – über sein gesamtes Vermögen oder nur über die *bona castrensia* – oder ob sein Vermögen nicht vielmehr als weitere Strafe an den Fiskus fiel. Für den Fall, dass man ihm die *testamenti factio* zubilligte, stellte sich die weitere Frage, ob er noch nach Soldatenrecht oder – im Hinblick auf das Ausscheiden aus dem Soldatenstand – nur nach Paganenrecht testieren könne. Nach der Meinung Ulpians konnte der Soldat in diesem Fall nur über die *bona castrensia* verfügen, aber nach Soldatenrecht – sofern er durch sein Verbrechen nicht in einem solchen Ausmaß eidbrüchig geworden ist, dass keine *fides*-Beziehung mehr zu ihm bestand[46]. Man könnte sich etwa vorstellen, dass Trunkenheits- oder Sittlich-

---

42 D. 36,1,3,1 (Ulp. 3 fideic.): *Quod autem in suspecta hereditate dictum est, hoc idem dici potest in his testamentis, in quibus lex Falcidia locum non habet, in militis dico et si qui sunt alii.* Indirekt in D. 29,1,18pr. (Tryph. 18 disp.) und ausdrücklich in D. 36,1,3,1 (Ulp. 3 fideic.).

43 Kaser 1971, 734.

44 D. 48,20,1pr. (Call. 1 de iure fisc.).

45 McClintock 2010, 81–88.

46 Hierzu D. 29,1,11pr. (Ulp. 45 ad ed.): *Ex militari delicto capite damnatis testamentum facere licet super bonis dumtaxat castrensibus: sed utrum iure militari an iure communi, quaeritur. magis autem*

keitsdelikte[47] sich noch im Rahmen hielten. Bei Fahnenflucht wird der Soldat jegliche Benefizien verwirkt haben, wird doch der Fahnenflüchtige *pro hoste, non pro milite* angesehen[48]. Die geschilderte Auffassung wird auch noch an anderen Stellen in den Digesten wiederholt, namentlich von Ulpian[49]. Sie wird bestätigt von Kaiser Valerian in:

C. 6, 21 (De testamento militis) 13: Impp. Valerianus et Gallienus AA. Claudiae. Et militibus nostris, centurionibus quoque ob flagitum militare damnatis non aliarum quam castrensium rerum testamenta facere permittitur et intestatis iure proprio succeditur a fisco.
Soldaten und Offiziere, die nach Militärstrafrecht verurteilt sind, können nur hinsichtlich ihrer bona castrensia von Todes wegen verfügen; der nicht vergabte Teil fällt an den Fiskus. PP. non. Augs. Valeriano et Gallieno [*254 n. Chr.*].

Der letzte Halbsatz *et intestatis iure proprio succeditur a fisco* ist unklar. Nach der Meinung Glücks und vieler anderer von ihm zitierten Autoritäten bezieht er sich auf *bona paganica*: diese fielen dem Fiskus an[50]. Man kann dies aber auch so deuten, dass bei Fehlen eines Testaments nicht die gesetzliche Erbfolge eintritt, sondern das gesamte Vermögen an den Fiskus fällt[51]. Die Deutung Glücks verdient den Vorzug, da es auch an anderer Stelle belegt ist, dass nach dem ohne Testament des zum Tode verurteilten Soldaten die normale gesetzliche Erbfolge stattfindet[52].

6. Die Eigentümlichkeit der Reskripte der Soldatenkaiser

Um die Konstitutionen der Soldatenkaiser zum Soldatentestament bewerten zu können, ist es noch erforderlich, sie Konstitutionen anderer Kaiser zum Soldatentestament gegenüberzustellen. Der Einfachheit halber nehmen wir die letzte Konstitution vor der Epoche der Soldatenkaiser und die erste danach.

Zunächst sei eine Konstitution Kaiser Alexanders aus dem Jahre 229 n.Chr. betrachtet: Sklaven sind nicht rechtsfähig und können daher auch nicht zu Erben eingesetzt werden. Doch ist es möglich, den Sklaven als Erben *cum libertate* einzusetzen, ihm also gleichzeitig die Freiheit zu schenken[53]. Befindet sich ein Soldat im Irrtum

---

est, ut iure militari eis testandum sit: nam cum ei quasi militi tribuatur ius testandi, consequens erit dicere iure militari ei testandum. quod ita intellegi oportet, si non sacramenti fides rupta sit.

47 Siehe etwa den Katalog in Ulp. D. 49,16,6 (Arr. Men. 3 re mil.); zum Militärstrafrecht MOMMSEN 1899, 30–35.

48 D. 49,16,7 (Tarrunt. 2 de re mil.). Siehe auch GLÜCK/MÜHLENBRUCH 1841, 72 f.

49 D. 28,3,6,6 (Ulp. 10 ad Sab.); D. 24,1,32,8 (Ulp. 33 ad Sab.); D. 32,22, 1 (Herm. 4 iur. epit.).

50 GLÜCK/MÜHLENBRUCH 1841, 76 f.

51 So SCHILLING/SINTENIS 1832, *adhl.*

52 D. 38,12,1 (Mac. 2 de re mil.); D. 38,12,1 (Pap. 16 resp.).

53 Gai. 2,185–188.

über den Status seines Sklaven und setzt er ihn *sine libertate* ein, so ist die Erbeinsetzung unwirksam: *Si servum proprium, quem liberum esse credidisset, miles heredem sine libertate instituit, in ea condicione est, ut institutio non valeat*[54]. Wie Ulpian berichtet, versteht man also die Erbeinsetzung nicht als inzidente Freilassung von Todes wegen. Anders entscheidet Kaiser Severus Alexander:

> **C. 6, 21 (De testamento militis) 7:** Idem [Imp. Alexander] A. Fortunato. Ex his verbis: „Fortunato liberto meo do lego" vindicare tibi libertatem non potes, si pagani testamentum proponatur. At enim cum testatorem militem fuisse proponas, si non errore ductus libertum te credidit, sed dandae libertatis animum habuit, libertatem, et quidem directam, competere tibi, sed et legati vindicationem habere praerogativa militaris privilegii praestat.
> *Aus den Worten „Meinem Freigelassenen Fortunatus vermache ich..." kannst für Deine Freiheit nicht beanspruchen, wenn es sich um einen Zivilistentestament handelt. Wenn aber der Erblasser Soldat war, wie Du vorträgst, steht Dir nach dem Vorrecht des Soldatenprivilegs – wenn er Dich aufgrund eines Irrtums für einen Freigelassenen hielt, sondern Dir die Freiheit gewähren wollte – die Freiheit in direkter Weise zu und Du kannst Dein Legat fordern.* PP. XII k. Iul. Alexandro A. III et Dione conss. [*229 n.Chr.*].

Der Erblasser hatte folgendes Legat ausgesetzt: „Meinem Freigelassenen Fortunatus vermache ich (...)". Der unglückliche Fortunatus war indes nicht Freigelassener, sondern nach wie vor Sklave. Nach Paganrecht würde er damit die Chance auf seine Freiheit und damit auch auf das Legat verloren haben. Nach Soldatenrecht könne er Freiheit und Legat beanspruchen, wenn er die Soldateneigenschaft des Testators darlegte und nachwiese, dass dieses Ergebnis von seinem Willen umfasst gewesen sei. Die Entscheidung selbst dürfte weniger aus dem Bedürfnis herrühren, die Soldaten besonders zu privilegieren, sondern vielmehr aus dem *favor libertatis*. Hierbei handelt es sich um einen Leitsatz der Rechtsprechung und insbesondere auch der Kaisergesetzgebung, nach welchem im Zweifel für die Freiheit des Sklaven zu entscheiden ist[55]. Aus der Perspektive der Teleologie dieses Leitsatzes ist die von Ulpian referierte Entscheidung, dass die Freilassung *nominatim* erfolgen müsse, um wirksam zu sein, dass also die Erbeinsetzung eines Sklaven für sich genommen wirkungslos sei, unangemessen hart und kleinlich – vor allem dem Sklaven gegenüber, aber auch dem Soldaten gegenüber. Gegenüber den Reskripten der Soldatenkaiser fällt hier aber vor allem eines auf: Uns wird ein echter Fall referiert, der deshalb vor den Kaiser kommt, weil hier der Versuch unternommen wird, Rechtsfortbildung zu betreiben. Im Gegensatz dazu geht es bei den Reskripten der Soldatenkaiser nicht um konkrete Fälle, sondern um Rechtsauskünfte und zwar um solche von ziemlich simpler Art. Die Soldatenkaiser bilden deshalb auch das Recht nicht im eigentlichen Sinne fort, sondern bestätigen es.

---

54 D. 29,1,13,3 (Ulp. 45 ad ed.).

55 *Libertas omnibus rebus favorabilior est*; D. 50,17,122 (Gai. 5 ad ed.). Giltaij 2011, 49 f.; Stagl 2014; Starace 2006, 23–49.

Wenden wir uns nun zum ersten Reskript nach der Epoche der Soldatenkaiser. Diesem Reskript liegt ein einfacher Fall zugrunde: Ein Soldat hatte seine Schwester in einem mündlichen, der vorgeschriebenen Form völlig gebrechenden Testament eingesetzt. Der Bruder des Erblassers und sein Stamm vertreten die Auffassung, sie seien *ab intestato* Erben des verstorbenen Soldaten. Sofern ein wirksames Testament vorliegt, schließt dieses freilich die gesetzliche Erbfolge aus. Es kommt also alles auf die Wirksamkeit des formlosen Testaments an:

C. 6, 21 (De testamento militis) 14: Impp. Diocletianus et Maximinianus AA. et CC. heredibus Maximae. Si a fratre suo militante mater vestra scripta heres successionem eius sibi quaesiit, quamvis testamenti scriptura non continet iuris observationem, hanc hereditatem fratrem testatoris vel eius filios ab intestato evincere non potuisse iure constitit.
Wenn Eure Mutter nach ihrem dem Soldatenstand angehörenden Bruder die Erbschaft beansprucht, dann kann diese Erbschaft, auch wenn das Testament nach den Vorschriften nicht schriftlich abgefasst wurde, von dem Bruder des Erblassers oder seinen Söhnen nach der gesetzlichen Erbfolge nicht beansprucht werden. S. V. non. Mai. Aurris CC. conss. [*294 n.Chr.*].

Die Entscheidung der beiden Kaiser erstaunt nicht. Sie basiert auf dem Grundgedanken des Soldatentestaments, wie es spätestens mit Trajan zu einer festen Institution des römischen Rechts wurde. Vielleicht war es aber doch das erste Mal, dass ein rein mündliches Testament vor den Kaiser kam – das würde auch erklären, warum Justinian dieses Reskript im Codex rezipiert hat.

Im Gegensatz zu den Reskripten der Soldatenkaiser haben wir es auch hier mit einem echten Fall zu tun und nicht mit einer schlichten Rechtsauskunft. Wo den Kaisern auf dem Gebiet des Soldatenrechts sonst problematische Fälle vorgelegt werden, werden den Soldatenkaisern einfache Rechtsfragen vorgelegt[56]. Es handelt sich um Fragen, die von einem mittelmäßig gebildeten Juristen ohne weiteres zu beantworten wären oder sich mit einem Blick in entsprechende Literatur leicht erforschen ließen. Dieses Überwiegen der Rechtsauskunft kann man damit erklären, dass es in dieser Epoche offenbar keine Jurisprudenz außerhalb der kaiserlichen Kanzleien gab, was wiederum dazu passt, dass wir nach Modestin praktisch keine literarischen Zeugnisse von Juristen mehr haben[57]. Wenn es außerhalb der kaiserlichen Kanzlei keine Rechtskultur mehr gibt, dann müssen die Rechtssuchenden sich eben auch in den banalsten Fragen an diese Kanzlei wenden. Damit wird das Recht endgültig bürokratisiert[58].

Hiervon auf einen Verfall des Rechtssystems zu schließen, wäre indes übertrieben – wenn das der Fall gewesen wäre, dann hätten wir keine Reskripte über Soldatentestamente. Dann wären die Fragen der Vermögensnachfolge für verstorbene

56 Zu ähnlichen Beobachtungen kommt Willams 1974, 86–103. Dazu Babusiaux S. 238–269.
57 Wieacker 1971, 222. Schulz 1961, 308 f., endet mit Modestin.
58 Schulz 1961, 336–338, bezeichnet die Epoche ab Diokletian als bürokratisch; offenbar ist der Anfangstermin früher.

Soldaten anders geregelt worden. Was nämlich die Häufigkeit angeht, so muss man sagen, dass die Soldatenkaiser in etwa so viel hierzu judiziert haben wie ihre Vorgänger: Eine grobe Übersicht ergibt, dass in den Regierungsjahren Gordians, Philippus Arabs und Galliens in etwas gleichem Umfang Reskripte verfasst wurden wie zuvor unter den Severern. Von den Kaisern zwischen 249 und 255 hingegen gibt es – was ebenfalls nicht verwunderlich ist – kaum Material[59]. Auch wäre es ein Irrtum zu glauben, dass es hier um die großen Leute gehe und die Kaiser nur für diese Interesse gehabt hätten. Das Testament ist das wichtigste und komplizierteste Rechtsgeschäft im Leben eines Menschen, weil man hinsichtlich des gesamten Vermögens für die Zukunft Dispositionen treffen muss. Dementsprechend war bei den Römern das Erbrecht auch eine hochelaborierte Materie – wenn nicht die sophistizierteste. Personen mit Vermögen haben sich ihre Testamente genauestens überlegt und sicherlich mit juristischer Beratung errichtet. Das gilt z.B. für den Veteranen der kaiserlichen Kavallerie Antonius Silvanus, der sein im Dienst erspartes, nicht unbeträchtliches Vermögen in einem fast übergenau verfassten Testament verteilt[60]. Nicht für jene Personen ist das Soldatentestament geschaffen worden, sondern für Mannschaftsdienstgrade, die in ihrem Dienst einen so bescheidenen Wohlstand erworben haben, dass es sich lohnt, darum zu streiten, aber nicht genug, dass sie durch ein professionelles Testament den Streit vermeiden könnten.

III. Verderbnis der juristischen Kultur in der Epoche der Soldatenkaiser

Damit kommen wir zu der Frage zurück, die wir zu Beginn unserer Analyse der Reskripte der Soldatenkaiser gestellt hatten: Waren die Soldatenkaiser besonders soldatenfreundlich? Die Frage ist klar zu verneinen. Die Soldatenkaiser setzten die Judikaturlinien der Severerzeit fort. Selbst auf ihrem ureigenen Terrain – der Privilegierung jener „Soldateska" der sie ihr Amt verdanken – unterscheiden sie sich nicht von ihren Vorgängern. An diese Feststellung knüpft sich sofort die Frage, ob denn die Soldatenkaiser in dieser Hinsicht noch zur Klassik und damit zur Antike gehören oder ob sie nicht mehr der Klassik und damit der Spätantike zuzurechnen sind. Schnebelt, der als einer von wenigen die Rekripte der Soldatenkaiser eingehend untersucht hat, kommt zu dem wohlbegründeten Résumé:

---

59 Siehe hierzu den Beitrag von Sirks S. 31–45.

60 Liebs 2000, 14 f.

> Die Reskriptenpraxis der Soldatenkaiser stimmt weithin mit Geist und Buchstaben des klassischen Rechts überein. Nur einzelne Entscheidungen geben die Tradition der severischen Jurisprudenz preis. Von den wenigen Ausnahmen abgesehen, mithin dem Gesamteindruck nach, zeigt die Reskriptenpraxis dieser Jahrzehnte weder eine Verflachung oder Verschlechterung des fachjuristischen Denkens noch gar eine Vulgarisierung oder Degenerierung[61].

Diesem Urteil kann man auf der Grundlage unseres, von Schnebelt übrigens nicht untersuchten, Materials mit dem Zusatz zustimmen[62], dass die Verflachung weniger bei den Juristen der kaiserlichen Kanzlei zu finden ist – diese reagieren fast gereizt auf die ihnen gestellten banalen Fragen mit Formulierungen wie *certi iuris est* oder *manifestum est* –[63], sondern bei den Rechtssuchenden selbst[64]. Die Leute scheinen oftmals keinen anderen Weg gekannt zu haben, verlässliche Rechtsauskünfte zu erhalten, als sich an die Kanzlei *a libellis* zu wenden. Offenbar waren keine anderen Juristen mehr da, die ihre Fragen hätten beantworten können. Damit kommen wir zu dem entscheidenden Unterschied zwischen der Epoche der klassischen Jurisprudenz und der Epoche der Soldatenkaiser: Weder ändert sich die Linie der Rechtsfortbildung und Einzelfallentscheidung, noch fehlen die Juristen. Doch sind die Juristen – und das ist das entscheidende Moment – nicht mehr Honoratioren, die aus freiem Antrieb Kommentare und Lehrbücher schreiben oder Gutachten erstatten; sie sind Beamte und handeln *ex officio*. Diese Unterscheidung zwischen Subalternjuristen und den Juristen der klassischen Epoche ist aus Sicht der juristischen Romanistik entscheidend: Mögen beide Gruppen des Rechts kundig sein und mögen die Subalternjuristen die Tendenzen der klassischen Juristen fortsetzen, so unterscheiden sich die beiden doch fundamental. Die klassischen Juristen sind nicht subaltern, sie stammen aus der Oberschicht und halten höchste Staatsämter inne. So schreiben sie denn auch nicht im Auftrag, sondern als Schriftsteller. Ausschließlich dieses Typus wegen, dessen Größe niemand besser kannte als Justinian, sind die Digesten kompiliert worden und zwar so, dass wir diese Juristen und ihre Werke namentlich kennen. Die Subalternjuristen der kaiserlichen Stäbe kennen wir nicht, sie treten völlig hinter der Person des Kaisers zurück, für persönliche Größe ist kein Raum. Das Studium der klassischen Juristen ist seit der Entdeckung Gaius' der Fluchtpunkt der Romanistik, die Beschäftigung mit den Subalternjuristen hingegen hat eine rein unterstützende Funktion. Die Epoche der Soldatenkaiser glich im Hinblick auf die Inhalte der Severerzeit, im Hinblick auf die Stellung der Juristen der justinianischen Epoche[65]: Die Juristen waren nicht ausgestorben, sie waren nur endgültig in der kai-

---

61 Schnebelt 1974, 199.

62 Zu vergleichbaren Ergebnissen kommt auch Crifò 2005, 173–175, Nicoletti 1981, 35–64. S. auch Wieacker 1971) 201 f., 221–223.

63 Andere Beispiel bei Crifò 2005, 174 f.

64 Nach Coriat 1985, 329–348, handelt es sich größtenteils um Provinzialen.

65 Schulz 1961, 340 f.

serlichen Bürokratie kaserniert[66], ein Prozess, den Schulz die Bürokratisierung der römischen Rechtswissenschaft nannte[67]. Der Typus des klassischen Juristen im Stile eines Papinian oder Ulpian ist endgültig ausgestorben, wenn auch ihre Kunst – auf subalternem Niveau freilich – in den kaiserlichen Kanzleien weitergetrieben wird. Insoweit ist Wieackers Begriff der Epiklassik zutreffend[68]. Ihren Kulminationspunkt wird diese Tendenz unter Justinian finden, welcher das Verfassen von Kommentaren zu seiner Gesetzgebung verbietet[69].

Wollte man eine Erklärung wagen, warum dieser Prozess der Bürokratisierung gerade unter den Soldatenkaisern so vehement war, dass der Typus des klassischen Juristen komplett verschwand und nur der des Subalternjuristen übrig blieb, könnte man zweierlei vermuten: Rechtsprechung und Rechtsfortbildung erhöhen das Prestige desjenigen, der sie betreibt; wer immer kann, wird daher versuchen, diese Tätigkeit in seiner Person zu monopolisieren. Dieser Tendenz wird er umso mehr unterliegen, wenn er auf Zufuhr von Legitimität deshalb angewiesen ist, weil er ihrer in besonderem Maße gebricht: Die Soldatenkaiser waren zu schwach, als dass sie die Juristerei dem Typus des klassischen Juristen hätten überlassen können – wenn es ihn noch gegeben hätte. Es spricht aber viel dafür, dass die Epoche der Soldatenkaiser kein Habitat für Juristen dieses Schlags war. Zum einen kann man Jurisprudenz nicht ohne ein gewisses Maß an Freiheit treiben und zum anderen braucht man ein Publikum, eine Leserschaft. Bricht diese interessierte Leserschaft weg, weil die Juristen nicht mehr einem Kaiser vom Schlage Hadrians vortragen können und weil ihre Standesgenossen in den Wirren der Zeit keine Muße finden, juristische Bücher zu lesen, so wird man auch keine schreiben. In der Zeit der Soldatenkaiser wurde das Habitat der klassischen Juristen vernichtet und damit auch ihre Lebensform, was übrig blieb, war eine gut informierte Subalternjurisprudenz: Das Feuer war erloschen, die Kohle glühte noch.

Bibliografie

Arangio-Ruiz 1906 – V. Arangio-Ruiz, L'origine del „testamentum militis" e la sua posizione nel diritto romano classico, *BIDR* XVIII, 1906, 157–196.

Berger 1953 – A. Berger, Encyclopedic Dictionary of Roman Law, Philadelphia 1953.

Bolla 1953 – S. v. Bolla, Zum römischen Soldatentestament, in: M. Lauria (Hg.), Studi in onore di Vincenzo Arangio-Ruiz, Neapel 1953, vol. 1, 273–278.

Bolla 1950 – S. v. Bolla, Aus römischem und bürgerlichem Erbrecht, Wien 1950.

Bretone 2008 – M. Bretone, Ius controversum nella giurisprudenza classica, Rom 2008.

---

66 Ähnlich Wieacker 1971, 222 f.

67 Schulz 1961, 335 f. Vgl. auch De Blois S. 225–237.

68 Wieacker 1971, 223.

69 Const. Deo Auctore § 12, Tanta/Dedoken § 21; Wallinga 1989, 107–116.

BURCHARD 1875 – J. H. BURCHARD, Ein Beitrag zur Lehre vom Soldatentestament, Heidelberg Diss., 1875.

CHEVAILLER 1959 – L. CHEVAILLER, Notes sur le testament militaire dans la doctrine des juriconsultes classiques e dans la législation impériale, in Varia – Etudes, Paris, 1959, 1–54.

CORIAT 1985 – J.-P. CORIAT, La technique du rescrit à la fin du principat, *SDHI* 51, 1985, 319–348.

CRIFÒ 2005 – G. CRIFÒ, Una (vecchia) questione in tema di fonti: Historia Augusta e Codex Iustinianus, in: R. MANCINI (Hg.), La trama del tempo – Studi in onore di Sergio Bertelli, Roma 2005, 169–179.

GILTAIJ 2011 – J. GILTAIJ, Mensenrechten in het Romeinse recht?, Nijmegen 2011.

GLÜCK 1841 – CH. F. V. GLÜCK (fortg. CH. FR. MÜHLENBRUCH), Ausführliche Erläuterung der Pandecten nach Hellfeld: Ein Kommentar, vol. 42, Erlangen 1841.

GUARINO 1995 – A. GUARINO, Sull'origine del testamento dei militari nel diritto romano, in Pagine di Diritto romano, vol. 6, Napoli, 1995, 346–357.

HEUSS 2001 – A. HEUSS, Römische Geschichte, Paderborn/u.a. 2001[8].

KASER 1971 – M. KASER, Das römische Privatrecht, München 1971[2].

KASER/KNÜTEL 2008 – M. KASER/R. KNÜTEL, Römisches Privatrecht, München 2008[19].

LAMBERTI 2001 – F. LAMBERTI, Studi sui postumi nell'esperienza giuridica romana, Bd. 2, Napoli 2001.

LIEBS 2000 – D. LIEBS, Das Testament des Antonius Silvanus, römischer Kavallerist in Alexandria bei Ägypten, aus dem Jahre 142 n. Chr., in: K. MÄRKER/U.A. (Hg.), Festschrift für Weddig Fricke zum 70. Geburtstag, Freiburg 2000, 113–128.

MCCLINTOCK 2010 – A. MCCLINTOCK, Servi della pena, Neapel 2010.

MOMMSEN 1899 – TH. MOMMSEN, Das römische Strafrecht, Berlin 1899.

NICOLETTI 1981 – A. NICOLETTI, Sulla politica legislativa di Gordiano III, Napoli 1981.

NÖRR 2003 – D. NÖRR, Zur Reskriptenpraxis in der hohen Prinzipatszeit, *ZRG rom* 98, 1981, 1–46 = Historiae iuris antiqui, Bd. 2, Goldbach 2003, 1323–1369.

PAULUS 1992 – CH. PAULUS, Die Idee der postmortalen Persönlichkeit im römischen Testamentsrecht, Berlin 1992.

PÉREZ SIMÉON 2001 – M. PÉREZ SIMÉON, Nemo pro parte intestatus pro parte testatus decedere potest, Barcelona 2001.

QUERZOLI 2000 – S. QUERZOLI, I testamenta e gli offici pietatis, Napoli 2000.

SCHANBACHER 1995 – D. SCHANBACHER, Ratio legis falcidiae, Berlin 1995.

SCHMIDLIN 1975 – B. SCHMIDLIN, Sinn, Funktion und Herkunft der Testamentsregeln nemo pro parte intestatus pro parte testatus decedere potest – hereditas adimi non potest, *BIDR* 78, 1975, 71–91.

SCHNEBELT 1974 – G. SCHNEBELT, Reskripte der Soldatenkaiser: ein Beitrag zur römischen Rechtsgeschichte des dritten nachchristlichen Jahrhunderts, Karlsruhe 1974.

OTTO/SCHILLING/ SINTENIS 1832 – K. E. OTTO/B. SCHILLING/K. F. F. SINTENIS, Das Corpus Iuris Civilis, Bd. 5, Leipzig 1832.

SOMMER 2004 – M. SOMMER, Die Soldatenkaiser, Darmstadt 2004.

SCARANO USSANI 1984 – V. SCARANO USSANI, Il „testamentum militis" nell'età di Nerva a Traiano, in: V. GIUFFRÈ, Sodalitas – Scritti in onore di Antonio Guarino, vol. 3, Napoli 1984, 1383–1396.

SCHULZ 1961 – F. SCHULZ, Geschichte der römischen Rechtswissenschaft, Weimar 1961.

STAGL 2009 – J. F. STAGL, Favor dotis – Die Privilegierung der Mitgift im System des römischen Rechts, Wien/u.a. 2009.

STAGL 2014 – J. F. STAGL, Glanz der Rhetorik und Elend der Logik in Marcell. D. 28, 4, 3 pr.–1, in: R. VAN DEN BERGH/G. VAN NIEKERK/D. KLEYN/P. THOMAS/P. PICHONNAZ (Hg.), Festschrift Laurens Winkel. Special Edition of Fundamina. A Journal of Legal History, Kapstadt 2014.

Stagl 2014a, Das „testamentum militare" in seiner Eigenschaft als „ius sigulae", *REHJ* 36 (2014) 129–157.
Starace 2006 – P. Starace, Lo statuliber e l'adempimento fitizio della condizione, Bari 2006.
Voci 1963/7 – P. Voci, Diritto Ereditario Romano II, Mailand 1963/7[2].
Wallinga 1989 – T. Wallinga, Tanta/Dedoken – Two introductory Constitutions to Justinian's Digest, Groningen 1989.
Wieacker 1971 – F. Wieacker, Le droit romain de la mort d'Alexandre Sévère à l'avénement de Dioclétien (235–284 apr. J.C.), *RHDFE* 49, 1971, 201–223.
Wilcken 1920 – U. Wilcken, Zu den Kaiserreskripten, *Hermes* 54, 1920, 1–42.
Williams 1974 – W. Willams, The libellus procedure and the severan papyrin, *JRS* 64, 1974, 86–103.
Woess 1910 – F. v. Woess, Das römische Erbrecht und die Erbanwärter, Berlin 1910.

Lorena Atzeri, Frankfurt a.M./Mailand

Die *infamia* in der Rechtssetzung der Soldatenkaiser*

Zusammenfassung: Im vorliegenden Beitrag werden 16 Reskripte zum Thema der *infamia* untersucht, die zwischen 238 und 284 n. Chr. von den Kaisern Gordian III., Philippus Arabs, Valerian und Gallienus, Carinus und Numerianus erteilt wurden. Die Texte wurden einer sowohl formal-terminologischen als auch inhaltlichen Analyse unterstellt. Die erste hat einen dauernden Gebrauch, durch die kaiserliche Kanzlei, der herkömmlichen Terminologie gezeigt, gleichzeitig aber Zeichen einer zunehmenden Rhetorisierung der Sprache, mit neuen moralisierenden Akzenten. Die inhaltliche Analyse hat eine überwiegende Übereinstimmung mit den Prinzipien der römischen Rechtsordnung gezeigt, die sich im prätorischen Edikt, in den Gesetzen und *Senatusconsulta* befanden, und in der Lehre und Schriften der (vor allem severischen) Juristen konsolidiert hatten.

Abstract: The present contribution analyzes sixteen rescripts on *infamia* issued between 238 and 284 A.D. by the Emperors Gordian III, Philipp the Arab, Valerianus and Gallienus, Carinus and Numerianus. The texts have been examined for both their form and their content. The formal analysis reveals a continuous use of traditional terminology by the imperial chancery, but also signs of an increasingly rhetorical style in the language employed, with new moralising accents. The analysis of the content generally indicates an adherence to the principles of the Roman legal system as fixed in the praetorian Edict, in *leges* and *senatusconsulta*, and in the doctrines and works of the jurists, especially of the Severan period.

I. In der römischen Welt war das gute Ansehen (in den Quellen definiert als *fama*, *existimatio*[1], *opinio* oder *dignitas*) einer der wichtigsten und sorgsam bewahrten Werte[2]. Es beschränkte sich nicht nur darauf, die soziale Stellung des *civis* innerhalb der Gesellschaft zu prägen, welche sich auf seine Beziehungen und seine Zugehörigkeit zu einer Gesellschaftsschicht auswirkte, sondern beeinflusste nachhaltig seine

* Für seine Hilfe mit der deutschen Übersetzung bedanke ich mich sehr bei Prof. J. G. Wolf.

1 Eine Definition der *existimatio* in D. 50,13,5,1 (Call. 1 cogn.): *Existimatio est dignitatis illaesae status, legibus ac moribus comprobatus, qui ex delicto nostro auctoritate legum aut minuitur aut consumitur.*

2 An den guten Ruf, der von den Zensoren überwacht wurde, war unauflöslich die Ehre, das „Gesicht", einer Person geknüpft: Zur Ehre als Wert, das besonders der Führungsschicht am Herz lag, s. Lendon 1997 (mit einem Anhang, der zur Terminologie der Würde – darunter auch der *fama* – gewidmet ist: 272–279); zu den anthropologischen, soziologischen, philosophischen und psychologischen Aspekten der Ehre und zur Intensität des „sense of honor and shame" bei den Römern Barton 2001; zu den römischen republikanischen Werten und zur Rolle der zensorischen Überwachung Keller 2005.

Teilhabe am öffentlichen Leben und sogar an bestimmten Rechten. Es darf daher nicht verwundern, dass das schlechte Ansehen, das in den Quellen oft als *infamia*[3], *ignominia*[4] oder auch *nota*[5] bezeichnet wird, mit der Zeit juristische Bedeutung annahm, vor allem durch die Zensoren und ihr *regimen morum*[6] sowie die entschiedene Unterstützung des Prätors und seines Edikts[7]. Das Ansehen bedingte und beschränkte die Teilhabe einer Person im juristischen Leben und wurde sogar als persönlicher Status erfasst[8]. In die Lage des *infamis* konnte man aus verschiedenen Gründen gelangen: Die Infamie war z.B. Folge der Ausübung bestimmter Handwerke oder Berufe, die gesellschaftlich nicht angesehen waren (Schauspieler, *lanistae*, Gladiatoren, Kuppler[9], Prostituierte usw.), oder sie trat als Folge einer Verurteilung in den *iudicia publica*[10] ein. Dies geschah entweder auf Grundlage der sog. *actiones famosae*[11] oder geknüpft an bestimmten Strafen. Auch markierte die Infamie den insolventen Schuldner nach der Versteigerung seines Vermögens (*bonorum venditio*)[12]. Die negativen Folgen der Infamie bestanden im Allgemeinen in der Erniedrigung der infamen Person in eine geringere soziale Klasse, im Ausschluss von der Teilhabe am öffentlichen Leben – der Infame durfte weder eine Magistratur noch ein öffentliches Amt (*honores* und *dignitates*) bekleiden und war von der Teilnahme am Senat oder an einem Stadtrat ausgeschlossen[13] – sowie im Ausschluss aus der Prozessvertretung (im aktiven und passi-

3 Unter den Forschungen zur *infamia* im römischen Recht: Savigny 1840, 170–223, 516–559; Karlowa 1872; Greenidge 1894; Mommsen 1899, 993–998 (Reg.: Infamie); Pfaff 1916; Levy 1936; Pommeray 1937 (dazu Kübler 1938); Kaser 1956; Brasiello 1962; Mazzacane 1971; Taylor 2006; Maffi 2007. Eine neuere und detaillierte Analyse der Infamie zuletzt in Wolf 2009 (= Wolf 2010, auf Italienisch). S. auch Chiusi 2010/11 (= Chiusi 2013, auf Englisch).

4 Zum Verhältnis zwischen *infamia* und *ignominia*, und zur Etymologie beider Worte noch Wolf 2009, 56–59, mwN. Der Unterschied, der vom Grammatiker Flavius Sosipater Charisius erörtert wird (Ars Grammatica V: *Ignominia imponitur ab eo qui potest animadversione innotare* [d.h. der Zensor]; *infamia ex multorum sermone nascitur*), wird allgemein in den Juristenschriften ignoriert (Wolf 2009, 59).

5 Das Wort weist auf die Anmerkung hin, die von den Zensoren in die Liste neben dem Namen desjenigen *civis Romanus* eingetragen wurde, dessen Verhalten sozial verwerflich war: Wolf 2009, 60.

6 Dazu zuletzt El Beheiri 2012.

7 Zur Frage, ob das Edikt die Infamie ausdrücklich vorsah oder nicht, Wolf 2009, 65 (der sich seinerseits, anhand Gai. 4,182 dagegen ausspricht).

8 In den Quellen ist von einem *status dignitatis* die Rede: D. 50,13,5,2 (Call. 1 cogn.).

9 Dazu zuletzt Mattiangeli 2010; Mattiangeli 2011.

10 Mit der Ausnahme des *crimen stellionatum*, der die Infamie nach sich zog, obwohl das Verfahren nicht in der Form eines *iudicium publicum* stattfand: D. 3,2,13,8 (Ulp. 6 ad ed.).

11 Eine Liste in Gai. 4,182; vgl. auch Wolf 2009, 62–65.

12 Gai 2,154. Die Aufzählung ist nicht abschliessend, vgl. Kaser 1956, 237–239 u. ö.; Wolf 2009, 66 f., 70 f.; Mazzacane 1971, 384.

13 Wie man auch aus der sog. *Tabula Heracleensis* entnehmen kann: Über die von ihr vorgesehenen Verbote Wolf 2009, 69–72.

ven Sinne). Dieser Ausschluss war insbesondere im Edikt des Prätors vorgesehen[14]. Der Ausschluss von der sog. *postulatio pro aliis* beinhaltete das Verbot, eine andere Person im Prozess zu vertreten[15], sowie die Unfähigkeit, selbst vor Gericht von einer dritten Person vertreten zu werden. Auch die Fähigkeit, im Prozess oder bei Rechtsgeschäften als Zeuge zu fungieren war im Hinblick auf bestimmte, im Gesetz genannte Sachverhalte ausgeschlossen[16]. Unter gewissen Aspekten entsprach die *infamia* dem zivilen Tod bzw. einer Verdrängung des Infamen an den Rand der Gesellschaft. Als Sanktionsandrohung war sie ein wirksames Mittel der Repression. Aufgrund ihrer juristischen Folgen war die Infamie vor allem von den Angehörigen der gehobenen sozialen Schichten gefürchtet, nämlich von denjenigen, die gehobene Positionen in der zentralen oder lokalen Regierung inne hatten oder solche Posten anstrebten. Auch für *patroni*, die als Zeichen ihres sozialen Rangs gewöhnlich von *clientes* umgeben waren, bedeutete die Infamie eine Bedrohung, da sie durch sie gehindert waren, ihren *clientes* die Rechtshilfe und die Prozessvertretung zu gewähren, die der Patron im Rahmen seiner *officia* schuldete[17]. Die Infamie war allerdings nicht immer eine dauernde oder unveränderliche: Mithilfe einer *restitutio in integrum* konnte man sich von ihr befreien[18].

II. Man könnte sich fragen, ob in den sozial und politisch ungefestigten Jahren, die durch plötzlichen Machtwechsel charakterisiert waren, also in der Zeitspanne 235–284 n. Chr., die herkömmlich als die der „Soldatenkaiser" bezeichnet wird, die Infamie einen neuen und härteren Charakter annahm. In der folgenden Untersuchung soll daher die Frage behandelt werden, ob die kaiserliche Rechtssetzung dieser Jahre häufiger Rückgriff auf die Infamie nahm, und in welcher Funktion die Infamie in dieser Zeit erscheint. Denkbar wäre, dass sie als Mittel der Beseitigung von politischen Feinden, von „unbequemen" Persönlichkeiten oder auch nur von dem Personal des Vorgängers verwendet wurde. Ebenso ist zu untersuchen, ob Begründungstatbestände der *infamia* in der Rechtssetzung erweitert wurden, und ihre Folgen Verschär-

---

14 Lenel 1927, VI (*De postulando*) § 15 (*Qui pro aliis ne postulent*) und § 16 (*Qui nisi pro certis personis ne postulent*); VIII (*De cognitoribus et procuratoribus et defensoribus*). Der prätorische Katalog der Personen, die von dieser Beschränkung betroffen waren, zusammen mit einer Behandlung der Verhältnisse mit der *infamia* in Wolf 2009, 65–69.

15 Nicht einmal mit der Zustimmung der Gegenpartei: vgl. PS 1,2,1. Es handelt sich aber um eine nur partielle Beschränkung, für die derselbe Prätor eine nicht geringe Reihe von Ausnahmen vorsah: cfr. D. 3,1,1,11 (Ulp. 6 ad ed.). Dazu auch Di Salvo 2012.

16 Es ist z.B. der Fall von der *lex Iulia de vi*, die die Zeugenfähigkeit einer Reihe von Personen – darunter auch der *infames* – in den Prozessen ausschloss, die aufgrund dieser *lex* errichtet worden waren: D. 22,5,3,5 (Call. 4 cogn.); Wolf 2009, 74 f.

17 Zum Patronatsverhältnis im frühen Prinzipat und bis zu den Severern s. Saller 1982, insb. 29–32, 128–139.

18 D. 3,1,1,9 (Ulp. 6 ad ed.); Greenidge 1894, 179–181.

fung erfuhren. Zuletzt stellt sich die Frage, ob die neuen Arten der Infamie von der der „klassischen“ Infamie unterschieden wurden, oder ob, im Gegenteil, auch in diesem Bereich derselbe „konservative“ Zug erkennbar wird, der schon in anderen Gebieten in den für kaiserliche Maßnahmen dieser Zeit beobachtet worden ist[19].

III. Die kaiserliche Rechtssetzung unserer Epoche wird hauptsächlich von Reskripten repräsentiert: Dieser Befund ist jedenfalls der, der sich nach der Quellenlage aufdrängt. Die Reskripte sind das Ergebnis der Respondiertätigkeit des Kaisers, der auf Rechtsfragen antwortet, die von Privaten oder von den Beamten selbst aufgeworfen worden sind. Für die Vorbereitung der Reskripte war die Kanzlei *a libellis* zuständig. Die für die Infamie relevanten Maßnahmen sind vor allem im *Codex Iustinianus* überliefert; einige von ihnen sind gleichzeitig auch in anderen Quellen zu finden. Es handelt sich um 16 Reskripte, die zwischen 238 und 284 n. Chr. erteilt worden sind und die vier Kaisern zugeordnet werden können: 9 stammen von Gordian III.[20], 2 von Philippus Arabs[21], 4 von Valerian und Gallienus[22] und ein Reskript von Carinus und Numerianus[23]. Bei der Analyse dieser Reskripte sind zwei Aspekte zu berücksichtigen: zum einen der formal-terminologische und zum anderen der inhaltliche. In Bezug auf den ersten Aspekt werden im Folgenden die Verfügungen der Soldatenkaiser sowohl mit der (vorausgehenden) Rechtssetzung der severischen Kaiser als auch mit jener des (darauffolgenden) Diokletians verglichen. Der Blick in diesem weiten zeitlichen Bogen, der sich vom Ende des 2. bis zum Ende des 3. Jhs. spannt, gestattet nicht nur den möglichen Anfang einer neuen Tendenz (reflektiert in der Terminologie der Reskripte) herauszufinden, sondern auch die möglichen Entwicklungen dieser Tendenz selbst herauszuarbeiten, jedenfalls für die Jahre, die auf 285 n. Chr. unmittelbar folgen. Zum Zweck der inhaltlichen Analyse werden die Tatbestände und Lösungen, die sich aus den betrachteten Reskripten ergeben, mit der juristischen Behandlung der vergleichbaren Fälle in der 235 n. Chr. vorausgehenden Normierung verglichen, die in den kaiserlichen Konstitutionen, in den *senatusconsulta* und im prätorischen Edikt festgesetzt sind, und die auch in den Schriften der Juristen ersichtlich ist.

---

19 Vgl. die Forschungen von Wieacker 1971 und Schnebelt 1974, der insbesondere die Reskripte zu *emptio venditio*, *locatio conductio*, Schenkungen und zu anderen Aspekten der Obligationen untersucht hat. Zu anderen Ergebnissen kommt aber die umfangreiche Untersuchung Talamancas (Talamanca 2006) über die *aequitas* in den Reskripten der epiklassischen Zeit.

20 C. 2,11,14–17; 5,43,6; 9,9,13; 9,35,3; 9,45,2; 12,35,7.

21 C. 9,51,7; 12,35,8.

22 C. 2,11,18; 5,42,2 (zu dem ursprünglich auch C. 5,36,4 gehörte); 5,62,17; 9,9,18 (= 5,3,5).

23 C. 2,11,19.

IV. Vorab sei daran erinnert, dass Tony Honoré[24] in seiner Untersuchung „Emperors and Lawyers" schon vor einigen Jahrzehnten eine minutiöse stilistische Analyse der Texte von über 2500 kaiserlichen Konstitutionen aus den Jahren zwischen 193 und 305 n. Chr. vorgenommen hat. Seine Palingenesie der Konstitutionen hatte das Ziel, die Hände der eigentlichen Verfasser nach stilistischen Kriterien zu unterscheiden. Diese Analyse hat Honoré dazu geführt, viele der uns bekannten Konstitutionen wenigstens 20 individuellen *magistri libellorum* zuzuordnen (auch wenn der größere Teil von ihnen anonym geblieben ist)[25]. Die angewandte Methode und die damit erzielten Ergebnisse von Honoré haben Kontroversen entfacht. Sie sind von manchen Gelehrten angenommen und verteidigt worden[26], von anderen aber wurden sie teilweise kritisiert[27], von wieder anderen sogar völlig verworfen[28]. Letzteren scheint die vom Autor angeführte Präzision und die Sicherheit in der Zuordnung der Reskripte zu den einzelnen Beamten *a libellis* („Secretaries") übertrieben. Unter den verschiedenen Aspekten, meinen die Kritiker, dass nicht alle Probleme der Textüberlieferung der Reskripte vollständig beachtet worden sind, und darüber hinaus der eventuellen Präsenz von Interpolationen, die von den Kompilatoren Justinians vorgenommen worden sind, zu beachten ist[29]. Eine der Hypothesen Honorés, der sich dieser Probleme bewusst ist, ist, dass der Tenor des Originaltexts der Reskripte, wenn auch mit Verkürzungen und Auslassungen, die nicht nur von den Kompilatoren bewirkt worden sind, grundsätzlich erhalten geblieben ist[30]. In der Tat ist zu erkennen, dass da, wo es möglich ist, zwischen der „justinianischen" und der unabhängigen Überlieferung desselben Textes zu vergleichen, man in einem großen Teil der Texte eine hohe terminologische Übereinstimmung feststellen kann[31]. Und sogar innerhalb desselben Textes im justinianischen Codex, z.B. im Fall von Zwillingskonstitutionen, auch wenn die Struktur des Satzes ersichtlich von den Kompilatoren modifiziert worden ist, scheinen die

24 Honoré 1981 und Honoré 1994 (hier zitiert). Ein Teil der Ergebnisse wurde schon in Honoré 1979 veröffentlicht.

25 Honoré 1994, 73–130, 187 ff. (Taf. 1).

26 Wie Syme 1980 (über Honoré 1979); Liebs 1983a und Liebs 1983b (der zwar die kritischen Stellen erhebt, aber deren Tragweite nicht als beeinträchtigend für die Ergebnisse hält).

27 S. u.a. die Rezensionen von Burton 1984 und vor allem jene sorgfältige und scharfsinnige Rezension von Millar 1986 und Rodger 1983.

28 S. z.B. die Rezensionen von Watson 1982; Bauman 1984; Frier 1983, sowie die kritische Bemerkungen in Nelson 1981, 182 nt. 1, 187 nt. 8. Zuletzt auch Marotta 2007, insb. 931.

29 Watson 1982, 413 f.; Frier 1983, 658.

30 Diese Annahme hat auch Fergus Millar überzeugt, vgl. Millar 1986, 278: „these replies, as preserved in the *Codex Justinianus* and elsewhere, though truncated and abbreviated, do within the reasonable limits which manuscripts transmission itself imposes, represent the words issued by, or in the name of, the Emperors".

31 Als Beispiel vergleiche man die zwei Fassungen einer Konstitution Gordians, die sowohl in C. 2,11,14 als auch in App. LRV I,1 (unmittelbar vom C.Greg. 1,12,33 entnommen) erhalten ist.

einzelnen Worte im Allgemeinen unverändert wiederverwendet worden zu sein[32]. Bei alledem erscheint eine terminologische Analyse, die auf dem wörtlichen Tenor der Konstitutionen der Soldatenkaiser gründet, auch in der justinianischen Redaktion, methodologisch haltbar. Was die Identität der Verfasser angeht, wird man es dagegen vermeiden, die präzise Beziehung auf die einzelnen „Secretaries" herzustellen, die Honoré identifiziert hat, und man wird sich auf die bloße Registrierung von stilistischen und terminologischen Variationen anhand allgemeiner Linien beschränken müssen.

V. Die etwa 62 Konstitutionen, die für die Analyse in Betracht kommen, und die in den Zeitabschnitt von Septimius Severus und Caracalla bis zum Ende der diokletianischen Zeit fallen, sind erstmals nach gemeinsamer Terminologie gruppiert und in jeder Gruppe weiter chronologisch angeordnet worden. Damit man sie einfach erkennen kann, sind die Konstitutionen der Soldatenkaiser mit einem Sternchen (*) bezeichnet. In eckigen Klammern sind die Konstitutionen angegeben, in denen die Infamie in elliptischer Form, und zwar mit Bezug auf die *calumnia*, ausgedrückt wird. Es sind darüber hinaus selbstständig die Ausdrücke zusammengestellt, die sich auf Infamie beziehen [A], unterschieden von denen, die im Gegensatz ein gutes und integres Ansehen bezeichnen [B].

[A] Die Terminologie der Infamie:

(a) *ignominia*
  C. 10,55,1 (Carac., s.a.)
  C. 12,35,3 (Carac., s.a.)

(b) *ad ignominiam (alicuius) pertinere*
  C. 6,32,3 (Diokl. u. Maxim., a. 294)

(c) *ignominiā mittere / ignominiose solvere*
  C. 12,35,3 (Carac., s.a.): *(milites) ignominia missi*
  C. 9,41,8 (Diokl. u. Maxim., s.a., 286–290?): *(milites) ignominiose soluti*

(d) *nota*
  [C. 9,9,6 (Alex. Sev., a. 223): *calumniae nota*]
  *C. 12,35,7 (Gord. III, s.a.)
  *C. 5,42,2 (Valer. u. Gall., a. 260)
  C. 10,32,12 (Diokl. u. Maxim., a. 293)

32 Die Texte einer Konstitution Valerians und Gallienus, die zweimal im Codex Iustinianus erhalten ist (C. 9,9,18 = C. 5,3,5), zeigen die von den justinianischen Kompilatoren angewandte Methode: Diese zwei Fassungen haben die Worte fast unverändert behalten, obwohl die Struktur mehrfach geändert wurde.

(e) *infamia (i. existimationis)*
C. 10,61,1 (Carac., a. 212)
C. 2,11,12 (Alex. Sev., a. 224)
*C. 2,11,14 (Gord. III, a. 238): *infamia existimationis*
*C. 5,42,2 (Valer. u. Gall., a. 260)
C. 10,32,8 (Diokl. u. Maxim., a. 294)
C. 5,6,7 (Diokl. u. Maxim., s.a.)

(f) *detrimentum (damnum, periculum) infamiae (existimationis)*
C. 2,11,1 (Sept. Sev. u. Carac., s.a., 197?): *infamiae detrimentum*
C. 5,47,1 (Sept. Sev. u. Carac., a. 197): *sine damno existimationis*
C. 2,11,6 (Sept. Sev. u. Carac., a. 203): *damno infamiae*
C. 9,46,3 (Alex. Sev., s.a. evtl. 224 oder post 224): *detrimentum existimationis*
C. 2,11,22 (Diokl. u. Maxim., a. 294): *cum infamiae periculo*
C. 4,34,10 (Diokl. u. Maxim., a. 294) [= Coll. 10,6,1]: *cum infamiae periculo*
[C. 9,1,15 (Diokl. u. Maxim., a. 294): *periculum calumniae*]
C. 9,21,1 (Diokl. u. Maxim., a. 300?): *damnum cum infamia*

(g) *infamis, famosus (esse, fieri, constitui)*
C. 2,11,7 ([Sept. Sev. u.] Carac., a. 205): *infamis est*
C. 5,62,4 (Carac., a. 216): *infamis constituitur*
C. 2,11,11 (Alex. Sev., a. 223): *infames non fiunt*
*C. 5,43,6 (Gord. III, a. 238): *infamis*
*C. 2,11,16 (Gord. III, a. 240): *esse famosum*
*C. 12,35,7 (Gord. III, s.a.): *esse famosos*
C. 10,32,12 (Diokl. u. Maxim., a. 293): *infames*
C. 5,43,9 (Diokl. u. Maxim., a. 294): *infames fieri*
C. 10,59,1 (Diokl. u. Maxim., s.a.): *infames personae*

(h) *in numero infamium esse, inter infames haberi*
C. 2,11,3 (Sept. Sev. u. Carac., a. 197): *in numero infamium (...) est*
C. 2,11,4 (Sept. Sev. u. Carac., a. 198): *inter infames haberi*

(i) *infamare, infamem facere*
C. 2,11,13 (Alex. Sev., a. 229): *infames (...) non faciunt*
*C. 2,11,18 (Valer. u. Gall., a. 260): *infamat*
*C. 2,11,19 (Carinus u. Numer., a. 284): *infamem eum (...) fecisse*
C. 9,35,9 (Diokl. u. Maxim., a. 294): *infamandi gratia*
C. 9,35,10 (Diokl. u. Maxim., a. 294): *infamandi causa*

(j) *damnum famae (infamiam) irrogare, subire*
C. 2,11,8 ([Sept. Sev. u.] Carac., a. 205): *famae damnum subiisti*
C. 1,54,1 (Sept. Sev. u. Carac., a. 205): *damnum famae non irrogat*
*C. 2,11,17 (Gord. III, a. 242): *infamiam inrogat*

(k) Infamie erteilen (mit I. belegt werden): andere Ausdrücke
C. 2,11,9 ([Sept. Sev. u.] Carac., a. 208): *infamia sequi*
*C. 9,9,13 (12) (Gord. III, a. 240): *infamiae subici*

*C. 9,9,18 (Valer. u. Gall., a. 258): *infamia comitari*
C. 9,9,24 (25) (Diokl. u. Maxim., a. 291): *infamiam adfligere*

(l) *infamiā (ignominiā) notare, notari, notatus*
C. 2,11,5 (Sept. Sev. u. Carac., a. 198): *ignominia notatus es*
C. 9,1,2 ([Sept. Sev. u.] Carac., a. 205): *notantur*
C. 2,11,10 ([Sept. Sev. u.] Carac., a. 208): *infamia notatur*
[C. 2,7,1 (Carac., a. 213): *calumnia notari*]
C. 12,35,3 (Carac., s.a.): *infamia notantur*
*C. 9,45,2 (Gord. III, a. 239): *infamia (...) notando*
*[C. 2,11,16 (Gord. III, a. 240): *ut calumniator notatus*]
*C. 12,35,7 (Gord. III, s.a.): *notatos (milites)*
C. 5,5,2 (Diokl. u. Maxim., a. 285): *infamia notati sint*

(m) *existimationem laedere*
C. 2,11,8 ([Sept. Sev. u.] Carac., a. 205)
*C. 12,35,7 (Gord. III, s. a.)

(n) *maculam ignominiae (m. infamiae) inrogare*
*C. 2,11,14 (Gord. III, a. 238): *ignominiae macula inrogans*
C. 2,11,20 (Diokl. u. Maxim., a. 290): *infamiae macula inroganda est*

(o) *maculam (maculā) existimationis (m. violati pudoris) adspergere (adspergi)*
*C. 2,11,17 (Gord. III, a. 242): *existimationis maculam (...) adspergere*
*C. 12,35,8 (Phil. Arab., s.a. [244–249]): *nulla existimationis macula adspergitur*
C. 9,41,11 (Diokl. u. Maxim., a. 290): *nulla violati pudoris macula adspergit*

(p) *labem pudoris contrahere*
*C. 2,11,15 (Gord. III, a. 239): *labem pudoris contrahit*
*C. 5,62,17 (Valer. u. Gall., a. 265): *labem pudoris contrahat*

(q) *opinio maculari, opinionem minuere*
*C. 9,35,3 (Gord. III, a. 239): *opinio tua maculata sit*
*C. 9,35,3 (Gord. III, a. 239): *minuendae opinionis tuae causa*

[B] Die Terminologie des guten Ansehens:

(r) *integra fama (dignitas, existimatio)*
C. 5,65,1 (Carac., a. 213): *integram famam*
C. 12,35,3 (Carac., s.a.): *integrae dignitatis*
C. 9,1,15 (Diokl. u. Maxim., a. 294): *existimatio integra*

(s) *inviolata (integra atque illibata) existimatio*
*C. 9,51,7 (Phil. Arab., s. a. [244–249]): *integram atque illibatam existimationem*
*C. 2,11,18 (Valer. u. Gall., a. 260): *integram existimationem illibatamque*
C. 9,9,20 (Diokl. u. Maxim., a. 290): *inviolatae existimationis*
C. 2,11,21 (Diokl. u. Maxim., a. 293): *inviolatam existimationem*

(t) *bona opinio*
*C. 5,43,6 (Gord. III, a. 238)

Auf den ersten Blick kann man zunächst einen weiten und andauernden Gebrauch durch die kaiserliche Kanzlei beobachten, der von den Severern bis auf Diokletian die herkömmliche Terminologie oft austauschbar benutzt. Dies betrifft die Begriffe *infamia*, *ignominia* und ihre Ableitungen sowie des Wortes *nota* [d] (zusammen mit den Verben *notare/-ri*). Der Bescholtene wird oft auch als *notatus* bezeichnet [l], weil er ursprünglich mit der zensorischen *nota* belegt wurde[33]. Der Terminus *ignominia* und seine Ableitungen sind als *termini technici* vorzugsweise in der militärischen Sprache benutzt, so etwa in Bezug auf die unehrenhafte Entlassung vom Heer (*missio* oder *solutio ignominiosa*). Um die Infamie, ihre Erteilung und den Status des *infamis* auszudrücken, werden auch zahlreiche Umschreibungen benutzt ([h], [j], [m]). Zu beobachten sind etwa Ausdrücke, wie z.B. *detrimentum (damnum, periculum) infamiae* (oder auch *existimationis* oder *famae*), die sich direkt auf die Strafe beziehen, mit der die Infamie zusammenhängt. Seit Septimius Severus und Caracalla werden anstatt des einfachen Adjektivs *infamis* bisweilen Umschreibungen wie *in numero infamium esse*, oder *inter infames haberi* bevorzugt. Identische Umschreibungen werden auch von einigen Juristen severischer Zeit und danach (wie Tryphonin[34], Papinian[35], Ulpian[36], Paulus[37], sowie der Pseudo-Paulus[38]) verwendet. Die Erteilung der Infamie wird generell mit den Verben *infamare* oder *infamem facere* [i] bzw. mit *irrogare* (*infamiam* usw.) [j] oder *notare* [l] ausgedrückt. Letzteres wird auch im prätorischen Edikt benutzt[39]. Im Passiv entsprechen den Verben *irrogare* und *notare* die Verben *subire* bzw. *notari*. Aus diesem Bild entfernen sich anscheinend die Ausdrücke, die statt der Infamie eher die *calumnia* erwähnen[40]: Es handelt sich aber, auch in diesem Fall, um einen, wenn auch elliptischen, Hinweis auf die spezifische *nota* der Infamie, mit der diejenigen belegt werden, die wegen Verleumdung verurteilt worden sind. Unter normalen Umständen hingegen, wird das Ansehen (*fama*) als *integra* ([r], [s]), oder auch *illibata, inviolata* [s] oder *bona* [t] bezeichnet.

---

33 S.o. A. 5.

34 D. 3,1,11,1.

35 D. 48,1,14; 50,1,15pr.; 50,2,5.

36 D. 3,2,2,2; D. 3,2,6pr.: *inter famosos habetur.*

37 D. 3,2,21.

38 PS 1,21,13 (zum *tempus lugendi* und seiner Nichtbeachtung): *infamium numero habetur.*

39 Wie die Kommentare *ad edictum* Julians (D. 3,2,1: *infamia notatur...*) und vor allem Ulpians (D. 3,1,1,5–7) belegen würden; viele Gelehrte sind aber der Meinung, dass es sich dabei um eine justinianische Interpolation handelt: s. Lenel 1881, 56 („das Edict ‚Infamia notatur, qui' [...] ein Unding, eine Unmöglichkeit ist"), 57 („die pompösen Worte ‚Infamia notatur' [...] nichts sind als eine Fälschung der Compilatoren"); Lenel 1927, 77; eine Behandlung der Frage in Wolf 2009, 84–86.

40 C. 9,1,15: *periculum calumniae* [e]; C. 9,9,6: *calumniae nota* [f]; C. 2,7,1: *calumnia notari* und C. 2,11,16: *ut calumniator notatus*, beide sub [l].

VI. Wie man aus dem oben geschilderten Schema ersehen kann, steht die Terminologie, die von der Kanzlei der Soldatenkaiser überwiegend verwendet wurde, um die Infamie auszudrücken, in Kontinuität zur vorausgehenden Epoche, und die rechtssetzenden Massnahmen verbleiben im Sog der Tradition. Die eben betrachteten Ausdrücke werden dann auch in den juristischen Schriften häufig verwendet: Zahlreich sind die Anwendungen von *infamia*, *fama*, *infamis* und *famosus*, sowie vom Verb *infamare*, ebenso von *ignominia* (überwiegend im militärischen Bereich) und *nota*, zusammen mit den entsprechenden Ableitungen. Häufig ist auch die Verwendung von *existimatio* (*integra* oder *inlaesa*), weniger dagegen von *opinio* und *pudor*, um den (guten) Ruf zu bezeichnen[41]. Neben dieser Kontinuität, kann man freilich gleichzeitig das Auftreten – oder wohl die ersten Vorläufer – eines neuen Phänomens beobachten: Seit Gordian und insbesondere in den Reskripten dieses Kaisers, erscheinen Zeichen einer zunehmenden Rhetorisierung der Sprache[42], die sich in der gesteigerten Verwendung von Synonymen, Metaphern und beschreibenden Ausdrücken zeigt. Damit kommt ein Stilideal zur Geltung, das eher Umschreibungen als die technische Terminologie bevorzugt, das die *variatio* und die *congeries*[43] mag und dadurch fast dramatische Züge zeigt. Insbesondere mit Blick auf die Infamie werden neue und stark moralisierende, ja verurteilende Töne verbunden: Sie wird jetzt als Makel (*macula ignominiae*, oder *infamiae*, oder *existimationis*, oder *violati pudoris*: [n] und [o])[44] oder sogar als *labes*, d.h. eine „Schändlichkeit, moralischer Verfall" (*l. pudoris*: [p])[45] bezeichnet. Dieser Ausdruck scheint vor allem in Bezug auf Fälle verwendet worden zu sein, die die Schamhaftigkeit betrafen – wie z.B. die Verletzung der Trauerzeit (*tempus lugendi*) durch eine Frau, oder die – verbotene – Ehe zwischen dem Vormund und seinem Mündel. Zu dem schon erweiterten Spektrum der Ausdrücke der Erteilung der Infamie treten die Verben *maculare* und *adspergere*

---

41 Es würde die Grenze dieses Beitrages überschreiten, hier die Ergebnisse der Kontrolle der juristischen Literatur wiederzugeben.

42 Auch von Honoré 1994, 60 beobachtet. Über die Anwendung der Rhetorik in den kaiserlichen Konstitutionen s. allgemein Honig 1960; Kussmaul 1981; Voss 1982. Von „différences formelles de style" spricht auch Wieacker 1971, 208. Was Vernay 1913, 269 f. im Bezug auf den Stil der Reskripten Diokletians sagt, passt eigentlich teilweise schon zu den Reskripten der Soldatenkaiser.

43 Die *congeries*, eine der rhetorischen Figuren, die benutzt wurde, um eine „Verstärkung" zu erreichen, besteht aus einer Häufung von Worten, auch synonym zueinander, und kann verwendet werden, um einen Begriff (positiv oder negativ) zu verstärken: Ein Beispiel dafür könnte *integra atque illibata existimatio* sub [s] sein.

44 Das Bild der *macula* wird nur sehr selten in den Juristenschriften benutzt wie in Bezug auf den vorherigen Status der *servitus* des Freigelassenen (D. 40,11,5,1 [Mod. 7 reg.]), die Position infolge der Verurteilung wegen eines *crimen* (D. 48,19,26 [Call. 1 de cogn.]) oder den Status *plebeius* des Vaters eines Dekurions (D. 50,2,2,2 [Ulp. 1 disp.]).

45 Die Worte *macula* und *labes*, die auf die Idee von Schmutz, Verfall und Kontamination hinweisen, als zur Würde entgegengesetzt, werden reichlich später in der spätantiken Gesetzgebung verwendet, vor allem im religiösen Gebiet.

([o], [q]) hinzu[46]. In den eben besehenen Fällen handelt es sich um eine Sprache, die (nach unseren Kenntnissen) keine Entsprechung in dem eher nüchternen Stil hat, der in der kaiserlichen Kanzlei *a libellis* bis zu den Severern und in der Jurisprudenz[47] bis auf sehr seltene Ausnahmen[48] benutzt wurde. Dieser Stil könnte auf eine Veränderung der Ausbildung des Personals in den Kanzleien deuten, die nunmehr stärker durch die Rhetorik geprägt war[49]. Aus diesem Stil kann man schliessen, dass das Reskript auch eine ideologische Botschaft mitteilen sollte, indem es den Akzent auf Werte oder ihre Verletzung setzte und dadurch eine gewisse „erzieherische" Funktion des Kaisers zum Ausdruck bringt. Was den Wortschatz der Infamie angeht kann man in den Reskripten der Soldatenkaiser insgesamt eine klare Fortsetzung der bestehenden Terminologie und insoweit Stabilität beobachten. Gleichzeitig ist es möglich, die ersten Zeichen einer gewissen Tendenz zur Rhetorisierung der Sprache, zur Anwendung einer Terminologie mit starkem Pathos zu beobachten. Diese Tendenz wird sich unter Diokletian verstärken[50], bis dass sie zu einer der charakteristischen Züge der spätantiken Gesetzgebung werden wird.

VII. Inhaltlich können die Reskripte, die für unsere Untersuchung relevant sind, in acht thematische Felder gegliedert werden: (1) Die sog. *actiones famosae*, d.h. diejenigen Klagen, bei denen die Verurteilung auch die Infamie nach sich zieht; (2) gewisse Strafen, die vom Richter erteilt werden, insbesondere die Prügelstrafe mit Stockschlägen und das Exil (beide potenziell infamierende Strafen); (3) die Wirkungen richterlicher Verfügungen (insbesondere der *interlocutio*), die keine Verurteilungen sind; (4) die Einführung eines öffentlichen Strafverfahrens (*iudicium publicum*) mit darauffolgendem Verzicht auf seine Fortsetzung; (5) die Diffamierung und der Schutz des Diffamierten; (6) besondere Aspekte der Vormundschaft und der Pflegschaft; (7) Ehe und Ehebruch; letztlich (8) die Entlassung aus dem Heer.

---

46 Noch ein Beispiel eines auftauchenden sprachlichen Phänomens ist die Verwendung des *Pluralis maiestatis* (s. Honoré 1994, 34).

47 Das obwohl in den Juristenschriften auf eine weitere terminologische Vielfalt zurückgegriffen wurde, wie Wolf 2009, 87; 89 schon beobachtet hat (eine Vielfalt, die aber von einer „undogmatische[n] Handhabung der ‚Bescholtenheit'" bezeugen würde: 89).

48 Die Untersuchung der Quellen wurde auf die *Institutiones* von Gaius und auf die Digesten beschränkt: D. 48,19,26 (Call. 1 de cogn.): *Crimen vel poena paterna nullam maculam filio infligere potest* (die Anspielung richtet sich *in primis* zur Infamie); D. 50,2,2,2 (Ulp. 1 disp.): *In avo quoque Papinianus idem respondit, ne patris nota filius macularetur* (obwohl hier die *nota* eher in dem Zustand des *plebeius* zu verstehen ist, im Sinne von jemandem, der nicht zur *ordo decurionum* gehört). Für Modestin ist auch die *servitus* eine *macula*: D. 40,11,5,1 (Mod. 7 reg.). Das Verb *adspergere* scheint nur einmal von Ulpian verwendet worden zu sein (D. 37,14,17,1 [Ulp. 11 ad l. Iul. et Pap.]: *notam adspersam patroni filio liberis eius nocere*).

49 Oder desselben *procurator a libellis* (*magister libellorum*), wenn man die Thesen Honorés akzeptiert, der ihn als eigentlichen Verfasser aller Reskripte sieht, die in seiner Kanzlei hergestellt wurden.

50 S. dazu die Bemerkungen von Vernay 1913, 265–266, 269–271, 274.

Um die Tendenzen in der Rechtssetzung der Soldatenkaiser zur Infamie feststellen zu können, und insbesondere die Frage beantworten zu können, ob eher eine Tendenz zur Kontinuität oder zur Erneuerung besteht, sind in einer synoptischen Tabelle die Reskripte der Soldatenkaiser (links) mit einer Auswahl anderer juristischen Quellen (rechts) verglichen worden. Letztere bestehen aus kaiserlichen Rechtssetzungen und Schriften der Jurisprudenz. Diese Texte sind oft auch eine mittelbare Quelle für andere juristischen Quellen, wie z.B. *senatusconsulta* oder das Edikt des Prätors.

1. *Actiones famosae*: Verurteilte und *pacti*

C. 2,11,18 (a. 260)
IDEM A. [= Valerianus et Gallienus] ANTIOCHO. *Non damnatos quidem dumtaxat iniuriae, sed pactos quoque perpetuum infamat edictum. Verum pactos eos demum, qui ullos adversariis nummos pro mala conscientia ex transactione numerassent, in hac causa placuit intellegi. Ceterum simplex eius rei gratia integram (adversariis C; pacti Mo) existimationem illibatamque conservat. Quod si iureiurando decisa contentio est, nemo dubitaverit, quin religionem absolutio iudicantis sequatur.* PP. XIIII KAL. IAN. SAECULARE II ET DONATO CONSS.

a) D. 3,2,1 (Iul. 1 ad ed.)
Praetoris verba dicunt: „infamia notatur (...) qui furti, vi bonorum raptorum, iniuriarum, de dolo malo et fraude suo nomine damnatus pactusve erit (...).

b) D. 3,2,5 (Paul. 5 ad ed.)
Quoniam intellegitur confiteri crimen qui paciscitur.

c) Gai. 4,182
Quibusdam iudiciis damnati ignominiosi fiunt, veluti furti, vi bonorum raptorum, iniuriarum (...). Sed furti aut vi <bonorum> raptorum aut iniuriarum non solum damnati notantur ignominia, sed etiam pacti, ut in edicto praetoris scriptum est.

d) D. 12,2,9,2 (Ulp. 22 ad ed.)
Si damnetur quis post iusiurandum ex famoso iudicio, famosum esse magis est.

Das 260 n. Chr. erlassene Reskript von Valerian und Gallienus[51] beginnt mit einem expliziten Hinweis auf den Wortlaut des prätorischen Edikts. Danach werden, wenn eine *actio iniuriarum* (die eine *actio famosa* ist) erhoben worden ist, nicht nur die Verurteilten mit Infamie belegt, sondern auch die sog. *pacti*, das heißt diejenigen, die eine Verurteilung vermieden haben, indem sie einen Vergleich mit der Gegenpartei geschlossen und ihr eine Geldsumme gezahlt haben. Die Entscheidung der Kaiser beschränkt sich in diesem Fall darauf, die Rechtsfolge anzuwenden, die schon im prätorischen Edikt vorgesehen war. Zudem erklärt sie, wer als *pacti* zu verstehen sind. Bei dieser Gelegenheit berücksichtigen die Kaiser auch die möglichen Wirkun-

51 Obwohl die *inscriptio* der Konstitution (*Idem A.*) sich auf Kaiser Gordian zu beziehen scheint, ist sie anhand der *subscriptio* eher zu den *Impp. Valerianus et Gallienus AA. et Valerianus C.* zuzuschreiben (vgl. die *editio minor* des Codex Iustinianus Paul Krügers [rist. anast. ed. 13, Berolini 1973] a.h.l. A. 5).

gen anderer Möglichkeiten der Verfahrensbeendigung: Falls der Angeklagte z.B. eine *gratia simplex* genossen hat, wird er sein integres Ansehen behalten, wird also nicht mit Infamie belegt. Falls der Streit infolge eines Eides (*iusiurandum*) entschieden worden ist, wird der Richter nach seinem Gewissen (*religio*) den Angeklagten freisprechen können. Die hier relevanten Bestimmungen des Edikts[52] sind uns hauptsächlich durch die Zitate von Julian (a) und Gaius (c) bekannt, die den prätorischen Katalog derjenigen wiedergeben, die *infamia notantur*[53] (oder *ignominiosi fiunt*). Die *pacti* sind auch für bescholten zu halten, weil wie der Jurist Paulus erklärt (b) der Vergleich einem Geständnis gleichkommt. In seinem Kommentar der einzelnen Teile dieses Edikts erklärt schliesslich Ulpian[54], dass das *pactum* die Zahlung einer Geldsumme implizieren muss, und keine Infamie mit sich bringt, wenn der Vergleich auf Befehl des Prätors geschlossen wurde[55]. Was die Möglichkeit angeht, dass im Laufe eines *iudicium famosum* ein *iusiurandum* abgelegt wurde, sieht Ulpian (d) die Infamie dagegen nur dann vor, wenn dem Eid eine Verurteilung folgte. Zu diesem Punkt beschränkt sich die Konstitution Valerians und Gallienus darauf, dem Richter die Wahl zu lassen, den Angeklagten frei zu sprechen. Insgesamt befindet sich die Entscheidung des Valerian und Gallienus auf einer Linie mit dem, was schon im prätorischen Edikt stand und von der Jurisprudenz vertreten wurde.

2. Strafen vom Richter infolge eines *iudicium publicum*

a) Prügelstrafe mit Stockschlägen

Über die Strafe der Stockschläge (*ictus fustium*) sind uns zwei Reskripte von Gordian III. überliefert, der aufgefordert wurde, klar zu stellen, ob in den Fällen, die ihm vorgelegt wurden, die Erteilung einer solchen Strafe durch den Richter zur Infamie des Bestraften führe.

52 Lenel 1927, VI § 16: *Qui nisi pro certis personis ne postulent.*

53 Lenel 1927, 77, von den meisten, darunter auch Wolf 2009, 84–86, gefolgt, hält die Worte *infamia notatur* für eine Interpolation.

54 D. 3,2,2; 4; 6.

55 D. 3,2,6,3 (Ulp. 6 ad ed.): *„Pactusve" inquit „erit": pactum sic accipimus, si cum pretio quantocumque pactus est. ... qui iussu praetoris pretio dato pactus est, non notatur.*

C. 2,11,14 (a. 238) [= Append. LRV I,1: C.Greg. 1,12,33, tit. *De postulando*]

IMP. GORDIANUS A. IOVINO. *Nullam existimationis infamiam avunculus tuus pertimescat, ictibus fustium subiectus ob crimen habita quaestione, si sententia non praecessit ignominiae maculam inrogans.* PP. VI KAL. SEPT. PIO ET PONTIANO CONSS.

C. 2,11,16 (a. 240)

IDEM A. [= Gordianus] DOMITIANO. *Fustibus caesum, cui per praeconem ita dictum est:* ‚κατηγορίαν ἄνευ τινὸς δικαίας ὑποστάσεως οὕτως ἀγενὴς ὑπάρχων μὴ ἐνίστασο' *ut calumniatorem videri notatum ideoque esse famosum manifestum est.* PP. III KAL. AUG. SABINO ET VENUSTO CONSS.

a) D. 3,2,22 (Marcell. 2 de iud. publ.)

Ictus fustium infamiam non importat, sed causa, propter quam id pati meruit, si ea fuit, quae infamiam damnato irrogat. In ceteris quoque generibus poenarum eadem forma statuta est.

b) C. 2,11,8 (a. 205)

IDEM A. [= Antoninus] ULPIAE. *Furti si condemnata es, citra verbera quoque fustium famae damnum subiisti. Quod si res furtiva, quam alter subripuit apud te ignorantem comperta est, non laesit existimationem tuam sententia durior.* PP. X KAL. MART. ANTONINO ET GETA UTRIUSQUE II CONSS.

c) D. 3,2,1 (Iul. 1 ad ed.)

Praetoris verba dicunt: „infamia notatur (...) qui in iudicio publico calumniae (...) causa quid fecisse iudicatus est".

d) D. 3,2,4,4 (Ulp. 6 ad ed.)

Calumniator ita demum notatur, si fuerit calumniae causa damnatus (...).

Das erste Reskript (C. 2,11,14)[56], das auf Anregung des Neffen des Verurteilten erlassen wurde, betrifft den Fall einer Person, die wegen eines hier nicht benannten *crimen* (jedenfalls im Rahmen eines *iudicium publicum*) verurteilt und mit Stockschlägen bestraft wurde. In der Antwort auf die Frage, ob eine solche Person als infam zu gelten habe, präzisiert der Kaiser, dass die Anordnung von Stockschlägen an sich nicht genüge, um von Infamie auszugehen, sondern dass diese durch das richterliche Urteil auferlegt werden müsse. Das zweite Reskript von Gordian bezieht sich auf einen Fall, der in einem griechischsprachigen Teil des Reiches geschehen war. Diesmal waren die Stockschläge als Strafe für eine grundlose Klage erteilt worden, die ein Herold (*praeco*) öffentlich verkündet hatte. Im prätorischen Edikt (c), war die Erhebung einer grundlosen, oder auch nicht belegbaren Klage eine Straftat (*calumnia*, Verleumdung), die die Infamie des Verleumders mit sich brachte. Die öffentliche Verkündung der Strafe spielte offenbar, wenn auch implizit an diese Bestimmung an, so dass die Verurteilung zur Infamie des Verleumders führen konnte. Der Bestrafte galt daher nicht wegen der Stockschläge als bescholten, sondern wegen der *causa damnationis*. Bekanntlich unterschieden die römischen Juristen im Rahmen einer *summa divisio* zwischen Strafen gegen das *caput* des Verurteilten, das heißt solchen, die den Verlust des Lebens und/oder des Bürgerrechts zur Folge hatten, und denjenigen Strafen gegen seine *existimatio*, die zur Infamie führten. Für manche Strafen

56 Dazu auch LEVY 1936, 82.

galt eine Kombination der zwei Wirkungen[57]. So konnten insbesondere Stockschläge die im Rahmen eines *iudicium publicum* gewöhnlich gegen niederrangige freie Personen erteilt ausgesprochen wurde[58], entweder als einzige Strafe erteilt werden, um leichtere Vergehen zu bestrafen[59], oder als zusätzliche Strafe zusammen mit weiteren schwereren Strafen, wie z.B. Exil oder Zwangsarbeit.

Hinsichtlich der Wirkungen bestand unter den Juristen Zweifel, ob die Stockschläge unter den Strafen gegen die *existimatio* einzuordnen waren, die die Infamie mit sich brachten. Manche Juristen waren dafür: So wird zum Beispiel im Katalog von Callistratus der *ictus fustium* den infamierenden Strafen zugeordnet[60]. Allgemeiner aber hatte sich die Meinung durchgesetzt, dass die Anordnung von Stockschlägen als solche nicht infamierend wirkte. Dieses Prinzip wird z.B. von Marcellus ganz klar ausgedrückt, wenn er schreibt (a): „Nicht der *ictus fustium* ist es, der die Infamie mit sich bringt, sondern der Rechtsgrund, aufgrund dessen diese Strafe vom Richter erteilt wurde". Der Jurist fügt hinzu, dass dasselbe Prinzip auch für andere Strafen gelte. Diesem Prinzip folgt auch ein Reskript des Caracalla 205 n. Chr. (b), demzufolge die Infamie aufgrund der Art der festgestellten Straftat eintrete, nicht aber deshalb, weil Stockschläge als Sanktion angeordnet worden seien. Im ersten der von Caracalla in Betracht gezogenen Fälle, gilt die Frau als bescholten, weil sie aufgrund einer *actio furti*, nämlich einer *actio famosa*, verurteilt wurde, und nicht wegen der angeordneten Strafe der *verbera fustium*. Auch in den zwei Reskripten Gordians liegt der Unterschied darin, dass die Strafe der Stockschläge im zweiten Fall für eine Tat ausgesprochen wurde, die Infamie nach sich zog. Damit entfernen sich die Reskripte des Gordian, die dem *ictus fustium* allein die infamierende Wirkung absprechen, nicht von dem, was sich im klassischen Recht als Prinzip etabliert hat.

---

57 Das ist z.B. der Fall des Exils: D. 50,13,5,3 (*Call. 1 de cogn.*): *Consumitur vero* [scil. *existimatio*], *quotiens magna capitis minutio intervenit, id est cum libertas adimitur: veluti cum aqua et igni interdicitur, quae in persona deportatorum evenit, vel cum plebeius in opus metalli vel in metallum datur* (...).

58 D. 47,10,45 (Hermog. 5 epit.): *De iniuria nunc extra ordinem ex causa et persona statui solet.* (...) *liberi vero humilioris quidem loci fustibus subiciuntur* (...); D. 48,19,28,2 (Call. 6 de cogn.): *Non omnes fustibus caedi solent, sed hi dumtaxat qui liberi sunt et quidem tenuiores homines: honestiores vero fustibus non subiciuntur, idque principalibus rescriptis specialiter exprimitur.*

59 D. 48,2,6 (Ulp. 2 de off. proc.): *Levia crimina audire et discutere de plano proconsulem oportet et vel liberare eos, quibus obiciuntur, vel fustibus castigare vel flagellis servos verberare.*

60 Der Katalog bietet einen systematischen Überblick der zwei Hauptkategorien von Strafen: Die *capitales* und die *ad existimationem*: D. 48,19,28pr.-1 (Call. 6 de cogn.): *Capitalium poenarum fere isti gradus sunt. Summum supplicium esse videtur ad furcam damnatio. Item vivi crematio* (...) *Item capitis amputatio. Deinde proxima morti poena metalli coercitio. Post deinde in insulam deportatio.* 1. *Ceterae poenae ad existimationem, non ad capitis periculum pertinent, veluti relegatio ad tempus, vel in perpetuum, vel in insulam, vel cum in opus quis publicum datur, vel cum fustium ictu subicitur.*

b) Exil

Ebenfalls dem Thema des Verhältnisses zwischen Strafen und *infamia* ist ein Reskript von Philippus Arabs zum Exil gewidmet. Da der Ausfall der *subscriptio* keine präzise Datierung erlaubt, muss die Massnahme zwischen August 244 – nachdem der Sohn von Philippus, auch Philippus (*iunior*) genannt, als Cäsar ernannt wurde – und dem Sommer 247, als derselbe zum *Augustus* ernannt wurde[61], entstanden sein. Aus dem Text des an einen gewissen Cassius adressierten Reskriptes entnehmen wir, dass der Kaiser selbst zuvor durch eine allgemeine *indulgentia* die Rückkehr aller Verbannten und Deportierten vorgesehen hatte. Dieser Strafnachlass führte aber zu dem Problem, ob auch die Wiedereinsetzung in den vorigen Stand für die Begnadigten gewollt sei. Philippus Arabs stellt klar, dass seine Massnahme nur die Rückkehr erlaube, die Begünstigten aber nicht in ihrer früheren Stellung zurückkehrten und auch nicht ihren Leumund wiedererhielten:

C. 9,51,7 (s.a. [244–247])
Imp. Philippus A. et Philippus C. Cassio. *Generalis indulgentia nostra reditum exsulibus seu deportatis tribuit, non etiam loca militiae pridem adempta concessit neque integram atque illibatam existimationem reservavit* [reseravit? Mo.].

a) D. 3,1,8 (Pap. 2 quaest.)
(...) *Divus quoque Hadrianus rescripserat de exilio reversum postulare posse. Nec adhibetur distinctio, quo crimine silentium vel exilium sit irrogatum, ne scilicet poena tempore determinata contra sententiae fidem ulterius porrigatur.*

Die Dauer des Exils konnte genauso wie die *deportatio* und die *relegatio in insulam perpetuum* oder zeitlich begrenzt (*ad tempus*) sein: In beiden Fällen aber handelte es sich um eine Strafe, die allgemein die Infamie des Verurteilten nach sich zog[62]. Die Dauer der Infamie entsprach aber der des Exils selbst: Wenn dieses *ad tempus* vorgesehen war, sollte die Person am Ende nicht mehr bescholten sein und durfte wieder *postulare* und öffentliche Ämter bekleiden. Das Prinzip wird beschränkt auf die *postulatio* in einem (von Papinian zitierten: [a]) Reskript Hadrians klar ausgedrückt. Es soll daher nicht überraschen, dass vom Antragsteller erwartet wurde, sein Ansehen und Amt (*militia*) wiederzuerlangen. Der Kaiser lehnt das Begehren freilich ab: Die Verbannten dürften zwar zurückkehren, blieben aber infam und dürften nicht an die

61 Wahrscheinlich in den ersten zwei Jahren seiner Regierung, in denen sich eine intensivere gesetzgeberische Aktivität aufweist. Die letzten Jahre wurden allerdings von den militärischen Feldzügen in Anspruch genommen.

62 S.o. A. 60. Es fehlt aber nicht an Ausnahmen, die vom Kaiser unter besonderen Bedingungen vorgesehen wurden. Ein Beispiel für das *exilium temporarium* ohne Infamie (aufgrund der Übermäßigkeit der erteilten Strafe) befindet sich in einer Konstitution von Septimius Severus und Caracalla (C. 2,11,4 [a. 198]: Impp. Severus et Antoninus AA. Venustiano. *Si Posidonium in tempus anni relegatum secundum sententiam non excessisse proconsulis probaveris, quinque annis exilio temporario damnandum inter infames haberi non oportet, quando sententiae severitas cum ceteris damnis transigere videatur*. PP. VI kal. Mart. Saturnino et Gallo conss.).

Stellen zurückkehren, die sie vorher innehatten. Diese Massnahme, die in diesem Fall der traditionellen Disziplin des Exils widerspricht, ist offenbar kontingent und stellt eine Ausnahme dar: Auch wenn Philippus die Verurteilten aus dem Exil zurückgerufen hat, wohl um einen seiner Siege oder den Aufstieg auf den Thron zu feiern, vermied er es dennoch, ihr Ansehen wiederherzustellen und sie wieder in ihre Ämter einzuweisen. Die Gründe einer solchen Entscheidung kennen wir nicht.

3. Richterliche Verfügungen, die keine Verurteilung sind: die *interlocutio*

Eine der Fragen, die der Kanzlei Gordians III. und, ungefähr vierzig Jahre später, der von Carinus und Numerianus gestellt wurde, war, ob Infamie auch aus richterlichen Verfügungen folgen konnte, die keine Verurteilungen waren. In den untersuchten Reskripten handelt es sich um eine *interlocutio*. In beiden Fällen wird die Frage verneint.

C. 2,11,17 (a. 242)
IDEM A. [= Gordianus] MAGNO. *Verbum precibus insertum potius verecundiam onerare, quam ullam existimationis maculam videtur adspergere. Etenim cum non causa cognita dictum est συκοφαντεῖς, sed ad postulatum patroni interlocutione iudicis responsum sit, nequaquam hoc infamiam inrogat.* PP. VIII KAL. OCT. ATTICO ET PRAETEXTATO CONSS.

C. 2,11,19 (a. 284)
IMPP. CARINUS ET NUMERIANUS AA. ARISTOCRATI. *Interlocutio praesidis, quae indicta est, infamem eum de quo quaeris fecisse non videtur, cum non specialiter ob iniuriam vel admissam vim condemnatus, sed ita praesidis verbis gravatus est et admonitus, ut ad melioris vitae frugem se reformet.* PP. XVII KAL. FEBR. CARINO II ET NUMERIANO AA. CONSS.

a) D. 3,2,13,6 (Ulp. 6 ad ed.)
Quantum ad infamiam pertinet, multum interest, in causa quae agebatur causa cognita aliquid pronuntiatum sit an quaedam extrinsecus sunt elocuta: nam ex his infamia non irrogatur.

Eine *interlocutio* bestand bisweilen in einer oft mündlichen Verfügung des Richters[63]. Auch der Kaiser konnte in den Streitigkeiten, die von ihm entschieden wurden, *interlocutiones de plano* erteilen[64]. Die *interlocutio* beinhaltet gewöhnlich Vorentscheidungen, die

63 Vgl. den Tit. 42,1 der Digesten (*De re iudicata et de effectu sententiarum et de interlocutionibus*).
64 Die *interlocutio* wird in den Katalogen der Arten kaiserlicher Konstitutionen genannt, vgl. D. 1,4,1,1 (Ulp. 1 inst.): *Quodcumque igitur imperator per epistulam et subscriptionem statuit vel cogno-*

der Fortführung des Verfahrens dienten, oder Ermahnungen des Angeklagten[65]. In dem Fall, auf den sich die Konstitution Gordians bezieht, die erneut eine Antwort auf eine Frage aus den östlichen Provinzen zu sein scheint, ist eine *interlocutio* von einem Richter erteilt, die das Wort „Verleumder“ (συκοφαντεῖς) enthält. Auf die Frage, ob eine solche Verfügung genüge, um die Adressaten als Verleumder zu verurteilen, und daher infam werden zu lassen, erteilt der Kaiser eine negative Antwort: Die Äusserung sei *non causa cognita* erteilt; die *interlocutio* sei nur die Antwort auf eine Anfrage des Verteidigers und habe weder entscheidende noch bestrafende Natur. Daher könne sie die Infamie nicht begründen. Da die Worte der *interlocutio* eine bloße Ermahnung darstellten, hätten sie allenfalls das Ansehen „belastet“ (*onerare*), keinesfalls aber beeinträchtigt.

In die gleiche Richtung weist die Antwort der Kaiser Carinus und Numerianus (C. 2,11,19)[66] an Aristocrates, der sich im Interesse einer dritten Person an die Kaiser gewandt hatte. Diesmal handelt es sich um die *interlocutio* eines *praeses* (*provinciae*): Auch diese *interlocutio* gilt nach Meinung der beiden Kaiser als bloße Ermahnung (*ut ad melioris vitae frugem se reformet*) des Adressaten. Da diese Verfügung somit keine Verurteilung wegen *iniuria* oder *vis admissa* (beide infamierende Klagen) darstelle, werde der Adressat auch nicht infam. Das Problem infamierender Wirkungen einer *interlocutio* war bereits in der klassischen Rechtsliteratur erörtert worden. Insbesondere hatte Ulpian (a) in seinem Kommentar zum Edikt *de postulando*[67] den Akzent auf die Natur dieser Verfügung und auf ihren Kontext gesetzt, indem er zwischen einer Aussprache *causa cognita* (d.h. das Urteil) und dem, was ausserhalb der *cognitio* (*extrinsecus*) erlassen wurde, unterschied. Da die *interlocutio* ausserhalb der *cognitio* erfolge, könne sie die Infamie nicht mit sich bringen. Auch der im Reskript Gordians geschilderte Unterschied zwischen Infamie und einer bloßen Belastung des Ansehens stellt keine Neuigkeit dar, weil dieser Unterschied bereits in der klassischen Jurisprudenz anerkannt war: So bezieht sich zum Beispiel Papinian auf diese Unterscheidung, wenn er ein von einem *praeses provinciae* gefälltes Urteil auslegt[68].

---

scens decrevit vel de plano interlocutus est vel edicto praecepit, legem esse constat. Haec sunt quas vulgo constitutiones appellamus. Zur *interlocutio* vgl. Nörr 1983.

65 Ein Beispiel bietet Paulus anhand des *praefectus vigilum* in D. 1,15,3,1 (Paul. l. sing. de off. praef. vig.) an: *Cognoscit praefectus vigilum de incendiariis effractoribus furibus raptoribus receptatoribus,* (...) *Et quia plerumque incendia culpa fiunt inhabitantium, aut fustibus castigat eos qui neglegentius ignem habuerunt, aut severa interlocutione comminatus fustium castigationem remittit*. Die strenge *interlocutio* stellt sich hier der Erteilung der Prügelstrafe mit Stockschlägen entgegen.

66 Eine knappe Analyse des Reskripts auch in Watson 1973, insb. 32.

67 So Lenel 1889, 2, 274–291, insb. 288.

68 D. 3,2,20 (Pap. 1 resp.): *Ob haec verba sententiae praesidis provinciae „callido commento videris accusationis instigator fuisse“ pudor potius oneratur, quam ignominia videtur irrogari: non enim qui exhortatur mandatoris opera fungitur*.

4. Einführung eines *iudicium publicum* und folgender Verzicht

Ein weiteres Problem prozessrechtlicher Natur in den Reskripten Gordians bildet der Verzicht einer Person auf die Fortführung der Klage, nachdem sie das *iudicium publicum* eingeleitet hat, und sowohl die *subscriptio in crimen* vorgenommen als auch der Bürge bestellt worden sind (*fideiussor de exercenda lite*). Dieser Fall wird dem Kaiser nicht vom Kläger vorgestellt, sondern von Seiten des Bürgen, der sich um den Umfang der eingegangenen Haftung sorgt. Gordian beruhigt ihn: Der *fideiussor* hafte nur innerhalb der Grenzen dessen, was ursprünglich in der *stipulatio* vorgesehen war. Bei dieser Gelegenheit betont der Kaiser, dass der Kläger, der in diesem Stadium auf die Fortführung der Klage verzichtet habe, nach dem Ermessen des Richters mit Infamie zu belegen und *extra ordinem* zu bestrafen sei.

C. 9,45,2 (a. 239)
IMP. GORDIANUS A. APPIO. *Si pro eo, qui in crimen subscripsit, fidem tuam adstrinxisti isque destitit et commissa stipulatio est, non ultra quantitatem quam spopondisti obligatus es: eo qui destitit infamia nihilo minus notando et extra ordinem secundum iudicialem motum puniendo.* PP. VI ID. IUN. GORDIANO A. ET AVIOLA CONSS.

a) C. 9,1,3 (a. 222)
IMP. ALEXANDER A. RUFO. *Qui crimen publicum instituere properant, non aliter ad hoc admittantur, nisi prius inscriptionum pagina processerit et fideiussor de exercenda lite adhibitus fuerit. 1. Sin vero post satisdationem praesentes non fuerint, edicto admonendi sunt, ut veniant ad causam agendam, et si non adfuerint, non solum extra ordinem puniendi sunt, sed etiam sumptus, quos in eam rem et circa ipsum iter ad litem vocati fecerunt, dependere coguntur.* PP. III NON. FEBR. ALEXANDRO A. CONS.

b) D. 5,1,10 (Ulp. 10 ad ed.)
Destitisse videtur non qui distulit, sed qui liti renuntiavit in totum: desistere enim est de negotio abstinere, quod calumniandi animo instituerat.

c) D. 3,2,1 (Iul. 1 ad ed.)
Praetoris verba dicunt: „infamia notatur (...) qui in iudicio publico calumniae praevaricationisve causa quid fecisse iudicatus erit“.

Der Verzicht auf die Fortführung der Klage in einem *iudicium publicum* wurde schon 61 n. Chr. vom *SC Turpillianum* geregelt[69], das eine Kontrolle über die Erhebung der Klage in einem Strafverfahren einführte. Der Verzicht konnte als *calumnia* verurteilt werden, und für den Kläger zu Infamie führen. Ein ähnlicher Fall wie der vorliegende wurde schon einige Jahre zuvor in einem Reskript von Caracalla (C. 9,45,1) und in einem von Severus Alexander (a) entschieden. In diesem Reskript wird das Vorgehen

69 Dazu eingehend FANIZZA 1988, 41–91. S. auch PIETRINI 1996, 25, 34–49; CENTOLA 1999, 69–94.

bei Einleitung eines *iudicium publicum* anschaulich beschrieben: Zunächst sei eine *inscriptio* vorzunehmen, sodann sei ein *fideiussor de exercenda lite* zu bestellen, um die Fortführung der Klage zu gewährleisten. In diesem Stadium sei man verpflichtet, vor dem Richter zu erscheinen: Komme man dieser Pflicht nicht nach, werde der Richter den Kläger mittels Edikt laden. Komme der Kläger auch dieser Einladung nicht nach, werde er *extra ordinem* bestraft und müsse die Ausgaben der Angeklagten (*vocati ad litem*) tragen[70]. Im Reskript des Severus Alexander ist von Infamie nicht die Rede. Allerdings hatten das *SC Turpillianum* und die Juristen wie aus Ulpians Bemerkung hervorgeht (b) schon zuvor den Verzicht auf den Streit mit der Verleumdung gleichgestellt. Ob auch Alexander die Infamie implizierte, kann man nicht mit Gewissheit sagen; Gordian sieht sie jedenfalls ausdrücklich vor.

5. Diffamierung

Kaiser Gordian wurde zudem ein Fall der Diffamierung vorgebracht: Einige Leute hätten behauptet, der Urheber der Anklage, ein gewisser Donatus, sei ein Denunziant (*veluti delatorem*). Das wird vom Opfer bestritten, das sich an den Kaiser wendet, um zu erfahren, wie man sich gegen solche Anschuldigungen verteidigen könne, und wohl auch um sich zu vergewissern, nicht infam geworden zu sein. Gordian versichert ihm: Wenn er wirklich keine Anzeige erstattet habe – wovon er offensichtlich von seinen Verleumdern beschuldigt worden war –, sei sein Ansehen von diesen grundlosen Beschuldigungen nicht befleckt worden (*maculata*). Um sich gegen die Leute zu verteidigen, die das getan hätten, um seinem Ansehen zu schaden, könne er die *actio iniuriarum* erheben.

C. 9,35,3 (a. 239)

IMP. GORDIANUS A. DONATO. *Si non es nuntiator, vereri non debes, ne eapropter, quod iniuriae faciendae gratia quidam te veluti delatorem esse dixerunt, opinio tua maculata sit. Quin immo adversus eos, quos minuendae opinionis tuae causa aliquid confecisse comperietur, more solito iniuriarum iudicio experiri potes.* PP. II ID. IUL. GORDIANO A. ET AVIOLA CONSS.

a) D. 47,10,15,25 e 27 (Ulp. 57 ad ed.)

Ait praetor: „Ne quid infamandi causa fiat. Si quis adversus ea fecerit, prout quaeque res erit, animadvertam". (...) 27. *Generaliter vetuit praetor quid ad infamiam alicuius fieri. Proinde quodcumque quis fecerit vel dixerit, ut alium infamet, erit actio iniuriarum.*

Die Diffamierung (*infamatio*) war eine widerrechtliche Verletzung der *fama*. Schon in den Zwölftafeln vorgesehen (tab. 8,1b), war sie auch im Edikt des Prätors unter die *iniuria* eingeordnet und wurde mittels *actio iniuriarum* geahndet (a). In seinem

70 Die Sequenz *in crimen subscriptio, accusatio* und *sententia* ist auch in C. 9,20,3 (a. 224) deutlich dargestellt.

Reskript beschränkt sich Gordian daher darauf, das anzuwenden, was schon im prätorischen Edikt steht.

6. Vormundschaft und Pflegschaft

a) *actio suspecti tutoris* und Entfernung von der Vormundschaft

Wir betreten jetzt das weite Feld der Vormundschaft und Pflegschaft mit zunächst zwei Reskripten (von Gordian sowie von Valerian und Gallienus) zur *actio suspecti tutoris*[71]. Vom ersten Reskript ist für unsere Untersuchung nur der letzte Teil relevant, demzufolge auch *infames* eine solche Klage im Namen des Mündels erheben dürfen. Das zweite Reskript betrifft hingegen den Vormund, der aufgrund einer *actio suspecti tutoris* verurteilt worden war, und für den die Infamie vorgesehen war. Die Erteilung der Infamie war aber keine notwendige Folge der Klage. Sie ergab sich eher aus den Gründen, die für die Entfernung aus dem Amt relevant gewesen waren. Valerian und Gallienus erklären, dass, wenn der Vormund wegen Armut entfernt worden sei, dieser als unbescholten zu gelten habe; liege aber eine arglistige Handlung vor, werde er mit Infamie belegt.

C. 5,43,6 (a. 238)

IMP. GORDIANUS A. FELICI. *Pietatis fungeris munere, qui fratris tui filios, ut necessitudo sanguinis suadet, protegere conaris* 1. *Si igitur tutores vel curatores eorum non recte administrant, suspectis eis postulatis atque ostensis, ut alii in loco eorum constituantur, facile impetrabis.* 2. *Quod si nihil in fraudem egerunt, verum ita egeni sunt, ut in eorum administratione fratris tui filiorum substantia periclitetur, an eis iniungendus sit curator, qui idoneis facultatibus sit, rector provinciae aestimabit.* 3. *Removendi autem licentia non solum parentibus utriusque sexus, sed etiam cognatis et extraneis et infamibus et ipsi cuius res administrantur, si non impubes sit, arbitrio cognatorum bonae opinionis constitutorum conceditur.* PP. V ID. NOV. PIO ET PONTIANO CONSS.

a) D. 3,1,1 pr.-1; 5–6 (Ulp. 6 ad ed.)

pr. *Hunc titulum [= de postulando] praetor proposuit habendae rationis causa suaeque dignitatis tuendae et decoris sui causa, ne sine delectu passim apud se postuletur.* 1. *Eapropter tres fecit ordines: nam quosdam in totum prohibuit postulare, quibusdam vel pro se permisit, quibusdam et pro certis dumtaxat personis et pro se permisit.* (...) 5. *Secundo loco edictum proponitur in eos, qui pro aliis ne postulent: in quo edicto excepit praetor sexum et casum, item notavit personas in turpitudine notabiles.* (...) 6. *Sed est aequissimum, si tutelam vel curam huiusmodi personae administrent, postulare eis pro his, quorum curam gerunt, concedi.*

71 Eine sehr anschauliche didaktische Darstellung der *actio suspecti tutoris* bietet Ulpian in seinem Ediktkommentar (D. 26,10,1 [Ulp. 35 ad ed.]).

C. 5,42,2 (a. 260) [+ C. 5,36,4]
Idem AA. [= Valerianus et Gallienus] et Valerianus C. Euploio. *Et eum tutorem qui superest, si secundum praesidis praeceptum et iuris formam satis non dat, removeri a tutela (si inopia hoc faciat, sine infamia, si fraude, etiam cum nota) aditus provinciae rector iubebit: et in locum defunctorum alios idoneos substitui praecipiet, praesertim cum patrimonium pupilli nova hereditate auctum esse proponas.* 1. (...). PP. id. Mai Saeculare et Donato conss.

b) D. 3.1.1.11 (Ulp. 6 ad ed.)
Deinde adicit praetor: „pro alio ne postulent praeterquam pro parente, patrono patrona, liberis parentibusque patroni patronae": (...). Item adicit: „liberisve suis, fratre sorore, uxore, socero socru, genero nuru, vitrico noverca, privigno privigna, pupillo pupilla, furioso furiosa".

c) D. 26,10,4 pr.-1 (Ulp. 1 de omn. tribun.)
Hae enim causae faciunt, ut integra existimatione tutela vel cura quis abeat. 1. *Decreto igitur debebit causa removendi significari, ut appareat de existimatione.*

d) D. 26,10,3,18 (Ulp. 35 ad ed.)
Qui ob segnitiam vel rusticitatem inertiam simplicitatem[72] *vel ineptiam remotus sit, in hac causa est, ut integra existimatione tutela vel cura abeat.*

e) D. 1,12,1,7 (Ulp. l. sing. de off. praef. Urbi)
Solent ad praefecturam urbis remitti etiam tutores sive curatores, qui male in tutela sive cura versati graviore animadversione indigent, quam ut sufficiat eis suspectorum infamia: quos probari poterit vel nummis datis tutelam occupasse, vel praemio accepto operam dedisse ut non idoneus tutor alicui daretur, vel consulto circa edendum patrimonium quantitatem minuisse, vel evidenti fraude pupilli bona alienasse.

Die *actio suspecti tutoris* war eine im Edikt des Prätors vorgesehene Klage[73], die man gegen den Vormund (bzw. den Kurator) erhob, wenn befürchtet wurde, dass er die Vormundschaft (bzw. Pflegschaft) schlecht verwaltete, oder auch nur, dass sein Vermögen ungenügend war, um eine gute Verwaltung zu sichern. Da dieser Tatbestand als *crimen* galt (*c. suspecti*)[74], durfte die Klage von jedermann erhoben werden[75], sogar von Frauen[76]. Wie schon bemerkt, verbot das Edikt des Prätors allgemein den

72 Mommsen empfiehlt, im Apparatus criticus a.h.l., die Worte *inertiam simplicitatem* herauszustreichen: Die Konjektur ist plausibel, weil diese Worte nichts anderes als geläufigere Synonyme für die raffiniertere *segnitiam vel rusticitatem* sind.

73 Ulpian (D. 26,10,1pr.) bezeichnet sie als *clausula* [scil. *edictalis*] *et frequens et pernecessaria*, derer man sich fast tagtäglich bediente. Lenel 1927, 318, hält den Satz für interpoliert, und die Klausel in Wirklichkeit für allgemeiner formuliert.

74 Die Wurzel der Klage weist auf die Zwölftafeln zurück (Ulp. D. 26,10,1,2). Die modernen Rekonstruktionen stellen diesen Satz in tab. 20a. Eine ältere Studie zur *actio suspecti tutoris*: Laprat 1926.

75 Ulp. D. 26,10,1,6 bezeichnet sie als eine Klage *quasi publica*, die *omnibus* zusteht.

76 Ulp. D. 26,10,1,7.

Bescholtenen die *postulatio pro alii*, ließ aber gleichzeitig einige Ausnahmen zu, die ausdrücklich aufgelistet waren. Eine dieser Ausnahmen betraf die Vormundschaft (bzw. Pflegschaft): Da es einem Bescholtenen nicht verboten war, das Amt des Vormundes auszuüben, war es ihm auch erlaubt, ausnahmsweise seine Mündel vor Gericht zu vertreten. Das Schutzbedürfnis dieser schwächeren Kategorie wurde also als überwiegend empfunden. Wahrscheinlich wurde dem Infamen auf der Basis derselben *ratio* von Gordian auch erlaubt, eine Klage zu erheben, um Mündel zu schützen, die nicht die seinen waren. Ob dieses Prinzip schon konsolidiert war oder erst mit diesem Reskript Gordians eingeführt wurde, ist ungewiss. Der letzte Teil des Reskriptes scheint jedenfalls eher einen schon existierenden Katalog wiederzugeben, als eine Neuerung in diesem Bereich darzustellen. Auch die Konstitution Valerians und Gallienus, die in Bezug auf die Infamie nach den *causae* unterscheidet, die die Verurteilung wegen des *crimen suspecti* tragen, beschränkt sich auf die Anwendung von schon anerkannten Rechtsprinzipien. Von Ulpian erfahren wir, dass, um festzustellen, ob ein Vormund (oder ein Kurator) *suspectus*, der von seinem Amt entfernt wurde, auch mit Infamie belegt worden war, es nötig gewesen sei, die *causa* des Urteils selbst zu erwägen (c). Genau zu diesem Zweck habe der Richter immer die *causa* in seinem Urteil ausdrücklich benennen müssen. Es sei nämlich anerkannt, dass es Gründe gebe, die keine Infamie mit sich brächten (d), wie z.B. die Untätigkeit in der Verwaltung, oder die „Einfachheit" (*rusticitas*) des Vormundes oder seine Unfähigkeit, vorausgesetzt, dass sich dahinter nicht eine arglistige Absicht verbarg[77]. Ulpian erwähnt aber nicht ausdrücklich die Armut (*paupertas* oder *inopia*), das heißt die Unzulänglichkeit des Vermögens des Vormundes. *Mediocritas* und *rusticitas* waren durch kaiserliche Reskripte bereits als Gründe anerkannt, die eine *excusatio tutelae* rechtfertigten[78]. Ulpian führt in seinem *liber singularis excusationum* an, die *divi fratres* Marc Aurel und Lucius Verus hätten diesen Gründe auch die *paupertas* gleichgestellt[79]. Wenn *mediocritas*, *rusticitas* und *paupertas* als Exkusationsgründe galten, ist anzunehmen, dass diese *causae* auch im Fall einer Verurteilung wegen *crimen suspecti* gleichgestellt waren. Noch nach Ulpian hätte die *paupertas* sogar eine Verurteilung des Vormundes gar nicht gerechtfertigt, nicht einmal als *quasi suspec-*

---

77 Noch näher an die Arglist stellt sich z.B. die *lata neglegentia*: D. 26,10,7,1 (Ulp. 1 de omn. tribun.).

78 D. 27,1,6,19 (Mod. 2 excusat.), der von *epistulas divorum Hadriani et Antonini* spricht.

79 D. 27,1,7 (= Vat. Fragm. 240): *Paupertas sane dat excusationem, si quis imparem se oneri iniuncto possit probare, idque divorum fratrum rescripto continetur.* Die kaiserlichen Maßnahmen werden vom selben Ulpian auch in seinem *de officio praetoris tutelaris* (Vat. Fragm. 185: *Imp. ... rescripsit L. Titio adfirmanti imparem per rusticitatem se alienis negotiis gerendis esse, rusticitatem posse excusationem mereri. Paupertas plane dat excusationem*), sowie von Paulus (der aber die *paupertas* auslässt: Vat. Fragm. 244: *Paulus libro singulari de officio praetoris tutelaris. Mediocritas et rusticitas et domesticae lites interdum excusationes merentur ex epistulis divorum Hadriani et Antonini et fratrum ad Caerellium Priscum praetorem tutelarem*) erwähnt.

tus[80]. Nur dann, wenn, im Laufe der Verwaltung, der Vormund arglistig gehandelt hätte – ein Verhalten, für das Ulpian einige Beispiele nennt (e) – hätte seine Verurteilung auch die Infamie mit sich gebracht. Das Reskript Valerians und Gallienus beschränkt sich also im Wesentlichen darauf, in diesem Punkt den Tendenzen des klassischen Rechts zu folgen und diese zu bekräftigen.

b) Ehe zwischen Vormund oder Kurator (und jeweiligen Söhnen) und Mündeln

Interessanter ist der zweite Aspekt der Vormundschaft, nämlich die Ehe zwischen Vormund oder Kurator (und den jeweiligen Söhnen) und deren Mündel. Der Fall, der Valerian und Gallienus vorgebracht wird, ist jener eines Mannes, der als Kurator einer Frau eingesetzt wird, die inzwischen seine Schwiegertochter geworden ist. Der Name des Adressaten des Reskriptes, ein gewisser Epagathus, lässt vermuten, dass auch diese Bittschrift aus der Provinz kommt. Eine Konstitution Marc Aurels, deren Datum nicht bekannt ist, die aber zwischen 175 und 180 liegen muss, hatte ein Eheverbot zwischen dem Vormund oder dem Kuratoren (und den jeweiligen Söhnen) sowie deren Mündel vorgesehen. Die Ehe, die gegen das Verbot geschlossen wurde, galt als nichtig und der Vormund (oder Kurator) wurde mit Infamie belegt[81]. In dem betrachteten Fall aber war der Epagathus erst Kurator geworden nachdem die Ehe zwischen seinem Sohn und der Frau geschlossen worden war, und nicht vorher. *Quid iuris*?

C. 5,62,17 (a. 265)
IMPP. VALERIANUS ET GALLIENUS AA. EPAGATHO. *Licet orationis sub divo Marco habitae verba deficiant, is tamen, qui post contractas nuptias nurui suae curator datur, excusare se debet, ne manifestam sententiam eius offendat et labem pudoris contrahat.* D. VI ID. IAN. VALERIANO II ET LUCILLO CONSS.

a) C. 5,6,1 (a. 215)
IMPP. SEVERUS ET ANTONINUS AA. MARIO. *Senatus consulti auctoritatem, quo inter pupillam et tutoris filium conubium saluberrime sublatum est, circumveniri rusticitatis et imperitiae velamentis non oportet.* PP. VII ID. FEBR. LAETO II ET CEREALE CONSS.

b) C. 5,62,4 (a. 216)
IMP. ANTONINUS A. AGATHODAEMONI. *Amplissimi ordinis consulto, qui pupillam suam uxorem ducit, nuptias contrahere non intellegitur et tamen infamis constituitur.* 1. *Sed si tu Demetriae, cum eam in matrimonio haberes, absens et ignorans curator constitutus es, potes esse securus, dum*

80 D. 26,10,8 (Ulp. 61 ad ed.): (...) *tutor quamvis pauper est, fidelis tamen et diligens, removendus non est quasi suspectus.*
81 Vgl. dazu KRÜGER 1916, 263 f.

tamen alius substituatur. Non enim debet ignorantia maritorum amplissimi ordinis consulto fraus quaeri. PP. XI KAL. IUL. SABINO ET ANULLINO CONSS.

c) D. 23,2,59 (Paul. l. sing. de adsign. libert.)
Senatus consulto, quo cautum est, ne tutor pupillam vel filio suo vel sibi nuptum collocet, etiam nepos significatur.

Im Rahmen ihres Lösungsvorschlags erwähnen die Kaiser ausdrücklich die Konstitution von Marc Aurel, die als *oratio in senatu habita* vorgeschlagen wurde, ohne freilich deren genauen Wortlaut wiederzugeben. Die Bestimmungen ergeben sich vermutlich in gekürzter Form aus Reskripten des Septimius Severus 215 n. Chr. (a) und des Caracalla 216 n. Chr. (b). Auch wird die Konstitution in einer Paulusstelle (c) erwähnt[82]. In diesen Quellen ist eigentlich von einem *senatusconsultum* die Rede. Allerdings muss es sich um ein- und dieselbe Massnahme handeln, da eine *oratio in senatu habita* inhaltlich eine kaiserliche Konstitution darstellte, auch wenn sie förmlich als *senatusconsultum* verabschiedet wurde[83]. Valerian und Gallienus betonen zwar, dass die Konstitution Marc Aurels den von ihnen zu entscheidenden Fall nicht direkt regelt, meinen aber, das von ihm ausgesprochene Verbot auch für den Fall analog anwenden zu können, in dem die Verwandtschaft erst nach der Ehe entstanden war. Verzichtet der Schwiegervater auf die Pflegschaft, bleibt ihm die Infamie erspart. Die Kaiser handeln hier nicht anders als jeder gute Jurist, indem sie das Senatuskonsultum extensiv auslegen und anwenden, und so das Feld der verbotenen Tatbestände erweitern.

7. Ehe und Ehebruch

a) Nichtbeachtung der Trauerzeit *(tempus lugendi)*

Sulpicia, eine Witwe, die eine neue Ehe mit einem Militärangehörigen eingegangen war, bevor die Trauerzeit zu Ende war, wendet sich an Kaiser Gordian, um Auskunft über ihre Rechtsstellung zu erhalten. Das Verbot für die Frau eine neue Ehe zu schliessen bevor eine gewisse Zeit nach dem Tod ihres Mannes (*tempus lugendi*: ursprünglich zehn Monate, dann ein Jahr) vergangen war hat sehr alte Wurzeln. Obwohl die Verletzung dieses Verbots keine Nichtigkeit der Ehe mit sich brachte, führte sie nach der Ansicht des Prätors zur Infamie der Frau und ihres Vaters, und auch des neuen Ehemannes und seines Vaters ([a], [b]), wenn diese vom Verstoß Kenntnis hatten.

82 Darüber hinaus: D. 23,2,64pr.-1 (Call. 2 quaest.); D. 48,5,7 (Marc. 10 inst.).
83 Dazu MUSCA 1985.

C. 2,11,15 (a. 239)
IDEM A. [= Gordianus] SULPICIAE. *Decreto amplissimi ordinis luctu feminarum deminuto tristior habitus ceteraque hoc genus insignia mulieribus remittuntur, non etiam intra tempus, quo lugere maritum moris est, matrimonium contrahere permittitur, cum etiam, si nuptias alias intra hoc tempus secuta est, tam ea quam is, qui sciens eam duxit uxorem, etiam si miles sit, perpetuo edicto labem pudoris contrahit.* PP. XVII KAL. IUL. GORDIANO A. ET AVIOLA CONSS.

a) D. 3,2,1 (Iul. 1 ad ed.)
Praetoris verba dicunt: „infamia notatur (...) qui eam, quae in potestate eius esset, genero mortuo, cum eum mortuum esse sciret, intra id tempus, quo elugere virum moris est, antequam virum elugeret, in matrimonium collocaverit: eamve sciens quis uxorem duxerit non iussu eius, in cuius potestate est: et qui eum, quem in potestate haberet, eam, de qua supra comprehensum est, uxorem ducere passus fuerit: (...).

b) Vat. Fragm. 320 (Paul. 8 ad ed.?)
... Secuntur haec verba: „et qui eam, quam in potestate habet, genero mortuo, cum eum mortuum esse tum sciret, in matrimonium conlocaverit eamve sciens uxorem duxerit, et qui eum, quem in potestate haberet, earum quam uxorem ducere passus fuerit, quaeve virum parentem liberosve suos uti moris est non eluxerit, quaeve, cum in parentis sui potestate non esset, viro mortuo, cum eum mortuum esse sciret, intra id tempus, quo elugere virum moris est, nupserit“.

Wie man aus dem Reskript Gordians entnehmen kann, war manche Strenge des *tempus lugendi* schon durch ein Senatuskonsultum behoben worden. Diese Massnahme, wie der Kaiser selbst beobachtet, hatte sich darauf beschränkt, die äusseren Zeichen der Trauerzeit zu mindern, hatte aber nicht die Eheschliessung während der Trauerzeit erlaubt oder gar das aufgehoben, was im *edictum perpetuum* in Bezug auf die darauffolgende Infamie stand. Indem er das Edikt anwendet, beschliesst der Kaiser, dass sowohl die Frau als auch ihr wissender Mann (obwohl er *miles* war) als *infames* gelten sollten (*labes pudoris*). Die Entscheidung Gordians steht mit den konsolidierten Prinzipien der römischen Rechtsordnung in perfektem Einklang.

b) Bigamie

Eine weitere Frau, Theodora, wendet sich an die Kaiser Valerian und Gallienus wegen eines komplexen Falles der Bigamie, in den die Frau ohne ihr Wissen als Opfer verwickelt wurde: Sie ist von einem Mann betrogen und zur Eheschliessung aufgefordert worden, obwohl er in Wirklichkeit schon verheiratet war. Derselbe Mann hat dann ihr Vermögen entzogen, wohl die Güter, die zur Mitgift gehörten. Wie konnte sie sich jetzt verteidigen und ihre Güter zurückerlangen? War es auch möglich, das zu fordern, was ihr der Mann bei der *sponsalia* versprochen hatte?

C. 9,9,18 (a. 258) = C. 5,3,5

IDEM AA. [= Valerianus et Gallienus] ET C. THEOD[ORAE]. *Eum qui duas simul habuit uxores sine dubitatione comitatur infamia. In ea namque re non iuris effectus, quo cives nostri matrimonia contrahere plura prohibentur, sed animi destinatio cogitatur.* 1. *Verumtamen ei, qui te ficto caelibatu, cum aliam matrem familias in provincia reliquisset, sollicitavit ad nuptias, crimen etiam stupri, a quo tu remota es, quod uxorem te esse credebas, ab accusatore legitimo sollemniter inferetur.* 2. *Certe res tuas omnes, quas ab eo interceptas matrimonii simulatione deploras, restitui tibi omni exactionis instantia impetrabis a rectore provinciae: nam ea quidem, quae se tibi ut sponsae daturum promisit, quomodo repetere cum effectu potes quasi sponsa?* ACCEPTA ID. MAI. ANTIOCHIAE TUSCO ET BASSO CONSS.

a) D. 3,2,1 (*Iul. 1 ad ed.*)

Praetoris verba dicunt: „infamia notatur (...) quive suo nomine non iussu eius in cuius potestate esset, eiusve nomine quem quamve in potestate haberet bina sponsalia binasve nuptias in eodem tempore constitutas habuerit".

Im eleganten Reskript der kaiserlichen Kanzlei wird der Mann streng verurteilt; neben einer Klage wegen Bigamie hält man sogar eine Klage wegen Unzucht (*stuprum)* für möglich. Obwohl das Reskript viele interessante Aspekte für eine Untersuchung bietet, ist es leider nicht möglich, hier den ganzen Text zu erörtern. Für unsere Zwecke ist nur die erste, lapidare Aussage von Relevanz, derzufolge es keinen Zweifel gibt, dass derjenige, der eine Doppelehe begangen habe, mit Infamie belegt werde. Das Reskript gibt auch hier wieder, was seit langem im Edikt des Prätors (a) vorgesehen war. Erneut finden wir eine kaiserliche Entscheidung, die sich an den Bestimmungen des Edikts orientiert.

c) Ehebruch

In einem anderen Reskript des Gordian wandte sich ein gewisser Bassus im Interesse seiner Schwester an den Kaiser. Sie wurde in einen Fall des Ehebruches verwickelt, weswegen ein Mann schon verklagt, verurteilt, bestraft und mit Infamie belegt worden war. Dieser hatte wohl einen Antrag auf Wiedereinsetzung in den vorigen Stand gestellt (*restitutio in integrum*). Der Antrag war aber (noch?) nicht bewilligt worden. Die Frau macht sich nun um die eigene Position Sorgen: Läuft sie Gefahr, dieselben Strafen zu erleiden, die gegen ihren Liebhaber verhängt wurden?

C. 9,9,13 (12) (a. 240)
IDEM A. [= Gordianus] BASSO. *Etsi crimine adulterii damnatus restitutus non esset, ut proponis, si tamen soror tua, cum qua adulterium commissum dicebatur, non est accusata, nec poenae nec infamiae subici potuit, et multo magis, cum et accusatorem vita esse functum proponas.* PP. KAL IUN. SABINO II ET VENUSTO CONSS.

a) D. 23,2,43,12–13 (Ulp. 1 ad leg. Iul. et Pap.)
Quae in adulterio deprehensa est, quasi publico iudicio damnata est. Proinde si adulterii condemnata esse proponatur, non tantum quia deprehensa est erit notata, sed quia et publico iudicio damnata est. Quod si non sit deprehensa, damnata autem, idcirco notetur, quia publico iudicio damnata est, at si deprehensa quidem sit, damnata autem non sit, notata erit? Ego puto, etsi absoluta sit post deprehensionem, adhuc tamen notam illi obesse debere, quia verum est eam in adulterio deprehensam, quia factum lex, non sententiam notaverit. 13. *Non adicitur hic ut in lege Iulia de adulteriis a quo vel ubi deprehensam: proinde sive maritus sive quis alius deprehendisse proponatur, videtur notata: sed et si non in domo mariti vel patris sui deprehensa sit, erit notata secundum verba legis.*

Das *crimen adulterii* war bekanntlich von Augustus mit der *lex Iulia de adulteriis coërcendis* (18 v. Chr.)[84] systematisch sanktioniert worden. Ulpians Kommentar (a) erörtert die Position sowohl derjenigen Ehebrecherin, die beim Ehebruch ertappt wurde, als auch die derjenigen, die nicht ertappt wurde. Nach der Anklage musste die Straftat innerhalb eines *iudicium publicum* verfolgt werden, und die Verurteilung hatte eine infamierende Wirkung. Ulpian geht aber noch darüber hinaus: Sei die Frau zwar beim Ehebruch ertappt, aber nicht verurteilt worden, sei sie trotz ihrer Freisprechung (*etsi absoluta sit post deprehensionem*) seiner Meinung nach (*ego puto*) mit Infamie zu belegen. Grund sei, dass das Gesetz die Infamie eher an die Tat knüpfe als an die Verurteilung (*quia factum lex, non sententiam notaverit*). Die Sorgen der Schwester des Bassus, gegen die keine Anklage wegen Ehebruch erhoben worden war, waren also nicht völlig unbegründet. Allerdings war die Frau, wie der Kaiser bemerkt, anders als der Mann, gar nicht verklagt worden. Gordian argumentiert, ohne Klage und ohne Prozess könne es keine Strafe und mithin auch keine Infamiefolge geben. Die Schwester des Antragstellers habe sich also keine Sorgen machen müssen, zumal derjenige, der die Klage gegen den Mann erhoben hatte, inzwischen gestorben sei. Zum Vorteil der Frau hat Gordian nicht die strengere Ansicht Ulpians übernommen, sondern hat sich darauf beschränkt, die allgemeinen Prinzipien der römischen Rechtsordnung im Bereich des Strafrechts zur Anwendung zu bringen.

---

84 ROTONDI 1912, 445–447. Zum Inhalt siehe METTE-DITTMANN 1991, FAYER 2005, 189–373 und die dort zitierte Literatur.

8. Entlassung aus dem Heer: *missio ignominiosa* und *missio causaria*

Auch der militärische Bereich war gegenüber der Infamie sehr sensibel. Die Infamie konnte an einige militärische Delikte angeknüpft werden und folgte einer Form der Entlassung, die in den Quellen öfter als *missio ignominiosa* bezeichnet wird[85]. Domnus, ein Veteran, wurde mit einer *nota* belegt, die ihm (erst nach seiner Entlassung?) wegen eines hier nicht genannten militärischen Delikts erteilt wurde. Er fürchtet nun, dass diese *nota* ihn auch mit Infamie belegt habe. Maccius hingegen wurde infolge einer *missio causaria* entlassen, und fürchtet, dass sie auch Infamie mit sich bringen könne.

C. 12,35,7 (s.a.)

IDEM A. [= Gordianus] DOMNO VETERANO. *Frustra vereris, ne nota, quae propter delictum militare intercessit, existimationem tuam iam veterani laesisse videatur, maxime cum nec ex eo delicto, quod et in paganorum potest cadere personam, notatos milites post missionem placuerit esse famosos.*

C. 12,35,8 (s.a.)

IMP. PHILIPPUS A. ET PHILIPPUS C. MACCIO. *Causaria missus nulla existimationis macula adspergitur.*

a) D. 3,2,1 (Iul. 1 ad ed.)

Praetoris verba dicunt: „infamia notatur qui ab exercitu ignominiae causa ab imperatore eove, cui de ea re statuendi potestas fuerit, dimissus erit".

b) D. 3,2,2 pr. (Ulp. 6 ad ed.)

(...) *Hoc amplius Pomponius ait etiam eum, qui exercitui praeest,* (...) *ignominiae causa ab imperatore missum hac nota laborare:* (...) *et si princeps dimiserit et adiecerit ignominiae causa se mittere, ut plerumque facit, non dubitabis et ex edicto praetoris eum infamia esse notatum:* (...).

c) C. 12,35,3 (s.a.)

IDEM A. [= Antoninus] IULIANO. *Milites ignominia missi, cum infamia notantur, nullis honoribus qui integrae dignitatis hominibus deferri solent, uti possunt. Habeant autem morandi ubi velint potestatem, praeterquam in eis locis, quibus specialiter arcentur.*

d) D. 49,16,13,3 (Macer 2 de re mil.)

Missionum generales causae sunt tres: honesta causaria ignominiosa. honesta est, quae tempore militiae impleto datur: causaria, cum quis vitio animi vel corporis minus idoneus militiae renuntiatur: ignominiosa causa est, cum quis propter delictum sacramento solvitur. et is, qui ignominia missus est, neque Romae neque in sacro comitatu agere potest. et si sine ignominiae mentione missi sunt, nihilo minus ignominia missi intelleguntur.

---

85 Zu Reskripten an Soldaten vgl. LIEBS, 89–108.

e) C. 5,65,1 (a. 213)
IMP. ANTONINUS A. SATURNINO. *Qui causaria missione sacramento post viginti stipendia solvuntur, et integram famam retinent et ad publica privilegia veteranis concessa pertinent.* PP. VII ID. AUG. ANTONINO A. *IIII* ET BALBINO CONSS.

Im römischen Heer gab es drei Formen der Entlassung: Die *missio honesta*, die *causaria* und die *ignominiosa* (d). Letztere war für schwere militärische Delikte vorgesehen und vom Prätor im Edikt mit der Infamie belegt ([a], [b]). Daraus folgte, unter anderem, dass der *cum ignominia* entlassene Soldat den Status eines Veteranen mit den dazu gehörigen Privilegien nicht geniessen konnte, sowie das Verbot, in Rom und in den Orten zu verweilen, an denen sich der Kaiser befand (d). Das Reskript Gordians, das zugunsten des Domnus erlassen wurde, scheint zwischen militärischen Delikten, die Infamie mit sich bringen, und denjenigen, die nicht zur Infamie führen, zu unterscheiden. Die bloße Tatsache, dass einem eine *nota* erteilt wird[86], weil man ein militärisches Delikt begangen hat, führt also nicht automatisch zur Infamie. Für das Delikt, das dem Domnus zugeschrieben wurde, war, wie es scheint, sogar ausdrücklich kein infamierender Charakter vorgesehen. Darüber hinaus hatte er, da er schon vorher entlassen worden war und den Status eines Veteranen erlangt hatte, nichts zu befürchten. Das knappe Reskript, das von Philippus Arabs an Maccius adressiert wurde, bestätigt ein konsolidiertes Prinzip, nämlich, dass die *missio causaria*, die mit einem *vitium animi vel corporis* begründet war (d), die *fama* des entlassenen Soldaten nicht beeinträchtigt. Das Prinzip war schon von der Jurisprudenz allgemein anerkannt (d) und auch in einem Reskript von Caracalla 213 n. Chr. bestätigt (e).

VIII. Zum Thema der Infamie hat die Untersuchung der Reskripte der Jahre 238–284 n. Chr. eine überwiegende, fast absolute Übereinstimmung der kaiserlichen Entscheidungen mit den Prinzipien der klassischen Rechtsordnung ergeben. Der reskribierende Kaiser wendet also meist das bereits geltende Recht an, wenn er auf die Fragen der Privaten antwortet, ohne grosse Erneuerungen einzuführen. Nur in einigen wenigen Fällen greift die kaiserliche Kanzlei auf Analogien zurück. Grosse Neuigkeiten zum Thema der Infamie sind für die interessierende Zeit weder im Sinne einer strengeren noch im Sinne einer milderen Anwendung ersichtlich. Einige Zweifel können in Bezug auf die Konstitution des Philippus über das Exil auftauchen (sub 2b): Wenn sie allgemeine Geltung hätte, wäre die Bestätigung der Infamie auch nach der Rückkehr des Verbannten eine Verschlechterung der Rechtssituation des Verbannten im Vergleich zur Vergangenheit. Was von den Soldatenkaisern festgesetzt wurde, weicht also nur wenig und beschränkt von dem Weg ab, der schon durch die

86 Hier scheint das Wort *nota* nicht als Synonym für *infamia* verwendet, sondern es bewahrt seine ursprüngliche Bedeutung von „negativer Anmerkung".

Gesetze, das prätorische Edikt und die Jurisprudenz, insbesondere die severische, gebahnt wurde. Die Rechtssetzung der Soldatenkaiser bestätigt sich einmal mehr als konservativ und im Einklang mit dem klassischen Recht[87]. Auch wenn es Änderungen im gewählten Wortschatz und Stil des Gesetzgebers gibt, betreffen diese in der Regel nicht die Inhalte der rechtlichen Anordnung. Von Umbruch, Dekadenz und Chaos in der juristischen Ordnung zwischen 235 und 284 n. Chr. ist in den untersuchten Konstitutionen keine Spur. Schliesslich ist auch anzumerken, dass in der Regel die Richterurteile keine ausdrückliche Benennung und explizite Erteilung der Infamie enthalten mussten; diese musste eher deduktiv entnommen werden, weniger aus der Strafe, die damit erteilt wurde, als aus der *causa* der Verurteilung und Bestrafung. Die zahlreichen Zweifel und die Ungewissheit, die in den Fragen an den Kaiser herrschen, wären nicht vorhanden, wenn die Infamie ganz deutlich vom Richter ausgesprochen worden wäre.

Bibliografie

Barton 2001 – C.A. Barton, Roman Honor: The Fire in the Bones, Berkeley 2001.

Bauman 1984 – R.A. Bauman, Rez. Honoré, Emperors and Lawyers, *Journal of Interdisciplinary History* 14, 1984, 839–842.

Brasiello 1962 – U. Brasiello, Infamia, *NsD* 8, 1962, 641–643.

Burton 1984 – G.P. Burton, Rez. Honoré, Emperors and Lawyers, *CR* 34, 1984, 64–66.

Centola 1999 – D.A. Centola, Il crimen calumniae. Contributo allo studio del processo criminale romano, Napoli 1999.

Chiusi 2010/11 – T.J. Chiusi, La fama nell'ordinamento romano. I casi di Afrania e di Lucrezia, *Storia delle donne* 6/7, 2010/11, 89–105.

Chiusi 2013 – T.J. Chiusi, Fama and infamia in the Roman Legal System: The Cases of Afrania and Lucretia, in: A. Burrows/D. Johnston/R. Zimmermann (Hg.), Judge and Jurist. Essays in Memory of Lord Rodger of Earlsferry, Oxford 2013, 143–156.

Di Salvo 2012 – S. Di Salvo, In tema di infamia e di postulatio, in: F. Reduzzi Merola (Hg.), Dipendenza ed emarginazione nel mondo antico e moderno, Atti del XXXIII Colloquio Internazionale GIREA, Napoli-Ascea 30 sett. – 3 ott. 2009, Roma 2012, 399–402.

El Beheiri 2012 – N. El Beheiri, Das regimen morum der Zensoren, Berlin 2012.

Fanizza 1988 – L. Fanizza, Delatori e accusatori. L'iniziativa nei processi di età imperiale, Roma 1988.

Fayer 2005 – C. Fayer, La familia romana: aspetti giuridici e antiquari, 3. Concubinato divorzio adulterio, Roma 2005.

Frier 1983 – B.W. Frier, Rez. Honoré, Emperors and Lawyers, *AHR* 88, 1983, 658–659.

Greenidge 1894 – A.H.J. Greenidge, Infamia: Its place in Roman Public and Private Law, Oxford 1894; Nachdr. Aalen 1977.

Honig 1960 – R.M. Honig, Humanitas und Rhetorik in spätrömischen Kaisergesetzen: Studien zur Gesinnungsgrundlage des Dominats, Göttingen 1960.

87 Wie auch von Wieacker 1971, 204, 217 festgestellt.

Honoré 1979 – T. Honoré, 'Imperial' Rescripts A.D. 193–305: Authorship and Authenticity, *JRS* 69, 1979, 51–64.
Honoré 1981 – T. Honoré, Emperors and Lawyers, Oxford 1981[1].
Honoré 1994 – T. Honoré, Emperors and Lawyers, Oxford 1994[2].
Karlowa 1872 – O. Karlowa, Zur Geschichte der infamia, *ZfRG* 9, 1870, 204–238.
Kaser 1956 – M. Kaser, Infamia und ignominia in den römischen Rechtsquellen, *ZRG rom.* 73, 1956, 220–278.
Keller 2005 – J. Keller, Über die Bedeutung von Werten in der römischen Republik, in: A. Haltenhoff/A. Heil/F.-H. Mutschler (Hg.), Römische Werte als Gegenstand der Altertumswissenschaft, München/Leipzig 2005, 175–208.
Krüger 1916 – H. Krüger, Verweisungsedikte im prätorischen Album, *ZRG rom.* 37, 1916, 230–316.
Kübler 1938 – B. Kübler, rez. v. Pommeray, Études sur l'infamie, *ZRG rom.* 58, 1938, 298–307.
Kussmaul 1981 – P. Kussmaul, Pragmaticum und Lex: Formen spätrömischen Gesetzgenbung 408–457, Göttingen 1981.
Laprat 1926 – R. Laprat, Le crimen suspecti tutoris, Nancy 1926.
Lendon 1997 – J. E. Lendon, Empire of Honour: The Art of Government in the Roman World, Oxford 1997; Nachdr. 2005.
Lenel 1881 – O. Lenel, Beiträge zur Kunde des Edicts und der Edictcommentare, *ZRG rom.* 2, 1881, 14–83.
Lenel 1889 – O. Lenel, Palingenesia iuris civilis 1–2, Lipsiae 1889.
Lenel 1927 – O. Lenel, Das edictum perpetuum: Ein Versuch zu seiner Wiederherstellung, Leipzig 1927[3]; Nachdr. Aalen 1956.
Levy 1936 – E. Levy, Zur Infamie im römischen Strafrecht, in: Studi in onore di Salvatore Riccobono 2, Palermo 1936; Nachdr. Aalen 1974, 77–100 (= auch in: W. Kunkel/M. Kaser (Hg.), E. Levy, Gesammelte Schriften 2, Köln/Graz 1963, 509–526).
Liebs 1983a – D. Liebs, Juristen als Sekretäre der römischen Kaiser, *ZRG rom.* 100, 1983, 485–509.
Liebs 1983b – D. Liebs, Rez. Honoré, Emperors and Lawyers, *HZ* 236, 1983, 651–653.
Maffi 2007 – A. Maffi, La costruzione giuridica dell'infamia nell'ordinamento romano, in: P. Prodi (Hg.), La fiducia secondo i linguaggi del potere, Bologna 2007, 41–51.
Marotta 2007 – V. Marotta, Eclissi del pensiero giuridico e letteratura giurisprudenziale nella seconda metà del III secolo d.C., *StudStor* 48, 2007, 927–964.
Mattiangeli 2010 – D. Mattiangeli, L'identità del lenone come paradigma di infamia, in: J.M. Rainer (Hg.), Vis ac potestas legum: Liber amicorum Zoltán Végh, Frankfurt 2010, 91–116.
Mattiangeli 2011 – D. Mattiangeli, The legal aspects of the personality of the leno, *Teoria e Storia del Diritto Privato (= TSDP)* 4, 2011, 25–37.
Mazzacane 1971 – A. Mazzacane, Infamia (diritto romano e intermedio), ED 21, 1971, 382–387.
Mette-Dittmann 1991 – A. Mette-Dittmann, Die Ehegesetze des Augustus: Eine Untersuchung im Rahmen der Gesellschaftspolitik des Princeps, Stuttgart 1991.
Millar 1986 – F. Millar, A new approach to the Roman jurists, *JRS* 76, 1986, 272–280.
Mommsen 1899 – Th. Mommsen, Römisches Strafrecht, Leipzig 1899; Nachdr. Graz 1955.
Musca 1985 – D. A. Musca, Da Traiano a Settimio Severo: senatusconsultum o oratio principis?, *Labeo* 31, 1985, 7–46.
Nelson 1981 – H. L. W. Nelson, Überlieferung, Aufbau und Stil von Gai Institutiones, Leiden 1981.
Nörr 1983 – D. Nörr, Zu einem fast vergessenen Konstitutionentyp: interlocutio de plano, in: Studi in onore di Cesare Sanfilippo III, Milano 1983, 519–543.
Pfaff 1916 – Pfaff, Infamia, RE IX.2, 1916, 1537–1540.
Pietrini 1996 – S. Pietrini, Sull'iniziativa del processo criminale romano (IV–V Secolo), Milano 1996.
Pommeray 1937 – L. Pommeray, Études sur l'infamie en droit romain, Paris 1937.

RODGER 1983 – A. RODGER, Behind the Scenes of Roman Law, *OJLS* 3, 1983, 382–404.
ROTONDI 1912 – G. ROTONDI, Leges publicae populi romani, Milano 1912; Nachdr. Hildesheim 1966.
SALLER 1982 – R. SALLER, Personal Patronage under the Early Empire, Cambridge 1982.
SAVIGNY 1840 – F.C. v. SAVIGNY, System des heutigen Römischen Rechts 2, Berlin 1840.
SCHNEBELT 1974 – G. SCHNEBELT, Reskripte der Soldatenkaiser: Ein Beitrag zur römischen Rechtsgeschichte des 3. nachchristlichen Jahrhunderts, Karlsruhe 1974.
SYME 1980 – R. SYME, Fiction about Roman Jurists, *ZRG rom.* 97, 1980, 78–104.
TALAMANCA 2006 – M. TALAMANCA, L'aequitas nelle costituzioni imperiali del periodo epiclassico, in: G. SANTUCCI (Hg.), Aequitas: Giornate in memoria di Paolo Silli. Atti del Convegno, Trento, 11 e 12 aprile 2002, Padova 2006, 53–273.
TAYLOR 2006 – T.S. TAYLOR, Aspects of infamia (Doktorarbeit Universität Tasmanien, veröffentlicht online 2006 unter: http://eprints.utas.edu.au/10898/2/Infamia_Thesis_Final.pdf).
VERNAY 1913 – E. VERNAY, Notes sur le changement de style dans les constitutions impériales de Dioclétien à Constantin, in: Études d'histoire juridique offertes a P. F. Girard 2, Paris 1913, 263–274.
VOSS 1982 – W.E. VOSS, Recht und Rhetorik in den Kaisergesetzen der Spätantike, Frankfurt a.M. 1982.
WATSON 1973 – A. WATSON, Private law in the rescripts of Carus, Carinus and Numerianus, *TR* 41, 1973, 19–34.
WATSON 1982 – A. WATSON, Rez. Honoré, Emperors and Lawyers, *TR* 50, 1982, 409–414.
WIEACKER 1971 – F. WIEACKER, Le droit romain de la mort d'Alexander Sévère à l'avènement de Diocletien, *RHD* 49, 1971, 201–223.
WOLF 2009 – J.G. WOLF, Das Stigma ignominia, *ZRG rom.* 126, 2009, 55–113.
WOLF 2010 – J.G. WOLF, Lo stigma dell'ignominia, in: A. CORBINO/M. HUMBERT/G. NEGRI (Hg.), Homo, caput, persona. La costruzione giuridica dell'identità nell'esperienza romana, Pavia 2010, 491–550.

Iole Fargnoli, Bern/Mailand

Zu Decius' Kaiserkonstitutionen im *Codex Iustinianus*

Zusammenfassung: Decius' Gesetzgebung, die uns im *Codex Iustinianus* überliefert ist, ist sehr spärlich. Trotzdem wird durch eine Palingenesie seiner Maßnahmen klar, dass seine Rechtsproduktion nicht auf das Religionsedikt reduziert werden kann. Der illyrische Kaiser war auch an privatrechtlichen Fragen interessiert, welche er wie in der klassischen Zeit mit Blick auf die Gerechtigkeit des konkreten Einzelfalls zu lösen versuchte. In Decius' Gesetzgebung sind auch andere Eigenarten zu beobachten, die sich von der klassischen Jurisprudenz unterscheiden und indizieren, dass sich die Zeit langsam vom severischen Rechtswissen löste.

Abstract: Decius' legislation, available in the *Codex Iustinianus* is relatively sparse, but the scholarly reconstruction of his measures shows beyond doubt that his activity was not limited to the religious edict. The Illyrian emperor was also interested in matters of civil law and attempted to solve problems in the tradition of classical jurisprudence by evaluating the justice of specific individual cases. By contrast, Decius' legislation also shows idiosyncrasies that set apart from classical approaches and indicate that it had begun to move beyond the legal territory characteristic of Severan age.

Weit weniger untersucht als sein Religionsedikt[1] sind die Konstitutionen des Kaiser Decius im *Codex Iustinianus*. Von Decius' zweijähriger Regierung sind uns acht Gesetze bekannt. In den überlieferten Inskriptionen sind in der Tat die Adressaten der Konstitutionen immer verschiedene Personen, wobei alle Private zu sein scheinen. Deshalb kann vermutet werden, dass Decius schriftliche Antworten auf entsprechende Eingaben über Streitfälle gegeben hat bzw. dass es um Reskripte geht[2].

Aus den Subskriptionen ist herzuleiten, dass Fulvius Aemilianus und L. Naevius Aquilinus im Jahre 249 gleichzeitig Konsuln waren. Für Aquilinus handelte es sich

---

1 Zu Decius' Edikt ist die Literatur sehr zahlreich, s. vor allem Krebs 1893, 1007–1014; Harnack 1894, 38–41; Foucart 1908, 169–181; Schoenaich 1907; Bihlmener 1910, 19–50; Schoenaich 1910, 3–38; Knipfing 1923, 345–390; Salisbury/Mattingly 1924, 8–11; De Regibus 1925, 5–11; Rosaenda 1927, 30–68; Bludau 1931, 1–79; Liesering 1933, Alföldi 1938, 323–348; Fronza 1953, 313–333; Giordano 1966; Clarke 1973, 650–663; Keresztes 1975, 761–781; Sordi 1980, 451–461; Rives 1999, 135–154; Selinger 2004; Fargnoli 2014, 199–217 und besonders Fn. 24 für weitere Literatur.

2 Zum Thema vgl. Liebs 2010, 77–78; Massei 1946, 415; s. auch Taubenschlag 1959, 20–21; De Francisci 1967, 197. Zur Bedeutung und Verbreitung der Reskripte im Spätprinzipat s. vor allem Honoré 1994, 33.

möglicherweise um das einzige Konsulat, das er besetzte[3]. Im darauffolgenden Jahr 250 wird Decius selbst, zusammen mit Vettius Gratus[4], Konsul. Das uns überlieferte Datum aller Konstitutionen bezieht sich nicht auf die Ausfertigung (*datio*), wie für die spätantiken Konstitutionen üblich, sondern auf die *praepositio*[5]: Die Konstitution wird proponiert, „d.h. öffentlich an dafür vorgesehener Stelle ausgehängt[6]". Die Ortsangabe fehlt immer, wie es in den vordiokletianischen Reskripten des *Codex Iustinanus* regelmässig der Fall ist[7].

1. Die erste Konstitution stammt vom 16. Oktober 249:

> C. 10,16,3 IMP. DECIUS A. CITICIO. Indictiones non personis, sed rebus indici solent: et ideo, ne ultra modum earundem possessionum quas possides conveniaris, praeses provinciae prospiciet. PP. XVII K. NOV. AEMILIANO ET AQUILINO CONSS.
> *Der Kaiser Decius an Citicius. Die Indiktionen werden nicht auf die Personen, sondern auf die Gegenstände ausgeschrieben, und daher wird der Gouverneur der Provinz dahin prüfen, dass du nicht über das Mass deiner Besitztümer belastet wirst*[8]*. Aufgehängt am 16. Oktober 249 unter dem Konsulat von Aemilian und Aquilin.*

Von den Kompilatoren wurde dieses Reskript unter der Rubrik *De actionibus hereditariis* eingeordnet. Auf Anfrage eines gewissen Citicius antwortete Decius klar, dass *indictiones* Naturalien und kein Geld zum Gegenstand hätten. Sie hätten eine Real- und keine Personalnatur. Dieses Reskript ist besonders wichtig, da es der erste Beleg für den Begriff *indictio* in einem Kaisergesetz darstellt[9]. Auch die getroffene Aussage ist innovativ, da die Steuern grundsätzlich Personalnatur hatten und die *indictiones* eine Reallast der ländlichen Grundstücke bildeten[10]. Es liegt nahe, dass die Aussage im Hinblick auf einen spezifischen Fall getroffen wurde und zwar auf den Fall, in dem jemand Liegenschaften besitzt, welche an verschiedene Provinzen angrenzen: Hier hat der Besitzer ein Interesse daran, nur für den Teil zu bezahlen, der in der Provinz liegt und nicht zweimal an verschiedene Provinzen[11]. Sicher ist, dass die *indictiones* sowie die Reallast in der Gesetzgebung erstmalig erscheinen und Diokletian später nicht mehr ausserordentliche, sondern zuerst alljährliche und dann alle fünf Jahre

---

3 PIR² 529, 210; PLRE 91.
4 PIR V 328, 412.
5 Zu den verschiedenen Phasen vom Erlassen bis zur Publikation des Gesetzes im Codex Theodosianus s. MATTHEWS 2000, 171–187 und DE DOMINICIS 1950, 315–358.
6 SCHNEBELT 1974, 14.
7 SCHNEBELT 1974, 15 Fn. 21.
8 Übersetzung von OTTO/SCHILLING/SINTENIS, 1832.
9 SEECK 1916, 1328.
10 So CERATI 1975, 210 Fn. 25, 320 und 318 Fn. 18.
11 CERATI 1975, 320.

wiederkehrende Steuern[12] vorsieht[13]. Der Grund dieser neuen Steuern lag wahrscheinlich im hohen Verbrauch von Mitteln für das Heer und die militärischen Feldzüge[14] sowie in der Tatsache, dass die „Naturalien, die sie eintrügen, brauchbarer waren als das entwertete Geld[15]".

2. Bei Decius' zweiter im *Codex Iustinianus* überlieferten Konstitution handelt es sich ebenfalls um eine fiskale Massnahme vom 19. Oktober 249, die aus dem *Codex Gregorianus* stammen soll[16] und in der Rubrik *De annona et tributis* eingeordnet worden ist.

> C. 4,16,2 IMP. DECIUS A. TELEMACHAE. Pro hereditariis partibus heredes onera hereditaria agnoscere etiam in fisci rationibus placuit, nisi intercedat pignus vel hypotheca: tunc enim possessor obligatae rei conveniendus est. PP. XIIII K. NOV. AEMILIANO ET CONSS.
> *Der Kaiser Decius an Telemacha. Dass Erben nach Massgabe ihrer Erbteile die Lasten der Erbschaft übernehmen müssen, wird auch in Rechtsverhältnissen des Fiscus angenommen, ausser wenn ein Faustpfandrecht oder eine Hypothek bestehen; denn dann muss der Besitzer der verpflichteten Sache belangt werden*[17]. *Aufgehängt am 19. Oktober 249 unter dem Konsulat von Aemilian und Aquilin.*

Auf Anfrage einer Telemacha befiehlt Decius, dass die Erben dem Fiskus für die Erbsteuer (*onera hereditaria*) haften. Keine Haftung der Erben ergab sich aber, wenn ein Teil der Erbschaft aus verpfändeten Sachen bestand. In diesem Fall konnten die Steuern unmittelbar vom Besitzer der Sache als Inhaber eines Pfandrechts oder einer Hypothek verlangt werden[18]. Bei Pfandsachen konnten die Erben also gegen Dritte vorgehen[19]. Eine solche Regel wird schon bei Philipp[20] und Gordian[21] in Erinnerung gerufen. Das gesetzliche Pfandrecht des Fiskus, also ein allgemeines Pfandprivileg (*privilegium fisci*), welches dem Fiskus ein Recht auf Besitz gewährt, soll aber erst in der Spätantike anerkannt worden sein[22].

---

12 Zum fünfzehnjährigen *indictiones*-Zyklus, seit welchem die Jahre so bezeichnet wurden, dass sie von 1 bis 15 gezählt wurden und danach erneut bei 1 begonnen wurde, s. SEECK 1916, 1328.

13 GERA/GIGLIO 1984, 33. S. auch C. 8,53,7–8 Diocl./Maxim.(a. 290), C. 11,55,1 Diocl./Maxim. *sine data*, C. 9,41,9 Diocl./Maxim. (a. 290), C. 10,42,10 Diocl./Maxim. *sine data*; dazu FAURE 1961, 2.

14 GRELLE 1963, 102; S. GIGLIO 1990, 54.

15 SEECK 1916, 1328.

16 So SPERANDIO 2005, 340–341 Fn. 188.

17 Übersetzung von OTTO/SCHILLING/SINTENIS, 1832.

18 Dazu BISCARDI 1991, 92; KASER 1962, 339 Fn. 331, welcher den Verdacht, dass die *hypotheca* hier die *fiducia* ersetzt habe, abgelehnt hat.

19 WIELING 1989, 424.

20 C. 8,40(41),18 (a. 244).

21 C. 5,70,2pr. und in C. 8,27,6, beide von 238.

22 WIELING 1989, 423.

3. Ein anderes Reskript vom 20. Februar 250 ist unter der Rubrik *De iure deliberandi et de adeunda vel adquirendi hereditate* zu finden:

> C. 6,30,4 IMP. DECIUS A. ATHENAIDI. Filio familias delata hereditate si pater pro herede voluntate filii gessit, sollemnitati iuris satisfactum videri saepe rescriptum est. PP. X K. MART. DECIO A. ET GRATO CONSS[23].
> *Der Kaiser Decius an Athenais. Es ist bereits öfters verordnet worden, dass allen gesetzlichen Förmlichkeiten Genüge getan ist, wenn der Vater mit Bewilligung des Sohnes, der die Erbschaft angenommen hat, sich als Erbe gezeigt hat[24]. Aufgehängt am 20. Februar 250 unter dem Konsulat von Decius und Gratus.*

In diesem Reskript informierte sich die Supplikantin über das Schicksal der Erbschaft, die ihr Sohn erhalten sollte, aus unbekannten Gründen aber noch nicht angetreten hatte[25]. Die Stelle setzt eine Emanzipation voraus, die zu dieser Zeit relativ verbreitet war[26]. Das Reskript dreht sich um eine *pro herede gestio* des Vaters, wobei das formlose Verhalten des Vaters vom Sohn bewilligt wird[27]. Somit stellt sich die Frage, ob die Besitzergreifung des Vaters einen gültigen Erbantritt bedeutet. Die Antwort von Decius ist positiv: Laut ihm hat der Sohn die Erbschaft somit angetreten. *Sollemnitas iuris* weist auf die „Gewohnheit" und die „herkömmlichen Formen des Erbantritts[28]" hin. Der Kaiser anerkannte hier einen sog. „acquisto a parti invertite[29]": Die Besitzergreifung tätigte der Vater, das Erbe wird dagegen vom Sohn angetreten. Da Decius meint: *saepe rescriptum est,* wurde dieser Rollentausch zwischen Vater und Sohn schon im früheren Kaiserrecht anerkannt. Womöglich geht es um ein Reskript von Antoninus Pius[30].

4. Eine weitere Konstitution, welche die Kompilatoren unter der Rubrik *De donationibus* überliefert haben, stammt vom 7. März 250:

> C. 8,53,3 IMP. DECIUS A. MARCELLINO. Spem futurae actionis plena intercedente donatoris voluntate posse transferri non immerito placuit. PP. NON. MART. DECIO A. II ET GRATO CONSS[31].
> *Der Kaiser Decius an Marcellinus. Nicht ohne Grund ist es, dass die Hoffnung der späteren Klage, wenn der Schenker es bewilligt, übertragen werden kann[32]. Ausgehängt am 7. März 250 unter dem Konsulat von Decius und Gratus.*

---

23 Vgl. MACIEJOWSKI 1818, 87–95.
24 Übersetzung von OTTO/SCHILLING/SINTENIS, 1832.
25 Dazu s. MACIEJOWSKI 1818, 61–67.
26 WATSON 1973, 23 Fn. 39.
27 VOCI 1980, 48.
28 MÜLLER-EISELT 1982, 56.
29 VOCI 1982, 208.
30 S. D. 29,2,6,3 (Ulp. 6 ad Sab.). Zur Digestenstelle s. jedoch die alternative Interpretation von MÜLLER-EISELT 1982, 55–61.
31 Vgl. MACIEJOWSKI 1818, 108–114.
32 Übersetzung von OTTO/SCHILLING/SINTENIS, 1832.

Diese Konstitution, die an einen gewissen Marcellinus adressiert wird, beschäftigt sich mit einer Schenkung und der Übertragbarkeit der Klage auf den Beschenkten. Es stellt sich die Frage, ob der Beschenkte mit der Sache auch „die Hoffnung auf die Klage" erhalten hat. Da nicht gesagt wird, um welche Klage es sich handelte, kann man nur Vermutungen aufstellen, indem man etwa an die Mangelhaftigkeit der Sache denkt. Die Antwort von Decius fällt zugunsten des Beschenkten aus: Mit der geschenkten Sache hat Marcellinus die *futura actio* miterhalten. Mit dem klassischen Ausdruck *non immerito placuit*[33] macht Decius sowohl klar, dass es sich um keine innovative Lösung handelt, als auch dass diese der Einzelfallgerechtigkeit geschuldet ist.

5. Ein Reskript vom 28. März 250, das an einen A. Rufo adressiert ist, zeigt die Autorität Papinians auf:

> C. 7,32,3 IMP. DECIUS A. RUFO. Donatarum rerum a quacumque persona infanti vacua possessio tradita corpore quaeritur. Quamvis enim sint auctorum sententiae dissentientes, tamen consultius videtur interim, licet animi plenus non fuisset adfectus, possessionem per traditionem esse quaesitam: alioquin, sicuti viri consultissimi Papiniani responso continetur, ne quidem per tutorem possessio infanti poterit adquiri. PP. V K. APRIL. DECIO A. II ET GRATO CONSS[34].
> *Der Kaiser Decius an Rufus. Der übergebene blosse Besitz an von irgendeiner Person einem Kind geschenkten Sachen wird körperlich erworben. Denn wenngleich die Ansichten der Rechtslehrer hierüber abweichend sind, so scheint es doch geratener, dass dessen ungeachtet, (wenn auch keine vollständige Willensbestimmung vorhanden war) der Besitz inzwischen durch die Übergabe erworben worden sei; denn sonst würde ja, wie es im Respons des hervorragenden Papinian enthalten ist, Besitz für ein Kind nicht einmal durch den Vormund erworben werden können*[35]. *Aufgehängt am 28. März 250 unter dem Konsulat von Decius und Gratus.*

Die unter der Rubrik *De adquirendi et retinenda possessione* überlieferte Konstitution handelt vom unentgeltlichen Besitzerwerb eines Unmündigen durch seinen Vormund. Es stellt sich die Frage, ob ein Unmündiger trotz seiner Willensunfähigkeit den Besitz eines Grundstücks[36] ausüben kann. In der Regel sind dafür nicht nur die körperliche Gewalt über die Sache (*corpus*), sondern auch der Besitzwille (*animus*) nötig. Der Kaiser reskribiert, dass der Wille in diesem Fall ausreicht, da die Rechtssphäre des *infans* zu seinem Vorteil geändert wurde[37].

Das Reskript birgt mehrere Interpretationsprobleme. Erstens spricht es nur vom Besitz und nicht vom Eigentum. Es könnte ein Schenkungsversprechen betreffen, das

---

33 S. zum Beispiel Gai. 3.75: *nam id plerisque placuit, nec inmerito.*

34 Vgl. MACIEJOWSKI 1818, 102–108.

35 Übersetzung von OTTO/SCHILLING/SINTENIS, 1832.

36 SIMON 1977, 63, der auf Grund der Forschung von KNIEP 1886, *passim*, so den Ausdruck *vacua possessio* interpretiert.

37 Dazu SIMON 1977, 60–63.

durch eine *traditio* erfüllt wird[38]. Dann wäre aber unverständlich, wieso im Text von *res donatae* und nicht von *res donandi causae promissae* die Rede ist[39].

Zweitens ist auf den Spuren von Textinterpretationen der Glossatoren behauptet worden, die *auctoritas tutoris* müsse an dieser Stelle verstanden werden[40]. Nur so lässt sich der Widerspruch zu einer Paulusstelle in D. 41,3,4,2 (Paul. 54 ad ed.)[41] sowie einer Celsusstelle in D. 50,17,189 (Cels. 13 dig.)[42], in denen der Besitzerwerb eines Kindes ohne *auctoritas tutoris* nicht zugelassen ist, erklären. Mehrere moderne Autoren haben behauptet, dass die Stelle von den justinianischen Kompilatoren interpoliert worden sei, da eine Meinungsverschiedenheit unter klassischen Juristen (*sententiae dissentientes*) in einem Reskript nicht angebracht ist[43] und der Ausdruck *consultius videtur* zu unbestimmt für eine kaiserliche Äusserung sei[44]. Beide Interpretationen scheinen heute überholt zu sein[45], da die erste dem Text untreu ist[46] und die zweite eine unbewiesene Behauptung enthält[47]. Das erwähnte *responsum* von Papinian ist uns schlicht nicht überliefert worden[48]. Papinians Meinung, die erst nach *alioquin* referiert werden sollte, beinhaltet, dass die körperliche Gewalt über die Sache ausreiche[49]. Damit würde Papinian eine neue Konzeption vertreten, die im Gegensatz zu anderen Fragmenten steht[50].

Das Reskript ist bedeutsam, weil es ausdrücklich auf die klassische Jurisprudenz verweist und womöglich sogar die Lösung einer klassischen juristischen Kontroverse enthält[51]. Die Tatsache, dass hier die spätantike Abstrahierung des Erwerbes *animo*

---

38 So SCHEURL 1886, 124–127.

39 SIMON 1977, 63 Fn. 40.

40 SAVIGNY 1865, 256–257.

41 D. 41.3.4.2 (Paul. 5 ad Sab.): *Pupillus si tutore autore coeperit possedere, usucapit. Si non tutore autore possideat et animum possidenti habeat, dicemus posse eum usucapire.*

42 D. 50.17.189 (Cels. 13 dig.): *Pupillus nec velle nec nolle in ea aetate nis adposita tutoris auctoritate creditur: nam quod animi iudicio fit, in eo tutoris auctoritas necessaria est.*

43 BURDESE 1956, 17. An der Echtheit zweifeln auch ALIBRANDI 1871, 76–79; ALBERTARIO 1939, 273–292; BONFANTE 1972, 326; LONGO 1939, 243.

44 BURDESE 1956, 17.

45 SIMON 1977, 64.

46 SIMON 1977, 63: „in dem überlieferten Text des Reskripts nirgends erwähnte *auctoritas tutoris*".

47 SIMON 1977, 63–64.

48 SIMON 1977, 63.

49 CANNATA 1961, 46; ALBERTARIO 1941, 233–244; WEISS 1955, 124–130; BURDESE 1956, 10–66; TONDO 1962, 363–399; BURDESE 1965, 517–547; WIEACKER 1960, 361 und WIEACKER 1971, 209 Fn. 20; BONFANTE 1972, 326–328; LAMBRINI 1998, 55–58; die Stelle wird auch als eine erwähnt, die sich auf die Autorität von vorigen Juristen beruft (so CANCELLI 1987, 561, 563).

50 Vgl. D. 41,2,44,1 (Pap. 23 quaest.) und D. 50,17,189 (Cels. 13 dig.), dazu CANNATA 1961, 46.

51 Zu Zitaten klassischer Juristen in den Reskripten der Soldatenkaiser vgl. BABUSIAUX, 238–269.

nostro – *corpore alieno* noch nicht vorkommt[52], bestätigt, dass Decius' Rechtslösungen auf das klassische Recht verweisen.

6. Das Reskript, das sich unter der Rubrik *De iure dotium* befindet, datiert auf den 7. Juni 250 und wird an eine gewisse Urbicana adressiert:

> C. 5,12,9 IMP. DECIUS A. ET DEC. C. URBICANAE. Dotis tuae potiorem causam magis esse convenit quam rei publicae, cui postea idem maritus obnoxius factus est. PP. VI ID IUN. DECIO A. ET GRATO CONSS.
> *Der Kaiser Decius und Decius der Cäsar an Urbicana. Es ist unzweifelhaft, dass du wegen deiner Mitgift ein Vorzugsrecht vor dem Staat hast, dessen Schuldner dein Ehemann später geworden ist*[53]*. Aufgehängt am 8. Juni 250 unter dem Konsulat von Decius und Gratus.*

Auf ihre Anfrage antwortet Decius eindeutig, dass die Schuld des Mannes besser der Mitgift als dem Fiskus zugeschrieben werden solle[54]. Der Kaiser entspricht damit dem Interesse der Supplikantin, indem er das übliche Rangprivileg des Fiskus[55] nicht gelten lässt, weil die Mitgift in der zeitlichen Reihenfolge verteilt wird. Interessant ist die Erwähnung der *res publica*, die ein klassischer Ausdruck ist. *Obnoxius* kann als Hinweis auf eine Pfandbindung verstanden werden[56], so dass an ein Pfandrecht zu denken ist, das die Ansprüche der Frau und des Fiskus sichert[57]. Aus dem Reskript ergibt sich, dass Decius den Fall eher im Hinblick auf die Billigkeit als auf das finanzielle Interesse des Staats löst.

7. Ein weiteres Reskript datiert auf den 1. Dezember 250:

> C. 3,22,2 (a. 250) IMP. DECIUS A. ET DECIUS ET QUINTUS CC. FELICI. Procuratores nostros status causas examinare non posse omnibus notum est. PP. K. DEC. DECIO A. II ET GRATO CONSS.
> *Der Kaiser Decius an Felix. Es ist allen bekannt, dass unsere Procuratoren Rechtssachen, welche den Rechtszustand betreffen, nicht untersuchen können*[58]*. Aufgehängt am 1. Dezember 250 unter dem zweiten Konsulat von Decius und Gratus.*

Diese kurze Konstitution ist uns unter der Rubrik *Ubi causa status agi debeat* überliefert und beschäftigt sich mit den Prokuratoren in den Provinzen[59]. Es wird betont, dass diese die gewöhnliche richterliche Aufgabe nicht ausüben konnten. Seit Kaiser

---

52 ZAMORANI 1977, 240, der behauptet, dass diese sich erst später entwickelt; dazu auch VACCA 1979, 304.

53 Übersetzung von OTTO/SCHILLING/SINTENIS, 1832.

54 Vgl. MACIEJOWSKI 1818, 81–87.

55 WIELING 1988, 291.

56 So WAGNER 1973, 174 Fn. 14.

57 So SOLAZZI 1940, 190–191 und WIELING 1989, 290.

58 Übersetzung von OTTO/SCHILLING/SINTENIS, 1832.

59 Vgl. MACIEJOWSKI 1818, 67–80.

Claudius hatten die Finanzprokuratoren eine auf Fiskalprozesse beschränkte Jurisdiktion[60]. Sie mussten sich mit der Verwaltung der Kasse der ihnen anvertrauten Provinzen beschäftigen[61] und konnten die Prozesse in der steuerlichen, aber nicht in der privatrechtlichen Materie führen[62]. Mit diesem Reskript betont Decius das Verbot, das 242 bereits von Gordian erlassen wurde und in C. 3,3,1 überliefert ist.

8. Das Reskript vom 4. Dezember 250 ist im Codex Iustinianus Decius' letztes überliefertes Gesetz, das die Kompilatoren unter der Rubrik *De legitimis heredibus* eingeordnet haben:

> C. 6,58,3 IMP. DECIUS A. ASCLEPIODOTAE. Consanguinitatis iure et feminas ad intestatorum successionem admitti posse explorati iuris est. 1. Proinde cum fratris tui intestato mortui ad te consanguinitatis iure hereditas pertineat, nulla ratione alterius fratris tui filii ad eandem successionem adspirare desiderant: nam et cessante iure agnationis in persona omnium praetorii iuris beneficio ad te potius, quae secundum gradum obtines, hereditas pertinet quam ad fratris tui filios, qui tertio gradu constituti sunt. PP. II NON. DEC. DECIO A. ET GRATO CONSS.
> *Der Kaiser Decius an Asclepiodota. Es ist rechtlich ganz eindeutig, dass nach dem Recht der Blutsverwandtschaft auch Frauen zur Intestaterbfolge zugelassen werden können. Indem also vermöge der Blutsverwandtschaft die Erbschaft deines ohne Testament verstorbenen Bruders dir gehört, so können die Söhne deines anderen Bruders auf dieselbe durchaus keine Ansprüche geltend machen. Denn da die Rechte aus dem agnatischen Verhältnisse hinsichtlich aller wegfallen, so hast du nach dem prätorischen Recht auf die Erbschaft ein besseres Recht, da du ein Verwandter zweiten Grades bist, anders als die Söhne deines Bruders, welche nur Verwandte dritten Grades sind*[63]*. Aufgehängt am 4. Dezember 250 unter dem Konsulat von Decius und Gratus.*

Asclepiodota stellt mit Blick auf die Erbschaft ihres Bruders die Frage, ob sie oder ihre Neffen als die Söhne des Bruders Erben geworden sind. Nach den Regeln der prätorischen Ordnung der Intestaterbfolge (*bonorum possessio*) sind es sieben Klassen, die der Reihe nach berufen werden, wobei in der dritten Klasse die Blutsverwandten bis zum sechsten Grad (*unde cognati*) berufen sind[64]. Entsprechend ist auch Asclepiodota vorrangig berechtigt, weil sie im zweiten Grad mit dem Erblasser verwandt ist, die Kinder des Bruders nur im dritten Grad. Deswegen reskribiert Decius, dass sie als nähere Blutsverwandte im zweiten Grad den Neffen aufgrund der prätorischen Erbfolge bevorzugt[65]. Trotz einer Vereinfachung des fachjuristischen Denkens ist die Nähe zum klassischen Recht eindeutig. Die Lösung folgt genau den Regeln der prätorischen Erbschaft, die erst später mit der zivilen Erbschaft verschmolz. Hervorzuheben ist der Anfang der Konstitution, in dem betont wird, dass die Blutsverwandt-

---

60 Sueton. Claud. 12, 23; Tac. ann. 12, 60; dazu PFLAUM 1957, 1268.
61 PFLAUM 1957, 1269.
62 Darüber NASTI 1993, 372.
63 Übersetzung von OTTO/SCHILLING/SINTENIS, 1832.
64 KASER 1971, 698.
65 Vgl. MACIEJOWSKI 1818, 96–102.

schaft sowohl durch Frauen als auch durch Männer vermittelt werden kann. Diese Gleichberechtigung war im römischen Recht schon im Edikt des Prätors zur *bonorum possessio* anerkannt und wurde im Kaiserrecht[66] nochmals betont. Sie war aber nicht selbstverständlich, wenn Decius sie ausformulieren sollte. Der Hinweis könnte ein Indiz dafür sein, dass das griechische Erbrecht, das die Männer gegenüber den Frauen bevorzugte, auch nach der *Constitutio Antoniniana* angewendet wurde[67]. Aus diesem Grund hätte Decius auf die erbrechtliche Gleichbehandlung von Frauen und Männern im prätorischen Edikt hingewiesen.

9. Diese spärlichen Reskripte Decius' erlauben keine umfassende Bewertung seiner Gesetzgebung. Sie geben aber Anlass zu einigen Überlegungen zu seiner Rechtsproduktion abgesehen vom Religionsedikt.

Decius' Reskripte scheinen sich in die Tradition des klassischen Rechts eingliedern zu lassen. Er stützt sich auf das klassische Recht, indem er das Gutachten von Papinian in C. 7,32,3 zitiert und in dessen Richtung entscheidet.

Nicht nur aufgrund des Zitats der spätklassischen Koryphäe Papinian, sondern auch unter Berücksichtigung des Stils der Konstitutionen, der mit dem der früheren Jurisprudenz vergleichbar ist, ist eine Kontinuität zur klassischen Epoche zu beobachten. Alle Reskripte des Decius benutzen die juristische Sprache in klarer, sachlich exakter Weise und durchaus arm an Rhetorik. Sie enthalten klassische Ausdrücke sowie Hinweise auf klassische Rechtsinstitute. Man kann daraus sicherlich nicht herleiten, dass die klassische Jurisprudenz ihre Bedeutung verloren hat. Vielmehr liegt nahe, dass dieser Kaiser in einer Krisenzeit mit der Hoffnung lebte, das römische Reich und sein Recht retten zu können.

Gleichzeitig sind Besonderheiten in Decius' Rechtssetzung zu beobachten, die eine Ablösung von der Zeit der Severer aufzeigen. Hierfür ist zunächst die Häufigkeit fiskaler Massnahmen zu nennen. Auch treten Steuern wie die *indictiones* mit Realnatur hinzu, welche die klassische Zeit nicht gekannt hat. Das Reskript über die Finanzprokuratoren zeigt zudem die Notwendigkeit, neue Fragen anzugehen.

Bibliografie

Albertario 1939 – E. Albertario, Corso di diritto romano. Il possesso, Milano 1939.

Albertario 1941 – E. Albertario, Studi di diritto romano II, Milano 1941.

Alföldi 1938 – A. Alföldi, Zu den Christenverfolgungen in der Mitte des 3. Jahrhunderts, *Klio* 13, 1938, 323–348.

Alibrandi 1871 – I. Alibrandi, Teoria del possesso, Roma 1871.

66 Alexander Severus (C. 6,58,1: a. 223).

67 Wieling 1974, 373.

BIHLMEYER 1910 – K. BIHLMEYER, Die Christenverfolgung des Kaisers Decius, *Theologische Quartalschrift* 92, 1910, 19–50.

BISCARDI 1991 – A. BISCARDI, La dottrina romana dell'obligatio rei, Milano 1991.

BLUDAU 1931 – A. BLUDAU, Die ägyptischen Libelli und die Christenverfolgung des Kaisers Decius, in: J.P. KIRSCH/E. GÖLLER (Hg.), Freiburg i.Br. 1931, 1–79.

BONFANTE 1972 – P. BONFANTE, Corso di Diritto Romano, vo. III. Diritti reali, Milano 1972.

BURDESE 1956 – A. BURDESE, Sulla capacità intellettuale degli impuberes in diritto classico, *Archivio giuridico* 150, 1956, 10–66.

BURDESE 1965 – A. BURDESE, In tema di animus possidendi nel pensiero della giurisprudenza classica (a proposito di taluni recenti studi), in: Studi in onore di Biondo Biondi I, Milano 1965, 517–547.

CANCELLI 1987 – F. CANCELLI, Il presunto ius respondendi istituito da Augusto, in: *BIDR* 90, 1987, 543–568.

CANNATA 1961 – C.A. CANNATA, Dalla nozione di 'animo possidere' all''animus possidendi' come elemento del possesso epoca postclassica e diritto, *SDHI* 27, 1961, 46–92.

CERATI 1975 – A. CERATI, Caractère annonaire et assiette de l'impôt foncier au Bas-Empire, Paris 1975.

CLARKE 1973 – G. W. CLARKE, Double-trials in the persecution of Decius, *Historia* 22, 1973, 650–663.

DE DOMINICIS 1950 – M.A. DE DOMINICIS, Le comunicazioni legislative nel basso impero, *Rendiconti dell'Istituto lombardo di scienze e lettere* 83, 1950, 315–358.

DE FRANCISCI 1967 – P. DE FRANCISCI, Per la storia della legislazione imperiale durante il principato, *BIDR* 70, 1967, 187–226.

PIR – P. DE ROHDEN/H. DESSAU, Prosopographia imperii Romani, saec. I-II-III, III, Berolini 1898.

FARGNOLI 2014 – I. FARGNOLI, Tückischer Tyrann oder glänzender Herrscher? Zur Gesetzgebung des Kaisers Decius, in J. HALLEBEEK/M. SCHERMAIER/R. FIORI/E. METZGER/J. P. CORIAT (Hg.), Inter cives necnon peregrinos. Essays in honour of Boudewijn Sirks, Göttingen 2014, 199–214.

FOUCART 1908 – P. FOUCART, Les certificats de sacrifice pendant la persécution de Décius (250), *JS* 6, 1908, 169–181.

FRONZA 1953 – L. FRONZA, Studi sull'imperatore Decio II Problemi di politica interna, *Annali Triestini I* 23, 1953, 311–333.

GERA/GIGLIO 1984 – G. GERA/S. GIGLIO, La tassazione dei senatori nel tardo impero romano, Roma 1984.

GIGLIO 1990 – S. GIGLIO, Il tardo impero d'Occidente e il suo senato. Privilegi fiscali, patrocinio, giurisdizione penale, Napoli 1990.

GIORDANO 1966 – O. GIORDANO, I cristiani nel III secolo: l'editto di Decio, Messina 1966.

GRELLE 1963 – F. GRELLE, Stipendium vel tributum. L'imposizione fondiaria nelle dottrine giuridiche del I e III secolo, Napoli 1963.

HARNACK 1894 – A. HARNACK, Besprechung von F. Krebs, Ein libellus eines libellaticus v. J. 250 n.Chr. Aus dem Fajjum, *Theologische Literaturzeitung* 19, Leipzig 1894, 38–41.

PLRE – A.H.M. JONES-J.R. MARTINDALE-J. MORRIS, The Prosopography of the Later Roman Empire. A.D. 260–3957, I, Cambridge 2007.

KASER 1962 – M. KASER, Studien zum römischen Pfandrecht II, Zweiter Teil, §§ VII–VIII, Napoli 1962.

KASER 1971 – M. KASER, Das römische Privatrecht. Das altrömische, das vorklassische und klassische Recht, I, München 1971.

KERESZTES 1975 – P. KERESZTES, The Decian libelli and the contemporary literature, *Latomus* 34, 1975, 761–781.

KNIEP 1886 – F. KNIEP, Vacua possessio, Jena 1886.

KNIPFING 1923 – J.R. KNIPFING, The libelli of the Decian persecution, *The Harvard Theological Review* 16, 4, 1923, 345–390.

KREBS 1893 – F. KREBS, Ein libellus eines libellaticus vom Jahre 250 n. Chr. aus dem Faiyum, *Sitzungsberichte der Königlich Preussischen Akademie der Wissenschaften zu Berlin* II, 1893, 1007–1014.

LAMBRINI 1998 – P. LAMBRINI, L'elemento soggettivo nelle situazioni possessorie del diritto romano classico, Padova 1998.

LIEBS 2010 – D. LIEBS, Hofjuristen der römischen Kaiser bis Justinian, München 2010.

LIESERING 1933 – E. LIESERING, Untersuchungen zur Christenverfolgung des Kaisers Decius, Diss. Würzburg 1933.

LONGO 1939 – G. LONGO, Manuale elementare di diritto romano, Torino 1939.

MACIEJOWSKI 1818 – W.A. MACIEJOWSKI, De vita et constitutionibus C. Q. Mesii Traiani Decii, Goettingae 1818.

MASSEI 1946 – M. MASSEI, Le citazioni della giurisprudenza classica nella legislazione imperiale, in: G.G. ARCHI (Hg.), Scritti di diritto romano in onore di Contardo Ferrini, Milano 1946, 401–475.

MATTHEWS 2000 – J.E. MATTHEWS, Laying down the law. A study on the Theodosian Code, New Haven – London – Yale 2000.

NASTI 1993 – F. NASTI, Un nuovo documento dalla Siria sulle competenze di governatori e procuratori provinciali in tema di interdetti, *Index* 21, 1993, 365–380.

OTTO/SCHILLING/SINTENIS, 1832 – C.E. OTTO/B. SCHILLING/C.F.F. SINTENIS, Das Corpus Iuris Civilis in's Deutsche übersetzt V–VI, Leipzig 1832.

PFLAUM 1957 – H.G. PFLAUM, procurator, RE XXIII, 1, 1957, 1240–1279.

RIVES 1999 – J.B. RIVES, The decree of Decius and the religion of empire, *JRS* 89, 1999, 135–154.

ROSAENDA 1927 – P. ROSAENDA, Decio e i libellatici, *Didaskaleion: studi di letteratura e storia cristiana antica* 5, 1927, 31–68.

SALISBURY/MATTINGLY 1924 – S. SALISBURY/H. MATTINGLY, The reign of Trajan Decius, *JRS* 14, 1924, 1–23.

SAVIGNY 1865 – F.C. SAVIGNY, Recht des Besitzes: eine civilistische Abhandlung,Wien 18657.

SCHEURL 1886 – CH. SCHEURL, Weitere Beiträge zur Bearbeitung des Römischen Rechts II, Erlangen 1886.

SCHNEBELT 1974 – G. SCHNEBELT, Reskripte der Soldatenkaiser. Ein Beitrag zur römischen Rechtsgeschichte des dritten nachchristlichen Jahrhunderts, Karlsruhe 1974.

SCHOENAICH 1907 – G. SCHOENAICH, Die Christenverfolgung des Kaisers Decius, Jauer 1907.

SCHOENAICH 1910 – G. SCHOENAICH, Die Libelli und ihre Bedeutung für die Christenverfolgung des Kaisers Decius, Breslau 1910.

SEECK 1916 – O. SEECK, Indictio, RE IX 2, 1916 (Neudr. 1988), 1328.

SELINGER 2004 – R. SELINGER, The Mid-Third Century. Persecutions of Decius and Valerian, Frankfurt a.M. 20042.

SIMON 1977 – D.V. SIMON, Konstantinisches Kaiserrecht: Studien anhand der Reskriptenpraxis und des Schenkungsrechts, Frankfurt a.M. 1977.

SOLAZZI 1940 – S. SOLAZZI, Il concorso dei creditori nel diritto romano 3, 1940.

SPERANDIO 2005 – M.U. SPERANDIO, Codex Gregorianus. Origini e vicende, Napoli 2005.

PIR[2] – A. STEIN/E. GROAG (Hg.), Prosopographia imperii romani, saec. I-II-III, II, Berolini et Lipsiae 1943.

TAUBENSCHLAG 1959 – R. TAUBENSCHLAG, The Imperial Constitutions in the Papyri, in: Ders., Opera minora II, Warszawa 1959, 3–28.

TONDO 1962 – S. TONDO, Acquisto del possesso da parte del pupillo, in: Studi in onore di Emilio Betti IV, Milano 1962.

VOCI 1980 – P. VOCI, Storia della patria potestas da Augusto a Diocleziano, *IVRA* 31, 1980, 37–100.

VOCI 1982 – P. VOCI, Rec. a Müller-Eiselt, Divus Pius constituit, *IVRA* 33, 1982, 207–210.

WAGNER 1973 – H. WAGNER, Primipilatshaftung, *ZRG rom.* 90, 1973, 171–183.

WATSON 1973 – A. WATSON, Private law in the rescripts of Carus, Carinus und Numerianus, *TR* 41, 1973, 19–34.

WEISS 1955 – H.-G. WEISS, Das Willensmoment bei der occupatio des römischen Rechts nebst einer vergleichenden Betrachtung des Willensmoments im Aneignungsrecht des BGB, Marburg 1955.

WIEACKER 1960 – F. WIEACKER, Textstufen klassischer Juristen, Göttingen 1960.

WIEACKER 1971 – F. WIEACKER, Le droit romain de la mort d'Alexandre Sévère à l'avènement de Dioclétien (235–284 apr. J.C.), *RHD* 4/49 apr., 1971, 201–223.

WIELING 1974 – H.J. WIELING, Eine neuentdeckte Inschrift Gordians III. und ihre Bedeutung für das Verständnis der constitutio Antoniniana, *ZRG rom.* 91, 1974.

WIELING 1988 – H. WIELING, Privilegium exigendi, *TR* 56, 1988, 279–298.

WIELING 1989 – H.J. WIELING, Privilegium fisci, praediatura und Protopraxie, *ZRG rom.* 106, 1989, 404–431.

ZAMORANI 1977 – P. ZAMORANI, Possessio e animus, Milano 1977.

Katharina Wojciech, Freiburg i.B.

Cum urbem nostram fidei tuae commiserimus (D. 1,12,1,4). Das *officium* des Stadtpräfekten zwischen Anspruch und Herausforderung

Zusammenfassung: Während der „Soldatenkaiserzeit" zeichnete sich die Stadtpräfektur durch ein hohes Maß an Kontinuität aus. Dies gilt für die Herkunft der Amtsträger sowie das Tätigkeitsfeld. Insofern stellte das Amt in Rom einen wichtigen Stabilitätsfaktor dar. Die Jahre 235–284 bedeuteten für die Entwicklung des *officium praefecti urbi* allerdings keine Stagnation. Die nachvollziehbaren Erweiterungen der Kompetenzen gingen mit der allmählichen Durchsetzung der *cognitio extra ordinem*, der kontinuierlichen Rechtsentwicklung durch kaiserliche Konstitutionen sowie der stärkeren Kontrolle des privaten Handels einher.

Abstract: Under the 'soldier emperors' the urban prefecture was characterised by a high degree of continuity. This holds true both for the backgrounds of the office-holders and their field of activity. In this respect, this office proved to be a factor of stability in Rome. Nevertheless the years from 235–284 did not mean stagnation for the development of the *officium praefecti urbi*. The documented expansion of its competences went along with the gradual enforcement of the *cognitio extra ordinem*, the continuous development of the law via imperial constitutions as well as a stricter control of private trade.

Unter Septimius Severus symbolisierte die Stadtpräfektur in Rom unbestritten die rechtliche Stabilität des goldenen Zeitalters[1]. „Da wir unsere Stadt deiner Gewissenhaftigkeit anvertraut haben" – mit diesen Worten wurde in einer an Fabius Cilo (201/203–211) gerichteten *epistula* die große Verantwortung des *praefectus urbi* für die Hauptstadt des Imperiums deutlich ausgedrückt[2]. Dort und im Umkreis von hundert Meilen war dieser Amtsträger der nach dem Kaiser höchste Richter mit einem ausdifferenzierten und vielfältigen Aufgabenfeld, das in den Schriften der zeitgenössischen Juristen ausführlich beschrieben worden ist[3].

Betrachtet man hingegen die stadtrömische Geschichte in nachseverischer Zeit, so scheinen bereits die ersten Jahre das Bild einer problembehafteten Epoche zu zeichnen. Im Anschluss an die Erhebung der beiden Gordiane in Africa proconsularis im Jahr 238 wurde Kaiser Maximinus Thrax vom Senat offiziell zum Staatsfeind erklärt und die Usurpation legitimiert. Die heftigen Reaktionen, mit denen die poli-

1 Zur Bedeutung der Severerzeit in Hinblick auf das Recht Coriat 1997; zur Stadtpräfektur in diesem Kontext ebda. 228–244 (mit Hinweisen auf ältere Literatur).

2 Vgl. zur Entstehung der *cura urbis* Wojciech 2010, 7–28; zu Fabius Cilo ebda. 313–316 Nr. 38.

3 Zusammengestellt in D. 1,12 (*de officio praefecti urbi*).

tische Umwälzung in der Hauptstadt aufgenommen wurde, sind am besten durch Herodian überliefert: Auf das bloße Gerücht hin, der Kaiser sei bereits tot, soll die *plebs urbana* auf die Straßen geströmt sein und seine Statuen, Bilder und sonstige Ehrerweisungen sämtlich heruntergerissen haben. Der Hass habe sich aber nicht nur gegen seine Person, sondern auch gegen das Justizsystem gerichtet: Die Prokuratoren und Richter seien misshandelt, getötet und in die Abwasserkanäle geworfen worden; bei den Straßenkämpfen schließlich sei auch der *praefectus urbi* Sabinus, als er die Lage beruhigen wollte, mit einer Holzkeule erschlagen worden[4]. Die herodianische Darstellung wirft kein gutes Licht auf das Funktionieren der Stadtpräfektur zu Beginn der „Soldatenkaiserzeit". Die Ausschreitungen, die von Sabinus mithilfe der 6.000 Soldaten der Stadtkohorten bereits im Keim hätten erstickt werden müssen[5], könnten als sein Versagen gedeutet werden[6]. Auf dieser Grundlage beschrieb die ältere Forschung zur Stadtpräfektur die nachseverische Zeit als wahres Schreckensszenario, das gesicherte Aussagen zu den Entwicklungen dieser Epoche unmöglich mache[7].

Dieses Bild, das einen klaren Bruch mit der Severerzeit suggeriert, gilt es etwas zu revidieren. Obwohl die Situation des Jahres 238, das zudem noch die Erhebung drei weiterer Kaiser und die Ermordung von zweien unter ihnen erlebt hat[8], als instabil bezeichnet werden muss, ist es fraglich, ob sie stellvertretend für ein halbes Jahrhundert stehen kann. Denn eine vergleichbare Gewalteskalation fand erst eine Generation später statt, zuerst anlässlich der Ermordung des Gallienus vor Mailand 268[9], kurze Zeit später wieder, als Aurelian den Münzmeisteraufstand (wahrscheinlich 271) unter vielen Verlusten niedergeschlagen ließ[10]. Diese Ereignisse müssen als Extremsituationen bewertet werden, welche für den Alltag nicht aussagekräftig sind. Sucht man nach weiteren Unruhefaktoren des geregelten städtischen Lebens, dann halten sich die Krisensituationen tatsächlich in überschaubarem Rahmen. Zu nennen wären die panischen Reaktionen auf Einbrüche der Germanen nach Italien in den Jahren 259/260[11] und 270/271[12], der Ausbruch und Aufstand von 80 Gladiatoren unter

---

4 Herodian. 7,7,1–4; bei Aur. Vict. Caes. 26,5 ist der *praefectus urbi* von den Prätorianern ermordet worden.

5 Zur Stärke der Stadtkohorten zuletzt Wojciech 2010, 212–213.

6 Vgl. Ménard 2004, 84.

7 Vgl. Vigneaux 1986, 75; Brancher 1909, 53–54. Vitucci 1956 lässt hingegen faktisch seine Untersuchung zur Stadtpräfektur mit den Severern enden.

8 Vgl. aus der umfangreichen Literatur zu den Unruhen des sogenannten Sechskaiserjahres Börm 2008, 69–86; Huttner 2008, 169–180.

9 Aur. Vict. Caes. 33,31–32.

10 Aur. Vict. Caes. 35,6; HA Aurelian. 38,2; zu beiden Ereignissen und zur Datierung des Münzmeisteraufstands Ménard 2004, 90–95.

11 Zos. 1,37,1–2.

12 HA Aurelian. 18,3–21,9 (hier fälschlicherweise Markomannen für Iuthungen/Alamannen); Zos. 1,49,1.

Probus[13], schließlich der Brand des Forum Iulium im Jahr 283[14]. Momente der unmittelbaren Bedrohung oder Unruhe, die in der Geschichte der Hauptstadt keineswegs einzigartig waren[15], gab es folglich zu Beginn der Epoche und dann vereinzelt ab der Regierungszeit des Gallienus. Bei keinem dieser Ereignisse – und das ist entscheidend – besitzen wir Hinweise auf eine dauerhafte Erlahmung der Rechtspflege oder sogar auf das Zusammenbrechen der administrativen Infrastruktur in Rom. Daraus folgt, dass die allgemeine Sicherheit in der Stadt, die eine Voraussetzung für eine effektive Rechtsprechung darstellt, über längere Zeitabschnitte der „Soldatenkaiserzeit" gewährleistet war.

Kontinuität lässt sich ohne Weiteres für die Besetzung der Stadtpräfektur postulieren. Die Liste der Amtsträger zeigt, dass die Funktion in den Jahren 235–284 in keiner Weise an Bedeutung eingebüßt, vermutlich sogar an Prestige hinzugewonnen hat: Abgesehen von L. Petronius Taurus Volusianus (267–268), dessen ritterliche Herkunft gesichert ist[16], wurden die *praefecti* in Rom immer noch den etablierten Senatorenfamilien entnommen und bekleideten das Amt als verdiente Konsulare[17]. Zwar wurden sie nicht mehr auf Lebenszeit ernannt, sondern versahen die Aufgabe lediglich ein bis maximal drei Jahre[18]; doch diese Verkürzung der Amtszeiten kann nicht schlicht mit den kürzeren Regierungszeiten der „Soldatenkaiser" erklärt werden, die jeweils einen neuen Stadtpräfekten ernannten. Die schnellere Rotation ist vielmehr ebenso unter denjenigen Kaisern festzustellen, die verhältnismäßig lange regiert haben, wie Gallien, Valerian, Aurelian oder Probus. Das Phänomen lässt eher auf die Beliebtheit des Amtes und einen gewissen Andrang bei der Besetzung der Funktion schließen, wie es noch in der Spätantike zu beobachten ist[19]. Umgekehrt zeigen erneute Ernennungen derselben Person, wie bei M. Nummius Attidius Senecio Albinus (Stadtpräfekt in den Jahren 256 und 261–263)[20], wie wichtig bei der Besetzung des Amtes nach wie vor das persönliche Verhältnis zum Kaiser war. Stadtpräfekten

---

13 Zos. 1,71,3.

14 Chronogr. a. 354, Chron. min. I = MGH AA IX, S. 148.

15 Zur Bedrohung der öffentlichen Ordnung in Rom etwa Nippel 1995.

16 Vgl. zu seiner ritterlichen Karriere v.a. Devijver 1977, 639–640 P 30; zu seiner Stadtpräfektur Wojciech 2010, 343–344 Nr. 61. Dies war keine Ausnahmeerscheinung, denn auch schon früher wurden gelegentlich frühere Prätorianerpräfekten zu Stadtpräfekten ernannt, wie etwa die Fälle des M. Oclatinius Adventus (217) und des P. Valerius Comazon (dreimal Stadtpräfekt unter Elagabal) bezeugen, vgl. Wojciech 2010, 320–322 Nr. 42; 324–326 Nr. 44.

17 Ausführlich zur senatorischen Elite dieser Zeit und in dem Kontext auch zur sozialen Herkunft der *praefecti* Mennen 2011, 49–81; prosopographische Angaben zu den einzelnen Stadtpräfekten der Zeit bei Wojciech 2010, 332–351 Nr. 50–72.

18 Die längsten Amtszeiten sind bekannt für P. Cornelius Saecularis (258–260), M. Nummius Attidius Senecio Albinus (261–263), [Aspasius] Paternus (264–266) und Virius Lupus (278–280), vgl. Wojciech 2010, (in derselben Reihenfolge:) 342 Nr. 59; 340 Nr. 57; 343 Nr. 60; 348–349 Nr. 68.

19 Vgl. Jones 1964, 689–690.

20 Vgl. Wojciech 2010, 340 Nr. 57.

im 3. Jahrhundert waren also vorwiegend immer noch diejenigen Senatoren, die über einen längeren Zeitraum das Vertrauen der Herrscher und damit auch die entscheidende Eignung besaßen. Einige von Ihnen sprachen im Verlauf ihrer Laufbahn direkt im Namen des Kaisers (*vice sacra*) Recht[21]. Die personelle Kontinuität und die Nähe zum Princeps mussten auch in nachseverischer Zeit einen positiven Einfluss auf das Stabilitätsempfinden innerhalb der Rechtspflege in Rom gehabt haben.

Um das *officium* des Stadtpräfekten in der „Soldatenkaiserzeit" adäquat definieren zu können, sollte also jenseits der punktuellen Probleme der Epoche gefragt werden, in welchem Ausmaß und durch welche Impulse es weiterentwickelt worden ist. Den Ausgangspunkt dafür muss die gut dokumentierte Zeit der Severer bilden, von der aus die Änderungen registriert werden können. In einem summarischen Überblick war der Stadtpräfekt zu Beginn des 3. Jahrhunderts verantwortlich für:

- Die Überwachung der Hauptstadt, die Aufsicht über die Spiele und in dem Zusammenhang das Vorgehen mit Strafmaßnahmen gegen einzelne Störenfriede[22].
- Die Marktaufsicht und somit auch das Vorgehen gegen unlauteres Verhalten im Geschäftsleben, Entscheidung der Streitigkeiten bei Geldgeschäften[23].
- Die Bestrafung von Sklaven, undankbaren Freigelassenen sowie in gravierenden Fällen unwürdigen Vormündern und Pflegern[24].
- Die Durchsetzung der Unterhaltsansprüche der Freilasser[25].
- Die Aburteilung der *crimina publica*, der sogenannten *crimina extraordinaria* und einiger *delicta privata*; Verhängung von Kriminalstrafen bis zur Kapitalgerichtsbarkeit[26].
- Die Anhörung der „Beschwerden" von Sklaven, die unzumutbaren Zuständen ausgesetzt waren oder denen die einmal in Aussicht gestellte Freiheit verweigert worden war[27].
- Den Schutz des Eigentums in Fällen, in welchen dieses gewaltsam geraubt respektive besetzt wurde, jemand um sein Erbe betrogen wurde oder ein mündiger Minderjähriger übervorteilt zu werden drohte[28].

---

21 So L. Caesonius Lucillus Macer Rufinianus und Virius Lupus, vgl. PEACHIN 1996, bes. 112–114, 127–132; WOJCIECH 2010, 336 Nr. 52, 348–349 Nr. 68.

22 D. 1,12,1,12;13 (Ulp. l. sing. de off. praef. urb.).

23 D. 1,12,1,9;11;13 (Ulp. l. sing. de off. praef. urb.); 1,12,2 (Paul. l. sing. de off. praef. urb.).

24 D. 1,12,1,5;7;10 (Ulp. l. sing. de off. praef. urb.); 26,10,1,8 (Ulp. 35 ad. ed.); 26,10,3;14–15 (Ulp. 35 ad. ed.).

25 D. 1,12,1,2 (Ulp. l. sing. de off. praef. urb.).

26 D. 1,12,1pr.;3;4;14 (Ulp. l. sing. de off. praef. urb.); 1,15,3,1–2 (Paul. l. sing. de off. praef. vigil.); 32,1,4 (Ulp. 1 fideicom.); 47,19,3 (Marc. 2 publ. iud.); 48,19,8,5 (Ulp. 9 de off. procos.); 48,22,6,1 (Ulp. 9 de off. procos.).

27 D. 1,12,1,1;8 (Ulp. l. sing. de off. praef. urb.); C. 4,56,1 Alexander Severus (a. 223); C. 4,56,2 Alexander Severus (a. 223); D. 40,1,5pr. (Marc. 2 inst.); 26,4,3,2 (Ulp. 38 ad Sab.); 40,1,20pr. (Pap. 10 resp.); C. 4,57,2 Alexander Severus (a. 222).

28 D. 1,12,1,6 (Ulp. l. sing. de off. praef. urb.); 4,4,38pr. (Paul. 1 decret.); 36,4,5,27 (Ulp. 52 ad ed.).

Bei dieser Fülle an Befugnissen erscheint es plausibel, auch in Hinblick auf das Aufgabenfeld des Stadtpräfekten von einem hohen Maß an Kontinuität in der Folgezeit auszugehen. An drei Beispielen – der Entwicklung des Delikts *iniuria* (I.), der Problematik der Rückführungsmöglichkeit von Schenkungen (II.) und der Marktaufsicht (III.) – lässt sich allerdings zeigen, dass die „Soldatenkaiserzeit" keine Epoche der Stagnation darstellte, sondern das *officium praefecti urbi* auch in nachseverischer Zeit kontinuierlich weiterentwickelt wurde.

I. *Iniuria*

Bei der oben vorgestellten Zusammenfassung des Aufgabenfeldes eines Stadtpräfekten ist der strafrechtliche Schwerpunkt der Funktion deutlich geworden. Dementsprechend konnte Ulpian den Anfang der *epistula Septimi Severi* an Fabius Cilo als eine allgemeine Zuständigkeit für die Ahndung von Straftaten auslegen: *Quidquid igitur intra urbem admittitur, ad praefectum urbi videtur pertinere* („Was auch immer also innerhalb der Stadt an Straftaten begangen wird, fällt daher offensichtlich in die Kompetenz des Stadtpräfekten")[29]. Diese weite Einschätzung der Strafgerichtsbarkeit des Amtsträgers muss in Wirklichkeit etwas relativiert werden. Sie stimmt sicher in Hinblick auf die Verfolgung der *crimina* im eigentlichen Sinn, also derjenigen Verbrechen, die herkömmlich in einem *iudicium publicum* entschieden wurden, da die Tätigkeit der *quaestiones* im 3. Jahrhundert versiegt war[30]. Doch ist es unwahrscheinlich, dass der Amtsträger eine Kapitalgerichtsbarkeit über Senatoren ausübte, auch wenn dies mehr einen politischen als einen rechtlichen Hintergrund hatte[31]. Des Weiteren befasste sich der Stadtpräfekt gewöhnlich nicht mit allen leichten bis mittelschweren Kriminalfällen: den *delicta*, die herkömmlich privat im Formularprozess verfolgt wurden. Seit dem 2. Jahrhundert wurden vor seinem Tribunal vor allem Diebstahl- und Raubdelikte verfolgt, falls die Vergehen aufgrund der Umstände als besonders schwerwiegend galten oder ein Wiederholungstäter bestraft werden musste[32]. Für eine Erweiterung des Aufgabenbereichs des Amtsträgers muss also vor allem das allmähliche Verdrängen des Formularprozesses[33] und die zunehmende Möglichkeit respektive Gewohnheit der Verhandlung von privaten Straftaten im Kognitionsprozess von Bedeutung gewesen sein.

---

29 D. 1,12,1,4 (Ulp. l. sing. de off. praef. urb.).

30 Zur Kriminalgerichtsbarkeit des Stadtpräfekten Wojciech 2010, 123–147.

31 Vgl. zur Gerichtsbarkeit über Senatoren Chastagnol 1960, 120–130.

32 D. 1,15,3,1–2 (Paul. l. sing. de off. praef. vigil.); hier gab es zwischen dem Stadt- und dem Vigilenpräfekten eine Kompetenzenstaffelung, vgl. Sablayrolles 1996, 105–112; Wojciech 2010, 115–123.

33 Dieses wurde offiziell 342 abgeschafft, C. 2,57,1 Constantius/Constans (a. 342).

Ein solches Privatdelikt war die Injurie[34], deren Aburteilung durch den Stadtpräfekten noch in severischer Zeit nur in rechtlich ganz genau definierten Fällen sicher zu belegen oder wahrscheinlich zu machen ist. Zwei Stellen aus den Digesten müssen bei der Rekonstruktion der Entwicklung den Ausgangspunkt bilden:

D. 1,12,1,10 (Ulp. l. sing. de off. praef. urb.):
Cum patronus contemni se a liberto dixerit vel contumeliosum sibi libertum queratur vel convicium se ab eo passum liberosque suos vel uxorem vel quid huic simile obicit: praefectus urbi adiri solet et pro modo querellae corrigere eum. aut comminari aut fustibus castigare aut ulterius procedere in poena eius solet (...).
Wenn ein Freilasser vorträgt, er werde von einem Freigelassenen geringschätzig behandelt oder wenn er sich über die Kränkung seiner Ehre durch seinen Freigelassenen beschwert oder den Vorwurf erhebt, er, seine Kinder oder seine Gattin hätten von ihm in der Öffentlichkeit eine Beschimpfung oder ähnliches erlitten, dann pflegt der Stadtpräfekt angegangen zu werden und den Freigelassenen je nach Art der Beschwerde zur Rechenschaft zu ziehen. Er pflegt ihm entweder eine Strafe anzudrohen oder ihn mit Stockschlägen züchtigen zu lassen oder darüber hinausgehend über ihn eine Kriminalstrafe zu verhängen; (...).

D. 37,15,1,2 (Ulp. 1 opin.):
Si filius matrem aut patrem, quos venerari oportet, contumeliis adficit vel impias manus eis infert, praefectus urbis delictum ad publicam pietatem pertinens pro modo eius vindicat.
Wenn ein Sohn seiner Mutter oder seinem Vater, die er ehren muss, Kränkungen zugefügt hat oder die pflichtvergessenen Hände an sie legt, bestraft der Stadtpräfekt das Vergehen, da es zum öffentlichen Pflichtgefühl gehört, je nach dessen Ausmaß.

Demnach konnte der *praefectus urbi* in Konflikte zwischen Freigelassenen und ihren Freilassern eingreifen und die Freigelassenen bestrafen, falls ihr Verhalten deutlich die nötige Ehrerbietung vermissen ließ. Als strafwürdig galten geringschätzige Behandlung, Ehrenkränkung sowie Beschimpfung in der Öffentlichkeit, die alle in den Digesten unter dem *titulus „de iniuriis“* behandelt werden[35]. Das Vorgehen *extra ordinem* rechtfertigte vor allem die besondere Konstellation der involvierten Personen. Die Bestrafung des Freigelassenen durch einen Amtsträger bedeutete hier den Eingriff in ein Herrschaftsverhältnis, wo wahrscheinlich die Strafgewalt des Freilassers ersetzt werden sollte[36]. Da ein *libertus* seinem Patron gegenüber stets zur Dankbarkeit verpflichtet war, musste ein solches Verhalten darüber hinaus als massiv undankbar eingestuft werden[37] und eine härtere Bestrafung (als einer Geldstrafe)

---

34 Zur Entwicklung dieses komplexen Delikts gibt es zahlreiche Einzeluntersuchungen: Raber 1969, Balzarini 1983, Pólay 1986, Hagemann 1998.

35 Vgl. D. 47,10,1pr.–3 (Ulp. 56 ad ed.); D. 47,10,15,2–12 (Ulp. 77 ad ed.).

36 Raber 1969, 36, zieht in Betracht, dass das Kognitionsverfahren hier direkt das Herrschaftsrecht ersetzte; für die Zulässigkeit der *actio iniuriarum* in diesem Kontext Balzarini 1983, 219.

37 Der Tatbestand der Injurie fiel hier deshalb mit dem (weiter gefassten) Tatbestand der Undankbarkeit zusammen, vgl. Balzarini 1983, 219–225; zur Entwicklung der Kompetenz Wojciech 2010, 100–107.

als angemessen erscheinen[38]. Der Fall, in dem der Stadtpräfekt einen Sohn zur Verantwortung ziehen sollte, der gegenüber seinen Eltern Beleidigungen ausgesprochen oder gar Handgreiflichkeiten begangen hat, war ähnlich gelagert[39]. Da die Befugnis nicht im *liber singularis de officio praefecti urbi* (entstanden um 215)[40] beschrieben wird, sondern nur in den *Ulpiani opiniones* (einer Schrift aus dem 4. Jahrhundert)[41] erscheint, könnte es sich allerdings um eine etwas spätere Ableitung aus der ursprünglichen, auf das Freilasser-Freigelassenen-Verhältnis abgestellten Kompetenz handeln.

Von diesen beiden Zeugnissen aus lässt sich die Zuständigkeit des Stadtpräfekten für die Ahndung des Delikts zuverlässig ableiten, wobei den entscheidenden Anhaltspunkt ihre rechtliche Qualifizierung darstellt: Bezeichnenderweise bewirkte sowohl die Verpflichtung des Freigelassenen gegenüber seinem Freilasser als auch die Ehrerbietung, die ein Sohn seinen Eltern schuldete, dass die Injurie jeweils als *atrox ex persona* (schwerwiegend aufgrund der Person, gegen die sie begangen worden war) betrachtet wurde[42]. Diese Information ist sehr wichtig, da die Digesten eine ganze Reihe von Umständen beschreiben, die eine Injurie zur *iniuria atrox* werden ließen: Dies war immer der Fall, wenn sich das Delikt gegen eine Respektsperson (z.B. einen Amtsträger) richtete, an einem öffentlichen Ort (z.B. im Theater) begangen worden war oder besonders drastische Verletzungen zur Folge gehabt hatte[43]. Aufgrund der Verantwortung des Stadtpräfekten für die städtische Sicherheit und seiner Präsenz an öffentlichen Orten liegt es nahe anzunehmen, dass der Amtsträger zwangsläufig mit weiteren Fällen der *iniuria atrox* konfrontiert war. Wie schon bei den Diebstahl- und Raubdelikten dürfte dabei die besondere Abscheulichkeit einer Injurie stets seine Einschaltung respektive Einmischung gerechtfertigt erscheinen lassen. Die Zuständigkeit des *praefectus urbi* lässt sich folglich für alle Fälle der qualifizierten Injurie postulieren.

Neben der Notwendigkeit einer strengeren Bestrafung konnte hier vor allem die persönliche Situation der Übeltäter die Zuständigkeit des Kognitionsprozesses bewirken. So schrieb Modestin, dass ein Freigelassener, welcher seinen Freilasser ohne die nötige Erlaubnis des Prätors vor Gericht geladen hat, die Strafe von fünfzig Goldstücken zu zahlen habe oder – falls er sich dies nicht leisten kann – vom Stadtpräfekten körperlich gezüchtigt werde[44]. Ähnlich befand Ulpian, dass eine körperliche Bestrafung bei den *iniuriae atroces* immer dann statthaft sei, wenn sich auf einen Delin-

38 Letzteres stellt für Balzarini 1983, 219–225, den Hauptgrund für das Vorgehen *extra ordinem* dar.

39 Vgl. Balzarini 1983, 218–219.

40 Vgl. Honoré 2002, 191–192.

41 Für den Hinweis danke ich Detlef Liebs, zur Datierung ausführlich Liebs 1973, 279–310.

42 D. 47,10,7,8 (Ulp. 57 ad ed.).

43 Vgl. zu den *iniuriae atroces* insgesamt noch Gai. inst. 3,225; Raber 1969, 103–106; Pólay 1986, 132–136; Hagemann 1998, 91–100.

44 D. 2,4,25 (Modest. 1 poen.).

quenten die im Formularprozess vorgesehene Geldstrafe und Infamie nicht anwenden ließen[45]. Daraus darf man schlussfolgern, dass die Verantwortung des Stadtpräfekten schon unter den Severern auch dann gegeben war, wenn der Beklagte arm oder (aufgrund einer früheren Verurteilung respektive seiner Tätigkeit) bereits infam war. Dies erschließt eine weitere Parallele zur Aburteilung der Raub- und Diebstahlsdelikte, da unter den *infames* auch Wiederholungstäter zu finden waren[46].

Erst aus diokletianischer Zeit gibt es eindeutige Hinweise auf die allgemeine Verantwortung des Kognitionsprozesses für alle Injurienfälle:

D. 47,10,45 (Hermogen. 5 epit.):
De iniuria nunc extra ordinem ex causa et persona statui solet. et servi quidem flagellis caesi dominis restituuntur, liberi vero humilioris quidem loci fustibus subiciuntur, ceteri autem vel exilio temporali vel interdictione certae rei coercentur.
Gegenwärtig pflegt über Injurien außerordentlicherweise nach den Umständen und der Persönlichkeit erkannt zu werden. Sklaven werden ausgepeitscht und dann ihren Herren zurückgegeben; Freie niederen Standes werden aber mit Stöcken geschlagen, die Übrigen aber entweder mit zeitlicher Verbannung oder dem Verbot einer bestimmten Sache bestraft.

Dementsprechend bezweifelt die rechtswissenschaftliche Forschung im Allgemeinen, dass die leichteren Injurien vor dem Ende des 3. Jahrhunderts *extra ordinem* verfolgt wurden[47]. Doch sagt Hermogenian keineswegs, dass die Situation, die er beschreibt, neu ist. Für die Zeit zwischen Alexander Severus und Diokletian ist schlicht die Überlieferungssituation schlechter[48], so dass hier nur das Ende einer Entwicklung zu sehen ist. Diese begann aber nachweislich in severischer Zeit, denn die von Hermogenian genannten Strafen, die im Kognitionsprozess üblich waren, sind auch hier als eine Umwandlung der pekuniären Privatstrafe zu verstehen[49]. Wurde aber am Anfang des 3. Jahrhunderts mit Sicherheit gegen Freigelassene und sehr wahrscheinlich auch wegen weiterer *iniuriae atroces* eine Beschwerde vor dem Stadtpräfekten geführt, so erscheint es wenig plausibel, wenn der Kognitionsprozess in dem Bereich für ein halbes Jahrhundert keine weitere Flexibilität gezeigt haben sollte. Gerade die Mög-

45 D. 47,10,35 (Ulp. 3 de omn. trib.); vgl. noch D. 48,19,1,3 (Ulp. 8 disp.); dazu insgesamt Balzarini 1983, 202–208; Liebs 2002, 12–13.

46 Zur Infamie Kaser/Hackl 1996, 207–208.

47 Vgl. Hagemann 1998, 116–126 (mit Zusammenstellung älterer Literatur) gegen Balzarini 1983, bes. 228–229; für Nogrady, 2006, 293, wurden sie sogar von Anfang an nur im Kognitionsprozess verfolgt; neben dem Vorgehen im Formular- und Kognitionsprozess ist bei körperlicher Injurie außerdem ein privates Quästionenverfahren bekannt, vgl. D. 47,10,5pr. (Ulp. 56 ad ed.); Raber, 1969, 3–4; Pólay 1986, 127–131; Hagemann, 1998, 63–64; nach Garnsey 1967, 60, geriet es möglicherweise schon früh im Prinzipat außer Gebrauch.

48 Vgl. hier zu allgemeinen Problematik v.a. De Blois 2001, 136–153.

49 Dadurch wurde die Geldstrafe jedoch nicht grundsätzlich obsolet, vgl. v.a. Liebs 2002, 13; auch die Kompetenz des Formularprozesses bestand prinzipiell noch, da Hermogenian ja nur davon spricht, was üblich ist, so auch Hagemann 1998, 127.

lichkeit der in jedem Fall adäquaten Bestrafung eines Täters stellte für den Geschädigten eine wichtige Motivation zum Einschalten des Stadtpräfekten dar. Es ist aber nicht wahrscheinlich, dass ein Opfer immer richtig einschätzen konnte, welche Art von Injurie es erlitten hat, vielmehr wird jeder seine eigene Verletzung/Rufschädigung als besonders schlimm empfunden haben. Die Tendenz, die Beschwerde vor dem Stadtpräfekten führen zu wollen, der dann das Vergehen überhaupt erst rechtlich einordnen konnte, sollte im Verlauf der Zeit schneller zur Aburteilung auch von leichteren Injurien geführt haben. Da sich in den Quellen zur severischen Zeit keine sicheren Anhaltspunkte dafür finden lassen und diese Entwicklung in diokletianischer Zeit abgeschlossen zu sein scheint, lässt sich als Zeitpunkt für die Erweiterung der Zuständigkeit des Kognitionsprozesses am wahrscheinlichsten die „Soldatenkaiserzeit" postulieren[50].

II. Schenkungen

Im Rahmen seiner Untersuchung über die spätantike Stadtpräfektur konnte André CHASTAGNOL im Kapitel „Juridiction civile" von einer „autorité universelle" des *praefectus urbi* sprechen[51]. Dieser Sachverhalt kann für den Anfang des 3. Jahrhunderts noch mitnichten postuliert werden, vielmehr lassen sich in dem Bereich nur wenige Kompetenzen ausmachen: dazu gehören der Schutz der Eigentumsverhältnisse[52], die Regelung der Unterhaltsansprüche von Freilassern[53] sowie die Entscheidung der Streitigkeiten bei Geldgeschäften[54]. Unter den „Soldatenkaisern" fand auch in diesem Bereich ein punktueller Zuwachs an Befugnissen statt. Die Entwicklung des *officium* des Stadtpräfekten ging dabei mit Veränderungen einher, die den rechtlichen Umgang mit *donationes* betreffen; konkret handelt es sich um die Eröffnung von Möglichkeiten, eine Schenkung rückgängig zu machen. Sie stellen Ausnahmen dar, da die bereits vollzogene und damit rechtsgültige Schenkung dem Prinzip des klassischen Rechts nach unwiderruflich war[55]. Den Ausgangspunkt der angesprochenen Veränderungen bildete die Regierungszeit des Alexander Severus:

50 Die Möglichkeit sieht auch HAGEMANN 1998, 125.
51 CHASTAGNOL 1960, 100–101.
52 Zu diesem Zweck konnte der Stadtpräfekt mit Interdikten vorgehen, vgl. D. 1,12,1,6 (Ulp. l. sing. de off. praef. urb.), die Einweisung in den Besitz vornehmen, vgl. D. 36,4,5,27 (Ulp. 52 ad ed.), und in den vorigen Stand wiedereinsetzen, vgl. D. 4,4,38pr. (Paul. 1 decret.). Dazu WOJCIECH 2010, 147–157.
53 D. 1,12,1,2 (Ulp. l. sing. de off. praef. urb.), dazu WOJCIECH 2010, 108–109.
54 D. 1,12,2 (Paul. l. sing. de off. praef. urb.), dazu WOJCIECH 2010, 165–175.
55 Vgl. KASER 1971, 604.

D. 31,87,3 (Paul. 14 resp.):
Imperator Alexander Augustus Claudi{an}o Iuliano praefecto urbi. si liquet tibi, Iuliane carissime, aviam intervertendae inofficiosi querellae patrimonium suum donationibus in nepotem factis exinanisse, ratio deposcit id, quod donatum est, pro dimidia parte revocari.
Der Kaiser Alexander Augustus an Claudius Iulianus, den Stadtpräfekten: Wenn es dir klar ist, lieber Iulianus, dass die Großmutter, um die Pflichtwidrigkeitsklage zu umgehen, ihr Vermögen durch dem Enkel gemachte Schenkungen erschöpft hat, so verlangt das Recht, dass das Verschenkte zur Hälfte rückgängig gemacht werde.

Paulus berichtet hier von einem Fall, in welchem eine Großmutter beschuldigt wurde, ihrem Enkel großzügige Schenkungen gemacht und dadurch ihr Vermögen zum Nachteil eines zweiten Noterben vermindert zu haben (die Konstitution geht offenbar von insgesamt zwei pflichtteilsberechtigten Angehörigen aus, da sonst die Rückführung der Hälfte der Schenkungen nicht verständlich wäre)[56]. Ihre Absicht war dabei angeblich gewesen, das Vermögen noch zu Lebzeiten an den Lieblingsenkel zu bringen, um eine entsprechende testamentarische Verfügung zu vermeiden, da diese mittels der *querela inofficiosi testamenti* hätte angefochten werden können. Der benachteiligte Erbe wollte das Verhalten allerdings nicht hinnehmen und legte bei Ap. Claudius Iulianus (*cos.* II 224) eine Beschwerde ein[57]. Das Tribunal des *extra ordinem* Recht sprechenden Stadtpräfekten schien ihm für das ungewöhnliche Anliegen besonders geeignet zu sein. Möglicherweise wurden vor dem Amtsträger üblicherweise die *querelae inofficiosi testamenti* entschieden[58]; vor allem war er aber befugt, eine *restitutio in integrum* vorzunehmen, wenn dafür ein rechtsgültiger Grund vorlag[59]. Der Fall war jedoch so untypisch, dass der *praefectus urbi* vorsichtshalber den Kaiser konsultierte. Alexander Severus bestimmte, dass Claudius Iulianus, falls die Beschuldigungen stimmten, die Schenkungen über den rechtmäßigen Erbanteil des Enkels hinaus rückgängig machen solle. Erst durch diese Entscheidung wurde es dem Stadtpräfekten möglich, die Rückführung von gültigen Schenkungen anzuordnen, um den Sinn des geltenden Erbrechts einzuhalten. Nach dem Vorbild der *querela inofficiosi testamenti* konnte nun auch die *querela inofficiosae donationis* im Kognitionsprozess

---

56 Vgl. Rüger 2011, 84 mit Anm. 318 (dort auch Hinweise zu älteren Literatur); meine Interpretation in dem früheren Beitrag Wojciech 2010, 110, die irrtümlich von mehreren Erben ausgeht, kann entsprechend korrigiert werden.

57 Der Beginn seiner Amtszeit muss auf Ende 223 datiert werden; wie lange er Stadtpräfekt blieb, ist unklar, vgl. dazu Wojciech 2010, 329–331 Nr. 48.

58 Die *inofficiosa testamenta* konnten seit vespasianischer Zeit auch im Kognitionsprozess angefochten werden (Suet. Vesp. 10); dazu Buti 1982, 39; Kaser/Hackl 1996, 458; Querzoli 2000, 227–240; Überlegungen zu den Kompetenzen des Stadtpräfekten auf diesem Gebiet noch bei Wojciech 2010, 110.

59 Vgl. D. 4,4,16,5 (Ulp. 11 ad ed.); Wojciech 2010, 148–150; zur Wiedereinsetzung in den vorigen Stand insgesamt D. 4,4,17 (Hermogen. 1 iur. epit.); Kaser/Hackl 1996, 421–426.

verhandelt werden[60], wobei die erwiesene Absicht des Schenkers, eine Klage wegen pflichtwidrigen Testaments zu umgehen, die Voraussetzung für eine Rückführung bildete[61]. Die wichtige Erweiterung bestand hier folglich darin, dass ein Pflichtteilberechtigter nicht im Testament übergangen werden musste, um eine Klage erheben zu können; er wurde bereits dann gehört, wenn ihm, bezogen auf den ungeschmälerten Nachlass, nicht einmal das von der *querela inofficiosi testamenti* sowie der *lex Falcidia* geschützte Viertel verblieb[62]. Die unter dem letzten Severer durch die Anfrage des Stadtpräfekten eröffnete Möglichkeit der (anteiligen) Rückerstattung pflichtwidriger Schenkungen konnte in der Folgezeit ausgeweitet werden: Im Jahr 257 war das Vorgehen mittels *querela inofficiosae donationis* bereits so etabliert, dass sie durch die Entscheidung der Kaiser Valerian und Gallien analog sogar den Intestaterben zugestanden wurde[63].

Ging die Motivation für die Rückführung der Schenkungen bei der *querela inofficiosae donationis* von geschädigten Dritten aus, so gibt es in den Konstitutionen der „Soldatenkaiser" viele Hinweise darauf, dass auch die Schenker selbst ihre Großzügigkeit bereuen konnten; die Versuche, eine Schenkung zurückzuerhalten, wurden allerdings meistens mit dem Hinweis auf das geltende Recht zurückgewiesen[64]. Philippus Arabs erlaubte lediglich in seiner Antwort an einen gewissen Agilius Cosmianus, die einem Freigelassenen gemachten Schenkungen zurückzunehmen. Der Text ist zweimal fast identisch überliefert:

> Vat. 272:
> (...) *etsi perfectis donationibus in possessionem inductus libertus quantolibet tempore ea quae sibi donata sunt pleno iure ut dominus possederit, tamen,* ___________, *omnis donatio mutata patronorum voluntate revocanda sit.*
>
> C. 8,55,1pr. Philippus (a. 249):
> *Etsi perfectis donationibus in possessionem inductus libertus quantolibet tempore ea quae sibi donata sunt pleno iure ut dominus possederit, tamen, si ingratus sit, omnis donatio mutata patronorum voluntate revocanda sit.*
> Wenn auch der Freigelassene, nach vollständiger Errichtung einer Schenkung in den Besitz eingeführt, zu jeder Zeit dasjenige, was ihm geschenkt worden ist, mit vollem Recht als Eigentümer besessen hat, so sei dennoch, wenn er undankbar ist, die ganze Schenkung nach Änderung des Willens der Freilasser zu widerrufen.

---

60 Vgl. Vat. 270.

61 Dazu Simon 1970, 362–364.

62 Vgl. Rüger 2011, 84; zur Verbindung der *querela inofficiosae donationis* mit der *donatio mortis causa* Liebs 2009, 1023–1024; Rüger 2011, 81–87 (in weiterem Kontext 32–87), der jedoch zu Recht betont, dass der konkrete Fall eine *donatio inter vivos* betrifft (84).

63 C. 3,29,3 Valerianus/Gallienus (a. 257), vgl. noch Schnebelt 1974, 97–99; zur *donatio inofficiosa* insgesamt Murillo Villar 2007, 36–42.

64 Die relevanten Quellen sind zusammengestellt bei Schnebelt 1974, 125–126 mit Anm. 62.

Da in den *Fragmenta Vaticana* der Nebensatz *si ingratus sit* als Voraussetzung der Rücknahme fehlt, haben Günter SCHNEBELT und auf ihn aufbauend Christian KÖRNER angenommen, dass diese Ausnahme zunächst unbeschränkt gegolten habe und erst durch die spätantike Entwicklung, die das Verhalten des Beschenkten stärker in solche Entscheidungen einbezog, auf Fälle der Undankbarkeit eingeschränkt worden sei; der Zusatz wird deshalb für eine Ergänzung gehalten, die spätestens von den Kompilatoren in den Codex eingefügt worden sei[65]. Dieser These kann nicht zugestimmt werden. Der Text der ursprünglichen Konstitution kann zwar später bearbeitet worden sein, doch wird mit dem Einschub nicht mehr als eine Präzisierung geleistet. Denn die Vernachlässigung der Pflicht des *libertus* ist bereits im Jahr 249 ganz deutlich als Begründung für die Möglichkeit der Rücknahme formuliert worden[66]:

> Vat. 272 = C. 8,55,1,2 Philippus (a. 249):
> *Nam qui obsequiis suis liberalitatem patronorum provocaverunt, non sunt digni, qui eam retineant, cum coeperint obsequia neglegere, cum magis in eos collata liberalitas ad obsequium inclinare debet quam ad insolentiam erigere.*
> Denn diejenigen, die durch ihren ehrerbietigen Gehorsam die Freigiebigkeit der Freilasser veranlasst haben, sind nicht würdig, dieselbe weiter zu genießen, sobald sie den Gehorsam zu vernachlässigen anfangen, indem die auf sie übertragene Freigiebigkeit mehr zum Gehorsam geneigt machen als zur Unverschämtheit ermutigen muss.

Diesen Passus vor allem als eine „rechtspolitische und moralische Rechtfertigung" der kaiserlichen Entscheidung zu sehen[67], ist dabei durchaus plausibel. Genau dieser Begründung muss allerdings ein stärkeres Gewicht zukommen. Denn die Einschätzung des Kaisers dürfte für die Entscheidung des verantwortlichen Richters richtungsweisend gewesen sein[68]. Betrachtet man solche Angelegenheiten vom sozialhistorischen Standpunkt aus, so erscheint es darüber hinaus wahrscheinlich, dass in der Regel erst eine deutliche Abkühlung des Verhältnisses zwischen dem Patron und seinem *libertus* das gerichtliche Vorgehen überhaupt notwendig gemacht haben wird. Fragt man weiter, wie solche Entscheidungen wie die des Philippus Arabs zustande kamen, dann dürfte der bloße Wunsch, die Schenkungen zurückzuerhalten, für den Kaiser nicht gerade ein überzeugendes Argument gewesen sein. Umgekehrt werden im Zusammenhang mit einer Beschwerde des Freilassers über seinen Freigelassenen

---

65 Vgl. SCHNEBELT 1974, 106–124; KÖRNER 2002, 170; anders KASER 1971, 604 mit Anm. 45 und KASER 1975, 399.

66 So bereits KASER 1971, 604.

67 SCHNEBELT 1974, 114–115.

68 Dabei ist es (anders als SCHNEBELT 1997, 115, meint) unerheblich, dass in der diokletianischen Konstitution des Jahres 296 (Vat. 313) die Undankbarkeit als Voraussetzung der Rücknahme von Schenkungen keine Rolle spielte, denn dort geht es um die Frage der Gültigkeit der gemachten Schenkung; die Tatsache, dass die Möglichkeit der Rückführung negiert wird, bezeugt aber gerade umgekehrt, dass eine pauschale Möglichkeit der Schenkungsrücknahme nicht statthaft war.

solche Fragen wie die nach dem Verbleib einer großzügigen Schenkung öfters entstanden sein und könnten dementsprechend zu einer Lockerung bei der Auslegung des Rechts geführt haben. Da der Stadtpräfekt ohnehin bei Beschwerden des Freilassers angegangen wurde (s.o.), sollte er in Rom von Anfang an auch bei diesen Fällen die kompetente Instanz gewesen sein, die über das Ausmaß der Undankbarkeit und im Anschluss daran über die Berechtigung der Rückforderung einer Schenkung geurteilt hat. Auch der umgekehrte Fall ist denkbar: Wandte sich ein Freilasser an den *praefectus urbi* mit dem Wunsch, dieser möge die einem Freigelassenen gemachten Schenkungen rückführen, konnte über die Frage nach der rechtlichen Grundlage für eine solche Anordnung auch ein Prozess wegen Undankbarkeit notwendig geworden sein[69].

Die dem *patronus* eröffnete Option blieb zunächst eine Ausnahme. In einer Konstitution aus dem Jahr 259 verneinen die Kaiser Valerian und Gallienus ausdrücklich die Möglichkeit, eine Schenkung, die anlässlich einer Verlobung gemacht wurde, rückgängig machen zu können, und zwar selbst dann, wenn der Schenker noch minderjährig gewesen ist:

> Cod. Greg. 2,2,1–3 (FIRA II 656–657):
> *Precibus tuis et iuris auctoritas et aequitas adsistit. neque enim dubium est ea, quae sponsae adfinitatis contrahendae causa a minore donantur, repeti non posse, quando huiuscemodi causas communis voti complendi ratio provocet. propter quae et in integrum restitutio denegatur: tametsi inter minores verti videatur, non discrepat ab his, qui legitimae aetatis ad huiuscemodi contractus prodeunt. quare quaecumque Iulius Agrippinus v(ir) c(larissimus) filiae tuae Aviniae sponsae donavit, repetere nullo modo poterit: ac si hoc facere temptaverit, opponet auctoritatem suam Iu<n>ius Donatus v(ir) c(larissimus) p(raefectus) u(rbi) amicus noster, ut tam improba petitio repellatur.*
> Deinem Gesuch kommen sowohl die Autorität des Rechts als auch die Billigkeit entgegen. Denn es besteht kein Zweifel, dass dasjenige, was einer Verlobten zum Zweck der Begründung eines verwandtschaftlichen Verhältnisses von einem Minderjährigen geschenkt wird, nicht zurückverlangt werden kann, da die allgemeine Praxis, eine Zusage zu erfüllen, derart gelagerte Fälle mit bedingt, weswegen auch die Wiedereinsetzung in den vorigen Stand entschieden versagt wird: wenngleich die Sache offensichtlich zwischen Minderjährigen verhandelt wird, liegt hier der Sachverhalt nicht anders als bei denen, die volljährig einen derartigen Vertrag eingehen. Deshalb, was auch immer Iulius Agrippinus, senatorischen Ranges, deiner Tochter Avinia als Verlobter geschenkt hat, wird er in keiner Weise zurückverlangen können: und wenn er dies zu tun versuchen wird, wird sich unser Freund, der Stadtpräfekt Iunius Donatus, senatorischen Ranges, mit seiner Autorität dagegen stellen, damit so ein unrechtmäßiger Antrag abgewiesen wird.

Da die *minores viginti quinque annis* in einigen Bereichen des Privatrechts über einen speziellen Schutz verfügten[70], befürchtete der Vater der Verlobten wohl, dass eine

69 Seit dem Jahr 262 war sogar eine gemeinsame Verhandlung der Kriminal- und Zivilklage möglich, vgl. C. 3,8,3 Gallienus (a. 262).

70 D. 4,4 (*de minoribus viginti annis*).

restitutio in integrum auf die seiner Tochter gemachten Schenkungen angewandt werden könnte. Der Grund für die versuchte Rücknahme wird dabei nicht explizit genannt, die Auflösung der Verlobung ist aber wahrscheinlich. Dieser Grund als Voraussetzung dafür, das Geschenkte zurückgeben zu müssen, war im Jahr 259 jedoch noch nicht anerkannt, und zwar unabhängig davon, wer die Verlobung gelöst hat. Erst Konstantin wandte sich im Jahr 319 explizit gegen das herkömmliche Recht, indem er in einem Schreiben an den Stadtpräfekten erlaubte, Schenkungen zurückzunehmen, falls die Verlobung auf die Initiative des/der Beschenkten (respektive seines/ihres Vaters oder Vormunds) gelöst worden war[71]. Bei der Auflösung einer Verlobung wird hier die bereits bei dem undankbaren Freigelassenen beobachtete Tendenz deutlich, die Frage nach der moralischen Rechtfertigung zur Einbehaltung des Geschenkten stärker in die rechtliche Praxis einzubeziehen. Dieser langsamere Prozess lässt sich gut damit begründen, dass die Lösung einer Verlobung im Gegensatz zu Undankbarkeit des Freigelassenen kein Verbrechen darstellte[72]. Der im *Codex Gregorianus* erörterte Fall legt nahe, dass der Stadtpräfekt häufiger mit Fällen zu tun hatte, in welchen ein Schenker bloß hoffte, den früheren Zustand wiederherstellen und das Geschenkte zurückerlangen zu können. Da der Wunsch nach Rücknahme auch unabhängig davon geäußert wurde, ob ein rechtlich anerkannter Grund dafür vorlag, dürfte die Aufgabe des Stadtpräfekten hier auch darauf ausgerichtet gewesen sein, unrechtmäßige Ansprüche zurückzuweisen.

III. Marktaufsicht

Der Stadtpräfekt verfügte im 3. Jahrhundert über umfassende Kompetenzen im Bereich der Marktaufsicht. Neben der generellen Überwachung des Geschäftslebens, insbesondere der *nummularii* und *argentarii*, war er seit der severischen Zeit speziell für den Handel auf dem Forum Suarium verantwortlich, wozu die Sorge um angemessene Fleischpreise, die Überprüfung privilegierter Fleischhändler und die Organisation der zunächst gelegentlichen, seit Aurelian regelmäßigen Schweinefleischverteilungen gehörte[73]. In den Zusammenhang muss ebenfalls die Aufgabe der Normierung der Gewichte eingeordnet werden, die spätestens seit Marc Aurel zum *officium* des *praefectus urbi* gehörte. Dies bezeugen die vielen in Italien und den Westprovinzen gefundenen Exemplare aus Stein mit dem Eichvermerk *ex auctoritate Iuni Rustici praefecti urbi*[74]. Dabei handelt es sich um nur eine Variante der bekannten Eichun-

---

71 C. 5,3,15 Constantinus (a. 319).

72 Zu weiteren Veränderungen ab Konstantin Kaser 1975, 399.

73 Dazu ausführlich Wojciech 2010, 163–204.

74 CIL II 4962,2 = 6245, 1 = ILS 8638 = CILA II 1,92; CIL V 8119,1; IX 6088,1; X 8068,5 a–d; XI 6726,1 a–h; 8135; XIII 10030,10 a–g; AE 1908, 70; 1911, 216; Collection Froehner 5,266; 11,602–603.

gen, auf anderen Fundstücken wird bloß die Übereinstimmung mit den Vorlagen bezeugt, welche in den stadtrömischen Tempeln aufbewahrt wurden[75].

Die Interpretation des Befunds ist schwierig. Zwar lässt sich seit dem Beginn des Prinzipats zumindest in den italischen Städten die Tendenz zur Anpassung an stadtrömische Standards beobachten[76], jedoch waren in normalem Marktkontext Eichvermerke nicht üblich, da die Richtigkeit der Gewichte sowie Hohlmaße nach Bedarf in den munizipalen *ponderaria*[77] überprüft werden konnte. Die Sorge für diese lokalen Mustersätze oblag in dieser Zeit wiederum offenbar den munizipalen Amtsträgern selbst: sie wurden im Auftrag der Gemeinde[78], z.T. sogar noch nach eigenen Vorgaben (*lege civitatis*)[79], hergestellt. Die gefundenen geeichten Gewichte werden also kaum auf Weisung eines stadtrömischen Amtsträgers so weiträumig verteilt worden sein. Wahrscheinlicher gehörten sie Großhändlern, die an mehreren Orten Waren kaufen und absetzen wollten; allenfalls könnten sie noch als Prüfexemplare auf lokalen Märkten gebraucht worden sein[80], wobei die Initiative hierfür bei den Munizipien selbst gelegen hätte. Die Fundstücke bezeugen, dass die in Rom gültigen Normen außerhalb der Stadt anerkannt waren und genutzt wurden. Sie waren jedoch noch nicht verbindlich vorgeschrieben.

Dies änderte sich offenbar während der „Soldatenkaiserzeit". Auf einem in Neapel gefundenen *vas aeneum* bürgte der Stadtpräfekt Simonius Iulianus mit seinem Namen nicht nur für die Richtigkeit des Hohlmaßes, sondern wurde explizit als der verantwortliche Amtsträger genannt, der die in Rom gültigen Maße verschickt hat:

---

75 Konkret wissen wir von solchen Mustereinheiten auf dem Kapitol (ILS 8628; CIL X 8067,3 = ILS 8629; CIL XI 6727,1 = ILS 8632; AE 1903, 346; 1989, 475 b), auf dem Forum Romanum im Castortempel (vgl. Lieb 2004, 129–134; Reinard 2008, 291–292; Reinard 2009, 261–264) und wahrscheinlich im Saturntempel (Varro ling. 5, 183; Coarelli 1999, 234–235), auf dem Forum Augustum im Mars Ultor Tempel sowie auf dem Forum Traianum im Traianstempel (vgl. Michon 1907, 559 Anm. 10–12). Die Erwähnungen des Iunius Rusticus könnten aus einer Sondersituation resultieren. Möglicherweise hat Rusticus die Mustersätze in den stadtrömischen Tempeln erneuern lassen, so dass die Standards mit seinem Namen verbunden wurden. Ob dabei eine wirkliche Reform stattgefunden hat, lässt sich nicht feststellen. Zur Person vgl. Wojciech 2010, 296–301 Nr. 28.

76 Vgl. Frayn 1993, 110–113.

77 Zur Ausstattung eines *ponderarium* vgl. CIL XI 5695 = ILS 5612; Frayn 1993, 113–114; Höbenreich 1997, 320.

78 CIL VIII 3294 = ILS 5605; CIL III p. 12415 = ILS 5608; CIL V 4468 = ILS 5607; CIL VIII 9666 = ILS 5606; CIL IX 980 = ILS 5604; CIL IX 1656 = ILS 5610; CIL IX 2324 = ILS 5617; CIL IX 3046 = ILS 5609; CIL IX 4213 = ILS 5611; CIL X 793 = ILS 5602; CIL X 1453 = ILS 5616; CIL X 6017 = ILS 5603; CIL XI 5695 = ILS 5612; CIL XI 6375 = ILS 5613; CIL XI 6726,3; XIV 376; ILS 5590; 5591; 6147; AE 1941, 156; Lex Irnit. c. 19 Z. 6–7; möglicherweise gehört auch CIL IX 6088,4 in diesen Kontext.

79 CIL IX 980 = ILS 5604.

80 Grundsätzlich als Kontrollgewichte sehen die geeichten Stücke Pink 1938, 74–75; Glaser 2000, 58–59; Reinard 2008, 292.

Orelli 4347 = ILS 8627 (Neapel):
Mensurae ad exemplum / earum quae in Capitolio sunt / auctore sanctissimo Aug(usto) n(ostro) / [[---]] nobilissimo Caes(are) / per regiones missae cura[nte] D(ecimo) Simonio / Iuliano pra[e-f(ecto)] urb(i) c(larissimo) v(iro).
Maße nach dem Vorbild derer, welche auf dem Kapitol aufbewahrt werden, auf Veranlassung unseres heiligsten Kaisers (...) des vorzüglichsten Caesars von Decimus Simonius Iulianus, dem Stadtpräfekten, senatorischen Ranges, in die Regionen verschickt.

Mit der Inschrift sind mehrere Probleme verbunden. Zum einen ist mangels Kaiseranamen eine sichere Datierung des Fundstücks nicht möglich. Die Amtszeit des Simonius Iulianus könnte vielleicht in die Regierungszeit des Philippus Arabs oder vorsichtiger um die Mitte des 3. Jahrhunderts eingeordnet werden[81].

Zum anderen werden hier nicht deutlich die Regionen Italiens benannt, so dass auch die stadtrömischen Bezirke gemeint gewesen sein könnten[82]. Dafür, dass die Maßnahme des Simonius Iulianus auf die Halbinsel zu beziehen ist, sprechen allerdings mehrere Gründe. Es ist vor allem auffallend, dass Simonius Iulianus – ganz im Gegenteil zu Iunius Rusticus – im Namen des Kaisers und seines Sohnes handelt. Wenn es sich tatsächlich um einen stadtrömischen Vorgang gehandelt hätte, wäre dies zumindest nicht notwendig gewesen. Die Nennung der Herrscher wird hingegen verständlicher, wenn der Stadtpräfekt außerhalb seines eigentlichen Amtsbereichs und das heißt außerhalb der Hundert-Meilen-Grenze administrativ tätig werden sollte[83]. Darüber hinaus ist das Verb *mittere* nicht recht geeignet, um damit die bloße Verteilung auf die stadtrömischen *macella* auszudrücken; als der Stadtpräfekt Praetextatus (367–368)[84] rund hundert Jahre später die Märkte in Rom mit Gewichten versehen hat, schrieb Ammianus Marcellinus darüber: (...) *ponderaque per regiones instituit universas, cum aviditati multorum, ex libidine trutinas componentium, occurri nequiret*[85].

81 Die Namen der beiden Philippi, die einer *damnatio memoriae* anheimgefallen waren, erscheinen auf Inschriften teils eradiert, vgl. PIR² I 461 und 462. Die Rasur hier scheint dementsprechend den Namen des Kaisersohnes betroffen zu haben, wodurch sich ein Zeitrahmen von 244 bis 247, nachdem Philippus *iunior* zum Augustus erhoben worden war, ergibt. Simonius Iulianus absolvierte nach seinem Konsulat 238/239 noch insgesamt drei Statthalterschaften (CIL III 1573 = IDR III 1,66; CIL VI 1520 = 41232 = ILS 1189), kann also frühestens Mitte der 240er Jahre zum Stadtpräfekten ernannt worden sein; den *terminus post quem* bildet das Jahr 254, in welchem die Liste des Chronographen des Jahres 354 beginnt (dort wird Simonius Iulianus nicht aufgeführt). Dazu im Einzelnen Wojciech 2010, 337 Nr. 53. Um die Mitte des 3. Jh. datiert das Fundstück Dietz 1980, 228–231 Nr. 79, der allerdings auch die Rasur anzweifelt, da die Oberfläche des Maßes an der Stelle stark korrodiert sei (ebda. 231 mit Anm. 645).

82 Auf Italien bezieht das Maß offensichtlich Frayn 1993, 111; für die stadtrömischen Regionen plädiert hingegen Lo Cascio 2007, 156 (beide ohne Begründung); Höbenreich 1997, 321, sieht in ihnen sogar die verschiedenen Regionen des Reiches.

83 Zur territorialen Zuständigkeit des Stadtpräfekten Rivière 2009, 227–256; Wojciech 2010, 29–43.

84 Vgl. zur Person Chastagnol 1962, 171–178 Nr. 69; PLRE I Praetextatus 1.

85 „Er ließ in allen Regionen Gewichte aufstellen, da man nicht imstande war, der Habgier der Vielen zu begegnen, die sich nach eigenem Dafürhalten die Waagen einrichteten." Amm. 27,9,10.

Bereits die Formulierung der Inschrift legt also nahe, dass die Hohlmaße in die Regionen Italiens verschickt wurden.

Eine weitere Überlegung kommt hinzu. Die Maßnahme des Praetextatus gehört in den Kontext einer ganzen Reihe von Bestimmungen, die aus der Spätantike bekannt sind. In Rom ordnete bereits sein Vorgänger im Amt, Turcius Apronianus (362–363)[86], durch ein Edikt an, dass das Wiegen von Schlachtvieh ausschließlich auf Kontrollwaagen (*exagia*) zu erfolgen habe[87], während der Stadtpräfekt des Jahres 488, Claudius Iulius Ecclesius Dynamius[88], Unregelmäßigkeiten beim Mahlen von Getreide durch *in Ianiculo* auf seinen Geheiß aufgestellte Waagen bekämpfte[89]. In den Zusammenhang gehört weiterhin der Versuch, Gewichtsschätzungen bei der Erhebung der Naturalsteuer in Italien zu unterbinden[90]. Die Rechtstexte des 4. und 5. Jahrhunderts sprechen auch davon, dass gültige Gewichte und Hohlmaße an Zollstationen deponiert[91] sowie in einzelne Provinzen und *civitates* verschickt werden sollten[92]. Bei allen diesen Maßnahmen verfolgte man das Ziel, den Betrug auf dem Markt sowie Missbrauch seitens der Zöllner oder der *corporati* zu erschweren; verbindliche Normen wurden durch Strafandrohung geschützt. Die Fülle des Materials legt nahe, dass ab dem späteren 4. Jahrhundert die Kontrollmechanismen im Bereich des Handels im Allgemeinen und der Lebensmittelversorgung im Besonderen stetig verstärkt werden mussten. Die Maßnahme des Simonius Iulianus ist hingegen die erste dieser Art; sie erscheint im 3. Jahrhundert noch einzigartig und isoliert. Man muss also fragen, wodurch sie angestoßen worden sein kann.

Um diese Frage beantworten zu können, ist ein Blick auf die Veränderungen der Handelsstrukturen der Epoche notwendig. Im 3. Jahrhundert gewann die Halbinsel für die Lebensmittelversorgung Roms deutlich an Bedeutung, dies zeichnet sich etwa im Bereich der Fleischproduktion sowie des Getreideanbaus ab[93]. Die Waren, mit denen in Italien auf den größeren Wochenmärkten gehandelt wurde, wurden anschließend in der Hauptstadt verkauft[94]; den Händlern wurden für eine konstante Belieferung Privilegien eingeräumt[95]. Diese Situation machte insgesamt eine stärkere Kontrolle des Handels notwendig, die nicht erst an der Stadtgrenze beginnen durfte, wenn sie sinnvoll sein sollte. Es wäre plausibel, wenn die Verantwortung für eine

86 Zur Person Chastagnol 1962, 156–159 Nr. 65; PLRE I Apronianus 10.
87 CIL VI 1770; CIL VI 1771 = Cod. Theod. 14,4,4.
88 PLRE II Dynamius 2.
89 CIL VI 1711.
90 Cod. Theod. 14,4.
91 Cod. Theod. 12,6,19.
92 Nov. Maior. 7,15.
93 Vgl. etwa Witschel 1999, 239–261; Wojciech 2010, 189–201.
94 Zu den italischen Märkten vgl. MacMullen 1970, 333–341; Frayn 1993, 151–152; Morley 1996, 166–174.
95 Vgl. Herz 1988, 151–178; Wojciech 2010, 190–198.

geregelte Versorgung Roms auch die Sorge für korrekte Handelsabwicklungen bei der Beschaffung der Ware einbezogen hätte. Die Basis dafür musste aber eine Vereinheitlichung der Maß- und Gewichtsnormen darstellen, die bis dato nur freiwillig (vielleicht nicht einmal flächendeckend) erfolgt war. Es ist deshalb gut vorstellbar, dass mit der Maßnahme des Simonius Iulianus eine offizielle Vereinheitlichung vorgenommen werden sollte, indem geeichte Hohlmaße (und sehr wahrscheinlich auch Gewichte) zu Überprüfungszwecken in ganz Italien verbreitet und mit diesem Akt verbindlich gemacht wurden[96]. Freilich ist hier aufgrund der Singularität des Fundes keine Sicherheit zu gewinnen.

*

Die besprochenen Aspekte der Entwicklung der Stadtpräfektur während der „Soldatenkaiserzeit" vermögen sicher nicht ein vollständiges Bild von den Veränderungen dieser Epoche zu entwerfen, stützen aber die Vermutung, dass das bereits am Anfang des 3. Jahrhunderts differenziert entwickelte *officium* des *praefectus urbi* in den darauffolgenden Jahrzehnten keine tiefen Umwälzungen erfuhr. Inhaltlich wurden die Kompetenzen durchaus auf der Grundlage des Vorhandenen punktuell ausgeweitet, die hierfür verantwortlichen Faktoren lehnen sich dabei erwartungsgemäß an die auch anderweitig beobachteten Tendenzen der nachseverischen Zeit an: die weitere Verdrängung des Formularprozesses, die Weiterentwicklung des Schenkungsrechts sowie die stärkere Einbeziehung Italiens in die Lebensmittelversorgung Roms. Diese Tendenzen weisen z.T. bereits auf die Spätantike voraus, indem sie erst in dieser Zeit eine größere Bedeutung erlangten (wie die Frage nach der moralischen Berechtigung der Einbehaltung einer Schenkung sowie die zentral organisierte Verteilung von Maßen und Gewichten) oder die Entwicklung erst dann abgeschlossen worden war (wie die endgültige Durchsetzung des Kognitionsprozesses). In diesem Sinne kann die „Soldatenkaiserzeit" für die Entwicklung des *officium* des Stadtpräfekten trotz der starken Kontinuität zutreffend als eine Zeit des Übergangs definiert werden, in der wichtige Voraussetzungen geschaffen und Gedanken entwickelt worden waren, welche den Weg für die Veränderungen des 4. Jahrhunderts mit vorbereiteten.

---

96 Über die praktischen Details eines solchen Unterfangens kann nur spekuliert werden. Als Ansprechpartner in den Regionen kommen entweder die größeren Städte oder allenfalls noch die zusammengefassten Bezirke der *iuridici* in Frage, denn mit der Person des *iuridicus* hätte man zumindest ein zentrales Verwaltungsorgan, das für die Versorgung der größeren Märkte hätte sorgen können. Epigraphische Zeugnisse belegen, dass die Aufgaben der *iuridici*, obwohl grundsätzlich auf Rechtsprechung abgestellt, durchaus Regelungen aktueller Bedürfnisse umfassen konnten, vgl. CIL V 4341 = ILS 115; CIL V 1874 = ILS 1118; CIL XI 377; vgl. auch HA Aur. 8,4–5; 11,3; 11,5; dazu noch Eck 1998, 305, 332.

Bibliografie

BALZARINI 1983 – M. BALZARINI, *De iniuria extra ordinem statui*. Contributo allo studio del diritto penale romano dell'età classica, Padova 1983.

BÖRM 2008 – H. BÖRM, Die Herrschaft des Kaisers Maximinus Thrax und das Sechskaiserjahr 238. Der Beginn der „Reichskrise"?, *Gymnasium* 115, 2008, 69–86.

BRANCHER 1909 – M. BRANCHER, La juridiction civile du *‚praefectus urbi'*, Paris 1909.

BUTI 1982 – I. BUTI, La *‚cognitio extra ordinem'*: da Augusto a Diocleziano, in: ANRW II 14, Berlin/New York 1982, 29–59.

CHASTAGNOL 1960 – A. CHASTAGNOL, La préfecture urbaine à Rome sous le Bas-Empire, Paris 1960.

CHASTAGNOL 1962 – A. CHASTAGNOL, Les fastes de la Préfecture de Rome au Bas-Empire, Paris 1962.

COARELLI 1999 – F. COARELLI, s.v. Saturnus, aedes, *LTUR* 4, 1999, 234–236.

CORIAT 1997 – J.-P. CORIAT: Le prince législateur. La technique législative Prince législateur des Sévères et les méthodes de création du droit impérial à la fin du principat, Paris 1997.

DE BLOIS 2001 – L. DE BLOIS, Roman Jurists and the Crisis of the Third Century A. D. in the Roman Empire, in: L. DE BLOIS (Hg.), Administration, Prosopography and Appointment Policies in the Roman Empire, Amsterdam 2001, 136–153.

DEVIJVER 1977 – H. DEVIJVER, *Prosopographia Militiarum Equestrium quae fuerunt ab Augusto ad Gallienum*, Bd. 2, Leuven 1977.

DIETZ 1980 – K. DIETZ, *Senatus contra principem*. Untersuchungen zur senatorischen Opposition gegen Kaiser Maximinus Thrax, München 1980.

ECK 1998 – W. ECK, Die Verwaltung des römischen Reiches in der hohen Kaiserzeit, Bd. 2, Basel 1998.

FRAYN 1993 – J.M. FRAYN, Markets and Fairs in Roman Italy. Their Social and Economic Importance from the Second Century BC to the Third Century AD, Oxford 1993.

GARNSEY 1967 – P. GARNSEY, Adultery Trials and the Survival of the *Quaestiones* in the Severan Age, *JRS* 57, 1967, 56–64.

GLASER 2000 – F. GLASER, Fast ein Unikat: Römische Kapselgewichte aus Feldkirchen, *Rudolfinum. Jahrbuch des Landesmuseums für Kärnten* 1999 (2000), 58–62.

HAGEMANN 1998 – M. HAGEMANN, *Iniuria*. Von den XII-Tafeln bis zur Justinianischen Kodifikation, Köln/Weimar/Wien 1998.

HERZ 1988 – P. HERZ, Studien zur römischen Wirtschaftsgesetzgebung. Die Lebensmittelversorgung, Stuttgart 1988.

HÖBENREICH 1997 – E. HÖBENREICH, *Annona*. Juristische Aspekte der stadtrömischen Lebensmittelversorgung im Prinzipat, Graz 1997.

HONORÉ 2002 – T. HONORÉ, Ulpian. Pioneer of Human Rights, Oxford 2002².

HUTTNER 2008 – U. HUTTNER, Von Maximinus Thrax bis Aemilianus, in: K.P. JOHNE/U. HARTMANN/T. GERHARDT (Hg.): Die Zeit der Soldatenkaiser, Bd. 1, Berlin 2008, 161–221.

JONES 1964 – A.H.M. JONES, The Later Roman Empire 284–602: A Social and Administrative Survey, Bd. 2, Oxford 1964.

KASER 1971 – M. KASER, Das römische Privatrecht. Erster Abschnitt: Das altrömische, das vorklassische und klassische Recht, München 1971².

KASER 1975 – M. KASER, Das römische Privatrecht. Zweiter Abschnitt: Die nachklassischen Entwicklungen, München 1975².

KASER/HACKL 1996 – M. KASER, Das römische Zivilprozeßrecht, 2. Auflage, überarbeitet von K. HACKL, München 1996.

KÖRNER 2002 – CH. KÖRNER, Philippus Arabs. Ein Soldatenkaiser in der Tradition des antoninisch-severischen Prinzipats, Berlin/New York 2002.

LIEB 2004 – H. LIEB, Exactum ad Castoris. Poids en bronze certifiés conformes, in: W. ASPERNIG (Hg.), Festschrift G. Winkler, Linz 2004, 129–134.

LIEBS 1973 – D. LIEBS, *Ulpiani Opinionum libri VI*, *TR* 41, 1973, 279–310 [überarbeitete Version: Sonderdrucke aus der Albert-Ludwigs-Universität Freiburg, http://www.freidok.uni-freiburg.de/volltexte/5085].

LIEBS 2002 – D. LIEBS, Öffentliches und Privatrecht in der römischen Kaiserzeit, in: J. WEITZEL (Hg.), Hoheitliches Strafen in der Spätantike und im frühen Mittelalter, Köln 2002, 11–25.

LIEBS 2009 – D. LIEBS, Die Schenkung von Todes wegen im römischen Recht, in: R. STÜRNER u.a. (Hg.): Festschrift für Dieter Leipold zum 70. Geburtstag, Tübingen 2009, 1013–1025.

LO CASCIO 2007 – E. LO CASCIO, Il ruolo dei *vici* e delle *regiones* nel controllo della popolazione e nell'amministrazione di Roma, in: R. HAENSCH/J. HEINRICHS (Hg): Herrschen und Verwalten. Der Alltag der römischen Administration in der Hohen Kaiserzeit, Köln/Weimar/Wien 2007.

MACMULLEN 1981 – R. MACMULLEN, Market-Days in the Roman Empire, *Phoenix* 24, 1981, 333–341.

MÉNARD 2004 – H. MÉNARD, Maintenir l'ordre à Rome (IIe–IVe siècles ap. J.-C.), Paris 2004.

MENNEN 2011 – I. MENNEN, Status and Power in the Roman Empire, AD 193–284, Leiden/Boston 2011.

MICHON 1907 – E. MICHON, *s.v. pondus*, *DS* IV 1, 1907 [ND 1969], 559.

MORLEY 1996 – N. MORLEY, Metropolis and Hinterland: the City of Rome and the Italian Economy, 200 B.C.-A.D. 200, Cambridge/New York 1996.

MURILLO VILLAR 2007 – A. MURILLO VILLAR, La revocación de las donationes en el derecho romano y en la tradición romanistica española, Burgos 2007.

NIPPEL 1995 – W. NIPPEL, Public Order in Ancient Rome, Cambridge 1995.

NOGRADY 2006 – A. NOGRADY, Römisches Strafrecht nach Ulpian, Buch 7 bis 9 *de officio proconsulis*, Berlin 2006.

PEACHIN 1996 – M. PEACHIN, *Iudex vice Caesaris*. Deputy Emperors and the Administration of Justice during the Principate, Stuttgart 1996.

PINK 1938 – K. PINK, Römische und byzantinische Gewichte in österreichischen Sammlungen, Wien 1938.

PÓLAY 1986 – E. PÓLAY, *Iniuria* Types in Roman Law, Budapest 1986.

QUERZOLI 2000 – S. QUERZOLI, I *testamenta* e gli *officia pietatis*. Tribunale centumvirale, potere e giurista tra Augusto e i Severi, Napoli 2000.

RABER 1969 – F. RABER, Grundlagen klassischer Injurienansprüche, Wien/Köln/Graz 1969.

REINARD 2008 – P. REINARD, Eine Eichinschrift auf einem römischen Bronzegewicht, *ZPE* 165, 2008, 291–292.

REINARD 2009 – P. REINARD, Neue Bronzegewichte mit lateinischen Inschriften, *ZPE* 171, 2009, 261–264.

RIVIÈRE 2009 – Y. RIVIÈRE, Compétence territoriale, exercice de la coercition, et pouvoirs juridictionnels du préfet de la Ville (Ier–IVe siècle ap. J.-C.), *Mediterraneo antico: economie, società, culture* 12, 1, 2009, 227–256.

RÜGER 2011 – D. RÜGER, Die *donatio mortis causa* im klassischen römischen Recht, Berlin 2011.

SABLAYROLLES 1996 – R. SABLAYROLLES, *Libertinus miles*. Les cohortes de vigiles, Paris 1996.

SCHNEBELT 1974 – G. SCHNEBELT, Reskripte der Soldatenkaiser. Ein Beitrag zur römischen Rechtsgeschichte des dritten nachchristlichen Jahrhunderts, Karlsruhe 1974.

SIMON 1970 – D. SIMON, Aus dem Kodexunterricht des Thalelaios, *ZRG rom. Abt.* 87, 1970, 315–394.

VIGNEAUX 1896 – P.-E. VIGNEAUX, Essai sur l'histoire de la ‚*praefectura urbis*' à Rome, Paris 1896.

VITUCCI 1956 – G. VITUCCI, Ricerche sulla *praefectura* urbi in età imperiale (Sec. I–III), Roma 1956.

WITSCHEL 1999 – CH. WITSCHEL, Krise – Rezession – Stagnation? Der Westen des römischen Reiches im 3. Jahrhundert n. Chr., Frankfurt a.M. 1999.

WOJCIECH 2010 – K. WOJCIECH, Stadtpräfektur im Prinzipat, Bonn 2010.

Bernhard Palme, Wien

Die Reform der ägyptischen Lokalverwaltung unter Philippus Arabs

Zusammenfassung: Unter Philippus Arabs (244–249) wurde in Ägypten eine Steuer- und Ämterreform umgesetzt, die mit einer grundlegenden Revision der Steuerveranlagung einherging. In der papyrologischen Evidenz hat insbesondere die Tätigkeit der hochrangigen, von der Reichszentrale entsandten Finanz-Kommissäre – des *a rationibus* Claudius Marcellus und des *procurator summarum rationum* Marcius Salutaris – ihren Niederschlag gefunden. Die Auswirkungen der Reform sind vor allem durch umfassende Veränderungen im Ämterwesen greifbar.

Der Beitrag versucht zu zeigen, dass im Zuge der Reformen eine Reihe traditionsreicher Ämter auf der Ebene der Dörfer und der Gaue, aber auch der prokuratorischen Verwaltung verschwand. An ihre Stelle traten neue Funktionen mit signifikant verschobenen Aufgabenbereichen. Ein wesentlicher Aspekt dieser Maßnahmen war die Schaffung der „munizipalen Liturgien“, die über den städtischen Bereich hinaus Kompetenzen und Verantwortungen für den gesamten Gau erhielten und deshalb nicht nur aus dem Kreise der Ratsherren (βουλευταί), sondern auch der wohlhabenden Einwohner der Dörfer (κωμῆται) zu besetzen waren.

Die „Reform des Philippus“ reagierte demnach auf das Spannungsverhältnis zwischen städtischen Amtsträgern, Gaubeamten und römischen Prokuratoren, das sich durch die Einführung von Stadträten (βουλαί) unter Septimius Severus sowie die Änderungen im Rechtsstatus der Bevölkerung seit der *Constitutio Antoniniana* (212) aufgebaut hatte. Das Bündel von Maßnahmen markiert einen radikalen Eingriff, der alle Ebenen der ägyptischen Lokalverwaltung betraf. Er trug den spezifischen Verhältnissen des Landes Rechnung, war aber Teil eines weit gespannten fiskalisch-administrativen Reformprogramms für alle Orient-Provinzen des Reiches.

Abstract: During the reign of Emperor Philip the Arab (244–249 CE), the province of Egypt saw major fiscal and administrative reforms that aimed at a fundamental restructuring of the system of tax assessment. In particular, the papyrological evidence vividly registers the activity of high-ranking financial officials sent out by the imperial court: the *a rationibus* Claudius Marcellus and the *procurator summarum rationum* Marcius Salutaris. The impact of the reforms is especially visible in the comprehensive rearrangement of administrative offices.

This article seeks to show that, in the course of the reforms, a series of traditional offices at the level of the nomes and villages, as well as certain positions in the procuratorial administration, disappeared and were replaced by new offices with significantly altered spheres of activity. One important aspect of these reforms was the creation of 'municipal' liturgies whose competences and responsibilities extended beyond the sphere of the city to the entire nome. Accordingly, the liturgists were no longer limited to the narrow circle of town councillors (βουλευταί), but could also be wealthy villagers (κωμῆται).

The reforms of Philip primarily sought to address the new tensions that had developed within the administration — which traditionally consisted of equestrian procurators, city and nome officials — as a consequence of the introduction of town councils (βουλαί) under Septimius Severus, and of the generalization of Roman citizenship to the entire population through the *Constitutio Antoniniana* (212). This complex of adminis-trative measures marked a radical shift that affected all levels of local administration. While taking account of the peculiarities of Egypt, these reforms were in fact part of a wide-ranging fiscal and administrative reform program for all the eastern provinces of the Empire.

Im Frühjahr 250 oder 251 kam es auf dem Konvent des *praefectus Aegypti* Aurelius Appius Sabinus zur Verhandlung eines Rechtsstreites der Dorfbewohner (κωμῆται) des Nomos Arsinoites gegen die Bule der Gaumetropole Ptolemais Euergetis, welche die μητροπολιτικαὶ λειτουργίαι, die städtischen Liturgien, auf die κωμῆται, also die Bewohner des Gaues (der zugleich das Umland der Metropolis bildete), ausdehnen wollte. Wir kennen einen guten Teil der Verhandlung aus dem in SB V 7696 erhaltenen Protokoll, das – wie viele Prozessprotokolle aus dem römischen Ägypten – in einem Auszug aus den Amtsjournalen (ὑπομνηματισμοί) des Präfekten überliefert ist[1]. Die Kometai stützten ihre Klage zum einen auf ein Gesetz (νόμος, Z. 82; 87; 99; 100 und 104) des Septimius Severus, das diese Ausweitung der Liturgiepflichtigkeit untersagte (Z. 82 f.), zum anderen auf gleichlautende Entscheidungen der Präfekten (Z. 85 f.)[2]. Hingegen argumentierte der Anwalt der Bule, dass dieses Gesetz zu einem Zeitpunkt erlassen worden sei, als die Städte noch wohlhabend waren (Z. 76; 99–101)[3].

Obwohl der mehr als 120 Zeilen lange Text umfangreich ist und die lebhafte Diskussion zwischen dem Präfekten und den Anwälten (ῥήτωρες, συνήγοροι) beider Parteien wiedergibt – wobei zahlreiche beweiskräftige Urkunden zitiert werden –, fehlen sowohl der Anfang als auch das Ende des Textes und bleiben viele Abschnitte wegen des lückenhaften Erhaltungszustandes des Papyrus unklar. So lernen wir zwar eine Reihe von Details der Verhandlung und der Argumentation kennen, die Gesamtinterpretation und der Kontext lassen aber Spielraum für unterschiedliche Deutungen. Angelo Bianchi sieht in der Ausweitung der Liturgiepflichten auf die Landbe-

1 SB V 7696 (Ptolemais Euergetis, nach dem 28. Aug. 249) mit BL III 193; IV 82; VII 196 und VIII 332; eine Übersetzung des Textes und Abbildung der Kolumne II finden sich in der *editio princeps*: Skeat/Wegener 1935, 235–237, Plate XXVIII nach S. 225. Zur Datierung des Konvents s. u. Anm. 7.

2 Z. 82 f.: [Σ]έλευκ̣[ο]ς σ̣[υνήγορο]ς ε̣ἶ̣π̣(εν)· Σεουήρου τοῦ αὐτοκράτορος νό[μο]ν̣ ἀναγεινώσ̣|κω μὴ δεῖν ἀ̣π̣ὸ τῶν [[κωμῶν]] κωμητ[ῶν εἰς τὰ]ς μ̣η̣τ̣ροπολειτικὰς ἄγεσθαι λειτουρ[γ]ε̣ίας; Z. 85 f.: Σ̣έ̣[λευ-]κ̣ος σ̣υ̣νήγορος εἶπ(εν)· καὶ μετὰ Σεουῆρον πάντες οἱ ἡγούμενοι οὕτως | ἀπεφήναντο.

3 Z. 100 f.: Σεουῆρος προὔθησεν νόμον ἐν Αἰγύπτῳ ἔ̣τ̣ι̣ τ̣ῶν | πόλεων εὐπόρων οὐσῶν. Vgl. den gesamten Passus (Z. 98–103) unten in Anm. 57.

völkerung eine Konsequenz der Reformen des Philippus Arabs (Anf. 244 – Sept./Okt. 249) und seines Sohnes Philippus (Junior) als Mitregenten (seit 247)[4], während Peter Parsons gerade umgekehrt annimmt, dass die Reformen die Landbevölkerung entlasten sollten[5]. Zu Parsons' Interpretation scheint zu passen, dass Appius Sabinus den Kometai offenbar Recht gibt (Z. 104 f.) und ihre Heranziehung für städtische Liturgien untersagt[6]. Bianchi wiederum interpretiert diese Entscheidung dahingehend, dass der neue Präfekt die Reform der Philippi – die nach ihrem Sturz bekanntlich der *damnatio memoriae* verfallen waren – rückgängig machte und die Gesetze des Septimius Severus wieder in Kraft setzte. Diese Deutung stützt sich auf Z. 102 f., wo der Hoffnung Ausdruck verliehen wird, dass der regierende Kaiser Decius die Missstände „korrigieren" (ἐπανορθεῖν) werde[7].

Offenkundig ist in jedem Fall, dass der Rechtsstreit zwischen Bule und Kometai als Folge jener Maßnahmen betrachtet wurde, mit denen unter der Herrschaft des Philippus Arabs und seines Sohnes Ägypten einer umfassenden Steuer-, Ämter- und Liturgiereform unterzogen wurde. Die in den Papyri fassbaren Maßnahmen wurden erstmals von Peter Parsons als zusammenhängendes Bündel von Neuerungen gesehen[8] und firmieren seither als „Reform des Philippus Arabs" in der Fachliteratur[9]. Diese Bezeichnung ist jedoch modern und hat keine Entsprechung in den Quellen, wo die Maßnahmen nie als „Reformpaket" angesprochen oder thematisiert werden. Fraglich bleibt daher, ob nicht manche Regelung, die wir erst ab 244 greifen, schon auf eine Initiative der Gordiani zurückgeht. Nach Parsons haben noch Angelo Bianchi die fiskalischen Aspekte und Thomas Kruse die Auswirkungen auf das Ämterwesen untersucht[10]. In der althistorischen Literatur – etwa in Christian Körners monographischer Studie zu Philippus Arabs oder im monumentalen Werk von Klaus-Peter Johne, Udo Hartmann und Thomas Gerhardt zum Zeitalter der Soldatenkaiser – kommen diese Maßnahmen begreiflicher Weise nur am Rande vor[11]. Eine systematische Untersuchung aller Aspekte dieser Maßnahmen und ihrer Auswirkungen wurde von der

---

4 Bianchi 1983, 185–198, bes. 193–195.

5 Parsons 1967, 134–141, bes. 138 zu SB V 7696 und 139–141 zu den Intentionen.

6 Der Papyrus bricht zwar vor dem Urteil des Präfekten ab, aber dessen erhaltene Aussagen in früheren Abschnitten des Textes sprechen zugunsten der Kometai, vgl. auch die Paraphrase des Textes in Lewis 1983, 49–50.

7 Z. 102–103: ἀπεκρ(ίνατο)· μετ̣ὰ̣ Σ̣εουή̣ρ̣ο̣ν̣ γέ|γονεν τὸ καινὸν τοῦτο ἀπότακ̣τ̣ον, ὃ ἡ θεία τύχη Δεκίου τοῦ Σεβαστοῦ ἐπανορθώσ̣[ε]τ̣αι. Dieser Verweis auf Kaiser Decius macht im Übrigen klar, dass die protokollierte Verhandlung während seiner Regierungszeit stattfand und SB V 7696 daher zwischen Sept./Okt. 249 und Juni 251 zu datieren ist. Da die Verhandlung auf dem Konvent stattfand (Lewis 1981, 119–129, bes. 120), der in Memphis oder Ptolemais Euergetis zwischen Ende Januar und Mitte April anberaumt war, ist SB V 7696 auf den Jahresanfang 250 oder 251 zu datieren.

8 Parsons 1967, 134–141 mit Diskussion der Quellen.

9 Falivene 2009, bes. 533; vgl. davor etwa Montevecchi 1992, 65–84.

10 Bianchi 1983, 185–198; Kruse 2002, 943–952.

11 Körner 2002, bes. 238–241 zu Ägypten; Johne/Hartmann/Gerhardt 2008, bes. 194–195.

papyrologischen oder althistorischen Forschung bislang ebenso wenig gewagt wie ein genereller Survey zu den zahlreichen administrativen Umwälzungen des 3. Jh. in Ägypten.

Deutlich ist bislang lediglich, dass die Regierung der Philippi durch Entsendung einer hochkarätig besetzten Kommission versuchte, einerseits die offenbar bestehenden Missstände bei der Bewirtschaftung und Registrierung landwirtschaftlicher Nutzflächen durch eine neue Erfassung der Besitzverhältnisse zu beseitigen und andererseits das System der Amtsliturgien und das Steuerwesen durch eine neue Verteilung der Aufgaben zu adaptieren oder sanieren. Damit reagierten die Kaiser nicht zuletzt auf die zunehmende Belastung der Buleuten, die sich abzeichnete, seit Septimius Severus im Jahre 200 den ägyptischen Gaumetropolen eine Bule gewährt hatte und damit eine schrittweise Umwandlung der Gaue und ihrer Metropolen in *civitates* mit Territorium einleitete[12]. Die einzelnen Schritte dieses komplexen Prozesses sind noch klärungsbedürftig, insgesamt ist jedoch erkennbar, dass den Buleuten mehr und mehr Aufgaben und finanzielle Verantwortungen auch für das zu ihrer Stadt gehörende Umland (d.h. den Gau) zuwuchsen[13]. Die ursprünglich nur für städtische Belange zuständige Bule übernahm Aufgaben, die bis dahin von den (meist liturgischen) Ämtern der staatlichen Gauverwaltung wahrgenommen worden waren. Die Schwierigkeit jeder Reformmaßnahme, die auf diese neue Situation reagierte, bestand darin, trotz einer Entlastung womöglich eine effektivere Abschöpfung der ökonomischen Ressourcen zu erzielen, die für die aufwendigen Defensivkriege des Reiches dringend gebraucht wurden. Dabei galt es zu vermeiden, dass unzufriedene lokale Eliten sich gegen die Regierung auflehnten, wie dies kaum zehn Jahre vor den Philippi unter Maximinus Thrax in Nordafrika geschehen war[14].

Die in den Papyri greifbaren Maßnahmen dürften – wie Peter Parsons und Michel Christol plausibel gemacht haben[15] – kein ägyptisches Spezifikum, sondern Teil eines weit gespannten fiskalisch-administrativen Reformprogramms gewesen sein, das den gesamten Osten des Reiches betraf. Von einschlägigen administrativ-jurisdiktionellen

12 Die maßgeblichen Darstellungen dazu bieten Bowman 1971, 7–19, Alston 2002, 249–259 und Jördens 2006, 191–200. Bowman/Rathbone 1992, 107–127 weisen zu Recht darauf hin, dass dieser sogenannte „Munizipalisierungsprozess“ bereits lange vor 200 begann. Wie diese Entwicklung zu interpretieren und historisch einzuordnen ist, darüber gibt es jedoch unterschiedliche Auffassungen: s. Jördens 1999, 142–180 und Hagedorn 2007 (vgl. die folgende Fußnote).

13 Eine differenzierte Darstellung der Vorgänge bietet Hagedorn 2007, 194–204, der zum einen darauf hinweist, dass munizipale Ämter auch schon vor der Einführung der Bulai nachweisbar sind (Gymnasiarchen seit der Mitte des 1. Jh., Exegeten seit der zweiten Hälfte des 1. Jh., Kosmeten seit dem Ende des 1. Jh.), zum anderen aufzeigt, dass die meisten munizipalen Amtsträger, die im 1. und 2. Jh. in den Gaumetropolen genannt werden, ihre Ämter allerdings in Alexandria versehen. Amtsträger der Gaumetropolen selbst sind vereinzelt seit dem frühen 2. Jh. zu fassen (die frühesten Belege sind derzeit P.Lond. III 1177 [p. 196] = P.Lond.Wasser [113 n. Chr.]; P.Amh. II 70 = W.Chr. 149 [113–117 n. Chr.]).

14 Vgl. dazu etwa Christol 1997, 85–86.

15 Parsons 1967, 141 und Christol 1997, 99–100; 102–104.

Aktivitäten des Philippus Arabs legen immerhin insgesamt 79 Reskripte Zeugnis ab, die im Codex Iustinianus erhalten sind. Das sind zwar weit weniger Reskripte als bei den Gordiani (268 Reskripte), aber deutlich mehr als der Durchschnitt bei anderen Soldatenkaisern (Decius: 8 Reskripte)[16]. Auffällig ist die Dichte der erhaltenen Reskripte während der ersten beiden Regierungsjahre, was durch die starke Beanspruchung des Kaisers durch militärische Operationen ab 246 zu erklären sein dürfte. Die Mehrzahl der Reskripte widmet sich der Praxis der Rechtsprechung und der Problematik der *munera* in den Städten, und in diesem Rahmen sind auch die Reformen in Ägypten zu sehen.

Maßgeblichen Anteil an dem Entwurf und der Umsetzung des Programms hatte der Bruder des Philippus, C. Iulius Priscus, der als *rector Orientis* für diesen Reichsteil eingesetzt und für sein hartes fiskalisches Regiment während dieses Sonderkommandos berüchtigt war[17]. Mit der Umsetzung der Reform in Ägypten waren zwei kaiserliche Sonderbeauftragte betraut, der *rationalis* (καθολικός) Claudius Marcellus, *vir perfectissimus*, und der *procurator Augustorum* (ἐπίτροπος τῶν Σεβαστῶν) Marcius Salutaris, *vir egregius*. Die beiden werden in den Papyri immer gemeinsam erwähnt und bildeten offensichtlich eine Arbeitsgemeinschaft. Den Niederschlag, den ihre Aktivitäten in der papyrologischen Evidenz gefunden haben, hat Fritz Mitthof umsichtig zusammengestellt und diskutiert[18]. Marcellus und Salutaris hatten sehr hohe Ränge, einen weiten Kompetenzbereich und eine kurze Amtszeit; das alles deutet auf eine Sonderkommission hin, die von der kaiserlichen Zentrale entsandt worden war, um neben dem Statthalter und den Finanzprokuratoren – und diesen übergeordnet – die Reformmaßnahmen umzusetzen. Der griechische Titel des Marcellus, καθολικός, nimmt die seit der Tetrarchie bezeugte Amtsbezeichnung des *rationalis Aegypti* (καθολικός) vorweg, weshalb die ältere Forschung ihn als ersten (belegten) Inhaber dieses Amtes betrachtete. Dem gegenüber hat Peter Parsons bewiesen, dass der *rationalis Aegypti* erst von Diokletian in Ägypten institutionalisiert wurde. Marcellus dagegen sei ein „special commissioner" und Salutaris sein „special assistant" gewesen, die temporär für die Umsetzung der Reform eingesetzt worden waren[19]. Gegen diese Deutung als speziell für Ägypten eingesetzte Kommissäre hat Roland Delmaire vorgeschlagen, in Marcellus den *a rationibus* und in Salutaris den *procurator summarum rationum* der zentralen Finanzverwaltung zu sehen, die durch kaiser-

---

16 Zu den Reskripten dieser Kaiser siehe den Überblick bei Sirks, 2014 (S. 31–45); allerdings ist bei Rückschlüssen auf die jurisdiktionelle Aktivität einzelner Kaiser allein aufgrund der Anzahl der jeweils überlieferten Reskripte Vorsicht geboten, da wir keinerlei Möglichkeit haben zu überprüfen, ob die von den Kompilatoren des Codex Iustinianus getroffene Auswahl repräsentativ ist.

17 Zu C. Iulius Priscus (PIR^2 I 488) s. Domaszewski 1899, 159–160, Peachin 1996, 174–176 und Feissel/Gascou 1995, 82–83.

18 F. Mitthof, Einleitung zu CPR XXIII 17, insbesondere auf S. 100–104. Seit dieser Zusammenstellung aus dem Jahre 2002 sind keine unmittelbar relevanten Testimonien publiziert worden.

19 Parsons 1967, 139.

lichen Befehl nach Ägypten entsandt worden waren, um die Reform vorzunehmen[20]. Für diese Deutung spricht die gerade im 3. Jh. öfter zu beobachtende Praxis, hohe Funktionsträger der Zentraladministration (eben *rationales*, aber auch *praefecti praetorio*) für die Durchsetzung außergewöhnlicher Verwaltungsmaßnahmen temporär in eine Provinz zu entsenden[21]. Im konkreten Fall der „Reform des Philippus“ zeigt dies zum einen, dass die Maßnahmen tatsächlich von der kaiserlichen Zentrale ausgingen und zum anderen, wie wichtig (und schwierig) die Maßnahmen eingestuft wurden, wenn man zwei der höchsten Beamten der Finanzverwaltung entsandte, um gemeinsam mit dem *praefectus Aegypti* Valerius Firmus und den Finanzprokuratoren in Alexandria die Reformmaßnahmen in die Wege zu leiten.

Die Maßnahmen umfassten, wie bereits Peter Parsons deutlich gesehen hat, drei Bereiche[22]. Erstens: eine Generalrevision der Land- und Steuerregister, deren offenbar schlampige Führung Probleme verursacht hatte; verlässliche Register waren die notwendige Grundlage für eine exakte und gerechte Berechnung aller fiskalischen und liturgischen Leistungen. Zweitens: Neuerungen im Steuerwesen und in der *annona*. Drittens: Eine Reorganisation des Liturgiewesens, welche die Leistungspflicht auch auf Personen außerhalb der Buleutenschicht (ἰδιῶται) ausdehnte und die Abschaffung einiger älterer Ämter sowie die Schaffung neuer Ämter mit einschloss[23]. In der Praxis bedeutete dies unter anderem eine völlig neue fiskalische Erfassung der Besitzverhältnisse, welche die älteren Register nicht einfach fortschrieb. Privater Besitz und brachliegende oder herrenlose Grundstücke wurden offenbar einer Generalrevision unterzogen. In gleicher Weise wurde auch das liturgische Ämterwesen einer Restrukturierung unterworfen. Unmittelbares Ziel der Maßnahmen war die Sicherstellung der Steuereinnahmen für die Versorgung des Militärs, für die enormen Geldsummen, die für die Auslösung der römischen Kriegsgefangenen der Perser aufzubringen waren, vielleicht auch für die Ausrichtung der Tausendjahrfeier der Grün-

---

20 Delmaire 1988, 113–138, bes. 113, Anm. 1; wiederholt in Delmaire 1989, 178–180 und 196, bes. 179–180: Das Amt des *rationalis Aegypti* existiert erst seit der Tetrarchie und ersetzt dann das Amt des Dioiketes, s. Hagedorn 1985, bes. 196–198. Abgesehen von dem zentralen *a rationibus* (= *rationalis summarum rationum*) sind *rationales* auch sonst erst ab der Tetrarchie bekannt, vgl. die Liste bei Delmaire 1989, 182.

21 Eine hilfreiche Diskussion dieser Frage und Einbettung in den historischen Kontext verdanken wir Eich 2005, 171–175. Wichtig ist auch Eichs Beobachtung, dass in P.Mil.Vogl. II 97 (Tebtynis, ca. 245/6) die beiden Amtsträger gemeinsam als καθολικοί bezeichnet werden, also auch der Prokurator Salutaris unter dem Titel καθολικός erfasst wird: „diese einheitliche Bezeichnung der kollegial operierenden Funktionsträger erinnert besonders deutlich an die aus Rom bekannte administrative Sprache, in der in analoger Weise die zentralen Fiskalagenten (*a rationibus; procurator summarum rationum*) unter der Bezeichnung *rationales* subsumiert werden konnten“ (wörtliches Zitat auf S. 172).

22 P. Parsons, Introduction zu P.Oxy. XLII 3046–3050.

23 Ein wichtiges Zeugnis dafür ist P.Oxy. XXXIII 2664 (248/9? s. BL VIII 260), wo die zahlenmäßige Reduktion liturgischer Ämter explizit angesprochen wird. Bezeichnender Weise erfolgte diese Verlautbarung des Marcellus und Salutaris ohne Berufung auf den amtierenden Präfekten.

dung Roms, die Philippus feierlich am 21. April 248 beging[24]. Zudem bestand generell Bedarf, das bestehende System den neuen Konstellationen zwischen Gau und Bule anzupassen.

Das wichtigste Ergebnis dieser Reform, nämlich eine exakte Vorgabe zur Steuer- und Liturgiepflicht der Untertanen, wurden als ἱερὸν ἀπότακτον bezeichnet. Aus den Papyri wird klar, dass mit ἀπότακτον die neue Steuer- und Ämterordnung gemeint ist[25]. Die hinsichtlich der Durch- und Umsetzung des *apotakton* gebrauchten Formulierungen lassen erkennen, dass die Anordnungen wohl auf die Kaiser selbst zurückgingen bzw. in deren Namen erlassen worden waren[26]. Die papyrologische Evidenz lässt auch die Chronologie der Umsetzung des *apotakton* erkennen[27]:

- Erlass des *apotakton* Ende 245, Anfang 246;
- Tätigkeit des Marcellus und Salutaris in der ersten Hälfte des Jahres 246 (am 17. Juli 246 hatten sie Ägypten schon wieder verlassen);
- Nachbesserungen durch den *praefectus Aegypti* Valerius Firmus in der zweiten Hälfte des Jahres 246 und 247 (Firmus ist bis mindestens September 247 im Amt).

Abgesehen von den unmittelbaren Zeugnissen für die Tätigkeit des Marcellus und Salutaris sowie einigen wenigen expliziten Erwähnungen der Maßnahmen[28] haben die Reformen in den papyrologischen Quellen vor allem im Verschwinden einer ganzen Reihe von wichtigen und traditionsreichen Funktionen auf den unteren Verwaltungsebenen einerseits und im Auftreten neuer Ämter andererseits ihren Niederschlag gefunden[29]. Den neuen Ämtern ist gemeinsam, dass es sich um munizipale *munera* (λειτουργίαι πολιτικαί) handelt, die von den Buleuten wahrzunehmen waren. Entsprechend dem liturgischen Charakter dieser neuen Funktionen hatte ein Amtsträger sie ohne Besoldung zu erfüllen und haftete obendrein mit seinem Privatvermögen für die Amtsführung und eventuell daraus resultierende finanzielle Außenstände. Gegen Ende der meist ein- oder zweijährigen Amtszeit hatte der Liturge seine(n) Nachfolger zu nominieren. Mit den alten Ehrenämtern (ἀρχαί) der Städte, die

---

24 Die einzelnen Maßnahmen, die Zielsetzung und die Rahmenbedingungen durch die generelle wirtschaftspolitische Lage während der Regierungsjahre des Philippus werden von Bianchi 1983, 185–198; Christol 1997, 103–106 und Körner 2002, 238–241 analysiert.

25 F. Mitthof, Einleitung zu CPR XXIII 17, bes. S. 102, auch Lewis 1979, 208–209.

26 Die Maßnahmen werden als τὰ κελευσθέντα umschrieben; der Begriff wird nur für Maßnahmen höchster römischer Amtsträger und der Kaiser gebraucht. Bisweilen wird das *apotakton* auch als ἱερόν, also „kaiserlich", bezeichnet.

27 Vgl. die Auswertung der Testimonien bei F. Mitthof, Einleitung zu CPR XXIII 17, bes. S. 103–104.

28 Abgesehen von dem erwähnten Prozessprotokoll SB V 7696 und der Verlautbarung P.Oxy. XXXIII 2664 ist beispielsweise die Auflistung von Zisternen, Brunnen und Quellen auf einer Holztafel aus Hibis in der Kharga Oase bemerkenswert, die offenbar von Marcellus und Salutaris angefordert worden war: SB XIV 11938 (246–249) mit den Bemerkungen von Wagner 1987, 158–160.

29 Einen hilfreichen Überblick gibt Kruse 2002, 945–952, der diese Entwicklung im Hinblick auf das Verschwinden des Basilikos Grammateus darstellt.

zunächst weiter bestehen blieben, hatten diese munizipalen Liturgien nicht mehr viel gemein – auch wenn sich beide aus der städtischen Honoratiorenschicht rekrutierten und sich ehemalige Gymnasiarchen und Exegeten unter den Inhabern der neuen Amtsliturgien finden. In den neu geschaffenen Ämtern manifestiert sich vielmehr die Einbindung der Bule bzw. der Buleuten in die Gauverwaltung an der Seite des Strategen, weshalb Andrea Jördens treffend von einer „charakteristischen Doppelbindung" dieser neuen Ämter gesprochen hat[30]. Es lohnt sich, diese Umstellung im Ämterwesen etwas genauer zu betrachten, um das Ausmaß der Reformen zu erfassen.

Auf der Ebene der Gauverwaltung traten nun insbesondere die δεκάπρωτοι erstmals in Ägypten in Erscheinung[31]. In den Städten des griechischen Ostens waren die Dekaprotoi schon seit der zweiten Hälfte des 1. Jh. n. Chr. in inschriftlichen Zeugnissen aufgetreten. Solche Gremien aus zehn Buleuten scheinen als stetige Einrichtung der städtischen Selbstverwaltung aus ad-hoc-Kommissionen (αἱρεθέντες) hervorgegangen zu sein, welche ursprünglich die Bulai zur Bewältigung konkreter Aufgaben spontan zusammengestellt und nach Erledigung der Agenda wieder aufgelöst hatten. Auf Ägypten wird diese Institution – wie die Installierung der Bulai – durch einen gezielten Verwaltungsakt der römischen Regierung übertragen. Gegenüber der älteren Forschung, welche die Einführung der Dekaprotoi mit der Installierung der Bulai unter Septimius Severus in Zusammenhang brachte, konnte J. David Thomas nachweisen, dass die Dekaprotoi erst zwischen 242 und 246 in Ägypten auftauchen, also vermutlich im Zuge der Reformen des Philippus installiert wurden[32]. Von ihren Vorgängern außerhalb Ägyptens unterschied die neu installierten Dekaprotoi, dass sie nicht in der städtischen Selbstverwaltung, sondern für die Gauverwaltung tätig waren. Ihren Dienstort hatten die in Kollegien organisierten Dekaprotoi zwar in der Metropole, ihr Amtsbezirk umfasste aber eine Toparchie (Untereinheit des Gaues), wobei je zwei Dekaprotoi für eine Toparchie zuständig waren[33]. Das war eine grundlegende Neuerung: Die Dekaprotie war in Ägypten kein städtisches Ehrenamt, sondern eine Liturgie. Obwohl die Funktion als μητροπολιτικὴ λειτουργία bezeichnet wurde, sind die Dekaprotoi für den gesamten Gau zuständig, nicht nur für Angelegenheiten der Gaumetropole. Aus genau diesem Umstand erwuchs der Rechtsstreit mit den Dorfbewohnern (κωμῆται) in SB V 7696: Wegen der Ausweitung des Amtsbereiches (und der finanziellen Haftung) auf den gesamten Gau verlangten die städtischen Honoratioren, dass auch die Einwohner der Dörfer zu solchen „munizipalen" Liturgien herangezogen werden sollten.

30 Jördens 1999, 167–168.

31 Zu den δεκάπρωτοι und ihrem Aufgabenbereich s. Kruse 2002, 945–948.

32 Thomas 1975, 111–119. Die Einführung der Dekaprotoi könnte demnach also auch schon vor dem Amtsantritt des Philippus (244) erfolgt sein. Als Vergleichsbeispiel ließen sich etwa die Eirenarchen anführen, die in den Städten Kleinasiens seit dem frühen 2. Jh. belegt sind und in Ägypten unter Gordian III (238–244) auftauchen, s. Sänger 2010, 117.

33 Dazu s. Bagnall 1978, 160–167 und Bagnall/Thomas 1978, 185–189.

Etwa gleichzeitig mit der Einführung der Dekaprotoi verschwanden die σιτολόγοι, die (spätestens) seit der ptolemäischen Zeit für die Getreide- und Speicherverwaltung verantwortlich zeichneten und seit dem späten 1. Jh. n. Chr. als liturgische Amtsträger auf der dörflichen Ebene tätig waren[34]. Seit etwa 248 wurden Dekaprotoi in Tätigkeitsbereichen aktiv, die früher den Sitologoi zustanden: Bericht an den Strategos über eingegangene Getreidelieferungen, Übergabe des Steuergetreides an die mit dem Transport zu Schiff befassten Naukleroi, Ausstellung von Quittungen etc.[35] Waren die Sitologoi nur für eine einzige Speicheranlage (θησαυρός) in einem Dorf zuständig gewesen, so zeichneten die Dekaprotoi für einen größeren Amtssprengel verantwortlich, der in der Regel mehrere Dörfer umfasste; und während die Sitologoi der enchorischen Dorfbevölkerung entstammten, rekrutierten sich die Dekaprotoi eben aus der städtischen Oberschicht. Zudem fiel noch eine Reihe anderer Verwaltungsaufgaben in die Zuständigkeit der Dekaprotoi, wie beispielsweise die Inspektion des Ackerlandes, die Verantwortung über die Instandhaltung der Dämme und Deiche sowie die Aufsicht über Vermessung und Verkauf von unfruchtbarem Saatland im Besitz des Staates. Die Aufgaben der Sitologoi machten also nur einen Teil der Verantwortungen aus, welche den Dekaprotoi auf die Schultern gelegt wurden.

Viele der genannten Aufgaben, die nun die Dekaprotoi ausübten, waren früher im Zuständigkeitsbereich des βασιλικὸς γραμματεύς gelegen[36]. Die Dekaprotoi ersetzten also nicht nur die Sitologoi, sondern auch den Basilikos Grammateus, der gleichfalls in jenen Jahren aus unserer Dokumentation verschwindet, in denen die Dekaprotoi auftauchen – wie Thomas Kruse überzeugend gezeigt hat[37]: Die letzten sicher datierten Belege für einen Basilikos Grammateus stammen aus dem Jahre 245[38]. Der Ersatz des Basilikos Grammateus – bislang neben dem Strategos der wichtigste Amtsträger im Gau – kann als konsequente Fortsetzung jenes Prozesses der Liturgisierung von Verwaltungsfunktionen gesehen werden, der im späten 1. Jh. n. Chr. in den unteren Ebenen der Verwaltung (insbesondere der Steuereintreibung) begonnen und um die Mitte des 3. Jh. die höchsten Ämter der Gauverwaltung erreicht hatte[39]. Schon seit 200

---

34 Zum Amt und seinem Tätigkeitsbereich s. Oertel 1917, 250–257 (teilweise überholt) sowie Aly 1950, 289–307 und Aly 1956, 17–22.

35 Zu den einzelnen Aufgaben s. Kruse 2002, 946 mit entsprechenden Belegen in den Fußnoten 33–37.

36 Die ältere Studie zum Basilikos Grammateus von Biedermann 1913 ist ersetzt worden durch die umfassende und detaillierte Darstellung von Kruse 2002, der sehr ausführlich alle Aufgabenbereiche des Basilikos Grammateus untersucht.

37 Kruse 2002, 940–952.

38 Es handelt sich um die Zensusdeklarationen BGU III 981, 16 (mit BL IX 24) und BGU IV 1069, 3, die schon Biedermann 1913 kannte.

39 Zum Ausbau des liturgischen Ämterwesens s. Palme 1989, 31–34; zu seiner Entwicklung im 3. und 4. Jhs. Drecoll 1997, 105–210.

waren Aufgaben in der Steuereintreibung und Buchführung über Steuerzahlungen, die bis dahin beim Basilikos Grammateus gelegen waren, schrittweise auf die Bule übertragen worden. Indem die Aufgaben des Basilikos Grammateus auf die Dekaprotoi übertragen wurden, hat man die Bule insgesamt – als Gremium, das diese Ämter besetzt hatte – in die Haftung miteinbezogen[40]. Durch die neuartigen munizipalen Liturgien wurde der Kreis von Personen, die für den heiklen Bereich der Eintreibung und Ablieferung von Natural- und Geldsteuern persönlich hafteten, auf die gesamte Buleutenschicht ausgeweitet.

Nicht nur die Sitologoi und die Basilikoi Grammateis, sondern die gesamte Gruppe von Beamten, die „-γραμματεύς" in ihrem Titel führten, scheint in der Reform des Philippus verschwunden zu sein: Die τοπογραμματεῖς lassen sich zuletzt im Jahre 246 nachweisen[41]; vermutlich waren auch ihre Agenda von den Dekaprotoi übernommen worden, die ja auf der Ebene der Toparchien operierten. Ferner ist die Funktion des ἀμφοδογραμματεύς zuletzt 244/5 bezeugt; seine Aufgabe bestand unter anderem darin, die Nominierungen für die Liturgien vorzubereiten und festzulegen, wer ein Amt übernehmen sollte[42]. Diese Funktion nahm nun der φύλαρχος wahr, der in den Jahren der Philippi erstmals als liturgischer Amtsträger in Oxyrhynchos belegt ist[43]. Angesichts des Aufgabenbereiches wird klar, dass der Ersatz des Amphodogrammateus durch den Phylarchos einen markanten Eingriff in die Organisation der städtischen Ämter bedeutete.

Zu tiefgreifenden Veränderungen kam es auch auf der untersten administrativen Ebene, in den Dörfern der Chora. Seit der ptolemäischen Zeit hat der κωμογραμματεύς als Repräsentant der Staatsgewalt fungiert[44]. Ihm stand zunächst der κωμάρχης als Vertreter der Dorfgemeinschaft gegenüber, bis in der Regierungszeit des Augustus der Komarches von einem Kollegium abgelöst wurde: Die Dorfbewohner sind zunächst durch ein Kollegium von „Dorfältesten", den πρεσβύτεροι, vertreten worden[45], die spätestens seit Beginn des 2. Jh. n. Chr. als liturgische πρεσβύτεροι κώμης in den

40 Horstkotte 1988, 65–74 freilich betont, dass von einer pauschalen Steuerhaftung der Buleuten insofern nicht zu sprechen ist, als diese in der Praxis oftmals nur eine vorschießende Auslage von offenen Steuerbeträgen bedeutet haben dürfte, da sich die Buleuten an den Steuerzahlern schadlos halten konnten.

41 Das späteste Testimonium ist derzeit P.Laur. I 4 (246). Zum Amt s. Oertel 1917, 164–165 und 384–385.

42 Zum Amphodogrammateus s. Oertel 1917, 172; 368 sowie Mertens 1958, 7–16; Borkowski/Hagedorn 1978, 775–783 und Lewis 1997, 12.

43 Der früheste Beleg für einen Phylarchos in dieser Funktion findet sich in P.Oxy. 2664 (248/9?): des. Parsons 1957, 136; Mertens 1958, 16–30 und Lewis 1997, 50 mit weiteren Verweisen.

44 Zum Komogrammateus und seinen vielfältigen Aufgaben s. Oertel 1917, 157–164; Preisigke 1922, 1281–1284; Criscuolo 1978, 3–101 und Lewis 1997, 35.

45 B. Palme, Kommentar zu P.Sijp. 19, bes. S. 119–121.

Papyri aufscheinen[46]. In der Reform des Philippus verschwanden nun sowohl die πρεσβύτεροι κώμης als auch der traditionsreiche κωμογραμματεύς; beide wurden ersetzt durch das neue, wiederum kollegial besetzte Amt der κωμάρχαι[47]. Die Komarchen „neuen Stils" hatten, wie Dieter Hagedorn und Zbigniew Borkowski gezeigt haben, nichts mit den ptolemäischen κωμάρχαι gemeinsam, die seit 300 Jahren verschwunden waren[48]. Das neue Komarchenamt war nicht nur kollegial besetzt, es hatte auch eine völlig andere Aufgabe als sein älterer Namensvetter. Die Komarchen des 3. Jh. waren nicht die Repräsentanten der Dorfbewohner, sondern vielmehr – in Nachfolge des κωμογραμματεύς – jene des Staates. Auch diese Komarchen waren demnach eine genuine Schöpfung der „Reform des Philippus". All das wird auch vielfältige Konsequenzen für die Erhebungs- und Buchhaltungspraxis der Steuern gehabt haben, die derzeit aber noch nicht klar erkennbar sind.

Zusammen genommen zeigt all dies: Viele der liturgischen Ämter, die vom späten 1. bis zum frühen 3. Jh. in Kernbereichen der staatlichen Verwaltung und Steuererhebung tätig waren (wie der Sitologos, Basilikos Grammateus, Komogrammateus, Topogrammateus, Amphodogrammateus) verschwinden; im Gegenzug werden neue Ämter – allesamt liturgischen Charakters (wie die Dekaprotoi, der Phylarchos und der Komarches) – geschaffen. Dabei wurden keineswegs bloß die alten Titel durch neue ersetzt, vielmehr hat man die Aufgabenbereiche und Kompetenzen markant verschoben; die Änderungen im Ämterwesen spiegeln demnach eine grundsätzlich neue Strukturierung der Verwaltungsabläufe wider. Die Reform des Philippus scheute also nicht vor substantiellen Eingriffen zurück, und sie erfasste alle drei Verwaltungsebenen in der Chora: Den Gau und die Gaumetropolen, die mittlere Ebene der Toparchien und die untere Ebene der lokalen Dorfverwaltung. Möglicherweise ging die Reform sogar noch einen Schritt weiter und machte auch vor der Ebene der prokuratorischen Verwaltung nicht halt. So dürften auch das Ressort des Idios Logos durch die Reform aufgelöst und seine Aufgaben auf andere Prokuratoren übertragen worden sein[49]. Mit dem Idios Logos verschwand ein weiteres traditionsreiches Amt, und es steht zu vermuten, dass dies weiter reichende Verschiebungen im Gefüge der prokuratorischen Finanzverwaltung (die in den Papyri wenig detailliert dokumentiert ist) signalisiert.

---

46 Zu den Presbyteroi Komes und ihrem Amtsbereich s. Oertel 1917, 146–152 sowie vor allem die umfassende Studie von Tomsin 1952, 467–532; aktuellere Daten finden sich bei Lewis 1997, 43: das Amt ist spätestens ab 118 n. Chr. (P.Bremen 38) liturgisch.

47 Der Umstand, dass das Komarchenamt jetzt kollegial besetzt ist, zeigt schon, dass keine direkte Verbindung zum Komarches der ptolemäischen Epoche bestand.

48 Thomas 1975, 111–119; Borkowski/Hagedorn 1978, 775–783 und Delia/Haley 1983, 39–40. Die von Missler 1970, 17–18 und in seiner Liste S. 131–132 angeführten Belege für den Komarches, die angeblich aus dem 1.–3. Jh. n. Chr. stammen, erwiesen sich als falsch gelesen oder falsch datiert.

49 Der späteste derzeit vorliegende Beleg für den Idios Logos ist P.Oxy. XLIII 3133 vom 25. Jan. 239. Seine (wenigen) Aufgaben im sakralen Bereich – etwa beim Verkauf von Priesterstellen – gingen beispielsweise auf den Archiereus über: Kruse 2002, 733–735.

Bislang lassen sich die Maßnahmen am besten durch das Verschwinden bzw. Auftauchen von Ämtern feststellen; eine weiter greifende Studie aller Verwaltungsabläufe würde aber wohl auch die Veränderungen in der operativen Geschäftsführung, in den Arbeitsabläufen und im Verrechnungswesen zu Tage fördern.

Als Ergebnis unseres Surveys bleibt festzuhalten: Das Bündel von Maßnahmen, das die althistorisch-papyrologische Forschung als „Reform des Philippus Arabs" bezeichnet, erweist sich als mehrschichtiger oder mehrgleisiger Reformprozess: a) Steuerreform zur Ertragssteigerung; b) Revision der Steuer- und Besitzregister; c) Adaptierung des Verwaltungsapparates. Es bleibt zu betonen, dass die Reform des Philippus weniger (oder gar nicht) die Reaktion auf eine akute Krisensituation war, sondern den durch die Etablierung der Bulai und die *Constitutio Antoniniana* sich wandelnden Verhältnissen – also neuen Verwaltungsrealitäten – Rechnung trug.

Die Adaptierung des Verwaltungsapparates stand im Zusammenhang mit dem sogenannten „Munizipalisierungsprozess", denn durch die Einführung von Bulai in den Gaumetropolen um das Jahr 200 trat der staatlichen Gauverwaltung ein städtisches Verwaltungsgremium an die Seite. Allmählich verlagerten sich Aufgaben, die den gesamten Gau betrafen und bisher von der Gauverwaltung wahrgenommen worden waren, auf die städtische Honoratiorenschicht[50]. Die Reform des Philippus hat jedenfalls einen großen Schritt in diese Richtung getan, indem sie die Zuständigkeit (und damit auch die Haftung) der munizipalen Liturgien auf den gesamten Gau ausweitete[51]. Die Adaptierung des Steuersystems und des damit befassten Apparates an liturgischen Amtsträgern war durch die *Constitutio Antoniniana* notwendig geworden, die den differenzierten Steuerstatus der Bevölkerung (Aigyptioi, Hellenes, Rhomaioi) zumindest rechtlich weitgehend nivelliert hatte. Damit verschwand auch der privilegierte Steuerstatus der Hellenes, und letztlich war dadurch auch die λαογραφία – die bislang von den Aigyptioi zu entrichtende Kopfsteuer – obsolet geworden[52]. Schritt für Schritt war deshalb auch der Provinzialzensus (der die *peregrini* erfasste und seit Augustus fest etabliert war) überflüssig geworden. So wurden die κατ' οἰκίαν ἀπογραφαί, die Deklarationen des im 14-jährigen Zyklus durchgeführten Provinzialzensus, nach dem Jahre 257/8 aufgegeben[53]. Zum einen war die status-rechtliche

---

50 Jördens 1999, 164–180: Die allmähliche Verlagerung hatte freilich schon vor der Einrichtung der Bulai begonnen, indem städtische Honoratioren seit Trajan gelegentlich mit konkreten staatlichen Verwaltungsaufgaben oder der Vertretung von Gaustrategen betraut worden waren.

51 Zur Übertragung der Steuerverantwortung für den ganzen Gau s. Bowman 1971, 69–82.

52 Die Kopfsteuer ist nach den derzeit vorliegenden Quellen zwischen dem letzten durchgeführten Zensus 257/8 und dem nächst fälligen Jahr 271 (in dem kein Zensus mehr abgehalten wurde) abgeschafft worden. Die späteste sicher datierte Quittung für die Kopfsteuer stammt aus dem Jahre 248 (P.Lugd.Bat. XIX 14), aber die Kopfsteuer wird gelegentlich noch danach – z.B. in P.Oxy. XLIII 3114 aus dem Jahre 267 – erwähnt.

53 Montevecchi 1976, 81–82 bringt den Ausfall des Zyklus 271 mit der Machtübernahme der Palmyrener in Verbindung, die eine Promulgierung des Zensusedikts verhindert habe. Es fragt sich aller-

Differenzierung der Bevölkerung (und damit die Voraussetzung für die Kopfsteuer) weggefallen; zum anderen war vielleicht die Erhebung der recht geringen Beträge wegen der Wertminderung der Münzen und schließlich des Zusammenbruchs der Silberwährung um 260 wohl nicht mehr rentabel.

In der Reform des Philippus sollte durch neue Verwaltungsvorgänge und neu gefasste amtliche Kompetenzen einerseits die existierenden Strukturen an den immer deutlicher hervortretenden Antagonismus zwischen staatlicher Gauverwaltung und erweiterter städtischer Verwaltungsaufgaben adaptiert werden; dieses Vorhaben ist konsequent und erfolgreich umgesetzt worden. Andererseits sollte die wirtschaftliche Leistungsfähigkeit der Bevölkerung gründlicher erfasst und – so zumindest die propagandistische Rechtfertigung – zugleich die Belastungen durch Abgaben und Dienstleistungen gerechter verteilt werden. Die gewünschte Erleichterung scheinen die Reformen jedoch nicht gebracht zu haben[54]: In P.Oxy. XIV 1662 vom 17. Juli 246 wendet sich der amtierende Prytanis von Oxyrhynchos an den Strategen des Oxyrhynchites und ersucht um die Bestellung eines Stellvertreters, da er eine Gesandtschaft an den Präfekten leiten müsse, um in Reaktion auf die Verlautbarung der neuen Steuerquoten eine Abmilderung des *hieron apotakton* (die neue Vorgabe zur Steuer- und Liturgiepflicht) zu erwirken[55]. Vermutlich haben andere Gaue ähnlich reagiert, weshalb es zu einer zusätzlichen Anordnung zum *apotakton* kam, auf die der Petent in CPR XXIII 17 anspielt[56]. Wie die allgemeine Stimmung – oder Wahrnehmung – war, wird selbst in Anwesenheit des Präfekten unverblümt ausgesprochen. In dem eingangs zitierten Prozessprotokoll SB V 7696 fragt der Präfekt im Zuge seiner Untersuchung den Anwalt der Bule:

> „Was sagst Du zum Gesetz des Severus und den Entscheidungen (der früheren Präfekten)?" Er antwortete: „Zu dem Gesetz des Severus sage ich: Severus hat das Gesetz in Ägypten promulgiert, als die Städte noch wohlhabend waren". Sabinus, *praefectus Aegypti* sagt: „Das Argument des Wohlstandes oder des Verlustes des Wohlstandes gilt gleichermaßen für die Dörfer wie für die Städte". Er antwortet: „Nach Severus ist das neue *apotakton* gekommen, welches durch die göttliche Fortuna des Kaisers Decius korrigiert werden wird"[57].

---

dings, warum man nach dem Ende der palmyrenischen Okkupation, also etwa 274, den Zensuszyklus nicht wieder aufgenommen hat: Bagnall/Frier 1994, 9–11.

54 Parsons 1967, 139–141 zieht eine negative Bilanz der Reformen, die er als gescheitert betrachtet. Diese Ansicht lässt freilich die erfolgreiche Restrukturierung des Ämterwesens weitgehend außer Betracht.

55 P.Oxy. XIV 1662 = Sel.Pap. II 341, 8–17: ἐξιὼν ἅμα ἄλλοις ἐπὶ τὸν | λαμπρότατον ἡμῶν | ἡγεμόνα Οὐαλέριον | Φίρμον ἕνεκεν πρεσβεί|ας περὶ τῆς ἐπιβληθείσης | ἐπιβολῆς τῷ ἡμετέρῳ | νομῷ τοῦ ἱεροῦ ἀποτάκτου, | ἐπιστέλλω σοι, φίλτατε, ὅπως φανερὸν ποιή|σῃς κτλ.

56 CPR XXIII 17 (Herakleopolis, nach 249), 15–17: ἐποι|ήσαντο ἀκολ[ούθως τοῖς κελευσ]θ̣εῖσι | [ὑ]π̣ὸ τῶν τὸ ἀπ[όтακτον συστησ]α̣μένω̣ν̣ κτλ.

57 SB V 7696 (nach dem 28. Aug. 249), 98–103: Σ̣α̣|βεῖνος ἔπαρχος Αἰγύπτου Σερήν̣[ῳ] ῥήτωρι [εἶ]π(εν)· τί λέγεις πρὸς τὸν Σεουήρου νόμον καὶ πρὸς τὰ<ς> κρ̣ί̣|σεις; ἀπεκρ(ίνατο)· πρὸς τὸν Σεουῆρον νόμον ἐρῶ· Σεουῆρος προὔθησεν νόμον ἐν Αἰγύπτῳ ἔτ̣ι̣ τ̣ῶν | πόλεων εὐπόρων οὐσῶν. Σαβεῖνος ἔπαρχος Αἰγύπτου εἶπ(εν)· ὁ τῆς εὐπορίας [λό]γο̣ς̣ ἢ τῆ[ς] ἀ|πὸ τῆς εὐπορίας μεταβολῆς ἴσο̣ς̣ ἐστὶν καὶ τ̣αῖς

Dieser Passus stammt freilich aus einem Gerichtsprotokoll, ist also auf jeden Fall parteiisch oder überzeichnet. Zudem ist damit zu rechnen, dass jede neue Regelung – wie notwendig sie auch tatsächlich gewesen sein möge – auf den beharrenden Widerwillen oder gar Widerstand der Betroffenen stieß. Die rasante Folge von administrativen Änderungen auf allen Verwaltungsebenen, wie sie uns in der Ablösung alter Ämter durch neue, liturgische Funktionen mit verschobenen Kompetenzbereichen entgegentritt, scheint in Verbindung mit der Revision der Register und einer Erfassung aller Ressourcen als Umbruchszeit erlebt worden zu sein. Obwohl Philippus' Regierung den Edelmetallgehalt der Münzen nicht weiter senkte – wie das andere Kaiser des 3. Jh. getan hatten, um an finanzielle Mittel zu gelangen – kam es anscheinend zu einer empfindlichen Steuererhöhung, welche vielleicht die Unruhen in Alexandria um 248/9 und in Syrien oder Kappadokien die Erhebung des Iotapianus verursachten[58].

So drastisch die Reform des Philippus den Zeitgenossen auch erschien: Im Wesentlichen reagierte sie auf den geänderten rechtlichen und fiskalischen Status der Bevölkerung sowie auf eine neue Verwaltungsrealität, die durch die Etablierung der Bulai und erweiterte Verantwortung der Buleuten in der ersten Hälfte des 3. Jh. entstanden war. Im historischen Rückblick stellt diese Reform lediglich eine Etappe in dem langen Prozess der Umstrukturierung von den Severern bis zur Tetrarchie dar, denn das System blieb in Bewegung: Etwa ein halbes Jahrhundert nach Philippus lancierten Diokletian und seine Mitkaiser eine neue Welle von Reformen, denen unter anderem die Dekaprotoi und der Dioiketes zum Opfer fielen[59]. Erst seit 307 wurden die Metropoleis rechtlich zur *civitates* und die in *pagi* eingeteilten Gaue zu deren Territorien. Schließlich wurde sogar der Strategos in einem langwährenden Prozess, der bis um die Mitte des 4. Jh. dauerte, von einem *curator civitatis* (λογιστής) für die städtischen Belange und einem *exactor civitatis* (ἐξάκτωρ) für die Fiskalverwaltung abgelöst[60]. Erst damit war die Umgestaltung der Gaue und ihres Beamtenapparats zum Abschluss gelangt.

Bibliografie

ALSTON 2002 – R. ALSTON, The City in Roman and Byzantine Egypt, London/New York 2002.

ALY 1950 – Z. ALY, Sitologia in Roman Egypt, *JJP* 4, 1950, 289–307.

ALY 1956 – Z. ALY, Upon Sitologia in Roman Egypt and the Role of Sitologi in its Financial Administration, in: Pap.Congr. VIII, Wien 1956, 17–22.

κώμαις καὶ ταῖς πόλεσιν. ἀπεκρ(ίνατο)· μετ̣ὰ̣ Σ̣εουῆρ̣ο̣ν̣ γέ|γονεν τὸ καινὸν τοῦτο ἀπότακ̣τ̣ον, ὃ ἡ θεία τύχη Δεκίου τοῦ Σεβαστοῦ ἐπανορθώσ̣[ε]τ̣αι.

58 KÖRNER 2002, bes. 277–280.

59 THOMAS 1975, 60–68; HAGEDORN 1985, 167–210: der Dioiketes wird um 285 vom *rationalis* abgelöst.

60 Vgl. die Studien von MARESCH 2007, 427–437 und (zum *exactor civitatis*) THOMAS 1985, 115–125: erster Beleg für den *exactor* ist SB XVIII 13852 (Hibis, 309).

BAGNALL 1978 – R.S. BAGNALL, The Number and Term of the Dekaprotoi, *Aegyptus* 58, 1978, 160–167.

BAGNALL/FRIER 1994 – R.S. BAGNALL/B.W. FRIER, The Demography of Roman Egypt, Cambridge 1994.

BAGNALL/THOMAS 1978 – R.S. BAGNALL/J.D. THOMAS, Dekaprotoi and Epigraphai, *BASP* 15, 1978, 185–189.

BIEDERMANN 1913 – E. BIEDERMANN, Studien zur ägyptischen Verwaltungsgeschichte in ptolemäisch-römischer Zeit: Der Βασιλικὸς Γραμματεύς, Diss. Berlin 1913.

BIANCHI 1983 – A. BIANCHI, Aspetti della politica economico-fiscale di Filippe l'Arabo, *Aegyptus* 63, 1983, 185–198.

BORKOWSKI/HAGEDORN 1978 – Z. BORKOWSKI/D. HAGEDORN, Amphodokomogrammateus: Zur Verwaltung der Dörfer Ägyptens im 3. Jh. n. Chr., in: J. BINGEN/G. CAMBIER/G. NACHTERGAEL (Hg.), Le monde grec: Pensée, littérature, histoire, documents. Hommage à Claire Préaux, Bruxelles 1978, 775–783.

BOWMAN 1971 – A.K. BOWMAN, The Town Councils of Roman Egypt. ASP 11, Toronto 1971.

BOWMAN/RATHBONE 1992 – A.K. BOWMAN/D.W. RATHBONE, Cities and Administration in Roman Egypt, *JRS* 82, 1992, 107–127.

CHRISTOL 1997 – M. CHRISTOL, L'empire romain du IIIe siècle: Histoire politique 192–325 après J.-Chr., Paris [2]1997.

CRISCUOLO 1978 – L. CRISCUOLO, Ricerche sul komogrammateus nell'Egitto tolemaico, *Aegyptus* 58, 1978, 3–101.

DELIA/HALEY 1983 – D. DELIA/E. HALEY, Agreement Concerning Succession to a Komarchy, *BASP* 20, 1983, 39–46.

DELMAIRE 1988 – R. DELMAIRE, Le personnel de l'administration financière en Egypte sous le Bas-Empire Romain (IV–VIe siècles), *CRIPEL* 10, 1988, 113–138.

DELMAIRE 1989 – R. DELMAIRE, Largesses sacrées et *res privata*: L'*aerarium* impérial et son administration du IVe au VIe siècle. Collection de l'École Française de Rome 121, Rome 1989.

DOMASZEWSKI 1899 – A. v. DOMASZEWSKI, C. Julius Priscus, der Bruder des Philippus Arabs, *RhMPh* 54, 1899, 159–160.

DRECOLL 1997 – C. DRECOLL, Die Liturgien im Römischen Kaiserreich des 3. und 4. Jh. n. Chr.: Untersuchung über Zugang, Inhalt und wirtschaftliche Bedeutung der öffentlichen Zwangsdienste in Ägypten und anderen Provinzen. Historia Einzelschriften 116, Stuttgart 1997.

EICH 2005 – P. EICH, Zur Metamorphose des politischen Systems in der römischen Kaiserzeit: Die Entstehung einer „personalen Bürokratie" im langen dritten Jahrhundert. Klio Beihefte 9, Berlin 2005.

FALIVENE 2009 – M.R. FALIVENE, Geography and Administration in Egypt (332 BCE–642 CE), in: R.S. BAGNALL (Hg.), The Oxford Handbook of Papyrology, Oxford 2009, 521–540.

FEISSEL/GASCOU 1995 – D. FEISSEL/J. GASCOU, Documents d'archives inédites du Moyen Euphrate, *JdS* 1995, 65–119.

HAGEDORN 1985 – D. HAGEDORN, Zum Amt des διοικητής im römischen Aegypten, *YClS* 28, 1985, 167–210.

HAGEDORN 2007 – D. HAGEDORN, Zu den Anfängen munizipaler Ämter in den Gaumetropolen Ägyptens, in: A.K. BOWMAN/R. COLES et al. (Hg.), Oxyrhynchus: A City and its Texts, London 2007, 194–204.

HORSTKOTTE 1988 – H. HORSTKOTTE, Die ‚Steuerhaftung' im spätrömischen ‚Zwangsstaat'. Beiträge zur Klassischen Philologie 185, Frankfurt am Main [2]1988.

JÖRDENS 1999 – A. JÖRDENS, Das Verhältnis der römischen Amtsträger in Ägypten zu den ‚Städten' in der Provinz, in: W. ECK (Hg.), Lokale Autonomie und römische Ordnungsmacht in den kaiserzeitlichen Provinzen vom 1. bis 3. Jahrhundert, München 1999, 142–180.

JÖRDENS 2006 – A. JÖRDENS, Der *praefectus Aegypti* und die Städte, in: A. KOLB (Hg.), Herrschaftsstrukturen und Herrschaftspraxis: Konzepte, Prinzipien und Strategien der Administration im römischen Kaiserreich, Berlin 2006, 191–200.

JOHNE/HARTMANN/GERHARDT 2008 – K.-P. JOHNE/U. HARTMANN/TH. GERHARDT, Die Zeit der Soldatenkaiser: Krise und Transformation des Römischen Reiches im 3. Jahrhundert n. Chr. (235–284), Bd. I–II, Berlin 2008.

KÖRNER 2002 – Ch. KÖRNER, Philippus Arabs: Ein Soldatenkaiser in der Tradition des antoninisch-severischen Prinzipats. Untersuchungen zur antiken Literatur und Geschichte 61, Berlin/New York 2002.

KRUSE 2002 – Th. KRUSE, Der Königliche Schreiber und die Gauverwaltung: Untersuchungen zur Verwaltungsgeschichte Ägyptens in der Zeit von Augustus bis Philippus Arabs (30 v. Chr. – 245 n. Chr.), Bd. I–II. APF Beiheft 11, München 2002.

LEWIS 1979 – N. LEWIS, Notationes Legentis 65, *BASP* 16, 1979, 208–209.

LEWIS 1981 – N. LEWIS, The Prefects's Conventus: Proceedings and Procedures, *BASP* 18, 1981, 119–129.

LEWIS 1983 – N. LEWIS, Life in Egypt under Roman Rule, Oxford 1983.

LEWIS 1997 – N. LEWIS, The Compulsory Public Services of Roman Egypt. Pap.Flor. XXVIII, Firenze ²1997.

MARESCH 2007 – K. MARESCH, Vom Gau zur Civitas: Verwaltungsreformen in Ägypten zur Zeit der Ersten Tetrarchie im Spiegel der Papyri, in: R. HAENSCH/J. HEINRICHS (Hg.), Herrschen und Verwalten: Der Alltag der römischen Administration in der Hohen Kaiserzeit. Kölner Historische Abhandlungen 46, Köln/Weimar/Wien 2007, 427–437.

MERTENS 1958 – P. MERTENS, Les services de l'état civil et le contrôle de la population à Oxyrhynchos au IIIᵉ siècle de notre ère. Académie Royale de Belgique, Mémoires 53.2, Bruxelles 1958.

MISSLER 1970 – H.E.L. MISSLER, Der Komarch, Diss. Marburg a.d. Lahn 1970.

MONTEVECCHI 1976 – O. MONTEVECCHI, Il censimento romano d'Egitto: Precisazioni, *Aevum* 50, 1976, 72–84.

MONTEVECCHI 1992 – O. MONTEVECCHI, La documentazione papiracea del III secolo d. C., in: Pap. Congr. XIX, Cairo 1992, 65–84.

OERTEL 1917 – F. OERTEL, Die Liturgie: Studien zur ptolemäischen und kaiserlichen Verwaltung Ägyptens, Leipzig 1917.

PALME 1989 – B. PALME, Das Amt des ἀπαιτητής in Ägypten. MPER XX, Wien 1989.

PARSONS 1967 – P.J. PARSONS, Philippus Arabs and Egypt, *JRS* 57, 1967, 134–141.

PEACHIN 1996 – M. PEACHIN, Iudex vice Caesaris: Deputy Emperors and the Administration of Justice During the Principate, Stuttgart 1996.

PREISIGKE 1903 – F. PREISIGKE, Städtisches Beamtenwesen im römischen Ägypten, Hall a.S. 1903.

PREISIGKE 1922 – F. PREISIGKE, Komogrammateus, in: RE XI 2, 1922, 1281–1284.

SÄNGER 2010 – P. SÄNGER, Zur Organisation des Sicherheitswesens im kaiserzeitlichen Kleinasien und Ägypten, *Tyche* 25, 2010, 99–122.

SKEAT/WEGENER 1935 – T. SKEAT/E. WEGENER, A Trial before the Prefect of Egypt Appius Sabinus c. 250 A.D. (P.Lond. Inv. 2565), *JEA* 21, 1935, 224–247.

THOMAS 1974 – J.D. THOMAS, The Disappearance of the Dekaprotoi in Egypt, *BASP* 11, 1974, 60–68.

THOMAS 1975 – J.D. THOMAS, The Introduction of Dekaprotoi and Comarchs into Egypt in the Third Century A.D., *ZPE* 19, 1975, 111–119.

THOMAS 1985 – J.D. THOMAS, The Earliest Occurence of the 'exactor civitatis' in Egypt, *YClS* 28, 1985, 115–125.

THOMAS 2001 – J.D. THOMAS, The Administration of Roman Egypt: A Survey of Recent Research and Some Outstanding Problems, in: Pap.Congr. XXII, Firenze 2001, 1245–1254.

Tomsin 1952 – A. Tomsin, Étude sur les πρεσβύτεροι des villages de la χώρα égyptienne, *Acad. Roy. Belg., Bull. Cl. d. Lettr.*, sér. V[e], 38, 1952, 95–130 (ptolemäische Zeit); 467–532 (römische Zeit).
Turner 1936 – E. G. Turner, Egypt and the Roman Empire: The dekaprotoi, *JEA* 22, 1936, 7–19.
Wagner 1987 – G. Wagner, Les Oasis d'Égypte à l'époque grecque, romaine et byzantine d'après les documents grecs, Le Caire 1987.

Zur Rolle der Jurisprudenz

Michael Peachin, New York

Weitere Gedanken zum Prozess des Verfassens kaiserlicher Reskripte[1]

Zusammenfassung: Dieser Beitrag untersucht drei kaiserliche Reskripte aus dem *Codex Justinianus*. Es wird argumentiert, dass jeder dieser Texte eine Epistel an einen Regierungsbeamten darstellt und nicht eine an eine Petition eines Privatmannes angefügte Subskription. Da all diese Texte bisher als *subscriptiones* interpretiert worden sind, wird in der Folge vorgeschlagen, dass weitere solche *epistulae* unter den im Codex vorhandenen Dokumenten zu vermuten sind. Wenn dies so ist, müsste man nochmals überdenken, wie denn die Antworten auf die verschiedenen Arten von Anfragen an den Kaiser im Kreis der Berater und Verwaltungsbeamte um den Princeps formuliert wurden. Im Großen und Ganzen wird hier argumentiert, dass das kaiserliche Konsistorium mehr im Team arbeitete als üblicherweise angenommen wird.

Abstract: This paper examines three imperial responses from the *Codex Justinianus*. It is argued that each of these texts is an *epistula* to a governmental official, rather than a subscription added to the petition of a private individual. Given that all of these texts have heretofore been interpreted as *subscriptiones*, the suggestion is then made that there are more such *epistulae* to be located among the documents preserved in the Codex. If so, then this will force us to think again about just how the answers to various types of enquiries to the emperor were formulated in the circle of advisors and administrators surrounding the Princeps. In sum, the argument here is that the imperial consistory functioned with more group work than has sometimes been supposed.

Zwei Bücher, das eine von Tony Honoré und das andere aus der Feder Jean-Pierre Coriats, zusammen mit den besonders wichtigen Aufsätzen von Detlef Liebs, Jean-Louis Mourgues, Dieter Nörr und Wynne Williams, bieten uns heute ein ausgezeichnetes Bild des kaiserzeitlichen Reskriptensystems[2]. Um die grundlegende Wichtigkeit der Thematik all dieser Werke deutlich hervorzuheben, möchte ich zunächst eine Formulierung Coriats zitieren. Er spricht von der „réalité constitutionnelle et juridique du troisième siècle“ und setzt folgendermaßen fort[3]:

---

1 Für die Verbesserung meines deutschen Textes bin ich Jens Bartels, Anne Kolb, und Beate Witzler sehr verbunden.

2 Die beiden Bücher sind Coriat 1997 und Honoré 1994. Mit Bezug auf die Aufsätze s. insbesondere Liebs 1983 und Liebs 2006; Mourgues 1995; Nörr 1981; Williams 1974 und Williams 1976. Vgl. auch Corcoran 1996, 43–85. Immer noch sehr wichtig ist die Darstellung von Millar 1977, 240–252; s. dazu Eich 2012, 93–95.

3 Coriat 1997, 11.

"Le quasi monopole législatif du prince répond au triomphe de l'absolutisme sur le plan politique. Désormais, et jusqu'à la fin de l'époque postclassique, la législation impériale est la véritable source créatrice de droit, la source essentielle pour la connaissance du droit positif romain."

Diese Aussage ist natürlich keineswegs zu bestreiten. Der Senat und die Volksversammlungen wurden bis in die Severerzeit buchstäblich von der legislativen Bühne gefegt, und der Kaiser durfte zumindest ab diesem Zeitpunkt bei jeder solchen Gelegenheit sowohl das erste, als auch das letzte Wort sprechen[4].

Dennoch gab es eine andere Gruppe, die ebenfalls während des Zeitraums, mit dem wir es hier zu tun haben, im Prinzip einen mächtigen Einfluss auf die Entfaltung des positiven Rechts ausüben konnte. Hiermit meine ich natürlich die verschiedenen Personen, die wir unter der Bezeichnung *iuris prudentes* oder *iuris periti* einschließen können. Auf der Basis eines sehr umfangreichen juristischen Schrifttums haben diese Individuen den Entwicklungsprozess des Rechts letzten Endes stark geprägt[5]. Doch ihre Autorität auf dem Gebiet des positiven Rechts hatte gleichzeitig einen noch unmittelbareren Einfluss. Eine Reihe von solchen Personen, und zwar insbesondere die *procuratores a libellis*, die eben mit einer durchgreifenden juristischen Fachkenntnis ausgerüstet waren, standen dem Kaiser immer nahe und unterstützten den Princeps bei der Erarbeitung der vielen juristischen und administrativen Angelegenheiten, die ihm täglich vorlagen[6].

In Verbindung mit dieser Tatsache entsteht für uns aber ein Problem. Es ist einerseits klar, dass die „législation impériale" nicht bloß aus der Feder eines einsam arbeitenden Kaisers stammte, sondern dass sie aus dem gerade erwähnten Arbeitskreis um den Kaiser erwuchs. Von daher müssen wir, so wie Coriat, Honoré, Liebs und die anderen erwähnten Wissenschaftler, die folgende Frage stellen: Wie genau soll man sich diese Zusammenarbeit in diesem Personenkreis um den Kaiser vorstellen? Kurz: Wer genau wird wohl an einem gewöhnlichen Arbeitstag des Konsistoriums welche Arbeit geleistet haben? Hier gehen die Meinungen zum Teil auseinander, und in diesem Zusammenhang hoffe ich einen kleinen Beitrag zu bieten.

---

4 Über die Volksversammlungen s. ROTONDI 1912. Letztlich hat FERRARY 2012, 590 zu Recht betont, dass die Volksversammlungen eigentlich schon unter Tiberius ihre republikanischen legislativen Funktionen verloren hatten. Zum Senat s. TALBERT 1984, 431–459.

5 Das Gesamtbild, das wir heutzutage von diesen Männer und ihrem Schrifttum besitzen, wurde maßgeblich durch die verschiedenen Arbeiten von Detlef Liebs bestimmt: LIEBS 1987; LIEBS 1989; LIEBS 1993; LIEBS 1997; LIEBS 2002; LIEBS 2002a; LIEBS 2010.

6 Über den *a libellis* als Verwaltungsbeamten in der frühen Kaiserzeit s. SEITZ 1969. Es gibt zu diesem Thema auch eine sehr gute aber schwer zugängliche Arbeit von einem ehemaligen Studenten Lukas de Blois': VERBERNE 1986. S. aber inzwischen LIEBS 2010, 15–80.

Coriat hat nun das Essentielle getroffen, in dem er dieses Problem in drei Fragen fasst:

1) Wie lief die Vorbereitung, d.h. die Zusammenstellung von Materialien oder Dokumenten, die jegliche kaiserliche Entscheidung festigten?
2) Wer genau nahm an dem darauffolgenden Entscheidungsprozess teil? Wer durfte also zu einem speziellen anstehenden juristischen Problem, das nun durch eine zusammengetragene Dokumentation erhellt wurde, seine Meinung äußern und dadurch auf das endgültige Urteil möglicherweise deutlich Einfluss nehmen?
3) Wer verfasste die endgültige, ja die promulgierte Version der Antwort?

An dieser Stelle möchte ich mich prinzipiell mit der letzten Frage beschäftigen und hierfür ist die Arbeit Tony Honorés ausschlaggebend. Seine Methode und die daraus entstehenden Ergebnisse sind den meisten gut bekannt, wenn auch umstritten. Dennoch möchte ich einige Elemente seiner Arbeit, die für meine Darstellung unentbehrlich sind, zumindest im Überblick skizzieren.

Honoré konnte seine Fragestellung zunächst auf einige allgemein akzeptierte Ansichten stützen. So ging er davon aus, dass die große Mehrheit, der im *Codex Justinianus* erhaltenen Antworten als *subscriptiones* zu betrachten sind. D.h. diese Texte liefern uns die kaiserlichen Stellungnahmen zu den Bittschriften – also den *libelli* – die lediglich aus den Kreisen der niedrigen Bevölkerung an den Princeps gelangt sind. Natürlich sind im *Codex Justinianus* ebenso auch *epistulae*, also Briefe an Magistrate und andere eminente Personen, zu finden. Diese bilden aber eine verhältnismäßig kleine Minderheit. Wie dem auch sei, wird auch universell angenommen, dass diejenigen am kaiserlichen Hof, die die Erwiderungen auf die *libelli* zu Papier gebracht haben, in der Tat die *procuratores a libellis* waren, und wiederum, dass die *procuratores ab epistulis* die *epistulae* geschrieben haben dürften.

Honoré hat aber zwei weitere, sehr wichtige und eng miteinander verbundene Schritte unternommen. Zum einen argumentierte er, dass die Inhaber der Stelle *a libellis* ihre Texte nicht nur schrieben, d.h. schwarz auf weiß zu Papier brachten, sondern dass diese Männer die kaiserlichen Antworten auf Bittschriften in der Tat selbst formulierten. Der zweite Schritt war dann dieser: Er stellte eine Palingenesie der kaiserlichen *constitutiones* für den Zeitraum von 193 bis 305 zusammen. Die darin enthaltenen Texte wurden also in der ursprünglichen chronologischen Reihenfolge, und mit akribischer Aufmerksamkeit auf Anzeichen für wechselnde Schreibstile, gelesen. Dadurch konnten etliche chronologisch eingegrenzte Gruppen von Reskripten, die jeweils eigentümliche Schreibstile aufwiesen, isoliert werden. Diese separaten Gruppen stimmten allerdings chronologisch nicht mit den wechselnden kaiserlichen Regierungen überein. Jedenfalls kam Honoré zu dem Schluss, dass jede Gruppe von Reskripten, gerade weil sie einen einheitlichen, aber auch idiosynkratischen Schreibstil aufwies, aus der Feder eines einzigen *procurator a libellis* stammen musste. Teilweise konnte er seine stilistisch definierten Gruppen sogar mit einem bekannten Inhaber dieser Verwaltungsstelle in Verbindung bringen, so dass zum Beispiel der *a libellis*, der vom 5. April 203 bis zum 1. Mai 209 die kaiserlichen *subscriptiones* (laut Honorés stilistischer Untersuchung) produzierte, Ulpian gewesen sein dürfte. Honoré entdeckte also die Individuen, seien sie namentlich erfassbar, oder nur durch Zahlen zu identifizieren, die die kaiserlichen Antworten auf *libelli* sowohl entwarfen als auch niederschrieben. Das endgültige Fazit dieser Darstellung ist, dass die Inhaber der Verwaltungsstelle *a libellis* die kaiserliche Rechtsgebung auf eine fachkundige und professionelle Art und Weise grundlegend prägten.

Die Thesen Honorés wurden nicht mit einem friedlichen *consensus universorum* aufgenommen, und sie werden wahrscheinlich auch zumindest teilweise umstritten bleiben[7]. Das Ganze ist in der Tat ein weites Feld und kann an dieser Stelle nicht hinreichend behandelt werden. Eines möchte ich aber doch betonen: Wer die zweite Ausgabe *Emperors and Lawyers* erstanden hat, bekam auch eine Computerdiskette, die Honorés Palingenesie enthält. Deshalb hat jeder Besitzer der zweiten Ausgabe durchaus die Möglichkeit, Honorés Lesung dieser Texte selbst zu überprüfen. Dies habe ich – wenngleich nur einmal und auch schon vor vielen Jahren – getan. Liest man die kaiserlichen Reskripte von der Severerzeit bis in die Zeit der Tetrarchen in ihrer chronologischen Reihenfolge, und richtet man dabei sein Augenmerk stets auf deren stilistische Merkmale (zumindest so wie diese von Honoré dargestellt werden), scheinen meiner Meinung nach Honorés Gruppierungen doch in mancher Hinsicht überzeugend. Letztendlich wäre es angebracht, dass wir Honorés Schlussfolgerungen mit Bezug auf die endgültige Verfassung der *subscriptiones* und die damit verbundene Rolle des *a libellis* sehr ernsthaft in Betracht ziehen.

Ausgehend von diesem Befund hoffe ich nun einen kleinen Beitrag zu bieten. Ich bahne mein Argument mit einer Frage an: Wie hätten wir damit umzugehen, wenn bestimmte Konstitutionen, die Honoré für Antworten auf *libelli* hielt, vielleicht doch Antworten in der Form von *epistulae* wären? Solche Texte wären dann zumindest im Prinzip nicht von einem *a libellis* sondern einem *ab epistulis* geschrieben worden. Honoré gab diese Möglichkeit offen zu und formulierte die Lage wie folgt[8]:

> "But there remain about a thousand texts which might on the face of them be either letters or rescripts, since they contain only a bare statement of the law. The original letter or rescript has been curtailed by leaving out the part that would have given us a clue to the addressee. I assume that these are rescripts, but concede that in some instances I am probably wrong. As the proportion of demonstrable rescripts to letters is thirty-one to one (1,578 to 51), one would expect that

---

7 Bei unserer Tagung selbst kamen die diesbezüglichen Meinungsverschiedenheiten zur Sprache. Wie dem auch sei, wahrscheinlich war der schärfste Kritiker Honorés Alan Watson, z.B. Watson 1982. Für seine Reaktionen auf die Kritik s. Honoré 1994, x–xii

8 Honoré 1994, 49. S. auch Palazzolo 1974, 52–59, Arcaria 2000, 6–16, Liebs 2006, 140 Fn. 28. Gustafson 1995 betont das Problem auch: "The reader may find further cause for vigilance when learning that approximately one thousand of the texts which H. assumes to be rescripts may in fact be letters."

only a small proportion, though perhaps not an equally small proportion of the remaining texts were letters."

Ich möchte drei solcher Fälle jetzt vorführen, bei denen es sehr gut denkbar (oder sogar wahrscheinlich) ist, dass keine *subscriptio*, sondern eine *epistula* vorliegt. Das wichtigste in diesem Zusammenhang ist, denke ich, dass in jedem solchen Testfall festgestellt wird, welche die Schlussfolgerungen mit Bezug auf Honorés Darstellung wären, wenn wir es tatsächlich mit einem Brief – und nicht einem Reskript – zu tun hätten.

Beginnen wir mit dem folgenden Dokument:

C. 7,45,5 *Imp. Philippus A. et Philippus C. Montano.* Cum eorum, qui principaliter fisco tenebantur, bona ea lege fideiussoribus procurator tradi iusserit, ut ipsi indemnitatem fisco praestarent, nec a sententia eius intercesserit provocatio, consequens est datae formae obtemperari.
Imperator Philippus Augustus und Philippus Caesar an Montanus. Da der Prokurator befahl, dass die Güter derer, die dem Fiskus unmittelbar verpflichtet waren, gesetzmäßig den Bürgen anvertraut werden sollten, damit diese Bürgen dem Fiskus eine Kaution zahlen sollten, und da es keinen Appell gegen sein Urteil gab, folgt daraus, dass die Vereinbarung eingehalten wird.

Dieser Text, von den beiden Philippi an einen Montanus adressiert, wird im *Codex Justinianus* nicht mit einer konsularischen Datierungsformel versehen. Von daher bereitet das Dokument mit Bezug auf Honorés Fragestellung sofort Schwierigkeiten. Solche undatierten *constitutiones* werden ja von ihm, insofern ihre stilistischen Merkmale dies erlauben, einer bestimmten Gruppe, also einem bekannten oder zumindest numerisch zu erfassenden *a libellis* zugeteilt. Es gibt aus der Zeit der Philippi nun zwanzig solcher undatierten Texte. Von diesen kann Honoré fünfzehn, auf stilistischer Basis seinem Sekretär Nr. 13 zuteilen. Fünf dieser undatierten Texte aus der Zeit der Philippi mussten aber bei Honoré ganz ohne Zuweisung bleiben – wie gesagt, weil beides Datum und stilistische Prüfsteine fehlen – und unserer Text fällt darunter[9]. Als Konsequenz müsste das Dokument, obwohl dies, soweit ich sehe, nicht explizit von Honoré dargestellt wird, aus der Feder eines *a libellis*, der in den Zeitraum zwischen Juli 246 (der vorgeschlagene Schlusspunkt der Amtszeit von Honorés Nr. 13) und Oktober 249 (das Ende der Regierungszeit der Philippi) gehört, stammen. Mit anderen Worten, C. 7,45,5 passt nicht in Honorés Schema hinein, und von daher müsste man unter Umständen sogar die Existenz eines *a libellis* Nr. 13a annehmen. Das chronologische Problem kann wie folgt graphisch dargestellt werden:

9 Honoré 1994, 133 Fn. 813 (hier eingestuft als „unplaced").

Regierungsdaten der Philippi:		Anfang 244....................Sept./Okt. 249	
Arbeitszeit des *a libellis* Nr. 13:	1 Juli 241...............12 Juli 246[10]		
Mutmaßlicher Zeitraum für C 7,45,5:		Juli 246......Sept./Okt. 249	
Anfang der Arbeitszeit des *a libellis* Nr. 14:			4. Juli 255

Nun möchte ich aber versuchsweise eine andere Idee vorschlagen, und zwar, dass dieses Sendschreiben in seiner endgültigen Fassung gar nicht von einem *a libellis* verfasst wurde. Stattdessen haben wir es hier möglicherweise mit einem Brief zu tun, also einer *epistula*, die von dem *ab epistulis Latinis* verfasst und an einen Statthalter übermittelt wurde. Die Gründe für diese Vermutung sind die folgenden:

Vor allem möchte ich argumentieren, dass die Einzelheiten der hier beschriebenen Situation eher auf eine *epistula* deuten. Jedenfalls lief diese kleine Geschichte meines Erachtens wie folgt ab. Ein Finanzprokurator (n.b. kein Präsidialprokurator) in irgendeiner Provinz hatte das hier beschriebene Arrangement wegen einer dem Fiskus zustehenden Zahlung vereinbart[11]. In der Zwischenzeit wurde kein Einspruch erhoben. Eigentlich hätte die Sache damit als erledigt gelten müssen. Dennoch entschied sich Montanus, dem Kaiser die von dem Prokurator kreierten Verhältnisse zu schildern, anscheinend mit der Frage, ob diese Abmachung tatsächlich zu gelten hätte. Mir sind nun die Gründe für diese Anfrage nicht ganz klar, doch steht fest, dass Montanus wegen des Falls irgendwie unsicher wurde. Der Wortlaut der *constitutio* scheint auch ziemlich eindeutig darauf hinzuweisen, dass Montanus keine der beteiligten Parteien gewesen sein kann. Kaum, denke ich, ist er als der *procurator*, oder ein Steuerzahler oder einer der Bürgen zu verstehen. Sollte diese Vermutung nun stichhaltig sein, dann müssen wir die logisch folgende Frage stellen: In welcher Zuständigkeit wird er den Kaiser mit dieser Sache belästigt haben? Die nächstliegende Vermutung müsste eigentlich sein, dass Montanus der Statthalter war und, dass er sich aus irgendeinem Anlass (möglicherweise z.B. der Beschwerde eines Steuerzahlers) genötigt fand, dem Kaiser diese Anfrage zu schicken.

Als nächstes müssen wir dann fragen, ob Montanus in diesem Falle identifiziert werden kann. In der Tat weisen zwei Inschriften aus der Provinz Asia ein Prokonsulat für einen Flavius Montanus Maximillianus im Zeitraum 248/249 als sehr wahrscheinlich nach[12]. Von daher können wir mit einer gewissen Sicherheit vorschlagen, dass

---

10 Honoré 1994, 124–125 argumentiert, dass sein Sekretär Nr. 13 mindestens bis zu diesem Zeitpunkt gearbeitet hat, dass dieser *a libellis* möglicherweise aber bis zum Frühling 252, also bis in die Regierungszeit des Trebonianus Gallus im Amt war. Wie dem auch sei, lässt seine Analyse in jedem Fall einen offenen Zeitraum von einigen Jahren zwischen dem Zurücktreten des Sekretärs Nr. 13 und dem Beginn der Tätigkeit des Sekretärs Nr. 14.

11 Kaser/Hackl 1996, 495–496 Fn. 12, scheinen z.B. anzunehmen, dass der *procurator* hier ein Präsidialprokurator war.

12 Siehe: PIR^2 F 323; Barbieri 1952, Nr. 2020; Thomasson 1984, 236 u. 239 Nr. 220; Peachin 1990, 109–111. Möglicherweise erwähnenswert ist die Tatsache, dass die HA Vit. Gord. 25,3 einen Montanus (n.b. aber zusammen mit 'Gaudianus' und 'Reverendus') als Mitglied des Consiliums der Mater des

wir es im Fall von C. 7,45,5 mit einer *epistula* an den *proconsul Asiae*, Flavius Montanus Maximillianus, zu tun haben, und, dass dieser Text deshalb nicht das Produkt eines *a libellis* ist, sondern dass uns die Arbeit eines *ab epistulis* vorliegt.

Wie fügt sich aber diese Feststellung in Honorés Gesamtbild? In diesem Fall muss die Antwort heißen: eigentlich gut. Insbesondere ist zu bemerken, dass der Schreibstil dieses Textes gar nicht mit dem der sonstigen *subscriptiones* aus seinem Zeitraum zusammenpasst. Die Redewendung *consequens est* ist sonst sogar ein Merkmal von Honorés *a libellis* Nr. 18, der für die Jahre 289 bis 290 feststellbar ist. Sobald wir aber davon ausgehen, dass diese *constitutio* aus der Feder eines *ab epistulis* stammt, dann muss der Text nicht mehr als ein unpassendes und von daher „unassigned" Reskript irgendeines *a libellis* gelten, sondern kann ganz anders betrachtet werden. Mit anderen Worten, diese Auslegung des Textes stärkt im Großen und Ganzen Honorés Argumente.

In einem anderen Dokument haben wir eine ähnliche Situation:

> C. 7,11,2 *Imp. Alexander A. Nataliano.* Servos meos nec per interpositam personam ad libertatem producere homines peculii sui posse mandatis comprehenditur.
> Imperator Alexander Augustus an Natalianus. Es steht in den *mandata*, dass meine Sklaven die Menschen (i.e. Sklaven), die ihrem eigenen *peculium* angehören, selbst durch einen Vermittler nicht befreien dürfen.

Wiederum wollen wir eine undatierte *constitutio* unter die Lupe nehmen. Und hier, genauso wie in dem Fall des vorigen Texts, gibt es kein deutliches stilistisches Merkmal, dass es ermöglichen würde, diese *constitutio* mit der stilistisch-definierbaren Arbeit eines bestimmten *a libellis* aus der Regierungszeit des Severus Alexander in Verbindung zu bringen. Dennoch ging Honoré davon aus, dass dieses Dokument zum Werk seines Sekretärs Nr. 8 gehöre und zwar, dass C. 7,11,2 sogar innerhalb der Arbeitszeit dieses *a libellis* ziemlich exakt zu datieren sei[13]. Ich habe aber keine Erklärungen für diese Ansicht, weder in Bezug auf den Schreibstil des Dokuments, noch was die präzise Datierung angeht, in Honorés Darstellung entdecken können. Und ich selbst erkenne keinerlei Anzeichen des Schreibstils von Honorés Nr. 8 in diesem Text. Deshalb möchte ich nahelegen, dass wir es wahrscheinlich auch in diesem Fall mit einer *epistula* an einen Statthalter zu tun haben.

Wieder ist der Inhalt der *constitutio* wegweisend. Hier begegnen wir einer Art Gedächtnisstütze mit Bezug auf die *mandata* und die darin enthaltenen Vorschriften

---

Gordianus III nennt. Normalerweise, und sehr wahrscheinlich zu Recht, wird dieser Montanus als eine reine Erfindung des HA Autors (s. z.B. Syme 1971, 170, 276) oder aber als eine Art Anspielung an den berühmten christlichen Heresiarch Montanus (vgl. Chastagnol 1994, 235–236) betrachtet.

13 Die Amtszeit des *a libellis* Nr. 8 soll vom 28. Oktober 223 bis zum 1. Oktober 225 gedauert haben und C. 7,11,2 wird von Honoré im Zeitraum 11. November 223 bis 13. Mai 224 platziert. S. Honoré 1994, 132 Fn. 801.

betreffend kaiserliche Sklaven – und dies sogar in einem vielleicht etwas gereizten Ton. Meiner Ansicht nach müsste solch eine Antwort hauptsächlich eine bestimmte Person interessieren, nämlich den *praeses*. Der Name des Adressaten ist auch hier ein wichtiger Anhaltspunkt und deutet gleichermaßen auf den Statthalter hin.

Der *cognomen* Natalianus ist sehr selten. Soweit ich sehe, findet sich der Name außer in unserer *constitutio* in den erhaltenen Quellen überhaupt nur: 1) dreimal in Rom für Personen keines höheren sozialen Niveaus, die im ersten und zweiten Jahrhundert n. Chr. lebten, und einmal dort in dem Fall eines Natalinius Natalianus, ein *decurio* der *equites singulares*; 2) einmal in Ostia im Jahre 152 n.Chr., wo ein M. Cipius Natalianus in einer Liste der Mitglieder des *ordo lenuncularii* erscheint; 3) einmal in Aesernia in Samnium, wo ein Septimius Natalianus und seine Frau Terentia Celerina eine Tochter begraben; 4) einmal in Carthago, wo ein T. Flavius Felix Natalianus von seiner Frau Flavia Tyche begraben wird; 5) in einer Inschrift aus Nicopolis ad Istrum[14]. Die ersten sieben Personen sind bestimmt nicht identisch mit dem Natalianus unserer *constitutio*, die letzte aber sehr wohl.

Die Inschrift aus Nicopolis ist eine Widmung von Boule und Demos der Stadt einer Kaiserstatue, auf der der Name des Princeps ausradiert wurde. Der Name des damaligen Statthalters, nämlich Claudius Natalianus, ist dagegen auf dem Stein unversehrt geblieben. Ohne nun der kontroversen Frage der Datierung genauer nachzugehen, können wir mit Sicherheit sagen, dass dieser Text – und deshalb auch eine Statthalterschaft des Claudius Natalianus in Moesia inferior – irgendwo in den Jahren zwischen der Regierungszeit des Philippus Arabs und des Kaisers Probus zu platzieren ist[15]. Sollte nun eine frühere die richtige Datierung sein, dann könnten wir fast mit Sicherheit annehmen, dass wir es mit einem Mann namens Claudius Natalianus zu tun haben, dass er während der späteren Regierungszeit des Severus Alexander eine Provinz prätorischen Ranges verwaltet hat, dass er in dieser Kapazität den Austausch, den wir in C. 7,11,2 beobachten können, wegen kaiserlicher Sklaven mit dem Princeps führte, und dass er danach Statthalter der konsularischen Provinz Moesia inferior wurde. Ich halte es also für ziemlich wahrscheinlich, dass C. 7,11,2 eine *epistula* an diesen Natalianus ist.

So hätten wir hier einen zweiten Fall, in dem ein Umdenken der exakten Form einer kaiserlichen Antwort die Thesen von Honoré im Endeffekt eher unterstützt. Hier haben wir es mit einem Dokument zu tun, das nicht gut in sein Schema der durch ihren Schreibstil identifizierbaren Inhaber des Amts *a libellis* passt. Sobald wir uns

---

14 Die Belege sind: 1) CIL VI 1879, 4076, 37163, *AE* 1954, 79; 2) CIL XIV 250; 3) CIL IX 250 = ILS 6174; 4) *ILAfr* 412; 5) IGRR I 582 (= 1424) = IGBulg II 645.

15 Eine Datierung unter Philippus Arabs oder vielleicht später: Mihailov, IGBulg ad loc.; Sotgiu 1961, 74–76; Alföldy 1973, 239; Thomasson 1984, 146 Nr. 151. Eine Datierung unter Aurelian, Claudius Gothicus oder Probus: Cagnat, IGRR ad loc.; Seure 1908, 36 Nr. 30; Groag, PIR^2 C 939; Lambrechts 1937, 66 Nr. 917; Barbieri 1952, Nr. 1523; PLRE 1 Natalianus; Christol 1986, 182–183 Nr. 18 (obwohl mit großer Vorsicht). Die Datierung wird von Stein 1940, 107–108 offen gelassen.

aber nicht gezwungen sehen, diesen Text überhaupt der schöpferischen Kraft eines *a libellis* zuzuschreiben, sondern stattdessen als die Arbeit eines *ab epistulis* zu verstehen, löst sich dieses Problem.

Es gibt aber auch die Möglichkeit, dass eine nähere Betrachtung der weiteren Umstände eines kaiserlichen Responsums, das chronologisch stimmig ist, und das Honoré der Arbeit eines *a libellis* aus stilistischen Gründen zuordnet, sich doch nicht ohne weiteres in seine Kategorisierung eingliedern lassen dürfte. Das folgende Reskript kann als Beispiel solch einer Situation dienen:

> C. 5,62,10 *Imp. Alexander A. Crispino.* Exactores tributorum tanto tempore, quanto rationem tributariam tractaverunt, no solum ab oneribus [vel. honoribus], sed etiam a tutelis vacationem habere dubitare non debuisti. *D. id. Aug. Alexandro A. III et Dione conss.* (13. August 229)
> *Imperator Alexander Augustus an Crispinus. Du hättest nicht bezweifeln sollen, dass die Einnehmer der öffentlichen Steuern, während der ganzen Zeit, in der sie die Rechenschaft über diesen Steuern ablegen, sowohl von öffentlichen Pflichten als auch von Vormundschaften befreit sind.*

In diesem Fall haben wir tatsächlich ein überliefertes Promulgationsdatum und von daher kann Honoré diese *constitutio*, sogar um die äußere Grenze der Arbeitszeit seines Sekretärs Nr. 9 zu definieren, heranziehen[16]. Obwohl die einzelnen stilistischen Merkmale, die Honoré mit Bezug auf dieses Reskript isolieren kann, um diese *constitutio* in die Arbeitssphäre dieses Sekretärs zu platzieren, m.E. nicht absolut aussagekräftig sind, könnte C. 5,62,10 immerhin doch in das Gesamtbild des dem Sekretär Nr. 9 zugeschriebenen Schreibstils hineinpassen. So lernen wir zum Beispiel, dass dieser *a libellis* in fast 60 % (einem ungewöhnlich hohen Anteil) seiner datierten Antworten, „refers to the petitioner in the second person," und dass er häufig seine Reskripte mit einem Verbum in der zweiten Person Singular beendet: „he ends a rescript with a verb in the second person indicative (e.g. *non prohiberis*) in 17 per cent of his dated texts as opposed to 4 per cent for no. 8 and 6 per cent for his successor no. 10"[17]. In jedem Fall besitzt die Schlussformulierung hier, nämlich *dubitare non debuisti*, doch eine Ähnlichkeit zu manchen anderen Formulierungen aus der Amtszeit, die Honoré für seine Nr. 9 feststellt (d.h., 6. März 226–13. August 229). Die Verbindung eines festen Datums mit der Redewendung *dubitare non debuisti* erlaubt uns also vielleicht doch davon auszugehen, dass dieser Text wohl die stilistischen Merkmale dieses *a libellis* – Honoré's Nr. 13 – in sich trägt.

Sollten wir damit einverstanden sein, dann müssten wir eigentlich dementsprechend annehmen, dass C. 5,62,10 eine Antwort auf eine private Bittschrift ist, und

---

16 Honoré 1994, 107, 109 Fn. 461.

17 Honoré 1994, 107–108. Honoré 1994, 108 Fn. 442 zitiert diesen Text auch, um zu zeigen, dass dieser Sekretär „is inclined to cumulate negatives." Hier finde ich Honorés Argument nicht sonderlich überzeugend – d.h., obwohl diese *constitutio* in diesem Sinne zitiert wird, sehe ich nicht, wie der Text eine Häufung von Negativen aufweisen soll.

dass Crispinus eine in diesen Fall involvierte Privatperson war. Es ist aber schwierig, sich vorzustellen, dass diese Annahme zutreffen könnte. Wie genau wäre eine Privatperson in eine Sache, die mit den ordnungsgemäßen *vacationes* der *exactores tributorum* zu tun hatte, verwickelt gewesen? Crispinus hätte maximal irgendwie mit der *tutela*, die ein *exactor* sonst aufzunehmen hätte, zu tun gehabt. Noch wahrscheinlicher als dies wäre es m.E., dass Crispinus selbst ein *exactor tributorum* gewesen sein mag und, dass er dem Kaiser wegen seiner eigenen *vacationes* schrieb.

Der Sinn dieses kaiserlichen Reskripts scheint mir aber tatsächlich ganz anders zu sein. Das, was der Kaiser (oder sein Sekretär) hier deklariert, geht gar nicht im Einzelnen auf die Umstände eines spezifischen Falls ein. Wir haben hier stattdessen eine knappe Beschreibung eines allgemeinen Prinzips. Meiner Meinung nach spricht der Ton dieses Textes viel eher dafür, dass Crispinus derjenige war, der die Privilegien der *exactores tributorum* überwachte, also, dass er der Statthalter war[18].

Genau diese Vorstellung herrscht tatsächlich im Bereich der prosopographischen Forschung vor, so dass der Crispinus dieses Reskripts fast universell mit dem sonst gut bekannten Rutilius Pudens Crispinus identifiziert wird[19]. Demzufolge führte unser Crispinus im frühen 3. Jhdt. eine erfolgreiche Karriere und hatte, neben anderen, die folgenden Stellen inne: *legatus Augusti Lusitaniae, legatus Augusti Thraciae, legatus Augusti Syriae Phoenices, proconsul Achaiae, consul suffectus.* Die exakte Chronologie der verschiedenen Statthalterschaften ist leider nicht mit Sicherheit feststellbar. Dennoch sind fast alle Forscher, die sich mit Crispinus' Karriere beschäftigt haben, der Meinung, dass C. 5,62,10 ihn erreichte, als er irgendeine seiner Provinzen verwaltete[20].

Die Situation, die uns vorliegt, sollten wir all diese Vermutungen akzeptieren, ist die folgende: C. 5,62,10 ist eine *epistula*, die auf eine ursprüngliche *consultatio* des Statthalters Rutilius Pudens Crispinus zurückgreift. Von daher müsste der Verfasser dieses Dokuments entweder der Kaiser selbst oder sein Sekretär *ab epistulis Latinis* gewesen sein. Ohne diese Frage der Identität des Adressaten in Betracht zu ziehen, schreibt Tony Honoré dieses Dokument, wegen Datum und Schreibstil des Textes, fraglos dem Werk seines *a libellis* Nr. 13 zu. Wie wollen wir nun dieses Rätsel lösen?

---

18 Wie schon oben erwähnt, Honoré sieht genau das Problem der Texte, die, „(...) might on the face of them be either letters or rescripts, since they contain only a bare statement of the law." HONORÉ 1994, 49.

19 DIETZ 1980, 216 greift aber berechtigterweise mit dem Vorbehalt ein, dass diese Identifizierung stets ohne Begründung gemacht wird. Wie aber gerade gesagt, scheint die vermutliche Situation, die hinter dieser *constitutio* steckt, doch diese unter den Prosopographiker weit verbreitete Annahme sehr wahrscheinlich zu machen.

20 HARRER 1915, 55 (Syria); BARBIERI 1952, Nr. 1147 (Syria); ALFÖLDY 1969, 60 (Syria); THOMASSON 1975, 69–70 (Lusitania o. Thracia); DIETZ 1980, 213, 216 (Syria); WACHTEL, PIR² R 257 (Lusitania o. Thracia). In den folgenden Arbeiten wird die *Codex* Stelle nicht explizit erwähnt: STEIN 1920, 56–59; LAMBRECHTS 1937, 55–56 Nr. 659; GROAG 1939, 91–92.

Meiner Meinung nach gibt es eine plausible Erklärung der Situation. Sollten wir uns vorstellen, dass die verschiedenen kaiserlichen Sekretäre bei der eigentlichen Abfassung der unterschiedlichen Formen kaiserlicher Kommunikationen nicht allein und völlig isoliert voneinander funktioniert haben, sondern dass sie mindestens des Öfteren die Antworten des kaiserlichen Hofs gemeinschaftlich verfertigt haben, dann wäre das folgende Szenario sehr gut vorstellbar[21]. Als Alexander Severus zusammen mit seinem *a libellis* und seinem *ab epistulis Latinis* sowie anderen Mitgliedern seines Konzils einen Brief (eine *consultatio*) des Statthalters Rutilius Pudens Crispinus in Betracht zog, beeinflusste der *a libellis* die Form der endgültigen Erwiderung stark, bestimmte sie wohl sogar. Da aber ein Brief (*epistula*) der geeignete Träger der kaiserlichen Meinung in der Sache war, wird genau dieser sehr wahrscheinlich die äußere Form der Kommunikation an Crispinus gewesen sein. So konnten die normalen gesellschaftlich-administrativen Höflichkeitsformen gewahrt bleiben. Die eigentlichen Worte, die in dieser *epistula* erschienen, waren aber nicht diejenige des *ab epistulis Latinis* oder des Kaisers, sondern reflektieren die Sprachgewohnheiten und die Denkweise des damaligen *a libellis*, sprich Honorés Nr. 13. Dies bedeutet, wir sollten uns überhaupt nicht dazu gezwungen fühlen, den Inhalt und die Spracheigenheiten jeder *subscriptio* ausschließlich dem *a libellis* und umgekehrt die gleichen Charakteristika aller *epistulae* dem *ab epistulis* zuzuschreiben. Wir dürfen und müssen auf eine differenziertere Art und Weise mit diesen Dokumenten umgehen.

Nun möchte ich zusammenfassen. Es ist, glaube ich, klar, dass im *Codex Justinianus* noch immer weitere *epistulae* zu entdecken sind. Wie viele noch zu enthüllen wären, ist natürlich eine Frage, die uns langfristig beschäftigen sollte. Wie dem auch sei, die ersten beiden Fälle, die wir gerade als Beispiele betrachtet haben, dienen m.E. dazu, die Thesen von Tony Honoré im Großen und Ganzen zu unterstützen. Mit anderen Worten, diese beiden Konstitutionen, die er nur mit Schwierigkeit (wenn überhaupt) in sein Bild einfügen konnte, werden besser nicht der Arbeit eines *a libellis* zugeschrieben, sondern gehören stattdessen zum Werk eines *ab epistulis*. Insofern haben wir es vermutlich mit dem persönlichen Schreibstil des in Frage kommenden *ab epistulis* zu tun, und somit bleiben Honorés Hauptthesen nicht nur unangetastet, sondern im Grunde bestärkt.

Es wird aber dagegen sicherlich weitere Beispiele geben, in denen eine *constitutio*, die doch Elemente des identifizierbaren Schreibstils eines bestimmten *a libellis* aufweist, tatsächlich eher für eine *epistula* gehalten werden kann – oder muss, genau wie C. 5,62,10, der dritte hier diskutierte Beispieltext. In solchen Fällen werden wir uns irgendeine Form der Zusammenarbeit am kaiserlichen Hof ausmalen müssen, in

---

21 Zum Thema der kaiserlichen Berater, s. vor allem jetzt ECK 1997, 3–29 u. ECK 2006. Zu den Arbeitsweisen im kaiserlichen Konzils s. u.a. MILLAR 1977, 248–252; NÖRR 1981; HONORÉ 1994, 43–48; MOURGUES 1995; LIEBS 2006. Weite Teile der Arbeit von CORIAT 1997 sind hier grundlegend. Vgl. auch HAENSCH 2009, 13.

der z.B. ein *procurator a libellis* bei der Verfassung einer *epistula* stark mitgewirkt haben dürfte. Solche Situationen werden unter Umständen kleine Änderungen an dem von Honoré vorgeschlagenen Szenario erforderlich machen.

Was ich letztendlich aber nahelegen möchte, ist dies: Die Ansicht, die wir bisher von den Arbeitsmethoden der kaiserlichen Kanzlei haben, bleibt des Öfteren wahrscheinlich etwas zu starr. Wir wollen natürlich gar nicht bezweifeln, dass der *a libellis* im Regelfall die *subscriptiones* abwickelte, während der *ab epistulis* für die *epistulae* zuständig war. Aber die unterschwellig vorhandene Vorstellung, dass diese Sekretäre des Kaisers ihre Geschäfte völlig isoliert voneinander verwirklichten, ist womöglich doch etwas fragwürdig. Wir wissen gut genug, dass die Berater des Kaisers manchmal zusammensaßen, um Regierungsprobleme zu diskutieren. Von daher ist es kein allzu großer Schritt, sich vorzustellen, dass die Ideen und ja sogar die Spracheigenheiten eines *a libellis* im Text einer *epistula* auftauchen könnten. Wir müssen uns nur eine Situation ausmalen, in der die Anfrage eines Magistrats ein Problem aufbrachte, dessen Lösung durch den juristischen Rat eines anwesenden *a libellis* stark gestützt wurde. Sobald wir ein Bild, das mehr Zusammenarbeit zeigt, ins Auge fassen, wird die Frage der administrativen-juristischen Kontinuität während des langen 3. Jahrhunderts vermutlich ein klein bisschen anders aussehen.

Simon Corcoran brachte die großen Verdienste Tony Honorés auf den Punkt[22]:

> "It is the achievement of Tony Honoré to have pioneered a new approach to the imperial constitutions, seeking to treat them not as uniform chancery products issued in the name of an imperial college, but as literary texts produced by individual authors."

Ich hoffe hier gezeigt zu haben, dass wir diese Angelegenheit doch etwas differenzierter angehen sollten. Es gibt ja m.E. keine Notwendigkeit, uns mit solch einer steifen gegenseitigen Ausschließlichkeit zu belasten – sprich, *entweder* „uniform chancery products" *oder* „literary texts produced by individual authors." Ein „chancery product" kann doch sehr wohl den literarischen oder rhetorischen Einfluss eines Individuums – oder sogar verschiedener Individuen – deutlich widerspiegeln, und dies gerade weil solch ein Produkt von Individuen gestaltet wurde. Bei unserer zukünftigen Arbeit mit den kaiserlichen Antworten sollten wir deshalb etwas offener und beweglicher mit diesen Texten umgehen.

22 Corcoran 1996, 75.

Bibliografie

ALFÖLDY 1969 – G. ALFÖLDY, Fasti Hispanienses. Senatorische Reichsbeamte und Offiziere in den spanischen Provinzen des römischen Reiches von Augustus bis Diokletian, Wiesbaden 1969.

ALFÖLDY 1973 – G. ALFÖLDY, Rez. von A.H.M. JONES, J.R. MARTINDALE, J. MORRIS, The Prosopography of the Later Roman Empire I, Cambridge 1971, *Byzantinoslavica* 34, 1973, 234–243.

ARCARIA 2000 – F. ARCARIA, Referre ad principem. Contributo allo studio delle epistulae imperiali in età classica, Milano 2000.

BARBIERI 1952 – G. BARBIERI, L'albo senatorio da Settimio Severo a Carino, Rom 1952.

CHASTAGNOL 1994 – A. CHASTAGNOL, Aspects de l'antiquité tardive, Rom 1994.

CHRISTOL 1986 – M. CHRISTOL, Essai sur l'évolution des carriers sénatoriales dans la 2e motié du IIe s. ap. J.C., Paris 1986.

CORCORAN 1996 – S. CORCORAN, The Empire of the Tetrarchs. Imperial Pronouncements and Government AD 284–324, Oxford 1996.

CORIAT 1997 – J.-P. CORIAT, Le prince législateur. La technique legislative des Sévères et les methods de creation du droit imperial a la fin du Principat, Rome 1997.

DIETZ 1980 – K. DIETZ, Senatus contra principem. Untersuchungen zur senatorischen Opposition gegen Kaiser Maximinus Thrax, München 1980.

ECK 1997 – W. ECK, Die Verwaltung des Römischen Reiches in der Hohen Kaiserzeit. Ausgewählte und erweiterte Beiträge, Band 2, Basel 1997.

ECK 2006 – W. ECK, Der Kaiser und seine Ratgeber: Überlegungen zum inneren Zusammenhang von *amici*, *comites* und *consiliarii* am römischen Kaiserhof, in: A. KOLB (Hg.), Herrschaftsstrukturen und Herrschaftspraxis. Konzepte, Prinzipien und Strategien der Administration im römischen Kaiserreich, Berlin 2006, 67–77.

EICH 2012 – P. EICH, Centre and Periphery. Administrative Communication in Roman Imperial Times, in: S. BENOIST (Hg.), Rome, a City and Its Empire in Perspective. The Impact of the Roman World through Fergus Millar's Research, Leiden/Boston 2012, 85–108.

FERRARY 2012 – J.-L. FERRARY, La legislation augustéenne et les dernières lois comitiales, in: J.-L. FERRARY (Hg.), Leges publicae. La legge nell'esperienza giuridica romana, Pavia 2012, 569–592.

GROAG 1939 – E. GROAG, Die römischen Reichsbeamten von Achaia bis auf Diokletian, Wien/Leipzig 1939.

GUSTAFSON 1995 – M. GUSTAFSON, Rez. von HONORÉ 1994, *BMCR* 6.7, 1995, 621–624.

HAENSCH 2009 – R. HAENSCH (Hg.), Selbstdarstellung und Kommunikation. Die Veröffentlichung staatlicher Urkunden auf Stein und Bronze in der Römischen Welt, München 2009.

HARRER 1915 – G.A. HARRER, Studies on the History of the Roman Province of Syria, Princeton 1915.

HONORÉ 1994 – T. HONORÉ, Emperors and Lawyers, Oxford 1994^{2}.

KASER/HACKL 1996 – M. KASER/K. HACKL, Das römische Zivilprozessrecht, München 1996^{2}.

LAMBRECHTS 1937 – P. LAMBRECHTS, La composition du sénat romain de Septime Sévère a Dioclétien (193–284), Budapest 1937.

LIEBS 1983 – D. LIEBS, Juristen als Sekretäre der römischen Kaiser, *ZRG rom.* 100, 1983, 485–509.

LIEBS 1987 – D. LIEBS, Die Jurisprudenz im spätantiken Italien (260 – 640 n.Chr.), Berlin 1987.

LIEBS 1989 – D. LIEBS, Recht und Rechtsliteratur, in: R. HERZOG (Hg.), Handbuch der lateinischen Literatur der Antike, Bd. 5: Restauration und Erneuerung 284–374 n. Chr., München 1989, 55–73.

LIEBS 1993 – D. LIEBS, Römische Jurisprudenz in Africa mit Studien zu den pseudopaulinischen Sentenzen, Berlin 1993.

LIEBS 1997 – D. LIEBS, Jurisprudenz, in: K. SALLMANN (Hg.), Handbuch der lateinischen Literatur der Antike, Bd. 4: Die Literatur des Umbruchs. Von der römischen zur christlichen Literatur 117–284 n. Chr., München 1997, 83–217.
LIEBS 2002 – D. LIEBS, Römische Jurisprudenz in Gallien (2. bis 8. Jahrhundert), Berlin 2002.
LIEBS 2002a – D. LIEBS, Die vorklassischen juristischen Fachschriften, in: W. SUERBAUM (Hg.), Handbuch der lateinischen Literatur der Antike, Bd. 1: Die archaische Literatur. Von den Anfängen bis Sullas Tod, München 2002, 560–574.
LIEBS 2006 – D. LIEBS, Reichskummerkasten. Die Arbeit der kaiserlichen Libellkanzlei, in: A. KOLB (Hg.), Herrschaftsstrukturen und Herrschaftspraxis. Konzepte, Prinzipien und Strategien der Administration im römischen Kaiserreich, Berlin 2006, 137–152.
LIEBS 2010 – D. LIEBS, Hofjuristen der römischen Kaiser bis Justinian, München 2010.
MILLAR 1977 – F. MILLAR, The Emperor in the Roman World, Ithaca 1977.
MOURGUES 1995 – J.-L. MOURGUES, Les formules «rescripsi» «recognovi» et les étapes de la redaction des souscriptions imperials sous le Haut-Empire romain, *MEFRA* 107, 1995, 255–300.
NÖRR 1981 – D. NÖRR, Zur Rescriptenpraxis in der hohen Prinzipatzeit, *ZRG rom.* 98, 1981, 1–46.
PALAZZOLO 1974 – N. PALAZZOLO, Potere imperiale ed organi giurisdizionali nel II secolo D.C. L'efficacia processuale dei rescritti imperiali da Adriano ai Severi, Milano 1974.
PEACHIN 1990 – M. PEACHIN, Prosopographic Notes from the Law Codes, *ZPE* 84, 1990, 105–112.
ROTONDI 1912 – G. ROTONDI, Leges publicae populi Romani. Elenco cronologico con una introduzione sull'attività legislative dei comizi romani, Milano 1912.
SEITZ 1969 – W. SEITZ, Studien zur Prosopographie und zur Sozial- und Rechtsgeschichte der großen kaiserlichen Zentralämter bis hin zu Hadrian, Diss. iur. München 1969.
SEURE 1908 – G. SEURE, Nicopolis ad Istrum. Étude historique et épigraphique, *RA* 12, 1908, 33–95.
SOTGIU 1961 – G. SOTGIU, Studi sull'epigrafia di Aureliano, Sassari 1961.
STEIN 1920 – A. STEIN, Römische Reichsbeamte der Provinz Thracia, Sarajevo 1920.
STEIN 1940 – A. STEIN, Die Legaten von Moesien, Budapest 1940.
SYME 1971 – R. SYME, Emperors and Biography. Studies in the Historia Augusta, Oxford 1971.
TALBERT 1984 – R.J.A. TALBERT, The Senate of Imperial Rome, Princeton 1984.
THOMASSON 1975 – B. THOMASSON, SPQR. Senatores procuratoresque Romani nonnulli, etc., Göteborg 1975.
THOMASSON 1984 – B. THOMASSON, Laterculi praesidum, Göteborg 1984.
VERBERNE 1986 – L. VERBERNE, Carriere en werkzaamheden van de a libellis in de vroege Keizertijd, BA paper Nijmegen 1986.
WATSON 1982 – A. WATSON, Rez. von T. HONORÉ, Emperors and Lawyers, London 1981, TR 50, 1982, 409–414.
WILLIAMS 1974 – W. WILLIAMS, The libellus Procedure and the Severan Papyri, JRS 64, 1974, 86–103.
WILLIAMS 1976 – W. WILLIAMS, Individuality in the Imperial Constitutions: Hadrian and the Antonines, JRS 66, 67–83.

Lukas de Blois, Nijmegen

Why did the Influence of Scholarly Jurists at the Roman Imperial Court disappear after about A.D. 241?

Zusammenfassung: Gelehrte Juristen verloren nach ungefähr 241 n.Chr. ihre starke Position in der Umgebung der römischen Kaiser und den leichten Zugang zu hohen Posten in der römischen Reichsadministration. Die drei Ursachen waren:

1. Persönliche Kontakte mit dem Kaiser und wichtigen Leuten in seiner Umgebung waren sehr wichtig für alle diejenigen, die hohe Ämter erlangen wollten. Nach 230 verbrachten die Kaiser nur selten längere Zeit in Rom und waren oft in Kriege an verschiedenen Grenzen involviert. Gelehrte Juristen hatten dadurch weniger Gelegenheit als hohe Militärs, den Kaisern zu begegnen.
2. Nach ungefähr 241 waren mächtige Männer, die die Kaiser in die Kriege begleiteten und die Gelegenheit hatten, Karrieren zu fördern und als Schutzherren für aufstrebende Beamte oder Offiziere einzutreten, immer häufiger ritterliche militärische und logistische Spezialisten. Sie ersetzten Senatoren, d.h. Leute aus einer sozialen Schicht, die immer am römischen Recht interessiert und darin tätig gewesen war. Militärisches Mittelkader hatte bei dieser neuen Entourage der Kaiser mehr Chancen als gelehrte Juristen.
3. Eine kontinuierliche Bürokratisierung der Laufbahnen, die gelehrten Juristen offen standen, hat sehr wahrscheinlich zu einem Rückgang des gesellschaftlichen Ansehens der Letzteren geführt. Dazu kam, dass der Status der Magistrate, für die gelehrte Juristen arbeiten konnten, niedriger war als derjenige der Kaiser, die früher fast permanent in der *urbs* residiert hatten.

Abstract: Scholarly jurists lost their strong position in the emperor's entourage and their easy access to high administrative appointments after about A.D. 241 for three reasons:

1. Personal contacts with the emperors and the most powerful men in his entourage were quintessential for the acquisition of important magistratures and prefectures. After about A.D. 230, when emperors were often involved in wars at the borders, scholarly jurists had fewer opportunities to meet the emperors than military men had.
2. After about A.D. 241 powerful men who travelled with the emperors and could act as career brokers and patrons were only seldom high-status senators, i.e. men who had a tradition and a standing interest in Roman law. The emperor's entourage began to consist predominantly of equestrian military and logistics specialists who would promote the careers of military middle and higher cadre personnel, for example *primi pili* and *praepositi vexillationis*.

3. The ongoing bureaucratization of the careers jurists could opt for must have resulted in a lowering of their status. Besides, the status of the magistrates they could now work for in Rome was lower than the status of the imperial court that had formerly used to reside in the *urbs* almost permanently.

Scholarly jurists

In this paper I would like to discuss the following issue: which political and social changes caused the influence of scholarly jurists to disappear at the Roman imperial court after A.D. 241? The preceding period of the Severan dynasty has always been regarded as the heyday of juridically trained high administrators. These were jurists who were appointed to be important prefects, some of them even *praefecti praetorio*, and dominated the imperial council. The most important ones were Aemilius Papinianus (Papinian), Domitius Ulpianus (Ulpian), Julius Paulus (Paul), and Herennius Modestinus[1]. Messius Extricatus, Opellius Macrinus, and Licinius Rufinus may also be added[2].

It is very well possible that Papinian had close connections to Septimius Severus, either through friendship or family ties. This information comes from the *Historia Augusta*, however, and need not be very reliable[3]. Papinian served on the *consilium* of a praetorian prefect, as *a libellis* (probably up to spring A.D. 202), and as praetorian prefect, from A.D. 205 to 211[4]. His colleague was a military man, Q. Maecius Laetus[5].

In A.D. 217, Opellius Macrinus became the first equestrian emperor and seems to have been a lawyer from North Africa and a follower of Septimius Severus and Plautianus. He may have been *advocatus fisci* under Severus, then a manager of Plautianus' private domains, *praefectus vehiculorum*, a functionary in the management of the emperor's private fortune, and finally became *praefectus praetorio* under Caracalla, with whom he came into close contact during his prolonged stay in the capital. Pflaum remarks: 'Notons en tout cas qu'il est toujours employé dans la capitale, ce

1 See Syme 1979, 790–801 (Papinian, Ulpian, and Paul); De Blois 2001, 138–141; Honoré 2004, 111–115; Lo Cascio 2005, 147, and Ibbetson 2005, 184.

2 On T. Messius Extricatus see Salway 1997, 148–153. In his view he was a jurist who was *praefectus annonae* in 210, praetorian prefect in c. 212–5, and consul in 217. He may be the Messius mentioned in D. 49,14,50 (*Papinianus et Messius novam sententiam induxerunt*). On Messius see also Liebs 2010, 57. On Opellius Macrinus see Pflaum 1960–1961, II, 667–672, nr. 248; Salway 1997, 151–2. On Licinius Rufinus see Herrmann 1997, 111–123; Millar 1999, 90–108; Liebs 2010, 70–72; Mennen 2011, 153.

3 HA Carac. 8,2. See Liebs 2010, 52.

4 On Papinian's career see PIR² A 388; Howe 1942, 71 nr. 22; Pflaum 1960–1961, II, 583–584, nr. 220; Kunkel 1967, 224–229, nr. 56; Liebs 2010, 52, and Mennen 2011, 151 with note 65. On his having been *a libellis* see D. 20,5,12, and 22,1,3,3.

5 ILS 2187 = CIL VI 228. See Pflaum 1960–1961, II, 582–583, nr. 219, and Salway 1997, 153.

qui lui permet de faire connaissance de Caracalla, avec l'avènement duquel débute sa véritable ascension'[6].

Ulpian established his reputation as a scholar and lawyer, and may have served as an *assessor* at the court of a *praetor* during the early years of Septimius Severus in Rome. He is said to have been a member of the council of Papinian, when the latter was praetorian prefect, and to have been *a libellis* from A.D. 202 to 209. Under Caracalla he seems to have written scholarly works. Before being praetorian prefect from A.D. 222 to 223, Ulpian was a *praefectus annonae* in Rome. In his last year, 223, he came into conflict with the military in Rome and was murdered[7].

Not much is known about the careers of Messius, Paul and Modestinus. Benet Salway has shown that in A.D. 210 T. Messius Extricatus was *praefectus annonae*, praetorian prefect in 212–215, and consul in 217[8]. As Inge Mennen makes clear, no actual post of Iulius Paulus (Paul) is reliably attested. He may have been a member of Papinian's council and *a cognitionibus*[9]. On the basis of fairly disputable stylistic arguments Honoré suggests that Modestinus, whom he considers a pupil of Ulpian, became *a libellis* in A.D. 223 (until A.D. 225). He may ultimately have reached the position of a *praefectus vigilum* and disappeared about A.D. 241[10]. Modestinus was a *iuris peritus* who was appointed to teach the son of Emperor Maximinus Thrax. Under Gordian III he still was an important jurisconsult. One could point to C. 3,42,5 where Gordian III (or one of his advisors) reminds a petitioner sharply that he had already received a ruling on his point from Modestinus, explicitly mentioning the latter's name[11].

Cn. Licinius Rufinus may have been a student of Paul. He started his career under Septimius Severus and seems to have been *consiliarius Augusti, ab epistulis graecis*, and *a studiis*. Thereafter, he may have been *a rationibus* and *a libellis*, perhaps as Modestinus' predecessor or successor, after which he was accepted into the senate. In the eventful year A.D. 238 he was one of the *vigintiviri*, the senatorial committee that opposed Maximinus Thrax[12].

6 Pflaum 1960–1961, II, 670. See also Mennen 2011, 172.

7 On Ulpian, his career, and his death see Pflaum 1960–1961, II, 762–765, nr. 294; Kunkel 1967, 245–254, nr. 68; Crifò 1976, 708–789, esp. 773–777; Syme 1979, 794–801; Honoré 2002, 7–35; Christol 2006, 58; Liebs 2010, 56, 63–64, 69–70; Mennen 2011, 151. In 80,4,2 Cassius Dio seems to be wrong about the date of Ulpian's death, which he places much later, about 228. See Crifò 1976, 773–777 and Honoré 2002, 7–8.

8 Salway 1997, 148–153.

9 Mennen 2011, 152. On Paul's career see Pflaum 1960–1961, II, 804–806, nr. 314; Kunkel 1967, 244, nr. 67, and De Blois 2001, 140.

10 Honoré 1981, 76–81; Millar 1999, 100 and 102. At p. 102 he cites D. 47,2,52,20 where Ulpian calls Modestinus *studiosus meus*. Bruce Frier criticized Honoré's stylometrics. See Frier 1984, 857–864. On Modestinus see also Kunkel 1967, 259, nr. 72; Liebs 2010, 73, and Mennen 2011, 152.

11 Millar 1999, 102; Mennen 2011, 152.

12 See Herrmann 1997, 111–123; Millar 1999, 90–108; Mennen 2011, 153.

Men such as Papinian, Ulpian, Paul, Modestinus, Messius Extricatus, Opellius Macrinus, and Licinius Rufinus were actually juridically experienced administrators. Already in the first century A.D. jurists had been involved in aspects of imperial administration, but from the middle of the second century A.D. some of them were fully integrated into it. They constituted a new type of lawyer-bureaucrat, legal experts who more or less continuously held imperial office[13]. Their administrative duties had a predominantly civilian character. Most of them did not have any military expertise to speak of. Scholarly jurists such as Papinian, Ulpian, Paul, and Modestinus did not dedicate themselves completely to their public careers but continued to engage in private legal practice, advising litigants and judges, composing legal works, and engaging in public disputations[14]. In this way they differed from juridically skilled civilian administrators who did not do a great deal of scholarly work. Papinian, Ulpian, Paul, and Modestinus produced books and treatises that have become classics in Roman law. They gave *responsa* to parties starting litigation and to others who were interested in legal advice. Many of these *responsa* were published in series of volumes. According to Tony Honoré, the *responsa* of Papinian and Modestinus both run to 19 books, Paul's to 23, Ulpian's to only 2. Ulpian wrote more other books, though[15].

Jurists and comparable intellectuals

These administratively important scholarly jurists were intellectuals, comparable to sophists, doctors, philosophers, and scientists. They had much in common with Greek sophists and Latin orators. In his *The Emperor and the Roman World* Fergus Millar makes no difference between sophists, rhetors, and jurists. He treats them as one group[16]. Like scholarly jurists Second Sophistic Greek intellectuals published treatises, carried on a private practice (in rhetoric), acted as patrons and benefactors, and served their communities or the emperor, entering his administrative apparatus as an *ab epistulis graecis* or in other comparable functions. Some of these intellectuals only obtained one or two of these functions as rewards towards the end of their lives.

---

13 Ibbetson 2005, 184.

14 Ibbetson 2005, 185.

15 Honoré 1982, 21. Ulpian published commentaries on the *edictum praetoris urbani*, on the *ius civile*, on the tasks of a proconsul, and on *disputationes*. He also wrote works like *De omnibus tribunalibus, Ad legem Iuliam et Papiam, De fideicommissis, De appellationibus, Ad legem Iuliam de adulteriis,* and books on the tasks of various magistrates and administrators. See Honoré 1982, 103; Honoré 2002, 123.

16 See Millar 1992, 83–101.

A few of them reached higher prefectures, e.g. the governorship of Egypt, and therefore had to leave Rome for some time[17].

Like other intellectuals, jurists could rise in status through imperial attention. One of the reasons why scholarly jurists became more important in the centre of power was the personal attention and interest of Septimius Severus. His interest in and knowledge of Roman law may have derived from his earlier career which was arguably not primarily militarily oriented[18]. Cassius Dio, who was in personal contact with Severus, was aware of this inclination of the emperor[19]. There are more examples of what imperial attention could do. One of the scapegoats of Lucian of Samosata, Alexander of Abonuteichos, invented a new god, Glycon, and transformed him into a healing power. He earned some fame and success in his own region, Northwestern Asia Minor and adjacent Thrace, but he only became world-famous after a handful of important senators and perhaps even the emperor, Marcus Aurelius, had shown interest in his new cult. During the Antonine plague his amulets spread throughout the Near East, as Louis Robert has demonstrated[20]. Let us consider another example: In his own days Apollonius of Tyana may have been a traveling magician and philosopher of regional significance, but after the Severan court began to show interest in him, his biographer Philostratus successfully turned him into a neopythagorean wise man gifted with supernatural powers and a hero of Greek *paideia*, who could speak with princes as if they were his equals[21].

Patronage and the character of the careers of scholarly jurists

The public careers of Severan scholarly jurists took on a predominantly urban character; they did not spend many years in provinces. They obtained functions such as *con-*

---

17 See Philostr. soph. 511–628, esp. 520, 521, 524, 571, 590, 607, 628. On Greek intellectuals in the period of the Second Sophistic see Bowersock 1969, 17–29 ('Cities of the Sophists'), and 43–58 ('Sophists and Emperors'); Swain 1996, 135–422; Schmitz 1997, 67–231; Whitmarsh 2005, 3–22. According to Bowersock 1969, 50 f., in the 2nd and early 3rd centuries A.D. 12 Greek-speaking litterati became *ab epistulis graecis*, and a few of them, men such as Avidius Heliodorus and Valerius Eudaemon, later emerged as prefects of Egypt. See Pflaum 1960–1961, I, 264–271, nr. 110 (Valerius Eudaemon) and PIR^2 A 1405 (Avidius Heliodorus). Bowersock 1969, 49, draws a parallel with the Latin orator Fronto, who also combined literary activities with a private practice and public service. On the functions Greek intellectuals obtained see also Mennen 2011, 150.

18 Honoré 1981, 15; Birley 1999, 40–55; De Blois 2001, 144. On Severus being active in administration and appointing jurists see Honoré 2002, 3–4.

19 Cass. Dio 76,17,1.

20 Robert 1989, 747–769. See Lucian. Alexander 27–37, 49. On Lucian's *Alexander* see Jones 1986, 133–148.

21 See Philostr. Ap. 5,27–36; cf. 8,1–6. On contacts of sophists with leading Romans, particularly emperors, see Flinterman 1995, 38–45.

siliarius, a libellis, and *a cognitionibus.* In the Severan period it was possible to have an equestrian career in Rome, practically without leaving the city[22]. This gave such jurists the opportunity to combine public careers with continuous scholarly work and a private practice in the *urbs.* It also gave them the opportunity to meet emperors, important members of the imperial household and high-status senators who could act as patrons and career brokers. Successful patronage largely depended on personal contact. In their letters of recommendation Pliny the Younger and Fronto often suggest that they know their candidates' qualities from personal experience or from eye-witnesses[23]. Chances of patrons and their *protégés* must have been influenced by the emperor's whereabouts which determined who could meet the ruler in person.

After A.D. 230, and certainly after 241, the urban and civilian character of many of the activities of scholarly jurists became a disadvantage. Most of the emperors did not spend much time in Rome anymore[24]; nor did important members of their staff who traveled with the emperors. After A.D. 230 the priorities of the emperors and their staff changed, a development that further intensified after 249. The rulers of the first and second centuries A.D. spent relatively large amounts of time handling legal, diplomatic, and civil administrative matters, but after 230, and particularly after A.D. 249, the military functions of the emperors became more important, or even pre-dominant. During the turbulent years after A.D. 249, a period of crisis, the emperors mostly relied on military men who after A.D. 260 practically exclusively consisted of experienced career *equites*[25]. Now military men got the easiest access to marching emperors and thus obtained the best chances to exert patronage. Important equestrian military personnel saw more of the emperors than high-status senators, civilian bureaucrats, and jurists in Rome did. As long as emperors had frequently sojourned in Rome, high-status senators, such as patricians, had been important in patronage and recommendation circuits, because they had a good position in the emperor's urban entourage. Military men of those times were aware of this, too. Urban inscriptions show that equestrian middle cadre officers and centurions dedicated honorary monuments to high-status senators, either in public places, on the premises of men who were to be honored or in their own homes, as Silvio Panciera demonstrated years

22 PFLAUM 1974, 32, remarks: 'Depuis Trajan, un quart de l'effectif est à Rome, et pour les postes importants la proportion est plus considérable encore (presque un tiers). Un fonctionnaire équestre peut donc désormais, théoriquement, parcourir toute sa carrière sans quitter Rome'.

23 See Plin. epist. 1,14,3; 2,13,2; 10,4,1; 10,26,1; 10,87,1; 10,94,1; Fronto, ad Antoninum Pium 9,1 and 2; ad Marcum 5,37; ad amicos 1,1 and 1,5. SALWAY 2006, 133–134 speaks about a monarchical system in which real power and influence depended on proximity to the emperor.

24 See LEE 2007, 26, table 1,1. According to EICH 2005, 385–386, Rome transformed from the actual capital to an idea, an ideological concept, whereas the actual administration traveled with the emperors.

25 See LO CASCIO 2005, 159–161; LEE 2007, 24; GLAS/HARTMANN 2008, 661–669, and MENNEN 2011, 137–149.

ago[26]. Contacts between important senators in the emperor's entourage and scholarly jurists were only a matter of course. Studying and practicing Roman law had always been popular among senators.

In Rome itself, the chances of scholarly jurists may also have diminished for yet another reason. The branches of the imperial administration that permanently remained in the city of Rome, also when emperors were practically permanently on the move, had a fiscal and monetary character. The office of the *a rationibus*, which was not as closely connected to the emperor as other 'secretaries' who used to travel with the emperors, seems to have permanently stayed in Rome[27]. In A.D. 268, after Emperor Gallienus had been murdered, members of his family and a man, who is called *patronus fisci* by Aurelius Victor, were slaughtered in the capital[28]. Apparently this *patronus fisci* was one of Gallienus' most important representatives in Rome, giving the mob a reason to select him as their victim. In A.D. 271, after a period of low-key imperial control in the city, senators conniving with *monetarii* had to be put down by Emperor Aurelian in a round of fierce fighting, which cost him the lives of about 7000 soldiers. While this is undoubtedly a rhetorically exaggerated number, it nonetheless testifies to the importance attributed by the author of the *Historia Augusta* to the wealthy and their allies[29]. Admittedly, jurisdiction still continued to play an important part in Rome, but was now often carried out by deputies, for example by Michael Peachin's *iudices vice caesaris*, who, although they purported to act like emperors, nonetheless had a lower status than the emperor would have had[30].

Instead: military men

On the other side, the higher and middle military cadres were getting into a better position to meet the emperors, important governors, and generals who could further their careers. Moreover they had the skills that were in demand in a period of wars

---

26 See PANCIERA 2001, 11–19, referring to – among others – ILS 1080 = CIL VI 1517, an honorary inscription dedicated by *centuriones legionis IV Flaviae* to M. Servilius Fabianus Maximus, their friend; ILS 1190 + 1191 = CIL VI 1531 (cf. CIL VI 31673) + 1532, inscriptions dedicated to L. Valerius Poplicola Balbinus Maximus, *consul ordinarius* in 233, by L. Septimius Hermogenes, an equestrian tribune of a cohort who later became a *procurator sexagenarius* (PFLAUM 1960–1961, II, 858–859, nr. 331); ILS 1077 = CIL VI 1333 (cf. VI 31633), an honorary inscription to L. Aemilius Karus, dedicated by a middle cadre officer, a *praefectus alae*.

27 See MILLAR 1992, 105–106: The office of the *a rationibus* was not as closely connected with the emperors as the other 'secretaries' were.

28 Aur. Vict. Caes. 33,31.

29 Aur. Vict. Caes. 35,6. Cf. epit. Caes. 35,4; Eutr. 9,14; HA Aurelian. 38,1–2.

30 PEACHIN 1996, 158–163 (Deputies for the emperor) and 163–166 (Basic functions of the deputies). See also MENNEN 2011, 41–42.

and crises, and they knew various regions of the empire by personal experience. Going from one post to another, over the course of long careers, they traveled to many parts of the empire[31]. Incidentally, in doing so they became a force of integration in the empire, combating its disintegration into rivaling parts. The evidence is not plentiful but we do know a sufficient number of careers of centurions who became *primi pili*, prefects of military camps, *praepositi* of *vexillationes*, members of the equestrian officer corps, and even procurators, governors, and high equestrian prefects. Many of them moved from one part of the empire to another. These centurions served in several frontier zones and provinces, as well as in Italy and Rome. Consequently, they could be of great help in all the regions they had visited.

After A.D. 260 the career prospects of military middle cadre personnel improved even more. From that year onwards, senators disappeared from the army and could no longer become *tribuni laticlavii* or *legati legionis*[32]. Their places were largely taken by equestrians of middling military rank. This was a change in imperial appointment policies carried into effect by Gallienus (253–268). He needed militarily experienced administrators and commanders who would remain loyal to him if only because he had furthered their careers and their financial standing[33].

Financial standing indeed! Military cadres not only became more important in the imperial administration, they also received more pay, which was not yet completely eroded by devaluation of the coinage as long as imperial coins, which was to become more and more debased and fiduciary, continued to be trusted, and empire-wide inflation had not yet set in. An out-of-hand empire-wide rise in prices seems not to have started until about 274. Handsome rises in military pay began under Septimius Severus and were repeated by Caracalla and Maximinus Thrax. After his victories in the civil and external wars between A.D. 193 to 197, Severus had to replenish the ranks of his armies, for example at the Danube frontiers which had yielded many men to Severus' field armies and his new praetorian guard. In addition, he also had to compensate for the many losses that the armies had sustained and find recruits for his new *legiones Parthicae* I, II and III, all in a post-plague period in which workers, as always in such periods, could demand higher wages. Prices had been rising and demogra-

---

31 See the evidence assembled by Dobson 1978, 267 nr. 151, 269–270 nr. 154, 279 nr. 167, 288 nr. 182, 301 nr. 205, 304 nr. 212, 322 nr. 234, 306–308 nr. 215, and 313–316 nr. 223. See De Blois 2013. Speidel 2007, 416 adds C. Iulius Pacatianus, referring to AE 1984, 919 and CIL XII 1856 = ILS 1353= AE 1960, 247 from Vienna: *C. Iulius Pacatianus v.e. proc. Augg .nn. militiis equestribus perfuncto proc. prov. Osrhoenae, praefecto legionis Parthicae, proc. Alpium Cottiarum, adlecto inter comites Auggg. nnn. proc. pro legato prov. Mauretaniae Tingitanae colonia Aelia Aug. Italica patrono merentissimo.*

32 The last *tribunus laticlavius* we know of was Publius Balsamius Sabinianus; see Dobson 1978, 312–313, nr. 221. On careers of centurions, grades below the centurionate, *primi pili*, *praefecti castrorum*, military tribunes, prefects of cohorts and *alae*, *duces* and *praepositi* of (combinations of) *vexillationes* see Dobson 1978, 265–323.

33 See De Blois 1976, 39–40, 95–98; Cosme 2009, 234–239.

phic recovery was, at best, just taking off[34]. This may be the reason why Severus now doubled the soldiers' pay in A.D. 197. He had to induce good recruits to join the forces and to compensate the soldiery for the rise in prices that had occurred in the last quarter of the second century[35]. Consequently, the prosperity of military personnel may have increased and its status may have been enhanced. This would have applied to middle and higher ranks in particular. According to Michael Alexander Speidel a legionary centurion now earned 36,000 sesterces per annum instead of 18,000, a centurion of an auxiliary cohort 10,000 sesterces per annum instead of 5000, and a *primus pilus* now earned the handsome sum of 144,000 instead of 72,000 sesterces a year, thus approaching procuratorial salaries[36]. In 212, having survived his quarrel with his brother Geta, Caracalla felt obliged to increase the soldiers' pay by another 50 %, only to have Maximinus Thrax double military wages again in 235, a mere 23 years later. Maximinus probably had to do this to prevent military unrest in his army and to gain acceptance in the various military forces in the empire. This meant that in A.D. 235 a legionary centurion earned 108,000 sesterces a year, a centurion in an auxiliary cohort 30,000, and a *primus pilus* 432,000[37]. This means that the latter now started to earn more than a *procurator sexagenarius* and came nearer to the level of a *procurator centenarius*, which, in addition to the important tasks they were fulfilling, further enhanced their status[38]. It is not outlandish to suppose that there was at least some connection between salary and status also in those times.

Decreasing statuses

After 241 scholarly jurists may have descended to a lower status level and may consequently have disappeared from our sources. They now occupied the same social rank sophists and other intellectuals had had before the reign of the emperor Nero. Until Neronic times Greek rhetors and philosophers, who may be considered forerunners of the Second Sophistic, had been writing and performing without becoming important people in the Mediterranean world of their times. Only from the days of the Emperor Nero, who had a personal interest in Greek culture, visited Greek games, and declared

---

34 On the so-called Antonine plague and its consequences see Duncan-Jones 1996, 108–136; Scheidel 2002, 97–114 (whose numbers are, however, criticized by Bagnall 2002, 114–120, esp.120). According to Scheidel 2002, 104, prices of commodities in Egypt may have doubled in the last quarter of the second century AD. On the three new *legiones Parthicae* see Smith 1972, 485–487.

35 On Severus doubling of the soldiers' pay, instead of increasing it by 50 %, I follow Speidel 2009, 367, 371 (table 4), and 380 (table 7).

36 Speidel 2009, 380, table 7.

37 On the development of the soldiers' pay between 197 and 235 see Speidel 2009, 380, table 7. See also Haegemans 2010, 74–75.

38 On the tasks *primi pili* and *primipilarii* fulfilled see Dobson 2000, 139–152.

the Greeks free[39], their activities became popular among emperors, senators, and other members of the imperial aristocracy, transforming them into a first rate status symbol[40]. The status of Greek rhetors and sophists rose accordingly. They came out of the shadows of only regional fame and became celebrities in all provinces in which knowledge of Greek was widespread. Some of them were allowed to enter the imperial administration, as we have seen.

Unfortunately, we do not know whether jurists were now increasingly integrated into a perhaps growing civilian bureaucracy after A.D. 241. As Peter Eich argues, the numbers of civilian administrative personnel may have grown in the third century[41]. This may be right; one of the reasons being that informal tasks which had previously been allotted to the emperor's personal staff were now institutionalized. One could think of personnel of the *patrimonium caesaris* which was institutionalized along with the *patrimonium* itself. Under Marcus Aurelius the function of a *consiliarius*, a member of the emperor's *consilium*, had developed to an official function that could be mentioned in career inscriptions. Marcus Aurelius Papirius Dionysius seems to have been the first to mention a position as *consiliarius* in his career-inscription[42]. He was *a libellis* and *a cognitionibus* under Commodus, after having been *ducenarius praefectus vehiculorum a copis Augusti per Flaminiam* and *consiliarius Augusti* during the reign of Marcus Aurelius. After A.D. 241 the ongoing bureaucratization of their careers may have contributed to a lowering of the status and political importance of scholarly jurists. Ibbetson makes clear that already from the days of the Emperor Hadrian the increasing integration of the lawyer into the state administration had brought with it a change of status; this was now becoming a matter of professional standing more than of birth[43].

Continuities and discontinuities

Knowledge of Roman law did not disappear. A regional Pontic notable such as Gregorius Thaumaturgus wished to study it[44], and so did many others. According to Tony Honoré, bureaucrats appointed to the office of the *a libellis* maintained high rates of quality. He says: 'Throughout the third century, in times good and bad, the

39 See ILS 8794 (Nero's declaration of the liberty of Greece); Plut., Flam. 12,8; Cass. Dio 63,8–11, and 14.

40 See Schmitz 1997, 175–181; cf. 211–214.

41 Eich 2005, 344–364, esp. 364; Eich 2012, 91–92.

42 See Pflaum 1960–1961, I, 472–476, nr. 181. Dionysius was *a libellis et a cognitionibus* of Commodus, after having been *ducenarius praefectus vehiculorum a copis Augusti per Flaminiam* and *centenarius consiliarius Augusti*, probably during the reign of Marcus Aurelius.

43 Ibbetson 2005, 185.

44 See Lane Fox 1988, 518–519.

rescript office, under professional guidance, upheld the integrity of Roman law. Its output changed little during the period, either in substance or style'[45]. More recently, David Johnston came to the conclusion that after A.D. 241, there was a good deal of continuity with the late classical period which had lasted up to the end of Modestinus' activity. He adds: 'Two changes could, however, be highlighted: the end of the classical role of the jurist and the redirection of jurisprudence into the official legal business of the chancellery, and the emergence of a new genre of classicizing rather than classical juristic work'[46].

What did disappear, however, was the combination of sophist-like intellectual studies, very high status in the service of the emperor, and a private practice. A consequence was that *responsa* and treatises published by the great jurists, who had, during the first four decades of the third century, obtained a place in the centre of power, now became classics, deriving their status not only from the outstanding intellectual qualities of the authors and their works, but also from the high positions those authors had held. New learned treatises that superseded the Severan classics were no longer in demand and so the production of scholarly juridical texts stopped short, giving way in the long run to summarizing, digesting, and commenting upon classical works.

Conclusions

Scholarly jurists lost their strong position in the emperor's entourage and their easy access to high administrative appointments after about A.D. 241 for three reasons:
1. From A.D. 230 onwards, the emperors often stayed in Rome only for short periods of time. Personal contacts with the emperor and the most powerful men in his entourage were quintessential in acquiring important appointments.
2. After about A.D. 241, powerful men who traveled with the emperors and could act as career brokers and patrons were only seldom high-status senators, i.e. men who had a tradition and a long-standing interest in Roman law. The emperor's entourage started to consist predominantly of equestrian military and logistic specialists who would promote the careers of middle and higher cadre military personnel, for example *primi pili* and *praepositi vexillationis*. Such military men were more in demand during the crisis of the third century A.D.
3. A third reason is the ongoing bureaucratization of the careers jurists could opt for, with a concomitant loss of status, combined with a lowering of the status of the high administrators whom jurists could work for in Rome. Besides, important and powerful branches of the imperial administration that permanently remained in

45 Honoré 1979, 62.
46 Johnston 2005, 207.

Rome had a fiscal and monetary character and had less connection with scholarly juridical studies.
August 2013.

Bibliography

BAGNALL 2002 – R.S. BAGNALL, The effects of the plague: model and evidence, *JRA* 15, 2002, 114–200.

BIRLEY 1999 – A.R. BIRLEY, Septimius Severus. The African Emperor, London/New York 1999[3].

DE BLOIS 1976 – L. DE BLOIS, The Policy of the Emperor Gallienus, Leiden 1976.

DE BLOIS 2001 – L. DE BLOIS, Roman Jurists and the Crisis of the Third Century A.D. in the Roman Empire, in: L. DE BLOIS (Hg.), Administration, Prosopography, and Appointment Policies in the Roman Empire. Proceedings of the First Workshop of the International Network Impact of Empire (Roman Empire), Leiden, June 28–July 1, 2000, Amsterdam 2001, 136–153.

DE BLOIS 2013 – L. DE BLOIS, Integration or Disintegration? The Roman Army in the Third Century A.D., in: S. BENOIST/S. DEMOUGIN/G. DE KLEIJN (Hg.), Integration in the Roman Empire. Proceedings of the Tenth Workshop of the International Network Impact of Empire (Roman Empire, 200 B.C.–A.D. 476), Lille, June 23–26, 2011, Leiden/Boston 2013.

BOWERSOCK 1969 – G.W. BOWERSOCK, Greek Sophists in the Roman Empire, Oxford 1969.

CHRISTOL 2006 – M. CHRISTOL, L'empire romain du IIIe siècle, Paris 2006[2].

COSME 2009 – P. COSME, L'armée romaine, VIIIe s. av. J.-C. – Ve s. ap. J.-C., Paris 2009.

CRIFÒ 1976 – G. CRIFÒ, Ulpiano. Esperienze e responsabilità del giurista, in: H. TEMPORINI/ W. HAASE (Hg.), in: ANRW II 15, 1976, 708–789.

CROOK 1975 – J. CROOK, Consilium principis, New York 1975[2].

DOBSON 1978 – B. DOBSON, Die Primipilares, Cologne 1978.

DOBSON 2000 – B. DOBSON, The Primipilares in Army and Society, in: G. ALFÖLDY/B. DOBSON/W. ECK (Hg.), Kaiser, Heer und Gesellschaft in der Römischen Kaiserzeit, Gedenkschrift für Eric Birley, Stuttgart 2000, 139–152.

DUNCAN-JONES 1996 – R.P. DUNCAN-JONES, The impact of the Antonine plague, *JRA* 9, 1996, 108–136.

EICH 2005 – P. EICH, Zur Metamorphose des politischen Systems in der römischen Kaiserzeit, Berlin 2005.

EICH 2012 – P. EICH, Centre and Periphery. Administrative Communication in Roman Imperial Times, in: S. BENOIST (Hg.), Rome, a City and its Empire in Perspective, Leiden/Boston 2012, 85–108.

FLINTERMAN 1995 – J.J. FLINTERMAN, Power, paideia and Pythagoreanism, Amsterdam 1995.

FRIER 1984 – B.W. FRIER, Law on the Installment Plan, *Michigan Law Review* 82.4, 1984, 857–864 (review of Honoré, A.M., Ulpian, Oxford 1982).

GLAS/HARTMANN 2008 – T. GLAS/U. HARTMANN, Die Provinzverwaltung, in: K.-P. JOHNE/ U. HARTMANN/TH. GERHARDT (Hg.), Die Zeit der Soldatenkaiser I, Berlin 2008, 641–672.

HAEGEMANS 2010 – K. HAEGEMANS, Imperial Authority and Dissent. The Roman Empire in A.D. 235–238, Leuven 2010.

HERRMANN 1997 – P. HERRMANN, Die Karriere eines prominenten Juristen aus Thyateira, *Tyche* 12, 1997, 111–123.

HONORÉ 1979 – A.M. HONORÉ, Imperial Rescripts A.D. 193–305. Authorship and Authenticity, *JRS* 69, 1979, 51–64.

HONORÉ 1981 – A.M. HONORÉ, Emperors and Lawyers, London 1981.

HONORÉ 1982 – A.M. HONORÉ, Ulpian, Oxford 1982.

HONORÉ 2002 – A.M. HONORÉ, Ulpian. Pioneer of Human Rights, Oxford 2002 (second, thoroughly revised edition of HONORÉ 1982).

Howe 1942 – L.L. Howe, The Pretorian Prefect from Commodus to Diocletian, Chicago 1942.
Ibbetson 2005 – D. Ibbetson, High Classical Law, in: A.K. Bowman et al. (Hg.), CAH XII², Cambridge 2005, 184–199.
Johnston 2005 – D. Johnston, Epiclassical Law, in: A.K. Bowman et al. (Hg.), CAH XII2, Cambridge 2005, 200–207.
Jones 1986 – C.P. Jones, Culture and Society in Lucian, Cambridge MA/London 1986.
Kunkel 1967 – W. Kunkel, Herkunft und soziale Stellung der römischen Juristen, Cologne/Vienna 1967².
Lane Fox 1986 – R. Lane Fox, Pagans and Christians in the Mediterranean World from the Second Century A.D. to the Conversion of Constantine, London 1986 (paperback ed. 1988).
Lee 2007 – A.D. Lee, War in Late Antiquity, Oxford/Malden MA 2007.
Liebs 2010 – D. Liebs, Hofjuristen der römischen Kaiser bis Justinian, Munich 2010.
Lo Cascio 2005 – E. Lo Cascio, The Age of the Severans, in: A.K. Bowman et al. (eds.), CAH XII², Cambridge 2005, 137–155.
Mennen 2011 – I.A.M. Mennen, Power and status in the Roman Empire, AD 193–284, Leiden/Boston 2011.
Millar 1992 – F. Millar, The Emperor in the Roman World, London 1992².
Millar 1999 – F. Millar, The Greek East and Roman Law. The Dossier of M. Cn. Licinius Rufinus, *JRS* 89, 1999, 90–108.
Panciera 2001 – S. Panciera, Onorare l'amico nella sua casa. *Amicitia* e topografia a Roma e nel suo suburbio, in: M. Peachin et al. (Hg.), Aspects of Friendship in the Graeco-Roman World. Proceedings of a Conference Held at the Seminar für Alte Geschichte, Heidelberg, on 10–11 June, 2000, Portsmouth RI 2001, 11–19.
Peachin 1996 – M. Peachin, *Iudex vice Caesaris*. Deputy Emperors and the Administration of Justice during the Principate, Stuttgart 1996.
Pflaum 1960–1961 – H.-G. Pflaum, Les carrières procuratoriennes équestres sous le Haut-Empire romain I–III, Paris 1960–1961 (+ Supplement 1982).
Pflaum 1974 – H.-G. Pflaum, Abrégé des procurateurs équestres, Paris 1974.
Robert 1989 – L. Robert, Le serpent Glycon d'Abonuteichos à Athènes et Artémis d'Ephèse à Rome, in: Opera Minora Selecta V, Amsterdam 1989, 747–769.
Salway 1997 – B.P.M. Salway, A fragment of Severan History. The Unusual Career of ... atus, Praetorian Prefect of Elagabalus, *Chiron* 27, 1997, 127–153.
Salway 2006 – B.P.M. Salway, Equestrian Prefects and the Award of Senatorial Honours from the Severans to Constantine, in: A. Kolb (Hg.), Herrschaftsstrukturen und Herrschaftspraxis. Konzepte, Prinzipien und Strategien der Administration im römischen Kaiserreich, Berlin 2006, 215–235.
Scheidel 2002 – W. Scheidel, A model of demographic and economic change in Roman Egypt after the Antonine plague, *JRA* 15, 2002, 97–114.
Schmitz 1997 – Th. Schmitz, Bildung und Macht, München 1997.
Smith 1972 – R.E. Smith, The army reforms of Septimius Severus, *Historia* 21, 1972, 481–500.
Speidel 2009 – M.A. Speidel, Roman Army Pay Scales, in: M.A. Speidel (Hg.), Heer und Herrscher im Römischen Reich der Hohen Kaiserzeit, Stuttgart 2009, 349–380 (first published in *JRS* 82, 1992, 87–106).
Swain 1996 – S. Swain, Hellenism and Empire, Oxford 1996.
Syme 1979 – R. Syme, Three Jurists, in: E. Badian (Hg.), Ronald Syme, Roman Papers II, Oxford 1979, 790–804.
Whitmarsh 2005 – T. Whitmarsh, The Second Sophistic, Oxford 2005.

Ulrike Babusiaux, Zürich

Zitate klassischer Juristen in den Reskripten der Soldatenkaiser

Zusammenfassung: Das Ende der sog. ,klassischen Rechtsliteratur' mit dem Beginn der sog. Zeit der „Soldatenkaiser" ist nach der bisherigen Forschung einerseits auf die „Heldenverehrung" der klassischen Juristen durch ihre Nachfolger, andererseits auf die politischen Veränderungen in der Reichsverwaltung zurückzuführen. Ein wenig beachteter Umschwung des juristischen Selbstverständnisses und der juristischen Wirkungsmöglichkeiten wird durch die mit Alexander Severus aufkommenden namentlichen Zitate klassischer Juristen in der Reskriptenpraxis belegt: Während die klassischen Juristen ihre Reskripte im unmittelbaren Dialog mit dem römischen Kaiser, der als Beteiligter am Fachdiskurs auftrat, verfassten, bleibt ihren Nachfolgern angesichts der dringenden anderweitigen Aufgaben der römischen Kaiser nur die Reminiszenz an diesen früheren Dialog. Die namentlichen Zitate klassischer Juristen, die in den Reskripten dieser Zeit einsetzen und bis auf Diokletian zu belegen sind, lassen sich damit als Bezugnahme auf den verlorengegangenen Austausch zwischen Kaisern und Juristen lesen.

Abstract: The end of the so-called 'classical legal literature' followed by the period of the so-called 'barracks emperors' ('Soldatenkaiser') can, according to modern research, be ascribed to the 'hero worship' ('Heldenverehrung') of the classical jurists by their successors on the one hand and to the political changes in the imperial administration on the other. Quotations from classical jurists (identified by their names), emerge in imperial rescripts during the reign of Alexander Severus, indicating a seldom acknowledged turnaround of judicial identity and a change in legal impact of the *iuris periti*: While the classical jurists drew up their rescripts in close interaction with the Roman emperor, who appeared to be involved in the professional discourse, their successors are left with only a reminiscence of this earlier collaboration due to the fact that Roman emperors at that time were otherwise occupied with more urgent tasks. The quotes from classical jurists (identified by their names), which appear in rescripts of that time and persist until Diocletian, can thus be understood as a reference to the lost exchange between emperors and jurists.

Mit dem Ende der severischen Monarchie endet die literarische Produktion der sog. klassischen Juristen[1]. Aus romanistischer Sicht erscheint die Mitte des 3. Jahrhunderts damit als Rechtskrise oder doch als Krise der römischen Jurisprudenz, was den

---

1 Vgl. Wieacker 1971, 201; Nicoletti 1981, 35 f.; Palazzolo 1988, 556–560; De Blois 2001, 136–153; Marotta 2007, 933: „al conto manca un'intera generazione di giuristi"; zuletzt Stolte 2007, 365.

Eindruck einer Zäsur um das Jahr 235 n. Chr. verstärkt[2]. Zur Erklärung des Phänomens wird zum einen darauf verwiesen, dass es aufgrund der hochstehenden literarischen Produktion der sog. Spätklassik fast zwangsläufig einen Rückfall gegeben haben müsse, der durch die spätantike ‚Heiligenverehrung' noch verstärkt worden sei[3]. Zum andern wird betont, dass diese Leistungen der spätklassischen Jurisprudenz auf besonders günstigen Rahmenbedingungen beruhten, indem jedenfalls die wichtigsten severischen Kaiser selbst juristisch gebildet und interessiert gewesen seien und zudem die notwendige Ruhe im Reich geherrscht habe, um eine eigene ‚private' literarische Produktion der wichtigsten „Hofjuristen" zu erlauben[4]. Auf gleicher Linie liegt die Überlegung, die auf Papinian, Paulus, Ulpian und Modestin folgenden Juristen hätten es nicht gewagt, sich nach den gewaltsamen Toden von Papinian und Ulpian sowie den Gräueltaten an der Entourage des Alexander Severus nochmals durch eigene Werke zu exponieren. Aus diesem Grund hätten sie die gleichsam anonyme Tätigkeit in der Kanzlei *a libellis* oder im *consilium* einer eigenen literarischen Tätigkeit vorgezogen[5].

Diese Erklärungen zum Versiegen der literarischen Produktion der römischen Jurisprudenz sind vorrangig aus allgemeinen Tendenzen und Überlegungen darüber abgeleitet, wie sich die häufigen und gewaltsamen Herrscherwechsel auf die Juristen ausgewirkt haben. Die Allgemeinheit der Überlegungen mag auch darauf zurückzuführen sein, dass als Hauptquelle für das Verhältnis von Jurisprudenz und Kaisertum im 3. Jh. hauptsächlich die *Historia Augusta* zur Verfügung steht, deren Wahrheitsgehalt fragwürdig ist[6]. Es könnte sich daher als lohnend erweisen, die Rechtsquellen selbst auf Zeichen der juristischen Krise hin zu untersuchen, also zu fragen, ob sich nicht aus den überlieferten Reskripten dieser Epoche Rückschlüsse auf das Selbstverständnis der in der Kanzlei *a libellis* tätigen Juristen ergeben. Gerade mit Blick auf ihr Verhältnis zu den sog. klassischen Juristen bietet sich ein Quellencorpus an, das unter diesem Gesichtspunkt bisher kaum Beachtung gefunden hat: In fünf Konstitutionen der Zeit zwischen 235 und 284 n. Chr., die im *Codex Iustinianus* überliefert sind, finden sich namentliche Zitate klassischer römischer Juristen[7]. Schon Wieacker hat diese Texte herangezogen, um seine These, die Zeit der sog. „Soldatenkaiser" sei epiklassisch, zu untermauern, belegen sie doch die bewusste Anknüpfung der kaiserlichen Reskriptenkanzlei an Rechtsansichten der (spät-)klassischen Juristen[8].

---

2 Vgl. Schulz 1961, 337 f.; Wieacker 1971, 202 f.

3 Vgl. Wieacker 1971, 207; Liebs 1997, § 431, S. 216 f.

4 Vgl. De Blois 2003, 140–142; Ibbetson 2005, 199. Zur Schwierigkeit der Karrierenabgrenzung vgl. aber Liebs 1980, 126 f.

5 Vgl. Nicoletti 1981, 36 f.; Liebs 1997, § 431, S. 217; Crifò 2005, 172 f.; De Blois 2003, 142–144.

6 Vgl. v.a. Straub 1978, 203–206; optimistischer Honoré 1991, bes. 28 f., Nasti 2006, bes. 15 f.

7 C. 3,42,5 Gord. (a. 239); C. 5,4,6 Gord. (a. 239); C. 6,37,12pr.–1 Gord. (a. 240); C. 7,32,3 Decius (a. 250); C. 6,42,16 Carus, Carinus, Numerian. (a. 283).

8 Vgl. Wieacker 1971, 209 f.; ferner Honoré 1994, 119.

Ungeklärt geblieben ist aber, aus welchem Grund die Reskripte überhaupt Juristen zitieren, um ihre Rechtsmeinung zu begründen. Dieser Umstand verlangt freilich schon deshalb nach einer Erklärung, da in früheren Konstitutionen regelmäßig keine namentlichen Zitate von Juristen nachzuweisen sind. Um der auffälligen Erscheinung für die hier interessierende Epoche nachzugehen, sind die fünf Reskripte mit namentlichem Zitat zunächst kurz vorzustellen (I), bevor sie mit der Zitierpraxis in Reskripten der Klassik und Diocletians zu kontrastieren sind (II). Abschließend ist nach möglichen Gründen für das Aufkommen dieser Zitate zu fragen (III).

I. Reskripte mit namentlichen Juristenzitaten

Die hier zu untersuchenden fünf Konstitutionen sind zeitlich ungleichmäßig verteilt: Drei der Reskripte stammen aus der Zeit Gordians, eines von Decius sowie eines aus der Samtherrschaft von Carus, Carinus und Numerian. Dieses Ungleichgewicht zugunsten Gordians auf Kosten der späteren Jahre ist freilich auch im sonstigen Corpus der Reskripte der Soldatenkaiserzeit zu beobachten[9].

1. Die Reskripte Gordians

Die drei Reskripte Gordians stützen ihre Ansicht durch die lobende Erwähnung eines der drei wichtigsten spätklassischen Juristen. Als redundant erweist sich dieses Zitat in:

> C. 3,42,5 Gord. (a. 239)
> Ad exhibendum actione non tantum eum qui possidet, sed etiam eum teneri, qui dolo fecit, quominus exhiberet, merito tibi a non contemnendae auctoritatis iuris consulto Modestino responsum est.
> *Es ist dir mit Recht von Modestin, einem Rechtsgelehrten von nicht zu verachtendem Ansehen, das responsum erteilt worden, dass aus der Vorlageklage nicht nur derjenige hafte, welcher besitzt, sondern auch derjenige, welcher durch böse Absicht bewirkt hat, dass er nicht mehr herausgeben kann.*

Der Anfragende wollte wissen, ob die Vorlageklage (*actio ad exhibendum*)[10] auch dann erhoben werden kann, wenn der Beklagte aufgrund eigener Arglist außer Stande ist, die Sache vorzulegen. Die Antwort der gordianischen Kanzlei stützt sich

9 Zur Statistik vgl. LIEBS 1987, 16–18; CRIFÒ 2005, 173; zuletzt SIRKS, S. 31–45.
10 Zur *actio ad exhibendum* vgl. MARRONE 1958; LEMOSSE 1983.

auf ein *responsum* des Herennius Modestinus (ca. 185–240)[11], demzufolge die Klage möglich sei, wenn der Besitzer den Besitz arglistig (*dolo*) verloren habe.

Das hier angeführte Zitat des Juristen zeichnet sich gegenüber den übrigen Zitaten zunächst dadurch aus, dass es nicht auf ein *responsum* in anderer Sache bezogen ist, das analog angewendet werden soll. Vielmehr hat Modestin dem Anfragenden selbst das *responsum* erteilt (*merito tibi* [...] *responsum est*[12]), das nun von der Kanzlei gelobt wird. Diese Tatsache mag die Zurückhaltung beim Lob des Juristen erklären: Zwar kann *non contemnenda auctoritas iuris consultus* auch als Litotes angesehen werden[13]; dennoch fällt die Würdigung des Modestin viel bescheidener aus als die seiner Vorgänger[14]. Diese Zurückhaltung gegenüber dem Schüler Ulpians mag darauf beruhen, dass er zum Zeitpunkt der kaiserlichen Antwort tatsächlich noch als Respondent und Rechtslehrer tätig war[15] und nur Verstorbene überschwängliches Lob verdienten[16]. Allerdings zeugt der Inhalt des *responsum* auch nicht von besonderer juristischer Kreativität, denn schon nach dem Wortlaut des prätorischen Edikts wird die *actio ad exhibendum* auch bei doloser Besitzaufgabe erteilt[17]. Das von der Kanzlei bestätigte *responsum* des Modestin gibt mithin lediglich den Wortlaut des Edikts wieder. All dies lässt nur den Schluss zu, dass der Anfragende, ein gewisser Sabinus, weniger eine Auskunft, als eine rechtgültige Bestätigung eines anerkannten Rechtssatzes suchte. Das Gutachten des Modestin genügte ihm hierfür offenbar nicht, weshalb er es zusätzlich von der kaiserlichen Kanzlei überprüfen ließ.

Unter dieser Annahme liegt es nahe, dass der Petent – genau wie der Anfragende des folgenden Reskripts – das *responsum* beifügte, als er sich an den Kaiser wandte:

C. 6,37,12pr.-1 Gord. (a. 240)[18]

pr. Cum responso viri prudentissimi Papiniani, quod precibus insertum est, praeceptionis legatum et omissa parte hereditatis vindicari posse declaratur, intellegis desiderio tuo iuxta iuris formam esse consultum.

---

11 Vgl. Liebs 1997, § 427.A, S. 195, der die Konstitution auch als Beleg für die Gutachtertätigkeit des Juristen unter Gordian zitiert.

12 Honoré 1994, 103 Fn. 378. Das Reskript wird secretary n° 8 zugewiesen (28 Okt. 223 bis 1 Okt. 225), den er 104 f. mit Modestinus identifiziert.

13 Vgl. Viarengo 2009, 183 f.

14 Zur Bewertung vgl. Honoré 1994, 105.

15 Vgl. aber Liebs 1997, § 427.A, S. 196, der dies als erdichtet ablehnt.

16 Vgl. Honoré 1994, 105. Zum Lob vgl. allgemein Quint. 3,7,6–28. Zum Lob des Geistes vgl. Quint. 3,7,15 *animi semper vera laus* (...). Dem entspricht das Überwiegen der *laudatio funebris*, vgl. Vallozza 2001, Sp. 51.

17 Vgl. Lenel 1927, 221: „In der Formel war ausdrücklich gesagt, daß Besitz des Beklagten oder dolose Aufgabe des Besitzes durch ihn Voraussetzung der Verurteilung sei" und die Rekonstruktion, 223: *Quod As As Stichum hominem (...) a No No vindicare vult, quidquid ob eam rem Nm Nm Ao Ao exhibere oportet, quod Ns Ns possidet dolove malo eius factum est quo minus possideret, nisi arbitrio iudicis exhibebitur, quanti ea res erit, tanta pecunia etc.*

18 Zum Text vgl. Wimmer 2004, 136–145; zu Gordian vgl. Nicoletti 1981, 46.

1 Verba vero responsi haec sunt: filiae mater praedium ita legavit: „praecipito sumito extra partem hereditatis“: cum hereditati matris filia renuntiasset, nihilo minus eam recte legatum vindicare visum est.

Da bereits im responsum des höchstgelehrten Papinian, das in deinem Gesuch mit aufgenommen worden ist, klar erklärt wird, dass ein Vorausvermächtnis auch im Fall einer Ausschlagung des Anteils aus der Erbschaft gefordert werden könne, siehst du ein, dass dein Begehren der Vorgabe des Rechts entsprechend gefasst ist. Die Worte des responsum aber lauten: Eine Mutter hatte ihrer Tochter ein Landgut so vermacht: sie soll solches zu ihrem Anteil an der Erbschaft zum Voraus haben. Als die Tochter die Erbschaft ihrer Mutter ausgeschlagen hatte, hat man angenommen, sie könne nichts desto weniger mit Recht das Vermächtnis fordern.

Auch dieses Reskript bestätigt ein *responsum*, das – wie ausdrücklich mitgeteilt wird – der Petition beigelegt war[19]. Dieses *responsum* stammt von Papinian, der als höchstgelehrter Jurist gelobt wird. Anders als im Falle des *responsum* Modestins beschränkt sich die Kanzlei nicht darauf, das Gutachten Papinians zu bestätigen. Vielmehr erläutert sie, inwieweit das *responsum* auch für den Fall des Anfragenden von Bedeutung ist und teilt sodann den Wortlaut des *responsum* mit. Auffällig ist nicht nur dieses nachgeschobene Zitat, sondern auch die der Beruhigung des Anfragenden dienende Beteuerung, sein Begehren entspreche den aus dem *responsum* abgeleiteten rechtlichen Vorgaben (*intellegis desiderio tuo iuxta iuris formam esse consultum*). Beides spricht dafür, dass die Anfrage bei der Kanzlei prozessvorbereitend erfolgte, der Anfragende also eine kaiserliche Rechtsauskunft zum Vortrag in einem Gerichtsverfahren begehrte. Gestützt auf das *responsum* Papinians und das darauf Bezug nehmende Reskript konnte er seine Rechtsansicht nunmehr vor dem für den Erbschaftsstreit zuständigen Richter beweisen[20]. Inhaltlich betrifft die Anfrage das Vorausvermächtnis (*praelegatum*), das Papinian auch bei Ausschlagung der Erbschaft für wirksam hält[21]. Diese, im Fall eines mütterlichen Testaments zugunsten einer Tochter ergangene Auskunft wurde von der gordianischen Kanzlei auf den Fall des Anfragenden übertragen. Die Anrufung der Kanzlei in C. 6,37,12pr.–1 Gordian (a. 240) dient mithin nicht nur der Bestätigung der bereits von Papinian geäußerten Rechtsmeinung, sondern der Akzeptanz des *responsum* als Präjudiz.

Eine verallgemeinernde Tendenz kennzeichnet das dritte Reskript aus der Zeit Gordians:

C. 5,4,6 Gord. (a. 239)[22]
Etsi contra mandata principum contractum sit in provincia consentiente muliere matrimonium, tamen post depositum officium si in eadem voluntate perseveraverit, iustae nuptiae efficiuntur:

19 Zu *declaratur* vgl. Giaro 2007, 209 f.

20 Entgegen Nicoletti 1981, 46 besteht kein unmittelbarer Zusammenhang zwischen dem Reskript und D. 30,87 (Pap. 18 quaest.) oder D. 30,90 (Pap. 18 quaest.).

21 Zum Problem vgl. Wimmer 2004, 137 f. mwN.: Die Ausschlagung wird auf den Anfall der Erbschaft zurückbezogen.

22 Vgl. auch Nicoletti 1981, 45 f.; Viarengo 2009, 202–205.

et ideo postea liberos susceptos natosque ex iusto matrimonio legitimos esse responsum viri prudentissimi Pauli declarat.

Auch wenn die Ehe [eines Provinzialbeamten] gegen die kaiserlichen Dienstanweisungen mit Zustimmung der Frau in einer Provinz geschlossen wurde, so wird eine solche dennoch zu einem rechtsgültigen Eheschluss, wenn jene [die Frau] an ihrem Willen festhält, nachdem er sein Amt niedergelegt hat. Und daher erklärt das responsum des höchsten Rechtsgelehrten Paulus die später wie aus einer gültigen Ehe empfangenen und geborenen Kinder für rechtmäßige.

Thema sind die aufgrund kaiserlicher *mandata* verbotenen Ehen zwischen Provinzialbeamten und Bewohnerinnen der Provinz. Das Reskript erinnert zunächst daran, dass die unzulässige Ehe nach Ende der Dienstzeit als *matrimonium iustum* behandelt werden kann[23]. Die daraus folgende Konsequenz, dass die nachträglich aus der Ehe geborenen Kinder als legitime Abkömmlinge zu behandeln seien[24], stützt das Reskript auf die Erklärung (*declarat*) in einem *responsum* des Paulus, den es als großen Rechtsgelehrten lobt[25].

Gegenüber den bisherigen Reskripten fällt zunächst die unpersönliche Formulierung ins Auge; weiter gibt es keinen Anhaltspunkt dafür, dass das *responsum* schon der Anfrage selbst beigelegt war. Es erscheint daher möglich, dass erst die Kanzlei das *responsum* heran zog, um die Auskunft zu begründen. Unklar bleibt auch, aus welcher Quelle die Kanzlei das *responsum* zitierte, das heißt, ob sie sich auf ein Archiv oder auf die publizierten *libri responsorum* des Paulus stützte. Sicher ist lediglich, dass Paulus (ca. 160–235) zum Zeitpunkt des Reskripts nicht mehr lebte[26]. Daher liegt es nahe, dass die gordianische Kanzlei aus den auch nach dem Tode noch greifbaren *libri responsorum* des Paulus zitierte, die auch in den Digesten überliefert sind:

D. 23,2,65,1 (Paul. 7 resp.)

Idem eodem. respondit mihi placere, etsi contra mandata contractum sit matrimonium in provincia, tamen post depositum officium, si in eadem voluntate perseverat, iustas nuptias effici: et ideo postea liberos natos ex iusto matrimonio legitimos esse.

Derselbe [Paulus] hat das Gutachten erteilt: Ich halte es für richtig, dass eine Ehe, auch wenn sie in der Provinz entgegen den Dienstanweisungen geschlossen worden ist, nach Beendigung des Amtes dennoch eine rechtsgültige Ehe wird, wenn sie in derselben ehelichen Gesinnung fortgesetzt wird; und daher sind die später geborenen Kinder rechtmäßige Kinder aus einer rechtmäßigen Ehe.

Die Gegenüberstellung dieses in den Digesten Justinians überlieferten Fragmentes aus den *libri responsorum* mit dem Reskript des Gordian belegt, dass die Kanzlei offenbar

---

23 Zum Text vgl. v.a. Volterra 1975, bes. 169 f., ferner Arends Olsen 1999, 190, zuletzt Sanna 2012, 133–135 mwN.

24 Die zu Dienstzeiten geborenen Kinder sind *spurii*, vgl. Gai. 1,64.

25 Honoré 1994, 114–121, 119 mit Fn. 631. Secretary n° 12 (21. März 238 bis 12. Juni 241). Auch hier wird die Vorstellung einer lediglich deklaratorischen Kraft des *responsum* sehr deutlich, vgl. bereits oben zum Zitat des Papinian durch C. 6,37,12pr.–1 Gord. (a. 240), zu beiden Giaro 2007, 209 f.

26 Liebs 1997, § 423.A, S. 150 f.

schon die Beschreibung des Tatbestandes wörtlich aus Paulus' Werk übernahm. Der einzige Unterschied zu Paulus' Ausführungen liegt darin, dass die Kanzlei Gordians ausdrücklich den Ehewillen der Frau erwähnt: *consentiente muliere matrimonium*. Man könnte spekulieren, ob dieses Kriterium der Tatsache geschuldet ist, dass die Anfragende im Codex selbst eine Frau ist; ebenso plausibel ist die Überlegung, der im Reskript enthaltene Zusatz sei in den Digesten von Justinians Kompilatoren gestrichen worden.

Trotz aller Unsicherheiten lässt sich für die Reskripte Gordians ein kurzes Zwischenergebnis formulieren: Die drei namentlichen Bezugnahmen auf Modestin, Papinian und Paulus in gordianischen Reskripten dürften zweimal auf die Initiative des Antragstellers zurückgehen, der das *responsum* bereits selbst seiner Petition beifügte; einmal könnte erst die Kanzlei den Bescheid durch einen Rückgriff auf die *libri responsorum* des Paulus angereichert haben. Die vom Antragsteller zitierten *responsa* stammen einmal unmittelbar vom Juristen (Modestin) selbst, dessen Rechtsmeinung von der Kanzlei nur erneut bestätigt wird, ein anderes Mal (Papinian) kann der Antragsteller nur aus einer anderen Quelle Kenntnis und Zugriff auf das *responsum* gehabt haben. Da das Reskript den Wortlaut des *responsum* des Papinian nochmals mitteilt, könnte man dabei auch an ein Zitat vom Hörensagen denken[27]. Bei dem möglicherweise erst von der Kanzlei eingebrachten *responsum* des Paulus findet sich das Vorbild aus Paulus' *libri responsorum* noch in den Digesten Justinians. In diesem Fall dürfte der Kanzlei – genau wie für Papinian – eine Abschrift vorgelegen haben, aus der sie zitierte.

Die Vielfältigkeit der Bezugnahmen auf klassische Juristen in Gordians Reskripten fehlt in den zwei verbleibenden Reskripten der hier untersuchten Epoche: Sowohl Decius als auch die Samtherrscher Carinus, Carus und Numerian zitieren ausschließlich Papinian[28].

2. Zitate Papinians in späteren Reskripten

Als Gewährsmann in einer juristischen Kontroverse erscheint der Spätklassiker in:

> C. 7,32,3 Decius (a. 250)
> Donatarum rerum a quacumque persona infanti vacua possessio tradita corpore quaeritur. quamvis enim sint auctorum sententiae dissentientes, tamen consultius videtur interim, licet animi plenus non fuisset adfectus, possessionem per traditionem esse quaesitam: alioquin, sicuti viri consultissimi Papiniani responso continetur, ne quidem per tutorem possessio infanti poterit adquiri.

---

27 Zum Zitat vom Hörensagen vgl. nur D. 2,14,7,5 (Ulp. 4 ad ed.) (...) *idem responsum scio a Papiniano* (...); D. 18,1,80,2 (Lab. 5 post. a Iav. epit.) (...) *scio Servium respondisse* (...); D. 24,1,11,3 (Ulp. 32 ad Sab.) (...) *placuisse scio Sabinianis* (...).

28 Papinians Lobpreisungen in späteren Konstitutionen hat bereits Costa 1894, 368–372 gesammelt.

Der freie Besitz an Sachen, die von irgendeiner Person einem Kinde geschenkten worden sind, wird durch Übergabe erworben. Wenngleich nämlich die Ansichten der Rechtsgelehrten diesbezüglich voneinander abweichen, so scheint es doch vorerst geratener, dass (wenn auch keine vollgültiger Wille vorhanden war,) der Besitz durch die Übergabe erworben worden sei; denn sonst würde ja, wie es in einem responsum des höchsten Rechtsgelehrten Papinian heißt, der Besitz für ein Kind nicht einmal durch den Vormund erworben werden können.

Das Reskript hält zunächst fest, dass das Kind (*infans*), dem der freie Besitz (*vacua possessio*) schenkungsweise übergeben worden sei, die Sachherrschaft bei der Übergabe erwerbe. Obgleich nämlich die Ansichten der Rechtslehrer hierüber divergierten[29], führe die Übergabe auch bei Fehlen eines rechtlich erheblichen Willens zum Besitzerwerb. Diese dogmatische Ausführung wird auf ein *responsum* des Papinian gestützt, der als hochgelehrter Jurist bezeichnet wird und der die Gegenmeinung *ad absurdum* führt: Lasse man den Besitzerwerb des Kindes durch bloße Übergabe nicht zu, könne es nicht einmal durch den Vormund Besitz erwerben[30]. Die Kanzlei des Decius[31] erweist sich hier als kundige Berichterstatterin über Klassikerkontroversen und legt Wert auf den sachlichen Entscheid der Kontroverse, der nur zusätzlich durch das Renommee des Gewährsmannes abgestützt wird[32]. Anders als in den gordianischen Reskripten bestätigt das Reskript des Decius mithin nicht lediglich das papinianische *responsum*, sondern nimmt an der Rechtsdiskussion teil, indem es das *responsum* als Argument zur Streitentscheidung heranzieht. Eine weitergehende Erläuterung zu Händen des Anfragenden unterbleibt im Reskript des Decius[33].

Ebenfalls gut informiert, wenngleich in gewisser Distanzierung von Papinian, äußert sich:

C. 6,42,16 Impp. Carus, Carinus, Numer. (a. 283)

pr. Cum virum prudentissimum Papinianum respondisse non ignoramus etiam legata huiusmodi fideicommisso contineri, id est ubi heres rogatus fuerat, quidquid ex hereditate pervenerit, post mortem restituere, animadvertis etiam praeceptionis compendium testatoris verbis comprehensum esse.

1 Sane quoniam in fideicommissis voluntas magis quam verba plerumque intuenda sunt, si quas pro rei veritate praeterea probationes habes ad commendandam hanc patris voluntatem, quam fuisse adseveras, apud praesidem experiri non vetaris.

---

29 Vgl. D. 41,3,32,2 (Paul. 15 ad Sab.), dazu Klinck 2004, 166–168. Im Unterschied zu C. 7,32,3 Decius (a. 250) ist dort die *auctoritas tutoris* ausdrücklich erwähnt.

30 Zum Absurditätsargument vgl. zutreffend Klinck 2004, 169 f. mwN.: „Der *infans* erwirbt den Besitz ausnahmsweise ohne daß es auf einen voll entwickelten *animus* ankäme".

31 Honoré 1994, 121–125, mit 125 Fn. 701. Secretary n° 13 (1. Juli 241 bis 12. Juli 246): „But six surviving rescripts of Decius from 250 have a syntax and vocabulary (...) that are at least consistent with no. 13's style."

32 Vgl. Klinck 2004, 170 f., der herausarbeitet, dass Papinian die Meinung des Paulus ignoriert.

33 Crifò 2005, 174 f. deutet das Zitat als Versuch, Machtmissbräuche zu unterbinden. Zu Decius siehe Fargnoli S. 160–171.

> *Da uns sehr wohl bekannt ist, dass der höchste Rechtsgelehrte Papinian das responsum erteilt hat, demzufolge durch ein Fideikommiss, mit welchem der Erbe ersucht worden ist, was von der Erbschaft an ihn gelangt nach seinem Tode wieder herauszugeben, auch die Vermächtnisse erfasst werden, meinen wir, dass in diesen Worten des Testators auch ein Vorausvermächtnis miteinbegriffen ist. Da jedoch bei Fideikommissen eher auf den Willen als auf den Wortlaut abzustellen ist, bist du nicht daran gehindert dies vor dem Provinzialpraeses vorzubringen, wenn du außerdem Beweise für die Wahrheit dieser Sache hast, um den Willen deines Vaters, welchen du behauptest, zu belegen.*

Die Kanzlei des Numerian betont zunächst, dass ihr das *responsum* des höchst rechtsgelehrten Papinian, das offenbar von der Anfrage selbst angeführt wurde, sehr wohl bekannt sei[34]. Das Reskript belehrt daher nur über die Konsequenzen, die das *responsum* für den zu entscheidenden Fall habe: Nach Papinian sei die Verpflichtung aus dem Fideikommiss *quidquid ex hereditate pervenerit* so auszulegen, dass der Erbe alle erhaltenen Vermächtnisse an den Fideikommissar herauszugeben habe[35]. Entsprechend sei auch ein Vorausvermächtnis, dessentwegen angefragt werde, aufgrund eines gleichlautenden Fideikommisses herauszugeben. Angesichts dieser unerwünschten Rechtsfolge raten die Herrscher der Petentin (§ 1), einen gegenüber dieser Auslegung abweichenden Willen des Vaters zu beweisen. Da mit Blick auf Fideikommisse regelmäßig mehr die Intention als die Erklärung zu beachten sei, könne sie das Vorausvermächtnis behalten, falls dies dem Willen ihres Vaters entspreche[36]. Diese im Reskript mitgeteilte kaiserliche Rechtsmeinung sollte – wie sich aus dem Hinweis auf das Verfahren vor dem *praeses* (*provinciae*) ergibt – als autoritative Grundlage der Entscheidungsfindung dienen.

3. Zur Kontinuität zwischen Klassik und Epiklassik

Die Durchsicht durch die hier interessierenden Reskripte führt zunächst die Kontinuität der juristischen Argumentationsweise zwischen Klassik und Epiklassik vor Augen[37]. Ungebrochen scheint auch das Selbstbewusstsein der in der Kanzlei tätigen Juristen, die zwar die großen Vorgänger lobend hervorheben, keinesfalls aber unkritisch kopieren. Auffällig ist allenfalls der paternalistische Ton, der in drei der

---

34 Honoré 1994, 146 f. mit 146 Fn. 21. Secretary n° 16A: 13 Jan. 283 bis 30. Aug. 284. Desanti 2003, 143 Fn. 105 vermutet, dass das Reskript auf das *responsum* D. 31,77,12 (Pap. 8 resp.) verweist. Die Parallelen sind angesichts der Fülle papinianischer Entscheide zum sog. *fideicommissum de residuo* indes nicht eindeutig.

35 Zu dieser Auslegung des *fideicommissum de residuo* vgl. Desanti 2003, 141–146; ferner Murillo Villar 1989, 49–78 mwN.

36 Vgl. D. 28,5,1,5 (Ulp. 1 ad Sab.), dazu zuletzt Desanti 2003, 100 mwN.

37 Vgl. bereits Wieacker 1971, 221–223; zu Carus, Carinus und Numerian vgl. Popescu 1978, 565, 570–581; Marotta 2007, 56 f.

Reskripte angeschlagen wird, um dem Anfragenden die Rechtslage zu erörtern und Hinweise für das weitere Vorgehen zu geben. Soweit sich Reskripte freilich an Private richten, ist ein vergleichbarer Stil auch in klassischer Zeit nicht selten[38].

Mit diesen Beobachtungen rücken die Rahmenbedingungen der Zitate, insbesondere die Praxis der Reskriptenkanzlei sowie das Verhältnis von *responsa* und *rescripta* in den Blick, die es im Folgenden für Klassik und Epiklassik vergleichend zu skizzieren gilt.

II. Zitierpraxis in Reskripten der Klassik und Epiklassik

Wie angedeutet zeichnet sich der auf Reskripten beruhende Prozess durch einen indirekten Entscheidungsvorgang aus, indem sich die kaiserliche Kanzlei auf Anfrage des Richters oder einer der Parteien zur Rechtsfrage äußert. Treffen die in der Anfrage behaupteten Angaben zu, ist der Entscheidungsträger sodann an die von der Kanzlei vertretene Rechtsmeinung gebunden, das heißt das Reskript wirkt als *lex*[39]. Noch wichtiger ist die präjudizielle Wirkung von Reskripten, das heißt die Verwendung des Reskripts in einem anderen Rechtsverfahren als dem, für das es ursprünglich erlassen wurde[40]. Die römischen Quellen sprechen in diesem Fall von *exemplum*[41] und meinen damit ein von außen an den Fall heran getragenes Argument, das aufgrund von *auctoritas* zur Überzeugung des Entscheidungsträgers eingesetzt wird[42]. Zu diesem Zweck werden Reskripte gesammelt, in Prozessen vorgelegt und sodann auch als Einleitungsdokument im Kognitionsprozess verwendet[43]. Die damit verbundene „induktive Normativität"[44] von Reskripten ergibt sich vor allem daraus, dass die Kanzlei auch die Anwendbarkeit bestehender Reskripte auf einen neuen Fall prüft und gegebenenfalls

38 Vgl. Honoré 1994, 39 f., 60 f. zu individuellen Stilmerkmalen.

39 Vgl. bereits Schwind 1940, 21–26, 140–154, kritisch dazu Peachin 1996, 21 mit Fn. 41; zum Wandel des Begriffs vgl. Palazzolo 1988, 556 f. Zur Stellung des Reskripts zwischen *lex* und *exemplum* vgl. Nörr 1981, 40–45; Coriat 1985, 342–345; ders. 1997, 341–445.

40 Zur Kontrollfunktion vgl. Coriat 1985, 331–334; ders. 1997, 341–458. Zur Nutzung als Präjudizien vgl. Katzoff 1982, 523–535; Vacca 1982, 121–132.

41 Vgl. Quint. 5,11,36, dazu Calboli Montefusco 1990, 41, 46 f. mwN.

42 Vgl. grundlegend Kornhardt 1936; Schwind 1940, 155 f.; zur persuasiven Wirkung vgl. Wieacker 1963, 17; Giaro 2007, 205–209. Zur dynamischen Kraft vgl. Calboli Montefusco 1992, 1178.

43 Zur Sammlung vgl. Williams 1974, 91 f.; zur Benutzung als Einleitungsdokument vgl. Fliniaux 1930; Coriat 1985, 324.

44 Vgl. z.B. die Formulierung *saepe rescriptum est*, die sich sowohl in den Digesten als auch im Codex findet, z.B. C. 1,54,2 Alex. (a. 228), C. 7,57,3 Alex. (a. 227), C. 10,60,1 Alex. (s.a.), D. 26,7,2pr. (Ulp. 9 ad ed.), D. 27,1,5 (Ulp. 1 sing. de off. praet. tut.), D. 29,2,25,2 (Ulp. 8 ad Sab.); D. 42,1,63 (Macer 2 de appell.). Zur induktiven Normativität vgl. Giaro 2007, 210; fern liegt die Annahme Haukens 1998, 109, die Formulierung weise auf „exasperation" hin.

explizit bejaht[45]. Wie die hier betrachteten Reskripte zeigen, kann die Kanzlei aber auch die Verbindlichkeit von Rechtsmeinungen der Juristen (*responsa*, *sententiae*, *opiniones*) feststellen. Der Zweck und die Bedeutung dieser offiziellen Bestätigung sind unklar: So ist einerseits zu beachten, dass die (juristische) Expertenmeinung (*auctoritas*) nach dem Maßstab der antiken Rhetorik als einem Gerichtsurteil überlegen angesehen wird, weil sie unabhängig sei von den im Prozess möglichen Manipulationen[46]. Andererseits ließe sich die Bestätigung von Juristenmeinungen durch die Kanzlei in Verbindung bringen mit dem in den Juristenschriften erwähnten *ius respondendi ex auctoritate principis*[47]. Soweit dieses Privileg reichte, könnte es die im *responsum* dokumentierte Meinung des Juristen durch die imperiale *auctoritas* verstärkt haben[48]. Auch unabhängig von diesem umstrittenen Phänomen ist die enge Verschränkung von *responsum* und *rescriptum* zu beachten[49].

1. *Responsum* und Reskript im klassischen Recht

Die enge Verbindung zwischen juristischen Gutachten und kaiserlichen Rechtsauskünften ist in unserer Überlieferung darin erkennbar, dass die kaiserlichen Reskripte bis auf Marc Aurel vorrangig durch die in den Digesten aufgenommenen Juristenschriften bekannt sind. Erst die Reskripte seit Septimius Severus und Caracalla sind eigenständig im Codex gesammelt. Dass die kaiserliche Rechtssetzung auch inhaltlich stark von der Vor- und Mitarbeit der Juristen abhängt, belegen die Bemerkungen der Juristen, die kaiserliche Reskripte zustimmend oder ablehnend zitieren und dabei auch Rede und Gegenrede der Juristen dokumentieren[50]. So findet sich immer wieder die Formulierung, die in einem Reskript vertretene Lösung beruhe auf einer (anerkannten oder streitigen) Juristenmeinung[51]. Aus Sicht der hier untersuchten

---

45 Zu den Zugangsbeschränkungen (nur über Personen in der Nähe des Kaisers) vgl. Williams 1974, 97 f., Nörr 1981, 11 f.; optimistischer zur Zugänglichkeit (für die Zeit Diocletians) dagegen Connolly 2010, 137–158. Zur fehlenden Rechtskenntnis als Petitionsgrund vgl. Peachin 1996, 14–33.

46 Quint. 5,11,36 f. (...) *vel potentiora etiam quod non causis accomodata sunt, sed liberis odio et gratia mentibus ideo tantum dicta factaque quia aut honestissima aut verissima videbantur,* dazu Calboli Montefusco 1992, 1180.

47 Inhaltlich vgl. v.a. Frezza 1977, 222–226; Vacca 1982, 99–103; Peachin 1996, 15 f.; zuletzt Stolfi 2001, 42–47; Giaro 2007, 209 f.

48 Zur Forschungsgeschichte vgl. grundlegend Tuori 2007, 73–134.

49 Erst später erfolgt eine gedankliche Trennung in *ius* (Juristenrecht) und *leges* (Kaiserrecht), vgl. Gaudemet 1950, 223–231; zuletzt Bianchi 2007, 139–179.

50 Vgl. Gualandi 1963, 73–82. Zum Juristen- und Kaiserrecht, vgl. auch Zoz 2009.

51 Vgl. D. 5,1,2,4 (Ulp. 3 ad ed.) (...) *quod et Iulianus scribit et divus Pius rescripsit* (...); D. 13,7,13pr. (Ulp. 38 ad ed.) (...), *scripsit Iulianus et est rescriptum ob hanc conventionem pigneraticiis actionibus teneri creditorem,* (...); D. 14,6,3,1 (Ulp. 29 ad ed.) *Unde Iulianus libro duodecimo in eo, qui vectigalia conducta habebat, scribit (et est saepe constitutum) cessare senatus consultum*; D. 27,3,1,15 (Ulp. 36 ad

Zitierweise ist dabei auffällig, dass das Reskript selbst seine Quellen nicht nennt, sondern allein das Ergebnis mitteilt; erst der zitierende Jurist klärt über Ursprung und Gegner der vertretenen Rechtsposition auf, oftmals unter namentlicher Nennung der Protagonisten. Bei dieser indirekten Zitiermethode bleibt es sogar dann, wenn ein Reskript eine Juristenkontroverse schlichtet oder zu schlichten versucht[52]. Erkennbar sind damit die Juristenschriften darauf angelegt, die Stellungnahmen des Kaisers zunächst nur als einen Beitrag zur fachlichen Diskussion zu bewerten. Indem sie die im Reskript selbst nicht erwähnten Berater namentlich benennen, binden sie das Reskript an den Fachdiskurs zurück und weisen dem Kaiser – offenbar mit seiner Billigung – die Rolle des höchsten Rechtsgelehrten zu[53]. Mit dieser Deutung ist das weitgehende Fehlen von namentlichen Zitaten in den Reskripten der klassischen Kaiser mithin keine Folge einer fehlerhaften Überlieferung, sondern Programm: Die

ed.) (...) *et ita imperator noster Ulpio Proculo rescripsit. quod enim Marcellus libro octavo digestorum scripsit, quodque saepissime rescriptum est,* (...); D. 37,10,1,5 (Ulp. 41 ad ed.) (...) *Iulianus scripsit adhuc Carboniano locum esse: quod et divus Pius rescripsit:* (...); D. 42,8,7 (Paul. 62 ad ed.) (...) *Proculus existimat* (...) *et rescriptum est secundum Proculi sententiam*; D. 11,7,6pr. (Ulp. 25 ad ed.) (...) *et ita Papinianus respondit et saepissime idem constitutum est*; D. 40,5,24,9 (Ulp. 5 fideicomm.) (...) *et ita et Marcellus libro quinto decimo digestorum et imperator noster cum patre rescripsit;* D. 42,4,7,16 (Ulp. 59 ad ed.) (...). *extat Neratii sententia* (...): *et hoc rescripto Hadriani continetur, quo iure utimur*. Zur Bestätigung eines Reskripts durch eine Juristenmeinung in: D. 17,1,6,7 (Ulp. 31 ad ed.) (...) *sed rectissime divi fratres rescripserunt* (...). *Marcellus autem sic loquitur* (...); D. 11,7,6pr. (Ulp. 25 ad ed.) (...) *Liberti autem nec sepeliri nec alios inferre poterunt, nisi heredes extiterint patrono, quamvis quidam inscripserint monumentum sibi libertisque suis fecisse: et ita Papinianus respondit et saepissime idem constitutum est* (...); D. 26,7,7,14 (Ulp. 35 ad ed.) *Si tutor pro contutore condemnetur, an etiam in usuras condemnandus sit, quaeritur. et placet, ut multis rescriptis continetur et Papinianus libro duodecimo quaestionum ait, etiam in usuras eum condemnandum,* (...). Zum Verhältnis Kaiser – Juristen vgl. zuletzt Brutti 2012.

52 Z.B. D. 2,1,11pr. (Gai. 1 ad ed prov.): (...) *apud eum agi posse Sabino Cassio Proculo placuit: quae sententia rescripto imperatoris Antonini confirmata est*; D. 28,5,9,2 (Ulp. 5 ad Sab.) (...) *Celsus libro duodecimo quaestionum, digestorum undecimo posse defendi ait* (...) *quae sententia rescriptis adiuvatur generalibus.* (...); D. 28,6,2,4 (Ulp. 6 ad Sab.) (...) *et hoc Iulianus putat* (...). *quae sententia rescripto imperatoris nostri ad Virium Lupum Brittanniae praesidem comprobata est, et merito* (...); D. 30,37pr. (Ulp. 21 ad Sab.) *Gaius Cassius scribit* (...) *quae sententia rescripto imperatoris nostri et divi Severi iuvatur,* (...); D. 31,67,9 (Pap. 19 quaest.) *Si omissa fideicommissi verba sint et cetera quae leguntur cum his, quae scribi debuerunt, congruant, recte datum et minus scriptum exemplo institutionis legatorumque intellegetur: quam sententiam optimus quoque imperator noster Severus secutus est*; D. 35,1,7pr. (Ulp. 18 ad Sab.) (...) *et ita Aristoni et Neratio et Iuliano visum est: quae sententia et constitutione divi Pii comprobata est*; D. 35,1,48 (Marcell. 5 dig.) *Non putabam* (...): *et ita etiam Aurelius imperator Antoninus ad appellationem ex Germania iudicavit*; D. 37,5,5,6 (Ulp. 40 ad ed.) (...) *Iulianus saepissime scripsit* (...) *cuius sententia rescripto divi Pii comprobata est*; Coll. 12, 7, 4–6 (Ulp. 1 ad ed.) (...) *Celsus libro XXXVII digestorum scribit.* (...) *Cuius sententia et rescripto divi Severi conprobata est* (...).

53 Corcoran 2000, 49: „The emperor is the supreme prudens, and can play the part all more convincingly since the true authors of imperial rescripts, the a libellis or magister libellorum, are expert jurists."

kaiserliche Kanzlei teilt das Ergebnis mit; die Juristen berichten über die Entscheidungsfindung. Die so verstandene Arbeitsteilung und die damit verbundene Selbstdarstellung beider Seiten wird durch die einzige Ausnahme, in der ein in den Digesten überliefertes Reskript namentlich Juristen zitiert, bestätigt[54]. Es handelt sich um den vielbeachteten Auszug aus einem Reskript des Marc Aurel in Ulpians Kommentar zur *lex Iulia et Papia*:

D. 37,14,17pr. (Ulp. 11 ad leg. Iul. et Pap.)[55]
Divi fratres in haec verba rescripserunt: „Comperimus a peritioribus dubitatum aliquando, an nepos contra tabulas aviti liberti bonorum possessionem petere possit, si eum libertum pater patris, cum annorum viginti quinque esset, capitis accusasset, et Proculum, sane non levem iuris auctorem, in hac opinione fuisse, ut nepoti in huiusmodi causa non putaret dandam bonorum possessionem. cuius sententiam nos quoque secuti sumus, cum rescriberemus ad libellum Caesidiae Longinae: sed et Volusius Maecianus amicus noster ut et iuris civilis praeter veterem et bene fundatam peritiam anxie diligens religione rescripti nostri ductus sit, ut coram nobis adfirmavit non arbitratum se aliter respondere debere. sed cum et ipso Maeciano et aliis amicis nostris iuris peritis adhibitis plenius tractaremus, magis visum est nepotem neque verbis neque sententia legis aut edicti praetoris ex persona vel nota patris sui excludi a bonis aviti liberti: plurium etiam iuris auctorum, sed et Salvi Iuliani amici nostri clarissimi viri hanc sententiam fuisse".
Die vergöttlichten Brüder (Marc Aurel und Lucius Verus) haben folgendes Reskript erlassen: „Wir haben erfahren, dass von den Rechtsgelehrten zuweilen in Zweifel gezogen wurde, ob der Enkel die bonorum possessio eines großväterlichen Freigelassenen gegen das Testament fordern könne, wenn sein Vater in einem Alter über fünfundzwanzig Jahren denselben eines Kapitalverbrechens angeklagt habe. Und Proculus, eine nicht geringe Autorität in Rechtsfragen, sei der Ansicht gewesen, dass einem Enkel in diesem Fall die bonorum possessio nicht erteilt werden dürfe. Seiner [des Proculus'] Ansicht sind auch wir gefolgt, als wir das Reskript auf das Bittschreiben der Caesidia Longina erließen. Aber auch Volusius Maecianus, unser Vertrauter wie auch ein Experte wegen seiner langdauernden und gut fundierten Kenntnis des ius civile, hat sich durch ängstliche Rücksichtnahme gegenüber unserem Reskript veranlasst gesehen, vor uns zu erklären, dass er geglaubt habe, nicht anders entscheiden zu dürfen. Nachdem wir jedoch, unter Hinzuziehung des Maecianus selbst, und anderer uns vertrauter Rechtsgelehrter ausführlicher uns darüber beraten haben, schien es eher richtig, dass der Enkel weder durch die Worte noch den Sinn des Gesetzes oder des prätorischen Edikts, durch die Person seines Vaters oder den denselben treffenden Vorwurf von dem Nachlass des großväterlichen Freigelassenen ausgeschlossen werde; mehrere Rechtsautoritäten, aber auch Salvius Julianus, unser Vertrauter und höchstberühmter Mann, sind dieser Meinung gewesen."

54 Zum exzeptionellen Charakter des Textes vgl. Williams 1975, 75 f.; Nörr 1981, 12 f.; Christol 2007, 37 f.

55 Gualandi 1963, 88 f.; zum Inhalt vgl. La Pira 1930, § 130, 197 f.; Masi Doria 1996, 366 f., zuletzt umfassend Pulitanò 2003.

Das Reskript betrifft die Frage, ob der Enkel vom Nachlassbesitz gegen das Testament (*bonorum possessio contra tabulas*) eines großväterlichen Freigelassenen ausgeschlossen ist, wenn der Vater des Enkels, das heißt der Sohn des Großvaters[56], den Freigelassenen wegen eines Kapitalverbrechens angeklagt hat. Rechtlicher Hintergrund ist damit die Pflicht des Freigelassenen, dem Freilasser den hälftigen Teil seines Vermögens zu hinterlassen. Kommt der Freigelassene dieser Pflicht nicht nach, können der Patron und seine Erben den Nachlassbesitz gegen das Testament verlangen[57]. Im vorliegenden Fall ist allerdings unklar, ob die *accusatio capitis*, die für den Vater selbst zum Verlust des Klagerechts auf den Nachlassbesitz führt[58], auch gegen den Sohn, das heißt den Enkel des Begünstigten, durchschlägt. Die Schwierigkeit, diese Frage zu entscheiden, ergibt sich aus dem Fehlen einer expliziten Regelung in der *lex Iulia et Papia* bzw. im prätorischen Edikt[59].

Wie durch *dubitatum* angedeutet, treten die Kaiser als Teilnehmer an der Fachdiskussion auf, was ausnahmsweise im Reskript selbst dokumentiert wird: *Comperimus a peritioribus dubitatum aliquando.*[60] Diesem Bekenntnis fügen sich die namentlichen Zitate der an der Fachdiskussion beteiligten Juristen an, wobei Proculus, Volusius Maecianus und Salvius Iulianus genannt werden[61]. Die in ihrer Ausführlichkeit einmalige Stellungnahme der Kaiser lässt sich zunächst damit erklären, dass sie bereits ein Reskript erlassen hatten, zu dem nun ein widersprechender Entscheid gefällt werden sollte. In der Tat hatten die Kaiser der Caesidia Longina gestützt auf Proculus zunächst mitgeteilt, der Enkel habe das Recht auf den Nachlassbesitz verloren. Im nunmehr mitgeteilten Entscheid gelangen die Kaiser dagegen zur gegenteiligen Rechtsansicht, wobei sie diese auf eine Diskussion im *consilium principis* stützen[62]. Der im Reskript angeschlagene vertrauliche Ton und die Genauigkeit der juristischen Argumentation dieser Mitteilung sind als Hinweis für das Vorliegen einer *epistula*

---

56 Die Formulierung *si eum libertum pater patris* ist mehrdeutig, weil gemeint sein kann: *si pater eum libertum patris* (...) *capitis accusasset* oder *si pater patris* (= avus) *eum libertum* (...) *capitis accusasset*. Für die erste Deutung spricht der Fortgang der Diskussion, insbesondere die Begründung des neuen Rechtssatzes: *magis visum est nepotem* (...) *neque* (...) *neque* (...) *ex persona vel nota patris sui excludi a bonis aviti liberti*. Auch aus sachlichen Gründen muss es sich um ein Wortspiel handeln.

57 Vgl. Einzelheiten bei Masi Doria 1996, 227–345.

58 D. 37,14,10pr. (Clem. 9 ad l. Iul. et Pap.) *Eum patronum, qui capitis libertum accusasset, excludi a bonorum possessione contra tabulas placuit.* (...), vgl. Pulitanò 2003, 7 f. Zur Majorität vgl. D. 38,2,14pr. (Ulp. 45 ad ed.) *Qui, cum maior natu esset quam viginti quinque annis, libertum capitis accusaverit aut in servitutem petierit, removetur a contra tabulas bonorum possessione*, dazu Pulitanò 2003, 9 f.

59 Vgl. Masi Doria 1996, 367; Pulitanò 2003, 31; Singorini 2009, 161–168. Zu *dubitatum* vgl. Christol 2007, 39.

60 Der belehrende Kanzleijurist bleibt freilich anonym vgl. Liebs 2010, 45.

61 Zu Proculus vgl. Liebs 2010, 25 Fn. 81; zu Iulianus vgl. Liebs 1997, § 414, S. 101–105; zu Maecianus vgl. ders. 1997, § 419.2, S. 130–133.

62 Zum *consilium* vgl. Crook 1955, 58 f.; Williams 1975, 77.

gedeutet worden[63]. Die bloße Form der *epistula* vermag allerdings die namentlichen Zitate der beteiligten Juristen nicht zu erklären[64]; entscheidend für diese ist vielmehr die Erklärungsnot, in welche sich die Kaiser begeben[65]. Da sich das Reskript gegen die anerkannte Juristenmeinung stellt, gehört es dem *genus admirabile* an, das heißt der Verteidigung eines an sich unhaltbaren Standpunktes[66]. In der Tat befolgt das Reskript alle Strategien zur Persuasion eines *prima facie* unwilligen Zuhörers. Die damit notwendige Einschmeichelung (*insinuatio*)[67] beginnt im ersten Satz mit dem Eingeständnis der Kaiser, sie verdankten ihr rechtliches Wissen, gerade auch in der zu entscheidenden Frage, den Juristen (*comperimus a peritioribus*). Dieses Eingeständnis hat freilich die (erwünschte) Konsequenz, auch die Zweifel über die richtige Lösung des Rechtsproblems den Juristen zuzuweisen. Ebenso dient die Behauptung, die im Reskript an Caesidia Longina eingenommene Position folge der Ansicht des Proculus (*cuius sententiam nos quoque secuti sumus*), dazu, die Verantwortung für das erste und nunmehr nicht mehr gebilligte Reskript auf die Juristen abzuwälzen. Diese Tendenz liegt auch der Beschreibung der Tugenden des Volusius Maecianus zugrunde, der als Kenner sowohl des *ius civile* als auch dessen *interpretatio* gelobt wird[68]. Da auch dieser Jurist das erste Reskript unterstützt hat, hat auch die Kanzlei das bis dahin geltende Recht richtig angewendet. Erneut wird also einerseits die Verantwortung auf die juristischen Ratgeber abgewälzt, andererseits kündigt sich hier der Wendepunkt der Argumentation – von der *insinuatio* zur Verteidigung der eigenen Position – an: Die Rechtfertigung der Kaiser für ihre Meinungsänderung liegt – dem bisherigen Duktus des Textes entsprechend – in der Meinungsänderung der sie beratenden Juristen[69]. Anstatt die rechtspolitischen Gründe offenzulegen, die für eine Änderung der Praxis sprechen, beruft sich das Reskript auf die erneute Prüfung der Rechtsquellen (Edikt und *lex Iulia et Papia*) durch die Juristen, die zu einer abwei-

---

63 Zu den Problemen der Abgrenzung vgl. Nörr 1981, 9 f.; Arcaria 2000, 3–6. Adressat könnte ein Provinzstatthalter gewesen sein, vgl. Williams 1975, 76; Christol 2007, 37 f. unter Verweis auf D. 37,14,1 (Ulp. 9 de off. proconsulis).

64 Zu den *epistulae* vgl. nunmehr Arcaria 2000.

65 Vgl. Vacca 1982, 130 f.

66 Vgl. Quint. 1,4,41 *admirabile autem vocant, quod est praeter opinionem hominum constitutum*; weitere Angaben bei Auct. ad Her. 1,3,5 und Cic. inv. 1,20, zu allem Lausberg 2008, § 264, S. 150. Zum *genus admirabile* bei Papinian vgl. Babusiaux 2011, bes. 66 f., 73 f., 136 f., 149 f. mwN.

67 Vgl. Quint. 4,1,42 *et ideo quidam exordium in duas dividunt partis, principium et insinuationem, ut sit in principiis recta benivolentiae et attentionis postulatio: quae quia esse in turpi causae genere non possit, insinuatio subrepat animis, maxime ubi frons causae non satis honesta est, vel quia res sit improba vel quia hominibus parum probetur, aut si facie quoque ipsa premitur vel invidiosa consistentis ex diverso patroni aut patris vel miserabili senis, caeci, infantis,* dazu Martin 1974, 26–28.

68 Zur Person des Maecianus vgl. Ruggiero 1983, Gualandi 1969, 13–21; Liebs 2010, 41.

69 Das Zitat Julians könnte Teil der Diskussion unter den Juristen gewesen sein und dadurch Aufnahme in das Reskript gefunden haben. Gleichsinnig Ruggiero 1983, 75 f., der davon ausgeht, Maecianus sei überstimmt worden.

chenden Deutung der Rechtslage gelangt seien. Der eigentlich rechtsändernde, und damit rechtspolitisch heikle Akt bleibt damit – jedenfalls rhetorisch – in den Händen der Juristen und wird von den Kaisern nur vollzogen.

Es liegt nahe, die Zitate des Proculus, des Maecianus und des Iulianus im Reskript im Rahmen dieser Erklärungsstrategie zu sehen. Die kaiserliche Berufung auf die bekannten und namentlich genannten Juristen diente mithin dazu, die Adressaten, das heißt den untergeordneten Entscheidungsträger sowie die rezipierenden Juristen, für den novierenden kaiserlichen Standpunkt einzunehmen. Daraus lässt sich umgekehrt schließen, dass aus Sicht der kaiserlichen *auctoritas* kein Bedarf bestand, Juristen in Reskripten namentlich zu erwähnen, wenn das Reskript keinerlei Innovation enthielt, sondern – wie in der Mehrzahl der Fälle – eine Bestätigung der bisherigen Juristenmeinung oder jedenfalls den Anschluss an einen Teil der Juristen, das heißt die Entscheidung einer Kontroverse, enthielt.

Für die Zeit der Severer wird dieses durch die Digesten vermittelte Bild durch den Codex bestätigt[70]: Die dort aufgenommenen Reskripte aus der Zeit des Septimius Severus und des Caracalla kennen keinen namentlichen Verweis auf Vorbilder oder Inspirationsquellen der kaiserlichen Rechtsmeinung[71], sondern teilen allenfalls lapidar mit, eine Meinung sei anerkannt (*placuit*)[72], womit sowohl eine bestehende Reskripten- als auch Juristenpraxis gemeint sein kann. Noch deutlicher ist der Befund, dass sich vor Alexander Severus (222–235) kein einziger Beleg für *responsum est* in den im Codex überlieferten Reskripten findet. Erst seit diesem Kaiser, mit dem auch die hier betrachtete Praxis namentlicher Zitate einsetzt[73], nennen Reskripte

70 Im Codex sind etwa 230 Konstitutionen des Severus und des Severus und Caracalla überliefert. Hinzu kommen etwa 300 Konstitutionen des Caracalla.

71 Vgl. z.B. D. 35,2,49pr. (Paul. 12 ad Plaut.) *Plautius. (...) Cassius, (...) Paulus. Cassii sententia utimur: nam et divus Pius rescripsit servo communi fideicommissum datum totum ad socium pertinere*; D. 42,8,10,1 (Ulp. 73 ad ed.) (...) *Marcellus dicit revocationi locum fore. secundum hanc distinctionem et ab imperatore Severo et Antonino rescriptum est eoque iure utimur*. Zu dieser „Bedrohung" des *responsum* durch das Kaiserrecht vgl. GIARO 2007, 544 mwN.

72 *Placuit* ist generisch und bezeichnet sowohl Juristen- als auch Kaiserrecht, vgl. z.B. C. 2,3,1 Sev. (a. 200), C. 2,31,1 Sev./Ant. (s.a.), C. 3,32,1pr. Sev./Ant. (a. 210), C. 3,38,1 Ant. (a. 211), C. 4,58,1 Ant. (a. 214), C. 5,56,1 Ant. (a. 213), C. 6,37,3 Sev./Ant. (a. 211), C. 6,38,1pr. Ant. (a. 213). Es findet sich auch in Reskripten der Soldatenkaiser, vgl. C. 2,3,13 Maximin. (a. 236); C. 2,39,1 Gord. (a. 238), C. 8,23,1 Gord. (a. 238), C. 3,28,14 Gord. (a. 239), C. 5,65,2 Gord. (a. 239), C. 6,20,4 Gord. (a. 239), C. 9,41,6 Gord. (a. 240), C. 10,39,2 Gord. (s.a.), C. 6,39,2pr. Philipp (a. 245), C. 10,52,2 Philipp (s.a.), C. 4,16,2 Decius (a. 249), C. 8,53,3 Decius (a. 250), C. 4,65,15 Val./Gallien. (a. 259); C. 2,11,18 Val./Gallien. (a. 260), C. 7,4,10,1 Val./Gallien. (a. 260), C. 9,51,8 Val./Gallien. (s.a.).

73 KIENAST 2004, 177 f.: 13. März 222–Febr./März 235. Zur Bedeutung der Juristen für die Herrschaft vgl. CROOK 1955, 86–91; HONORÉ 1991, 16 f. mwN.

Juristenmeinungen zur Begründung der vom Kaiser vertretenen Rechtsansicht[74]. Bei Alexander Severus beschränken sich die namentlichen Zitate auf den noch lebenden Juristen Ulpian:

> C. 8,38,4 Alex. (a. 222)[75]
> Secundum responsum Domitii Ulpiani praefecti annonae iuris consulti amici mei ea, quae stipulata est, cum moreretur, partem dimidiam dotis cui velit relinquere, reddi sibi, cum moreretur, eam partem dotis stipulata videtur.
> *Dem responsum des Domitius Ulpianus – praefectus annonae, Rechtsgelehrter und mein Vertrauter – zufolge, ist diejenige Frau, welche stipuliert hat, wenn sie sterbe, die Hälfte der Mitgift hinterlassen zu dürfen, wem sie wolle, so zu behandeln, als habe sie sich die Zurückgabe der Hälfte der Mitgift auf den Todesfall stipulieren lassen.*

In diesem Reskript an eine gewisse Sabina beruft sich Alexander Severus auf ein *responsum* des Ulpian als seinem *praefectus annonae* und *amicus*, woraus man geschlossen hat, dass Ulpian zu diesem Zeitpunkt noch nicht das Amt des Prätorianerpräfekten erlangt hatte[76]. Die Ämterbezeichnung könnte jedoch auch auf die Erteilung des *responsum* zu beziehen sein, mithin dazu dienen, das Prestige des Juristen zu einem früheren Zeitpunkt zu kennzeichnen. Ebenso unklar ist, ob der Jurist den Kaiser direkt in der entschiedenen Sache beraten hat, oder ob die Kanzlei ein früheres *responsum* anzuwenden gedenkt. Eine gewisse Indizwirkung für die zweite Annahme könnte man dem Thema des Reskripts entnehmen, das der Auslegung der Rückgabestipulation für eine Mitgift (*dos*) gewidmet ist[77]. Im zu entscheidenden Fall hatte sich der Versprechende verpflichtet, die Hälfte der *dos* an denjenigen auszuzahlen, den die Stipulatorin bestimmte (*partem dimidiam dotis cui velit relinquere*). Diese Zwecksetzung berücksichtigt auch Ulpian, indem er den versprochenen Teil als *dos stipulata* auf den Todesfall ansieht, so dass die Erben der Frau ihn mit der Klage aus der Stipulation vom Mann zurückverlangen können, soweit die Frau kein Vermächtnis ausgesetzt hat[78]. Das Reskript schließt sich der Meinung Ulpians ohne weitere Stel-

---

74 Vgl. C. 2,19,1 Alex. (a. 223); C. 5,16,6,1 Alex. (a. 229). Zu Gordian vgl. C. 10,46,1 Gord. (s.a.) und zu Diocletian: C. 4,39,7 Diocl./Maxim. (s.a.), C. 5,14,6 Diocl./Maxim. (a. 293). Sonst überwiegen Zitate aus gefestigter Reskriptpraxis (*saepe rescriptum*): C. 1,54,2 Alex. (a. 228); C. 7,57,3 Alex. (a. 227); C. 10,60,1 Alex. (s.a.).

75 Zum Text vgl. Modrzejewski/Zawadzki 1967, 587 f.

76 Vgl. C. 4,56,1 Alex. (a. 223) *Praefectus urbis amicus noster eam, quae ita venit, ut, si prostituta fuisset, abducendi potestas esset ei, cui secundum constitutionem divi Hadriani id competit, abducendi faciet facultatem:* (...). Zur „Superpräfektur" Ulpians vgl. Modrzejewski/Zawadzki 1967, 592–599. Zur allgemeinen Kennzeichnung vgl. Honoré 1994, 95–98 mit 95 Fn. 285. Secretary n° 6: 3. Febr. 222 bis 1 Okt. 222; zuletzt De Blois 2003, 143 f.; Nasti 2006, 6 f.

77 Zu der unbestimmten Mitgiftstipulation vgl. Stagl 2009, 129–137. Dem Bestimmtheitserfordernis dürfte hier durch den Ausdruck *pars dimidia* genüge getan sein.

78 Zum Verbot der Stipulation zugunsten eines Dritten und dessen Überwindung im Dotalrecht vgl. Stagl 2009, 146–157 (zu D. 24,3,45 [Paul. 5 quaest.]).

lungnahme an, was auf die dominierende Position des Spätklassikers für den Prinzipat des erst dreizehn- oder vierzehnjährigen Herrschers weist[79]: Ulpian war prominent, fachlich anerkannt und stand für die von Severus Alexander auch sonst gerne betonte Kontinuität zu Septimius Severus und Caracalla[80]. Somit stützt sich auch das Reskript des Alexander Severus auf die *auctoritas* des Juristen; nicht mehr der Kaiser selbst, sondern seine Berater geben die Garantie für die Richtigkeit der angeführten Meinung. Damit bedeutet das Ulpianzitat bei Alexander Severus eine qualitative Veränderung der Reskriptengrundlage: Während die bis dahin greifbaren Reskripte bis auf die beschriebene taktische Ausnahme aus eigener herrschaftlicher *auctoritas* erlassen sind, delegiert Alexander Severus sein Reskript an die Kompetenz des juristischen Beraters. Auf diese Weise leitet die Reskriptenpraxis des letzten severischen Kaisers eine Entwicklung ein, die nicht nur in den hier betrachteten Reskripten der Soldatenkaiser fortgesetzt wird, sondern bis auf Diocletian und Maximianus weist[81].

2. Juristenzitate in diocletianischen Reskripten

Die diocletianische Reskriptenkanzlei zitiert alle drei Spätklassiker. Als schlichter Beleg fungiert ein *responsum* des Paulus[82]:

> C. 9,22,11 Diocl./Maxim. (a. 287)
> Si lis pecuniaria apud pedaneos iudices remissa est, etiam de fide instrumenti civiliter apud eos iuxta responsum viri prudentissimi Pauli requiretur.

---

79 Zum Wirken Ulpians vgl. Liebs 1997, § 424.A, S. 176 f. mwN. Weitere Bezugnahmen auf Ulpian in C. 4,65,4,1 Alex. (a. 222) *ad Domitium Ulpianum praefectum praetorio et parentem meum*. Zur Chronologie vgl. Modrzejewski/Zawadzki 1967, 610 f. Zu Ulpians literarischem Werk vgl. Liebs 1997, § 424.A, S. 176 f.

80 Vgl. C. 2,1,8 Alex. (a. 225) *Et quae a divo Antonino patre et quae a me rescripta sunt, cum iuris et aequitatis rationibus congruunt.* (...); C. 2,40,1 Alex. (a. 229) (...), *innumeris divorum parentum meorum ac meis rescriptis continetur*; C. 4,1,2 Alex. (a. 223) (...) *secundum constituta divorum parentum meorum,* (...), *inferri non placet*; C. 6,21,6pr. Alex. (a. 225) (...) *et sententiis prudentium virorum et constitutionibus divorum parentium meorum placet, quo utrique pari ratione potuit substitui*; C. 6,50,4 Alex. (a. 222) *Et in legatis principi datis legem falcidiam locum habere merito divo Hadriano placuit*; C. 6,50,5 Alex. (a. 223) (...) *secundum constitutionem divi Severi avi mei uti potes*; C. 6,54,6 Alex. (a. 225) (...) *secundum divi Antonini patris mei constitutionem*; C. 7,8,6 Alex. (s.a.) (...) *ex constitutione divorum parentium meorum obligati* (...); C. 9,22,2 Alex. (a. 223) *Satis aperte divorum parentum meorum rescriptis declaratum est,* (...); C. 10,60,1 Alex. (s.a.) (...) *et a divis parentibus nostris et a me saepe rescriptum est*; C. 12,35,4 Alex. (s.a.) (...) *divus Marcus et Antoninus pater meus constituit.*

81 Zu deren Reskriptpraxis vgl. zuletzt Connolly 2010; zu den Zitaten als Beleg für *vetus ius* vgl. Corcoran 2000, 69 f.; zur Zäsur nach Diocletian mit Blick auf die Zitate vgl. Massei 1946, 427 f.

82 Honoré 1994, 148–151 mit 149 Fn. 49. Das Zitat Papinians findet Honoré „austere", 162 Fn. 302. Secretary n° 17: 24 Nov. 284 bis 15. Nov. 287.

Wenn die Geldstreitigkeit an die abhängigen Richter verwiesen worden ist, so wird dem responsum des höchsten Rechtsgelehrten Paulus zufolge, auch über den zivilrechtlichen Gehalt der Urkunde vor denselben verhandelt werden.

Die kaiserliche Auskunft betrifft den Umfang der Delegation an *iudices pedanei*, das heißt an abhängige Richter, denen vom Gerichtsherrn die Prüfung der Beweise und die Urteilsfällung zugewiesen wird[83]. Die Kaiser folgen Paulus in der Annahme, dass die *iudices pedanei*, die über die streitige Summe zu entscheiden hätten, auch die Glaubwürdigkeit der Urkunde prüfen könnten[84]. Das vom Reskript zitierte *responsum* des Paulus unterstreicht, dass die zivilrechtliche Prüfung[85], das heißt die Bewertung der Beweismittel, den delegierten Richtern als Annex zu ihrer Sachentscheidungskompetenz zustehen kann.

Der prozesspraktische Nutzen eines *responsum* steht im Vordergrund von:

C. 5,71,14 Diocl./Maxim. (a. 293)
Utere viri prudentissimi Papiniani responso ceterorumque, quorum precibus fecisti mentionem, sententiis ac doli mali exceptionem oppone, pretium ob eorum debitum solutum probans, si sortem cum usuris, quae fisco deberentur, pupilli non offerentes fundos provinciales citra decretum praesidis venumdatos cum fructibus petant.
Benutze das Gutachten des großen Rechtsgelehrten Papinian sowie die Meinungen der übrigen [Rechtsgelehrten], welche du in deiner Bittschrift erwähnt hast, und stelle die Einrede der Arglist entgegen, indem du beweist, dass du den Preis wegen ihrer Schuld bezahlt hast, wenn die Mündel die Hauptschuld mit den Zinsen, welche sie dem Fiskus geschuldet haben, nicht anbieten und die ohne Dekret des Präses verkauften Provinzialgrundstücke samt Nutzungen [von dir] zurückverlangen.

Die Kanzlei erteilt dem anfragenden Fronto den Rat, er möge das *responsum* des überaus gelehrten Papinian sowie die übrigen Meinungen von Rechtsgelehrten verwenden, die er selbst schon in seiner Petition erwähnt habe[86]. Anlass des Reskripts ist ein Kaufvertrag mit Mündeln über Provinzialgrundstücke, den der Anfragende durch Zahlung der Mündelschuld beim Fiskus erfüllt hat, ohne ein das Geschäft billigendes Dekret des *praeses* abzuwarten[87]. Die verkaufenden Mündel verlangen nun die Her-

83 Vgl. Kaser/Hackl 1996, § 69.II, S. 461 mit Fn. 8 zur Stelle; seitdem Liva 2007, 179 f.
84 Zu *fides instrumenti* vgl. C. 4,21,3 Alex. (a. 226); C. 7,58,3 Alex. (s.a.). Zum Problem der strafrechtlichen Kompetenz vgl. Lemosse 1944, 249 mwN.
85 *Civiliter* wird auch sonst häufig als Gegenbegriff zu *criminaliter* gebraucht, vgl. C. 9,21,1,1 Diocl./Maxim. (a. 300); C. 9,22,16 Diocl./Maxim. (a. 294); D. 19,5,8 (Pap. 27 quaest.); D. 47,2,93 (Ulp. 38 ad Sab.). Ebenfalls möglich die Verwendung als Gegenbegriff zu *naturaliter* in D. 10,4,3,15 (Ulp. 24 ad Sab.); D. 41,1,53 (Mod. 14 ad Q. Muc.); D. 41,2,24 (Iav. 14 epist.), D. 43,16,1,4 (Ulp. 69 ad ed.), die hier aber nicht zu einer sinnvollen Deutung führt.
86 Zum Text vgl. Cervenca 1979, 71–73 mwN. Zu dieser Erläuterung für einen Laien vgl. Corcoran 2000, 59 f. mit weiteren Beispielen.
87 Zur Notwendigkeit der Genehmigung vgl. D. 27,9,11 (Ulp. 3 de off. proc.) *Si praedia minoris viginti quinque annis distrahi desiderentur, causa cognita praeses provinciae debet id permittere.* (...), dazu

ausgabe der Grundstücke. Gegenüber dieser Klage schützt das Reskript den Käufer mit der *exceptio doli*, die ihm jedenfalls solange zustehen soll, wie die Mündel nicht bereit seien, ihre Fiskalschuld an ihn zurückzuzahlen. Grundlage dieser *exceptio doli* ist ein *responsum* des Papinian sowie nicht namentlich genannte Ansichten anderer Rechtsgelehrter, die der Anfragende bereits selbst in seinem *libellum* genannt hat[88]. Papinians *responsum* findet sich auch in einer Monographie des Paulus[89]. Danach hat Papinian die Ansicht vertreten, der Erwerber eines Mündelgrundstücks könne der Herausgabeklage die *exceptio doli* entgegenhalten, falls der Kaufpreis zur Deckung von Mündelschulden gedient habe, und das Mündel diese nicht erstatten wolle[90]. Auf diese Weise schränkt Papinian den durch die *oratio Severi* vermittelten Schutz des Mündels vor Grundstücksverkäufen bei Missbrauch ein[91]. Diocletians Reskript greift diese Rechtsmeinung auch für Fiskalschulden auf.

Ungewöhnlich ist das Zitat aus Ulpians *libri disputationum* in:

C. 9,41,11,1 Diocl./Maxim. (a. 290)
In decurionibus autem et filiis eorum hoc observari vir prudentissimus Domitius Ulpianus in publicarum disputationum libris ad perennem scientiae memoriam refert.
Dass dies auch in Ansehung der Decurionen und ihrer Söhne befolgt werde, berichtet der höchste Rechtsgelehrte Domitius Ulpianus in seinen Büchern über öffentliche Disputationen zum dauerhaften Gedächtnis der Wissenschaft.

Das Fragment betrifft die Folterung als Mittel des Strafverfahrens[92]. Im vorangehenden *principium* haben Diocletian und Maximinian an ein Privileg Marc Aurels für *viri eminentissimi* bzw. *perfectissimi* erinnert: Weder sie noch ihre Kinder bis zum Urenkel dürfen gefoltert werden[93]. Eine Ausnahme gelte im Falle des Inzests, der im Reskript verhüllend als *violatio pudoris* bezeichnet wird. Dem Grundsatz folgend, dass Privilegien nicht verallgemeinerungsfähig sind[94], rechtfertigen die Kaiser die Erweiterung des Privilegs auf die Dekurionen und ihre Abkömmlinge durch ein Zitat aus Ulpians

---

Cervenca 1979, 61 f. Nicht gemeint ist der Verkauf zur Deckung von Fiskalschulden Minderjähriger, vgl. dazu Klingenberg 1992, 394–396 mwN.

88 Zur *exceptio doli* vgl. Milone 1882, 104–106 zur Stelle.

89 Vgl. D. 27,9,13,1 (Paul. l. sing. ad orat. div. Sev.).

90 Vgl. D. 27,9,13,1 (Paul. l. sing. ad orat. div. Sev.). Paulus vertritt in seiner Anmerkung einen weitergehenden Standpunkt. Zur Note des Paulus vgl. Sciascia 1947, 445 f.

91 Vgl. nur Coriat 1997, 505–511.

92 Zur Entwicklung vgl. Brunt 1980, 262 f.; zum Text zuletzt Pölönen 2004, 237–239.

93 C. 9,41,11pr. Diocl./Maxim. (a. 290) *Divo Marco placuit eminentissimorum quidem necnon etiam perfectissimorum virorum usque ad pronepotes liberos plebeiorum poenis vel quaestionibus non subici, si tamen propioris gradus liberos, per quos id privilegium ad ulteriorem gradum transgreditur, nulla violati pudoris macula adspergit.*

94 Vgl. D. 1,4,1,2 (Ulp. 1 inst.) *Plane ex his quaedam sunt personales nec ad exemplum trahuntur: nam quae princeps alicui ob merita indulsit vel si quam poenam irrogavit vel si cui sine exemplo subvenit, personam non egreditur.*

libri disputationem[95], demzufolge auch Dekurionen und ihre Abkömmlinge nicht der Folterung unterstehen. Anders als in den bisher betrachteten Reskripten dient mithin nicht ein *responsum*, sondern ein Auszug aus einer Lehrschrift als Grundlage der kaiserlichen Rechtsansicht[96]. Auch wenn Ulpians *disputationes* funktional als *responsa* an Schüler bewertet werden können[97], zeigt die Formulierung *ad perennem*[98] *scientiae memoriam refert* eine Akzentverschiebung: Ulpians Stellungnahme wird nicht nur zur Auskunft über die Rechtslage, sondern als juristisches Denkmal verwendet[99]. Anders als noch bei Alexander Severus dient das Zitat mithin nicht nur dazu, die Richtigkeit der fachlichen Ansicht zu beweisen, sondern die rechtliche Lösung durch schmückenden, weil als dauerhaft gültigen Beisatz, zu verstärken[100].

Vor dem Hintergrund der mit Severus Alexander einsetzenden und bis auf Diocletian weisenden Zitierpraxis in Reskripten ist nunmehr die Frage zu erörtern, welche Funktion den namentlichen Zitaten in den Reskripten der Soldatenkaisern zukommen könnte.

3. Funktionen von Juristenzitaten in Reskripten

Ein zusammenfassender Vergleich aller bisher betrachteter Reskripte hat zunächst zu berücksichtigen, dass die Antike zwar eine Zitationspraxis, nicht aber einen Begriff des Zitates kennt[101]. Die Heranziehung einer Autorität, im hier untersuchten Fall eines Juristen, zur Stützung einer eigenen Position folgt daher allein dem vom Verwender verfolgten Zweck, das heißt der Tauglichkeit der herangezogenen Meinung für die Überzeugung des Adressaten[102]. Aus dieser Perspektive muss das als Beleg verwendete *responsum* zunächst inhaltlich mit dem Reskript übereinstimmen, sodann muss

95 Als Innovation sieht dies Pölönen 2004, 237. Brunt 1980, 262 meint, dass hierin eine analoge Anwendung der Privilegierung liege, da die Folter gegenüber Freien erst seit Diocletian zulässig gewesen sei.

96 Einzelheiten hierzu bleiben im Dunkeln vgl. Lovato 1990, 215 f., Lovato 2003, 8–15 und 41 f. mwN. Lovato spricht sich für die öffentliche Unterrichtstätigkeit aus. Zum Charakter der Schrift vgl. Liebs 1997, § 424.B.c, S. 185 mwN.

97 Vgl. Lovato 2003, 14 f.; zur Frage bereits Frezza 1977, 262.

98 Zu *perennis* vgl. Honoré 1994, 158 mit Fn. 208; Lovato 1990, 217 f.

99 Vgl. auch Lovato 2003, 5: „quasi si trattasse non del pensiero espresso su un punto molto specifico, ma di un'intera eredità culturale." Zur Wissenschaftlichkeit des Werkes auch Frezza 1977, 224, der freilich von einem esoterischen Werk ausgeht.

100 Aufgrund des Zusatzes *ad perennem ... memoriam* gewinnt der Gedanke infiniten Gehalt und erinnert insoweit an die *sententia*, vgl. dazu Lausberg 2008, § 872, S. 431 f.

101 Zum Fehlen eines eigenen Zitatbegriffs in der Antike vgl. Benninghoff-Lühl 2009, 1542.

102 Lausberg 2008, § 63, S. 56. Zum *aptum* vgl. Quint. 5,11,6: *ad persuadendum id quod intenderis*, auch dazu Lausberg 2008, § 427, S. 234 f.

ihm aus Sicht des Zitierenden Überzeugungskraft zukommen[103]. Schließlich muss der Verwender auch über die literarische Form der Zitierung entscheiden, das heißt darüber, ob es nur als knappe Anspielung oder als echte *narratio* eingeführt wird[104]. Der letzte Aspekt wird lediglich beim Vergleich mit dem Reskript der *divi fratres* relevant, da die Zitate dort als Teil einer ausführlichen *narratio* verwendet werden; alle übrigen Bezugnahmen erfolgen in einem Satzglied, beschränken sich also auf die *brevitas*-Form des *exemplum*.

Entscheidende Unterschiede ergeben sich dagegen mit Blick auf die Intention der Verwendung. Zunächst ist für alle hier betrachteten Reskripte davon auszugehen, dass sie schon aufgrund ihrer Vorwirkung für andere Prozesse dem *genus iudiciale* angehören[105]. Die zu ihnen gehörige Argumentation ist damit an der Unterscheidung *iustum* – *iniustum* auszurichten, so dass das Ziel der Darlegung darin besteht, die Richtigkeit und Gerechtigkeit der vom Kaiser vertretenen Meinung zu beweisen. Diese Beweisfunktion ist in einfacher und direkter Form im Reskript des Alexander Severus sowie dem Zitat des Paulus bei Diocletian umgesetzt, indem diese das *responsum* schlicht als Grundlage der eigenen Rechtsansicht heranziehen[106]. Auf gleicher Linie liegen die Zitate des Paulus und des Papinian bei Gordian[107] sowie das Papinianzitat bei Decius[108]. Genau wie bei Alexander Severus und Diocletian ersetzen diese Responsenzitate eine eigene Begründung; sie dienen mithin als Beleg einer bestehenden Rechtspraxis, die keiner weiteren Würdigung bedarf[109].

Anderer Natur sind dagegen die Zitate, in denen die Kanzlei das *responsum* nicht nur angibt, sondern ausdrücklich als anerkennenswert billigt oder aber weitere Vorgaben zur Verwendung des *responsum* und des Reskripts, das es zitiert, formuliert: Eine ausdrückliche Billigung des *responsum* findet sich zunächst bei Gordian mit Blick auf das *responsum* des Modestins[110], sodann in dem leicht gereizten Zitat des Papinian bei Numerian[111] und letztlich auch im singulären Beleg aus Ulpians *libri dis-*

---

103 Lausberg 2008, § 411, S. 228 f.

104 Lausberg 2008, § 415, S. 229 f.

105 Zum *genus* vgl. Lausberg 2008, § 61, S. 54.

106 C. 8,37,4 Alex. (a. 222) *Secundum responsum Domitii Ulpiani* (...); C. 9,22,11 Diocl./Maxim. (a. 287) (...) *responsum viri prudentissimi Pauli requiretur.*

107 C. 5,4,6 Gord. (a. 239) (...) *responsum viri prudentissimi Pauli declarat*; C. 6,37,12pr. Gord. (a. 240) *Cum responso viri prudentissimi Papiniani* (...).

108 C. 7,32,3 Decius (a. 250) (...) *sicuti viri consultissimi Papiniani responso continetur* (...).

109 Vgl. auch C. 7,18,1,1 Gord. (a. 239) *Eandemque et in eo distinctionem adhibendam, cui fideicommissaria libertas debetur, meritissimo iuris auctores responderunt*, dazu Nicoletti 1981, 62 f.

110 C. 3,42,5 Gord. (a. 239) (...) *merito tibi a non contemnendae auctoritatis iuris consulto Modestino responsum est.*

111 C. 6,42,16pr. Carus/Carinus/Numerian (a. 283) *Cum virum prudentissimum Papinianum respondisse non ignoramus* (...).

putationum bei Diocletian und Maximinian[112]. Von diesen letzten beiden Herrschern stammt auch der Ratschlag an den Petenten, ein *responsum* Papinians neben anderen Meinungen vor Gericht zu benutzen[113]. In all diesen Fällen wird deutlich, dass die Juristenmeinung nicht als alleiniges Argument anstelle der kaiserlichen Begründung verwendet wird, sondern ein Meinungsaustausch zwischen Reskript und *responsum* stattfindet. Auch wenn dieser Meinungsaustausch als bloße Fiktion anzusehen ist, da der gewürdigte Jurist die Meinung der Kanzlei nicht mehr zur Kenntnis nehmen kann, lässt diese Zitationsweise den Eindruck entstehen, der im Namen des Kaisers entscheidenden Kanzlei stehe es frei, der anerkannten Juristenmeinung zu folgen oder eine andere, eigene Rechtsansicht zu vertreten. Auf diese Weise erinnern die epiklassischen Zitaten an die in den klassischen Juristenschriften beobachtete Überzeugungsbildung im Dialog zwischen Kaiser und Juristen[114]. Der durch die Zitate fingierte Dialog mit den klassischen Juristen ist freilich nicht mehr der internen Fachdiskussion verpflichtet, sondern richtet sich an die Petenten des Reskripts sowie die untergeordneten Entscheidungsträger. Durch den Verweis auf die früheren *responsa* bekannter Juristen wird diesen Verwendern des Reskripts eine Rechtsmeinung als verbindliche Rechtsgrundlage präsentiert[115]. Dem entspricht, dass die *responsa* seit Gordian von verstorbenen Juristen stammen, was die Altehrwürdigkeit und damit die Gültigkeit der zitierten Rechtsmeinung noch deutlicher hervortreten lässt[116].

Sind die Zitate mithin Ausdruck einer Veränderung der Begründungspraxis der Reskriptenkanzlei, stellt sich die Frage, wie sich diese ihrerseits erklären lässt und ob sie mit den Umwälzungen des Endes des 3. Jahrhunderts in Verbindung zu bringen ist.

III. Gründe für das Aufkommen namentlicher Zitate

Zur Beantwortung dieser Frage sind zunächst die bisherigen Erklärungsansätze für das Aufkommen namentlicher Zitate zu würdigen. Hierbei sind ein biographischer und ein prozessualer Ansatz zu unterscheiden.

---

112 C. 9,41,11,1 Diocl./Maxim. (a. 290) (...) *vir prudentissimus Domitius Ulpianus in publicarum disputationum libris ad perennem scientiae memoriam refert.*

113 C. 5,71,14 Diocl./Maxim. (a. 293) *Utere viri prudentissimi Papiniani responso ceterorumque, quorum precibus fecisti mentionem* (...).

114 Zu diesem Meinungsaustausch vgl. Coriat 1997, 245–250 (zur Severerzeit).

115 Aus dieser Formalisierung erklärt sich sodann das unter Diocletian eingeführt Verbot privater Abschriften, vgl. Palazzolo 1974, 67 f.; Hauken 1998, 307 f.

116 Zur *antiquitas* (mit Blick auf Wortgebrauch) vgl. Quint. 8,3,24, dazu Lausberg 2008, § 546, S. 280.

1. Der biographische Ansatz

Eine biographische Erklärung der drei Zitate spätklassischer Jurisprudenz in den Reskripten Gordians stammt von Nicoletti[117]. Sie erklärt die Zitate aus dem Wirken Modestins, der als Schüler des Ulpian nicht nur die Verehrung seiner Vorgänger betrieben habe, sondern auch sonst die Sprache der Konstitutionen geprägt habe[118]. Vergleichbar ist die Annahme Honorés, ein Schüler Modestins habe die Anleihen aus dessen Werk in die Sprache der Kanzlei getragen[119]. Dieser biographische Ansatz findet sich auch für Reskripte der Kaiser Diocletian und Maximianus: So deutet Liebs das Zitat aus Ulpians *libri disputationum* in C. 9,41,11 Diocl./Maxim. (a. 290)[120] als Werk des Arcadius Charisius; gleichsinnig hat Honoré den Digestenjuristen Hermogenian als Urheber des Reskripts C. 5,71,14 Diocl./Maxim. (a. 293) identifiziert[121]. Hinter all diesen Annahmen stehen nicht nur die weithin akzeptierten Thesen Honorés über den maßgeblichen Einfluss der Libellsekretäre auf die sprachliche Fassung der Reskripte[122], sondern auch das Bedürfnis, die Juristenzitate einem namentlich bekannten Juristen anstelle der anonymen Kanzlei zuzuweisen. Begreift man die Zitate dagegen als einheitliche Erscheinung, ist es unbefriedigend, dass diese Annahmen die Zitate in C. 7,32,3 Decius (a. 250), C. 6,42,16 Carus/Carinus/Numerian (a. 283) und C. 9,22,11 Diocl./Maxim. (a. 287)[123] nicht näher zu erklären vermögen. Damit ist nicht ausgeschlossen, dass bestimmte Zitate auf das Wirken eines uns namentlich bekannten Juristen zurückzuführen sind; eine überzeugende Erklärung des Gesamtphänomens wird durch diese Annahmen aber nicht erreicht.

Als allgemeine Veränderungen auf prozessualer Ebene kommt einerseits der von Nörr für die Archivierung des Reskriptenverfahrens angesprochene Wandel, anderer-

117 Nicoletti 1981, 39–54, kritisch zu dieser Annahme bereits Honoré 1994, 114–121, der einen Schüler Modestins vermutet; zuletzt auch Viarengo 2009, 184–201. Eher auf der Linie Nicolettis dagegen nun erneut Nasti 2006, 22 f.

118 Zu den sprachlichen Anleihen der Kanzlei bei Modestin vgl. Kalb 1891, Wieacker 1971, 210–217, Nicoletti 1981, dagegen Viarengo 2009, bes. 186–205.

119 Wohl zustimmend Viarengo 2009, 205, die dies aus der Qualität der juristischen Arbeit Modestins ableitet.

120 Liebs 1997, § 424.B.c, S. 185.

121 Secretary n° 20 (1. Jan. 293 bis 30 Dez. 294 zu Diocletian und 21. März 295 bis 31. März 296 zu Maximian), vgl. Honoré 1994, 163–181 mit 163 Fn. 315 und 169 Fn. 371.

122 Honoré 1994; zuerst ders. 1979; kritisch zu den stilistischen Analysen aber z.B. Frier 1984, 859: „style consists not only of the distinctive but also of the regular. The latter subject is entirely ignored by Honoré – an omission that proves to be crucial.“ Dazu auch Peachin, S. 211–224.

123 Honoré 1994, 121–125, mit 125 Fn. 701. Secretary n° 13 (1. Juli 241 bis 12. Juli 246) zu C. 7,32,3 Decius (a. 250); Honoré 1994, 146 f. mit 146 Fn. 21. Secretary n° 16: 13 Jan. 283 bis 30. Aug. 284 zu C. 6,42,16 Carus/Carinus/Numerian (a. 283), Honoré 1994, 148–151 mit 149 Fn. 49. Secretary n° 17: 24 Nov. 284 bis 15. Nov. 287 zu C. 9,22,11 Diocl./Maxim. (a. 287).

seits die zuletzt von Marotta und Viarengo betonte Bedeutung der *recitatio* von Juristenmeinungen im Prozess in Betracht.

2. Veränderungen im Reskriptenverfahren und im Prozess

Nörr hat Anzeichen dafür gefunden, dass mit der Etablierung des Reskriptenverfahrens in der hohen Prinzipatszeit nicht länger der Libell und das Reskript promulgiert wurden, sondern allein das Reskript[124]: Sowohl Libell als auch Reskript seien zu den Akten genommen worden; die epigraphisch überlieferten Abschriften seien aber allesamt aus dem Archiv gefertigt[125]. Die Publikation der im Archiv gesammelten *subscriptiones* habe eine „Anreicherung" der kaiserlichen Antwort zu einem verständlichen Text verlangt, was sich nicht nur aus Gründen der Praktikabilität, sondern auch aus der gesteigerten Rechtsquellenqualität der *subscriptiones* ableite. Die Zitate von *responsa*, insbesondere in C. 6,37,12 Gord. (a. 240), sieht Nörr mithin als eine Folge dieser „Anreicherung": „Ein solches ‚Doppelzitat' ist leichter verständlich, wenn allein das Reskript proponiert worden war."[126] Mit dieser Hypothese lassen sich insbesondere die Fragmente erklären, die nahelegen, dass bereits der Anfrage das *responsum* beigefügt war[127]. Allerdings verlangt die Klärung der Rechtslage nicht unbedingt die namentliche Nennung des Juristen, auf dessen *responsum* sich der Anfragende stützt; vielmehr hätte im Rahmen der Publikation der generelle Hinweis auf ein anerkanntes *responsum* genügt[128]. Daher erlauben auch die subtilen Überlegungen Nörrs keine umfassende Erklärung des hier untersuchten Phänomens. Keine abschließende Deutung ergibt sich auch aus der zuletzt von Marotta und Viarengo hervorgehobenen *recitatio*[129], das heißt aus der Verlesung von Juristenmeinungen im Prozess der *cognitio* (spätestens seit Mitte des 3. Jh.)[130]. Auch wenn diese Praxis eindrücklich belegt, dass die *responsa* nicht nur als Inspirationsquelle, sondern als Rechtsquelle vor Gericht genutzt wurden[131], vermag auch die Technik der *recitatio* nicht zwingend zu

124 Vgl. Nörr 1981, 14 f., 20 f., dazu ausführlich Hauken 1998, 309–317.

125 Vgl. Nörr 1981, 26 f.

126 Vgl. Nörr 1981, 30.

127 Vgl. C. 3,42,5 Gord. (a. 239); C. 6,37,12pr.–1 Gord. (a. 240); C. 5,71,14 Diocl./Maxim. (a. 293).

128 *Precibus insertum* gibt es auch in anderen Reskripten ohne namentliches Zitat, vgl. C. 2,11,17 Gord. (a. 242) auf die Worte des Statthalters bezogen; C. 10,46,1 Gord. (s.a.) auf ein *responsum* bezogen.

129 Grundlegend Weiss 1912, bes. 214 f., zur nicht notwendig innovativen Kraft des Zitates, 228–238; ferner Kupiszewski 1990, 86 f.; Viarengo 2005, bes. 496 f., 500 zu den hier interessierenden Texten; Marotta 2007, bes. 63–73.

130 Viarengo 2005, 496; zuletzt Marotta 2012, 376; allgemein zur Erscheinung Wieacker 1963, 17 f., der seit der *Constitutio Antoniniana* von einem gesteigerten Bedürfnis nach verlässlicher *recitatio* ausgeht. Zur Entwicklung der *relatio* seit Alexander Severus vgl. Arcaria 2000, 269–295.

131 Aus Rechtsquellensicht Palazzolo 1988, 558 f.

erklären, warum das *responsum* einem bestimmten Juristen namentlich zugewiesen wird. Wie die überlieferten Belege zeigen, erfüllen auch anonyme *responsa* diesen Zweck[132].

3. Juristisches Selbstverständnis und Kanonisierung

Sieht man die begründenden Zitate dagegen als Ausdruck des Entstehungsprozesses der Reskripte und als Aussage über das eigene Selbstverständnis der Reskriptenverfasser, ergeben sich wesentliche Unterschiede zwischen den klassischen und epiklassischen Reskripten: Während das Reskript noch unter den Severern Ausdruck einer gegenseitigen Durchdringung von Kaiser- und Juristenrecht ist[133], wird diese Annahme beginnend mit Alexander Severus mehr und mehr zur Fiktion. Auch wenn der fachwissenschaftliche Diskurs fortgeschrieben wird, hat sich der Kaiser selbst aus dieser Diskussion zurückgezogen. Anstelle der Erörterung mit Zeitgenossen tritt daher die fachliche Unterstützung und Legitimation, die die Reskriptenkanzlei in den Schriften der spätklassischen Juristen findet[134]. Der hier zu beobachtende Wandel ist damit Ausdruck einer seit Severus Alexander schwindenden Priorität rechtlicher Fragestellung in der kaiserlichen Politik[135]. Wenn die Kanzleijuristen Ulpians, Papinians und auch Paulus' Schriften zitieren, beziehen sie sich auf Werke, deren Ansehen nicht nur dem individuellen ‚privaten' Renommee der Juristen geschuldet ist, sondern auch auf deren prominenter Mitwirkung an den Regierungsgeschäften des Septimius Severus und des Caracalla beruht[136]. Wie bereits De Blois gezeigt hat, sind die Kaiser seit Alexander Severus dagegen nicht länger an Rechtsfragen, sondern vor allem an militärischer Kompetenz interessiert[137]. Für das juristische Tagesgeschäft können sich die Kaiser zudem auf die seit den Severern professionalisierte Bürokratie verlassen, die die anfallenden Arbeiten nach dem bisherigen Standard fortsetzte[138]. Den Juristen, die diese Arbeit erledigen, ist durch den Wegfall der kaiserlichen Beteiligung freilich das Gegenüber abhandengekommen. Die hier untersuchten Zitate erwecken den Eindruck, die Kanzleijuristen ersetzten den kaiserlichen Gesprächspartner, indem

132 Zum Beispiel die *Pauli Sententiae*, vgl. Marotta 2012, 377.

133 Vgl. Lovato 1990, 218 f. mwN.

134 Zu diesen Veränderungen in der kaiserlichen Verwaltung vgl. grundlegend Eich 2005, 338–390.

135 Vgl. hierzu De Blois, S. 225–237.

136 Wahrscheinlich ist die Frage nach der „Privatheit" der juristischen Schriften auch falsch gestellt, denn wie Meissner 1999, 91 zur technischen Literatur gezeigt hat, ist „Kommunikationskanal (...) der Kaiser; er organisiert die Bewahrung und Verbreitung des Wissens".

137 De Blois 2001; mit einigen anderen Nuancen vgl. Eich 2005, 362–370.

138 Zur Steigerung der fachlichen Ansprüche vgl. Eich 2005, 373, 378 f. Zum Standard vgl. Schulz 1961, 335 f.

sie statt seiner Zitate aus der Rechtsliteratur anführten, die vom juristischen Fachgespräch zwischen Kaiser und Juristen handeln[139].

Die so verstandene Zitierpraxis vermittelt damit den Eindruck, dass bereits mit Alexander Severus ein Prozess eingeleitet wird, der in anderen Zusammenhängen als ‚Entkontextualisierung' beschrieben worden ist. Gemeint ist damit der Verlust des Sachzusammenhangs eines Textes, der seinerseits zur Kanonisierung der Texte führt: „Der Textkanon trat schließlich an die Stelle der Institutionen, die er begründet und die ihn durchsetzen sollten"[140]. Diese Beobachtung könnte auch eine treffende Beschreibung der Situation in der kaiserlichen Reskriptenkanzlei am Ende der severischen Zeit sein. Für diese ergibt sich nämlich einerseits, dass die fachwissenschaftliche Diskussion zwischen Juristen und Kaiser an Gewicht verloren hat, weshalb die Suche nach Referenzen beginnt, die die vergangene fachwissenschaftliche Diskussion belegen[141]. Andererseits wächst das Kaiserrecht, das traditionell auf die Stützung durch das Juristenrecht angewiesen war, stark an, wie gerade das (spätere) Ausufern der Reskriptenpraxis belegt[142].

All dies aber ist weniger als Resignation oder gar als Einbruch juristischer Schaffenskraft zu bewerten, sondern vielmehr als endgültiger Vollzug eines Rollenwechsels der Jurisprudenz von der Rechtsliteratur zur Kanzlei[143]. Wie die Reskripte bis zur Mitte des 4. Jahrhunderts belegen, war es den Kanzleijuristen möglich, die juristische Arbeit fachlich auf einem hohen Niveau fortzusetzen und die Rechtsentwicklung voranzutreiben[144]. Die mit Alexander Severus beginnende Neudefinition der juristischen Aufgabe dürfte freilich erklären, warum sich die Juristen nicht mehr ausschließlich der Vorbereitung von Reskripten[145], sondern zunehmend der Sammlung und Ordnung des Kaiserrechts auch zur Ausbildung neuer Bürokraten widmeten[146]. Diese Veränderung ist weniger ein „Ende der freien Jurisprudenz"[147] als eine konsequente Fortsetzung der schon im klassischen Recht engen Zusammenarbeit zwischen Kaisern und Juristen. Die Zäsur des dritten Jahrhunderts belegt damit zwar eine Wesensänderung

---

139 Namentlich: Paulus' Werk *Imperialium sententiarum in cognitionibus prolatarum libri VI* mit *Decretorum libri III*, dazu Liebs 1997, § 423.B.d. 79, S. 172.

140 Goldberg 1987, 201; zur Spätantike vgl. Wieacker 1971, 202.

141 Zum möglichen archivarischen Ursprung des Codex vgl. zuletzt Ammirati 2010, 63 f.

142 Zum Wandel der Rechtsordnung vgl. Eich 2005, 370–379.

143 Liebs 1980, 124: „Der Jurist, der keine Schriften hinterließ, wurde zu Lebzeiten nicht notwendig fachlich geringer geachtet, (...)."

144 Zur (späteren) Krise des Reskriptenrechts vgl. De Marini Avonzo 2002, 41–51 mwN.

145 Zur Vertretung des Kaisers vgl. Peachin 1996, bes. 88–91.

146 Vgl. Corcoran 2004, 58; ders. 2006, 38 f. Zum Verhältnis didaktisch – praktisch vgl. zutreffend Zanon 2009, 76–89.

147 Zu diesen beiden Polen vgl. Palazzolo 1988, 550 f., 558. Zur Ausbildung eines „Behördenwegs" in der Provinz Aegyptus vgl. Haensch 1994, 507.

der juristischen Arbeit, gleichzeitig aber den Willen, an das Bestehende anzuschließen und es zu bewahren.

Bibliografie

AMMIRATI 2010 – S. AMMIRATI, Per una storia del libro latino antico. Osservazioni paleografiche, bibliografiche e codicologiche sui manoscritti latini di argomento legale dalle origini alla tarda antichità, *JJP* 40, 2010, 55–110.

ARCARIA 2000 – F. ARCARIA, Referre ad principem. Contributo allo studio delle epistulae imperiali in età classica, Mailand 2000.

ARENDS OLSEN 1999 – L. ARENDS OLSEN, La femme et l'enfant dans les unions illégitimes à Rome. L'évolution du droit jusqu'au début de l'Empire, Bern/Berlin/Brüssel/Frankfurt/New York/Wien 1999.

BABUSIAUX 2011 – U. BABUSIAUX, Papinians Quaestiones. Zur rhetorischen Methode eines spätklassischen Juristen, München 2011.

BENNINGHOFF-LÜHL 2009 – S. BENNINGHOFF-LÜHL, Zitat, in: G. UEDING (Hg.), Historisches Wörterbuch der Rhetorik Bd. 9: St-Z, Darmstadt 2009, Sp. 1539–1549.

BIANCHI 2007 – P. BIANCHI, Iura – Leges. Un apparente questione terminologica della tarda antichità. Storiografia e storia, Mailand 2007.

BRUNT 1980 – P. A. BRUNT, Evidence given under Torture in the Principate, *ZRG rom.* 97, 1980, 256–265.

BRUTTI 2012 – M. BRUTTI, Gaio e lo ius controversum, *AUPA* 55 2012, 75–124.

CALBOLI MONTEFUSCO 1990 – L. CALBOLI MONTEFUSCO, L'auctoritas nella dottrina retorica, *Vichiana* 3e 1, 1990, 41–60.

CALBOLI MONTEFUSCO 1992 – L. CALBOLI MONTEFUSCO, Auctoritas, in: HWRhet. I, Darmstadt 1992, 1177–1185.

CERVENCA 1979 – G. CERVENCA, Studi sulla cura minorum. 3. L'estensione ai minori del regime dell'oratio Severi, *BIDR* 82, 1979, 41–94.

CHRISTOL 2007 – M. Christol, Le conseil impérial, rouage de la monarchie administrative sous les Antonins et les Sévères, in: R. HAENSCH/ J. HEINRICHS (Hg.), Herrschen und Verwalten. Der Alltag der römischen Administration in der Hohen Kaiserzeit, Köln/Weimar/Wien 2007, 31–59.

CONNOLLY 2010 – S. CONNOLLY, Lives behind the Laws. The World of the Codex Hermogenianus, Indianapolis 2010.

CORCORAN 2000 – S. CORCORAN, The empire of the tetrarchs: imperial pronouncements and government, AD 284–324, Oxford 20002.

CORCORAN 2004 – S. CORCORAN, The publication of law in the era of the Tetrarchs – Diocletian, Galerius, Gregorius, Hermogenian, in: A. DEMANDT/ A. GOLZ/ H. SCHLANGE-SCHÖNINGEN (Hg.), Diokletian und die Tetrarchie. Aspekte einer Zeitenwende, Berlin/New York 2004, 56–73.

CORCORAN 2006 – S. CORCORAN, The Tetrarchy: policy and image as reflected in imperial pronouncements, in: W. ECK/D. BOSCHUNG (Hg.), Die Tetrarchie: Ein neues Regierungssystem und seine mediale Präsentation, Wiesbaden 2006, 31–61.

CORIAT 1985 – J.-P. CORIAT, La technique du rescrit à la fin du principat, *SDHI* 51, 1985, 319–348.

CORIAT 1997 – J.-P. CORIAT, Le prince législateur. La technique législative des Sévères et les méthodes de création du droit impérial à la fin du Principát, Rom 1997.

COSTA 1894 – E. COSTA, Papiniano. Studio di storia interna del diritto romano, Vol. 1, Bologna 1894 (Nachdr. Rom 1964).

CRIFÒ 2005 – G. CRIFÒ, Una (vecchia) questione in tema di fonte, in: R. MANCINI (Hg.), Studi in onore di Sergio Bertelli, Rom 2005, 169–179.

CROOK 1955 – J. CROOK, Consilium principis. Imperial Councils and Counsellors from Augustus to Diocletian, Cambridge 1955.

DE BLOIS 2001 – L. DE BLOIS, Roman Jurists and the Crisis of the Third Century A.D. in the Roman Empire, in: ders. (Hg.), Administration, Prosopography and Appointment Policies in the Roman Empire (Impact of the Empire I), Amsterdam 2001, 136–153.

DE BLOIS 2003 – L. DE BLOIS, Ulpian's Death, in: P. DEFOSSE (Hg.), Hommages à Carl Deroux III, Brüssel 2003, 135–145.

DE MARINI AVONZO 2002 – F. DE MARINI AVONZO, I rescritti nel processo del IV e V secolo, in: dies. (Hg.), Dall'Impero cristiano al medioevo. Studi sul diritto tardoantico, Goldbach 2002, 41–51.

DESANTI 2003 – L. DESANTI, Restitutionis post mortem onus. I fedecommessi da restituiersi dopo la morte dell'onerato, Mailand 2003.

EICH 2005 – P. EICH, Zur Metamorphose des politischen Systems in der römischen Kaiserzeit. Die Entstehung einer ‚personalen Bürokratie' im langen dritten Jahrhundert, Berlin 2005.

FLINIAUX 1930 – A. FLINIAUX, Contribution à l'histoire des modes de citation au bas-Empire. La postulatio simplex, *RHD* 9, 1930, 193–233.

FREZZA 1977 – P. FREZZA, ‚Responsa' e ‚quaestiones'. Studio e politica del diritto dagli Antonini ai Severi, *SDHI* 43, 1977, 203–264.

FRIER 1984 – B. W. FRIER, Law on the Installment Plan. Ulpian by Tony Honoré, *Michigan Law Review* 82, 1984, 856–868.

GAUDEMET 1950 – J. GAUDEMET, ‚Jus' et ‚Leges', *Iura* 1, 1950, 223–252.

GIARO 2007 – T. GIARO, Römische Rechtswahrheiten. Ein Gedankenexperiment, Frankfurt a.M. 2007.

GOLDBERG 1987 – A. GOLDBERG, Die Zerstörung von Kontext als Voraussetzung für die Kanonisierung religiöser Texte im rabbinischen Judentum, in: A. und J. ASSMANN (Hg.), Kanon und Zensur. Beiträge zur Archäologie der literarischen Kommunikation II, München 1987, 201–211.

GUALANDI 1963 – G. GUALANDI, Legislazione imperiale e giurisprudenza II, Mailand 1963, neu herausgeg. von G. SANTUCCI/ N. SARTI, Bologna 2012.

GUALANDI 1969 – G. GUALANDI, D. 37, 14, 17pr. ed un'epigrafe ostiense relativa al giurista Volusio Meciano, in: Studi in memoria di Angelo Gualandi, Urbino 1969, 5–21.

HAENSCH 1994 – R. HAENSCH, Die Bearbeitungsweisen von Petitionen in der Provinz Aegyptus, *ZPE* 100, 1994, 487–546.

HAUKEN 1998 – T. HAUKEN, Petition and response. An epigraphic study of petitions to Roman Emperors 181 – 249, Bergen 1998.

HONORÉ 1979 – T. HONORÉ, Imperial Reskripts A.D. 193–305: Authorship and Authenticity, *JRS* 69, 1979, 51–64.

HONORÉ 1991 – T. HONORÉ, Lawyers and Government in the ‚Historia Augusta', *Iura* 42, 1991, 13–41.

HONORÉ 1994 – T. HONORÉ, Emperors and Lawyers, Oxford 1994².

IBBETSON 2005 – D. IBBETSON, High Classical Law, in: The Cambridge Ancient History, Vol. XII, Cambridge 2005², Chap. 7A, 184–199.

KALB 1891 – W. KALB, Bekannte Federn in Reskripten römischer Kaiser, in: Commentationes Woelfflinianae, Leipzig 1891, 329–337.

KASER/HACKL 1996 – M. KASER/K. HACKL, Das römische Zivilprozessrecht, München 1996².

KATZOFF 1982 – R. KATZOFF, ‚Responsa prudentium' in Roman Egypt, in: Studi in onore di Arnaldo Biscardi II, Mailand 1982, 523–535.

KIENAST 2004 – D. KIENAST, Römische Kaisertabelle. Grundzüge einer römischen Kaiserchronologie, Darmstadt 2004³.

KLINCK 2004 – F. KLINCK, Erwerb durch Übergabe an Dritte nach klassischem römischen Recht, Berlin 2004.

KLINGENBERG 1992 – G. KLINGENBERG, Die venditio ob tributorum cessationem facta, *ZRG rom.* 109, 1992, 350–410.

KORNHARDT 1936 – H. KORNHARDT, Exemplum. Eine bedeutungsgeschichtliche Studie, Göttingen 1936.

KUPISZEWSKI 1990 – H. KUPISZEWSKI, Dal codice-libro al codice-raccolta di precetti giuridici, *JJP* 20, 1990, 83–92.

LA PIRA 1930 – G. LA PIRA, La successione ereditaria intestata e contro il testamento in diritto romano, Florenz 1930.

LAUSBERG 2008 – H. LAUSBERG, Handbuch der literarischen Rhetorik. Eine Grundlegung der Literaturwissenschaft, Stuttgart 2008[4].

LEMOSSE 1944 – M. LEMOSSE, Cognitio. Étude sur le role du juge dans l'instruction du procès civil antique, Paris 1944 (Nachdr. Rom 1971).

LEMOSSE 1983 – M. LEMOSSE, Ad exhibendum, *Iura* 34, 1983, 67–83.

LENEL 1927 – O. Lenel, Das Edictum perpetuum, Leipzig 1927[3].

LIEBS 1980 – D. LIEBS, Nichtliterarische römische Juristen der Kaiserzeit, in: K. LUIG/D. LIEBS (Hg.), Profil des Juristen in der Europäischen Tradition. Symposion aus Anlass des 70. Geburtstags von Franz Wieacker (10.–14. Oktober 1978), Ebelsbach 1980, 123–198.

LIEBS 1987 – D. LIEBS, Die Jurisprudenz im spätantiken Italien (260 – 640 n. Chr.), Berlin 1987.

LIEBS 1997 – D. LIEBS, Jurisprudenz, in: K. SALLMANN (Hg.), Handbuch der Lateinischen Literatur der Antike IV, München 1997, §§ 410–431, S. 83–217.

LIEBS 2010 – D. LIEBS, Hofjuristen der römischen Kaiser bis Justinian, München 2010.

LIVA 2007 – S. LIVA, Ricerche sul iudex pedaneus, organizzazione giudiziaria e processo, *SDHI* 73, 2007, 159–196.

LOVATO 1990 – A. LOVATO, Sull',honor decurionatus' nel I libro delle ,disputationes' Ulpianee, *SDHI* 56, 1990, 197–222.

LOVATO 2003 – A. Lovato, Studi sulle disputationes di Ulpiano, Bari 2003.

MAROTTA 2007 – V. MAROTTA, Eclissi del pensiero giuridico e letteratura giurisprudenziale nella seconda metà del terzo secolo D.C., *Annaeus* 4, 2007, 53–86 = *Studi Storici* 48, 2007, 927–964.

MAROTTA 2012 – V. MAROTTA, La recitatio degli scritti giurisprudenziali: Premesse repubblicane e altoimperiali di una prassi tardoantica, in: V. MAROTTA/ E. STOLFI, Ius controversum e processo fra tarda repubblica ed età dei Severi. Atti del convegno, Rom 2012, 357–385.

MARRONE 1958 – M. MARRONE, Actio ad exhibendum, Palermo 1958.

MARTIN 1974 – J. MARTIN, Antike Rhetorik. Technik und Methode, München 1974.

MASI DORIA 1996 – C. MASI DORIA, Bona libertorum. Regimi giuridici e realtà sociali, Neapel 1996.

MASSEI 1946 – M. MASSEI, Le citazioni della giurisprudenza classica nella legislazione imperiale, in: G. G. ARCHI (Hg.), Scritti di diritto romano in onore di Contardo Ferrini, Mailand 1946, 401–475.

MEISSNER 1999 – B. MEISSNER, Die technologische Fachliteratur der Antike: Struktur, Überlieferung und Wirkung technischen Wissens in der Antike (ca. 400 v.Chr. – ca. 500 n.Chr.), Berlin 1999.

MILONE 1990 – F. MILONE, La exceptio generalis. Studi di diritto romano, Neapel 1881 (Nachdr. Rom 1970).

MODRZEJEWSKI/ZAWADZKI 1967 – J. MODRZEJEWSKI/T. ZAWADZKI, La date de la mort d'Ulpien et la préfecture du prétoire au début du règne d'Alexandre Sévère, *RHD* 45, 1967, 567–611.

MURILLO VILLAR 1989 – A. MURILLO VILLAR, El fideicomiso de residuo en derecho romano, Salamanca 1989.

NASTI 2006 – F. NASTI, L'attività normativa di Severo Alessandro. I. Politica di governo, riforme amministrative e giudiziarie, Neapel 2006.

NICOLETTI 1981 – A. NICOLETTI, Sulla politica legislativa di Gordiano III, Neapel 1981.

NÖRR 1981 – D. NÖRR, Zur Reskriptenpraxis in der hohen Prinzipatszeit. Wolfgang Kunkel zum Gedächtnis, *ZRG rom.* 98, 1981, 1–46 = HIA II 2003, 1323–1368.

Palazzolo 1974 – N. Palazzolo, Potere imperiale ed organi giurisdizionali nel II secolo d. C. L'efficacia processuale dei rescritti imperiali da Adriano ai Severi, Mailand 1974.
Palazzolo 1988 – N. Palazzolo, Crisi istituzionale e sistema delle fonti dai Severi a Costantino, in: Scritt in onore di Giuseppe Auletta III, Mailand 1988, 547–573.
Peachin 1996 – M. Peachin, Iudex vice Caesaris. Deputy Emperors and the Administration of Justice during the Principate, Stuttgart 1996.
Pölonen 200 – J. Pölönen, Plebeians and Repression of Crime in the Roman Empire: From Torture of Convicts to Torture of Suspects, *RIDA* 51, 2004, 217–257.
Popescu 1978 – A. Popescu, L'aspect du droit romain classique à sa limite extrême (270–284 de n.è.), *RHD* 56, 1978, 563–581.
Pulitanò 2003 – F. Pulitanò, ‚Bonorum possessio dimidiae partis' e ‚accusatio capitis' in una costituzione dei ‚divi fratres', *Rivista di diritto romano* 3, 2003, 1–32.
Ruggiero 1983 – A. Ruggiero, L. Volusio Meciano. Tra giurisprudenza e burocrazia, Neapel 1983.
Sanna 2012 – M. V. Sanna, Matrimonio e altre situazioni matrimoniali nel diritto romano classico. Matrimonium iustum – matrimonium inustium, Neapel 2012.
Schulz 1961 – F. Schulz, Geschichte der römischen Rechtswissenschaft, Weimar 1961.
Schwind 1940 – F. Freiherr. v. Schwind, Zur Frage der Publikation im römischen Recht. Mit Ausblicken in das altgriechische und ptolemäische Rechtsgebiet, München 1940.
Sciascia 1947 – G. Sciascia, Appunti sulla tradizione scientifica della letteratura giuridica romana, *BIDR* 49/50, 1947, 410–479.
Signorini 2009 – R. Signorini, Adsignare libertum la disponibilità del patronatus tra normazione senatoria ed interpretatio giurisprudenziale, Mailand 2009.
Stagl 2009 – J. F. Stagl, Favor dotis. Die Privilegierung der Mitgift im System des römischen Privatrechts, Wien/Weimar/Köln 2009.
Stolfi 2001 – E. Stolfi, Per uno studio del lessico e delle tecniche di citazione dei giuristi severiani: le ‚sententiae prudentium' nella scrittura di Papiniano, Paolo e Ulpiano, *Rivista di diritto romano* 1, 2001, 1–50.
Stolte 2007 – B. H. Stolte, A crisis of Jurisprudence? The End of Legal Writing in the Classical Tradition, in: O. Hekster/G. de Kleijn/D. Slootjes (Hg.), Crises and the Roman Empire. Proceedings of the Seventh Workshop of the International Network Impact of Empire (Nijmegen, June 20–24, 2006), Leiden 2007, 355–366.
Straub 1978 – Straub, Johannes, Juristische Notizen in der Historia Augusta in: Historia-Augusta Colloquium 1975/1976, Bonn 1978, 195–216.
Tuori 2007 – K. Tuori, Ancient Roman Lawyers and Modern Legal Ideas. Studies on the impact of contemporary concerns in the interpretation of ancient Roman legal history, Frankfurt a. M. 2007.
Vacca 1982 – L. Vacca, Contributo allo studio del metodo casistico nel diritto romano, Mailand 1982.
Vallozza 2001 – M. Vallozza, Laudatio, in: G. Ueding (Hg.), Historisches Wörterbuch der Rhetorik, Vol. 5: L-Musi, Tübingen 2001, Sp. 50–56.
Viarengo 2005 – G. Viarengo, Sulle tracce della recitatio, in: G. Barberis/I. Lavanda/G. Rampa/B. Soro (Hg.), La Politica economica tra mercati e regole. Scritti in ricordo di Luciano Stella, Soveria Mannelli 2005, 489–500.
Viarengo 2009 – G. Viarengo, Studi su Erennio Modestino, Turin 2009.
Volterra 1975 – Volterra, Edoardo, Sull'unione coniugale del funzionario della provincia, in: H. Hübner/E. Klingmüller/ A.Wacke (Hg.), Festschrift für Erwin Seidl zum 70. Geburtstag, Köln 1975, 169–178.
Weiss 1912 – E. Weiss, Recitatio und responsum im römischen Provinzialprozeß, ein Beitrag zum Gerichtsgebrauch, *ZRG rom.* 33, 1912, 212–239.

WIEACKER 1963 – F. WIEACKER, Allgemeine Zustände und Rechtszustände gegen Ende des weströmischen Reiches, *IRMAE* 1963, 1–63.
WIEACKER 1971 – F. WIEACKER, Le droit romain de la mort d'Alexandre Sévère à l'avènement de Dioclétien, *RHD* 49, 1971, 201–223.
WILLIAMS 1974 – W. WILLIAMS, The Libellus procedure and the Severan Papyri, *JRS* 64, 1974, 86–103.
WILLIAMS 1975 – W. WILLIAMS, Formal and historical Aspects of two new documents of Marcus Aurelius, *ZPE* 17, 1975, 37–78.
WIMMER 2004 – M. WIMMER, Das Prälegat, Wien/Köln/Weimar 2004.
ZANON 2009 – G. ZANON, Indicazioni di metodo giuridico dalla Consultatio veteris cuiusdam iurisconsulti, Neapel 2009.
ZOZ 2009 – M. G. ZOZ, L'evoluzione e la cosiddetta ‚consolidazione' del diritto imperiale romano da parte della giurisprudenza: brevi osservazioni, *Diritto@storia* n. 8, 2009.

Teilnehmer der Tagung

Atzeri, Lorena (Mailand), Dr., Ricercatore, Dipartimento di Diritto Privato e Storia del Diritto, Facoltà di Giurisprudenza, Università degli Studi di Milano, Via Festa del Perdono, 7, I-20122 Mailand

Babusiaux, Ulrike (Zürich), Prof., Lehrstuhl für Römisches Recht, Privatrecht und Rechtsvergleichung, Rechtswissenschaftliches Institut, Universität Zürich, Rämistrasse 74/41, CH-8001 Zürich

Bartels, Jens (Zürich), Dr., Obersssistent, Alte Geschichte, Historisches Seminar, Universität Zürich, Karl-Schmidt-Str. 4, CH-8006 Zürich

Battaglia, Federico (Zürich), Dr., Oberassistent, Grundlagen, Rechtswissenschaftliches Institut, Universität Zürich, Rämistrasse 74/41, CH-8001 Zürich

De Blois, Luuk (Nijmwegen), Prof. em., Afdeling Geschiedenis, Faculteit der Letteren, Radboud Universiteit Nijmegen, Postbus 9103, NL-6500 HD Nijmegen

Bürge, Alfons (München), Prof. em., Lehrstuhl für Römisches Recht und Deutsche Bürgerliches Recht, Universität München, Prof.-Huber-Platz 2, D-80539 München

Eich, Peter (Freiburg i. Br.), Prof., Seminar für Alte Geschichte, Albert-Ludwigs-Universität Freiburg, Platz der Universität 3, D-79085 Freiburg

Ernst, Wolfgang (Zürich), Prof., Lehrstuhl für Römisches Recht und Privatrecht, Rechtswissenschaftliches Institut, Universität Zürich, Rämistrasse 74/10, CH-8001 Zürich

Fargnoli, Iole (Bern), Prof., Romanistisches Institut, Rechtswissenschaftliche Fakultät, Universität Bern, Schanzeneck-Str. 1, CH-3001 Bern

Kolb, Anne (Zürich), Prof., Alte Geschichte, Historisches Seminar, Universität Zürich, Karl-Schmid-Str. 4, CH-8006 Zürich

Liebs, Detlef (Freiburg i.Br.), Prof. em., Institut für Rechtsgeschichte und geschichtliche Rechtsvergleichung, Romanistische Abteilung, Albert-Ludwigs-Universität Freiburg, Platz der Alten Synagoge 1, D-79085 Freiburg

Palme, Bernhard (Wien), Prof., Institut für Alte Geschichte und Altertumskunde, Papyrologie und Epigraphik, Universität Wien, Dr.-Karl-Lueger-Ring 1, A-1010 Wien

Peachin, Michael (New York), Prof., Department of Classics, New York University, 100 Washington Square East, Silver Center, USA-NY 10003

Schmidt-Hofner, Sebastian (Tübingen), Prof., Alte Geschichte, Eberhard-Karls-Universität Tübingen, Wilhelmstr. 36, D-72074 Tübingen

Speidel, Michael, (Bern/Zürich), Prof., Universität Bern / Univ. Zürich, Direktor des MAVORS Instituts für antike Militärgeschichte Basel, Lindenberg 23, CH-4058 Basel

Stagl, Jakob F. (Santiago de Chile), Prof., Roman and Comparative Law, Universidad Bernardo O'Higgins, Campus Rondizzoni, Av. General Gana 1702, CL-Santiago Centro, Chile

Witschel, Christian (Heidelberg), Prof., Seminar für Alte Geschichte und Epigraphik, Universität Heidelberg, Marstallhof 4, D-69117 Heidelberg

Wojciech, Katharina (Freiburg i. Br.), Dr., Seminar für Alte Geschichte, Albert-Ludwigs-Universität Freiburg, Platz der Universität 3, D-79085 Freiburg Teilnehmer der Tagung

Sachregister (inklusive Orts- und Personenregister)

A

accusatio 92 f., 93 Fn. 24, 97, 146, 154, 251 f.
actio ad exhibendum 240, 240 Fn. 10, 241
actio famosa 128, 137 f., 141
actio furti → *furtum*
actio iniuriarum 138, 146, 177 Fn. 36
adulterium → Ehebruch
advocatus fisci 83 Fn. 75, 226
Aemilian (Marcus Aemilius Aemilianus – Kaiser) 22
aequitas 130 Fn. 19, 164, 166, 184 f.
Africa 51 Fn. 17, 75, 172, 226
agri deserti 66 Fn. 5
Ägypten 52 Fn. 23, 192–208
Akklamation 69 f., 69 Fn. 17, 74, 74 Fn. 34, 75, 78, 79
Clodius Albinus (Decimus Clodius Septimius Albinus – Gegenkaiser) 72, 72 Fn. 26
Alexander Severus (Marcus Aurelius Severus Alexander – Kaiser) 45, 74 Fn. 33, 75, 75 Fn. 37, 83, 89, 90 Fn. 7, 91 f., 96, 119 f., 145 f., 179, 180 f., 218 f., 221, 238 f., 253–255, 258 f., 262–264
Alexandria 195 Fn. 13, 205
Alföldy (Géza Alföldy) 25, 49 Fn. 10, 55 Fn. 34, 66 Fn. 2
Alpes Maritimae 55
Altheim (Franz Altheim) 21
amphodogrammateus 201 f.
Anarchie / Militäranarchie 18, 20, 46, 49, 52, 53, 61, 67
Anklage → *accusatio*
Anosa 53
Antiochia 73
Antoninenzeit 23, 69, 76, 78
Antoninus Pius (Titus Fulvius Aelius Hadrianus Antoninus – Kaiser) 57, 93 Fn. 23, 163
Apameia (Stadt) 52
Aquileia (Stadt) 77, 80
Aragua (Stadt in Phrygien) 99 Fn. 53
Arcadius Charisius (Jurist) 261
archai → *honores*
Arglist → *dolus*
Aristokratie 144
Armee → Heer
Armut (*paupertas / inopia*) 149
Asia 50–53, 211, 213, 216 f.
auctoritas 241, 246–248, 253, 255, 258
Augsburger Siegesaltar 23
Augustus (Caius Julius Caesar Octavianus – Kaiser) 16, 100, 154
Augustus – Titel 77
Aulutrene (Stadt) 52 f.
Aurelian (Lucius Domitius Aurelianus – Kaiser) 18, 22, 42 f., 45, 90, 173 f., 185, 231
Aurelius Appius Sabinus (Präfekt Ägyptens) 193 f.
Auxiliartruppen 56, 58, 233

B

Balbinus (Decimus Caelius Calvinus Balbinus – Kaiser) 76–78, 77 Fn. 49
Barbarisierung 19
basilikos grammateus 198 Fn. 29, 200, 202
Begnadigung 95 f.
Begünstigung → Privileg
Besitz (*possessio*) 161, 164, 245
Bigamie 152 f.
Billigkeit → *aequitas*
Bithynien 53
Bittschrift → *petitio*
Blutsverwandte (*cognati*) 167 f.
bona castrensia 112, 118
bonorum possessio 167, 250 f.
bonorum venditio 128
Boule / Bouleuten 192, 193–195, 198 f., 201, 203 f., 205, 218
Brigantium → Ascros
Britannien 55, 72
Burckhardt (Jacob Burckhardt) 18
Bürge → *fideiussor*
Bürgerkrieg 53, 76, 80
Bürgerrecht 56, 140
Bürokratie 20, 31, 81 Fn. 65, 82, 121, 123 f. 234, 263

C

Caerleon → Isca
L. Caesonius Lucillus Macer Rufinianus (Senator) 175 Fn. 21
Callistratus (Jurist) 141
calumnia 92 f., 132, 135, 140, 145
Capellianus (Statthalter Numidiens) 76
Caracalla (M. Aurelius Antoninus Bassianus – Kaiser) 18, 45, 55, 72, 72 Fn. 26; 28, 73, 73

Fn. 30, 81, 89, 92, 97 Fn. 42, 132, 135, 141 f., 145, 151, 156, 226 f., 232 f., 248, 253, 255, 263
Carinus (Marcus Aurelius Carinus – Kaiser) 45, 90, 130, 143 f., 240, 244, 246 Fn. 37
Carthago 218
Carus (Marcus Aurelius Carus – Kaiser) 22, 45, 240, 244, 246 Fn. 37
centuriones 53, 89, 92, 232 f.
Christenverfolgung 24
civis (Romanus) 127 f.
Claudius (Tiberius Claudius Nero Germanicus – Kaiser) 67 Fn. 13, 72, 79 Fn. 57, 93 Fn. 23, 79 Fn. 57, 167
Claudius Gothicus (Marcus Aurelius Claudius – Kaiser) 45, 90
Claudius Iulianus (Appius Claudius Iulianus – Senator) 181, 189
Claudius Iulius Ecclesius Dynamius (Konsul) 188
Claudius Marcellus (Marcus Claudius Marcellus – *procurator a rationibus*) 192, 196, 197 Fn. 23, 198
Codex Gregorianus 33–35, 39, 89 Fn. 1, 90 Fn. 6, 91, 91 Fn. 17, 93 Fn. 24, 131 Fn. 31, 140, 162
Codex Hermogenianus 35, 91
Codex Justinianus 33, 93, 130 f., 132 Fn. 32, 160, 161, 213, 215, 221
Codex Theodosianus 93, 161 Fn. 5
cognati → Blutsverwandte
cognitio extra ordinem 101, 172, 176–179, 181, 189, 247
cohors XIII urbana 58 f.
cohortes praetoriae → Prätorianer
Commodus (Lucius Aurelius Commodus – Kaiser) 16, 57, 68
consiliarius / consilium principis / consiliarius Augusti 37, 82, 211, 216 Fn. 12, 221 Fn. 21, 234, 239, 251
constitutio (kaiserliche Konstitution) 213, 217–219
constitutio Antoniniana 66 Fn. 5, 76 Fn. 44, 168, 192, 203, 262
conubium 56, 59
crimen 97, 175–177, 250 f.
crimen stellionatum 128 Fn. 10
crimen (suspecti tutoris) → Vormund / Vormundschaft
crimina extraordinaria 175
crimina publica 175
cura minorum (Pflegschaft) 137, 147–151
cura urbis → *praefectus urbi*

D

damnatio memoriae 37, 73, 83, 194
Decius (Gaius Messius Quintus Decius – Kaiser) 160–164, 166, 194, 240, 244 f., 259
dekaprotoi (Gremien aus 10 Bouleuten) 199, 200–202, 205
delictum → Delikt
Delikt (*delictum*) 175, 176, 177, 177 Fn. 34
deportatio 142
Desertion 95 f.
Diebstahl → *furtum*
Dienstzeit 96, 99, 106
Diffamierung → Verleumdung
dignitas 127 f., 134
Diocletian (Gaius Aurelius Valerius Diocletianus – Kaiser) 16, 89–93, 97 Fn. 42, 101, 104 Fn. 76; 80, 105, 112, 130, 135, 136 Fn. 42, 137, 161, 179, 196, 205, 238, 240, 254 Fn. 74, 255, 257–261
Dioiketes (Amt) 205
Dionysius (Marcus Aurelius Papirius Dionysius – Präfekt Ägyptens) 234
disciplina militaris 47, 53 f., 61
dolor 53–56
dolus (Arglist) 93, 147, 149, 149 Fn. 77, 150, 240 f., 241 Fn. 17, 256, 257, 257 Fn. 88
donatio → Schenkung
Dorfbewohner → *kometai*
dos (Mitgift) 152, 166, 254

E

Edikt (prätorisches) 127 f., 128 Fn. 7, 129 f., 135, 138–140, 144, 146–148, 152 f., 156 f., 241, 250–252
Ehe → *matrimonium*
Ehebruch (*adulterium*) 137, 153 f.
Eheverbot 150, 243
Eichvermerk 185 f.
Eigentum 101 f., 164
Einquartierung 99
Einzelfallgerechtigkeit → *aequitas*
Eirenarch 199 Fn. 32

Elagabal / Heliogabal (Varius Avitus Bassianus – Kaiser) 24, 74, 74 Fn. 33, 80, 83, 83 Fn. 75, 91, 174 Fn. 16
emptio venditio → Kaufvertrag
Enterbung → *exheredatio*
Entlassung (aus dem Heerdienst) → *missio*
Epiklassik 124, 239
epistula (Sendschreiben) 75, 211, 213, 215 f., 218–222, 251
epitropos ton Sebaston (procurator Augustorum) 196
equites → Ritter
equites singulares Augusti 55 f., 218
Erbrecht 111, 168
Erbschaft 95, 162 f., 167, 242
Erbschaftsschulden 95, 106, 162
Ersitzung (*usucapio*) 98 f.
Eumeneia (Stadt) 52 f.
exactor (exactor civitatis) 205
exactor tributorum 220
exceptio doli (Einrede der Arglist) → *dolus*
excusatio tutelae → Vormund / Vormundschaft
exemplum 242, 247, 247 Fn. 40, 259
exheredatio 114 f.
Exil 137, 141, 141 Fn. 57, 142 f., 142 Fn. 62, 156
existimatio 127 Fn. 1, 133–136, 136 Fn. 43, 138, 140 f., 141 Fn. 57; 60
Messius Extricatus (Titus Messius Extricatus – Konsul 217) 82, 83 Fn. 75, 226–228

F
Fahnenflucht 54, 119
fama 127, 127 Fn. 2, 133 f., 135 f., 146, 156
Feriale Duranum 74
Fideikommiss 104, 246
fideiussor 103, 145, 215
fiducia 162 Fn. 18
filius familias → Haussohn
Finanzprokurator 167, 196 f., 216
fiscus 162, 166–168, 215
Formularprozess 101, 176, 179, 189
Freigelassener 120 f., 136 Fn. 44, 175, 177 f., 177 Fn. 37, 182 f., 185 250 f.
Freilasser → *patronus*
frumentarius / centuriones frumentarii 53, 89, 92, 99 Fn. 53
furtum 100 Fn. 56, 141, 176, 178 f.

G
Gaius (Jurist) 123, 139
Gallienus (Publius Licinius Egnatius Gallienus – Kaiser) 22, 45, 59, 61, 89, 92, 122, 130, 132 Fn. 32, 138 f., 147, 149–152, 173 f., 182, 184, 231 f.
Gauverwaltung 195, 195 Fn. 13, 198, 200, 202–205, 203 Fn. 50
Geldwirtschaft 24, 25
genus admirabile 252
Germanien 23
Geschäftsführung → *negotiorum gestio*
Gesetzgebung 31–33, 137, 160, 161, 168, 212
Geta (Septimius Geta – Kaiser) 72 f., 233
Gewichte 185–189
Gibbon (Edward Gibbon) 15
Gordiane 75 Fn. 41, 76 f., 79, 172, 194, 196
Gordianus I. (Marcus Antonius (Antoninus) Gordianus Africanus – Kaiser) 37, 75 f.
Gordianus II. (Marcus Antonius Gordianus II. – Kaiser) 76
Gordianus III. (Marcus Antonius Gordianus III. – Kaiser) 23, 23 Fn. 19, 36, 41, 45, 77, 78, 80, 89 f., 90–92, 94–100, 101, 105 f., 113, 115 f., 122, 130, 131 Fn. 31, 136, 138 Fn. 51, 139–141, 143–147, 149, 151–156, 199 Fn. 32, 217 Fn. 12, 227, 240, 241 Fn. 18, 242–244, 245, 254 Fn. 74, 259–261
Grunddienstbarkeit 101, 136 Fn. 44, 137 Fn. 48

H
Hadrian (Publius Aelius Hadrianus – Kaiser) 67, 124, 142
Handel 172, 185, 188 f.
Harzhorn (Schlachtfeld) 23
Haussohn 94, 114,
Heer / Armee 47, 53, 74, 78–80, 137, 162
Heliogabal → Elagabal
Hermogenian (Aurelius (?) Hermogenianus, Jurist) 92, 261
Herodianus (Aelius Herodianus – Historiker) 15, 65–81, 66 Fn. 4; 5; 6, 68 Fn. 14, 70 Fn. 20, 71 Fn. 21; 23; 24, 72 Fn. 25; 26; 28, 73 Fn. 30, 74 Fn. 33; 34, 75 Fn. 35, 77 Fn. 48; 50, 78 Fn. 52, 80 Fn. 60, 81 Fn. 65; 66
Heuss (Alfred Heuss) 22
hieron apotakton (kaiserliche Reform) 197 f., 204

Hilfstruppen → Auxiliartruppen
Hohlmaße 186, 188
honores 128, 198
Honoratioren 123, 203 Fn. 50
hostis publicus 71, 73, 76
humanitas 48
hypomnematismoi (Amtsjournal) 193
Hypothek 162, 162 Fn. 18

I

ictus fustium → Stockschläge
Idios Logos 202
idiotai (Personen außerhalb der Bouleutenschicht) 197
ignominia → *infamia*, → *macula*
Illyricum (Illyrien) 19, 160
Illyrien → Illyricum
imperium 67, 67 Fn. 13, 70–74, 76, 80
indictiones 161, 161 Fn. 12, 168
indulgentia 95 f., 142
infamia (Infamie) 97, 127–157, 132, 135 f., 137, 146, 156, 179
iniuria 144, 146, 176–180
inopia → Armut
Institutionen des Gaius 137 Fn. 48
Intellektuelle 228 f., 233
interlocutio (de plano) 137, 143 f.
Interpolation 102 f., 135 Fn. 39, 139 Fn. 53
Intestaterbrecht 116, 119, 167, 182
Iotapianus (Marcus f. Ru. Iotapianus – Gegenkaiser) 205
Isca (heute Caerleon) 55
Italien 173, 186, 187 Fn. 82, 188 f.
iudex 94, 96, 101, 137, 139–141, 143 f., 145 f., 149, 157, 166, 172 f., 183, 242, 247, 256
iudex pedanus (*iudices pedanei*) 256
iudex vice caesaris 231
iudicium publicum → Strafverfahren
Iuliopolis (Stadt in Galatien) 53
Iunius Rusticus (*praefectus urbi*) 185, 186 Fn. 75, 187
iuridicus 189, 189 Fn. 96
iuris peritus / *iuris prudens* → Jurist
ius controversum 114, 165, 244 f., 249, 253
ius civile 250, 252
ius militare 46, 106, 121, 197
ius respondendi 248

J

Julian (Salvius Julianus – Jurist) 135 Fn. 39, 139, 250–253
Didius Julianus (Marcus Didius Severus Iulianus – Kaiser) 69, 69 Fn. 16, 70, 71, 71 Fn. 21
Jurisprudenz 82, 109, 123, 139, 144, 156 f., 160, 165, 168, 263
Jurist / *iuris peritus* / *iuris prudens* 54, 82 f., 165 Fn. 49, 172, 212, 226–231, 234
Justinianus (Flavius Petrus Sabbatius Iustinianus – Kaiser) 93 Fn. 28, 102, 112, 124, 243 f.
Juthungen (alamannischer Stamm nördlich von Donau) 23

K

Kaiser / Caesar – Titel 46, 77, 212, 216, 218
kaiserliche Konstitution → *constitutio*
Kaiserrecht 263 f.
Kaiserzeit 16, 19 f., 22, 47, 50, 65 f., 69, 71 Fn. 20, 75 f., 79, 81 Fn. 65, 211, 212, 255, 262
Kanzlei *a libellis* (Libellkanzlei) / kaiserliche Kanzlei 31, 89–91, 121 f., 130 f., 137, 143, 156, 222, 239 f., 243–246, 257, 260, 263 f.
Kapitalverbrechen → *crimen*
Kappadokien 205
Kaptatorische Verfügungen 116 f.
Katakekaumene 50
katholikos (*rationalis*) 196 f., 205 Fn. 59
Kaufvertrag (*emptio venditio*) 43, 102 f., 130 Fn. 19, 256
Kilter (Stadt in Phrygien) 52
Kleinasien 49–51, 54, 199 Fn. 32
Kollegialität 71 f., 71 Fn. 21
kolletiones 51
komarches 201 f.
kometai (Dorfbewohner) 193 f., 199, 201
komogrammateus 201 f.
Kompilatoren (justinianische) 131 f., 161, 196 Fn. 16
Konstantin (Flavius Valerius Constantinus – Kaiser) 21, 93, 98 Fn. 47., 185
Konsul / Konsulat 71, 83, 160 f.
Kopfsteuer → *laographia*
Krieg 51, 57
Kriegsdienstverweigerung 54
Kriegshandwerk → Soldat

Kriminalstrafsachen / Kriminalstrafe → *crimen*
Krise 23, 25, 65–86, 168
Kurator *(privatrechtlich)* → *cura minorum*

L

laographia (Kopfsteuer) 203 f.
laus → Lob
Lebensmittelversorgung 188 f.
legio II Augusta 55
legio Parthica I,II,III 232
Legitimität 47, 124
lex Falcidia 117 f., 182, 255 Fn. 80
lex Iulia de adulteriis coërcendis 154
lex Iulia de vi 129 Fn. 16
lex Iulia et Papia 110, 251 f.
lex regia 79
Libellkanzlei → Kanzlei *a libellis*
libellus → *petitio*
libertus → Freigelassener
lictor 77
Liturgie (munizipale) → *munera*
Lob (*laus*) 239, 242, 244
locatio conductio 130 Fn. 19
logistes (curator civitatis) 205
Lucius Verus (Lucius Aurelius Verus – Kaiser) 149, 250, 258
Lugdunum (Lyon) 58
Lydien 50–53

M

Macer (Aemilius Macer – Jurist) 97
Macrinus (Marcus Opellius Macrinus – Kaiser) 73 f., 73 Fn. 31, 81 f., 81 Fn. 64; 65, 82 Fn. 72, 226, 228
macula (ignominia) 134, 136 f.
Maecianus (Lucius Volusius Maecianus – Jurist) 250–253
magister libellorum → *procurator a libellis*
Maier (Franz Georg Maier) 22
Mailand 173
mandatum (*principis*) 101 f., 217, 243
Mark Aurel (Marcus Aurelius Antoninus Augustus – Kaiser) 16, 48, 53, 57, 65, 66 Fn. 1, 67–69, 72, 80 Fn. 60, 81 Fn. 65, 149–151, 185, 234, 248, 250, 257, 259
Marcellus (Marcus Claudius Marcellus – Jurist) 141, 196
Marcius Salutaris (Politiker – Sonderbeauftragte des Philippus Arabs) 192, 196, 197 Fn. 21, 198
Markomannenkriege 48, 57, 173 Fn. 12
Marktaufsicht 175 f., 185–189
Mars Ultor-Tempel 186 Fn. 75
matrimonium 55, 57, 242 f.
Maximian (Marcus Aurelius Valerius Maximianus – Kaiser) 255, 257, 260 f.
Maximinus Thrax (Gaius Iulius Verus Maximinus – Kaiser) 15, 45, 55, 70 Fn. 19, 75 f., 75 Fn. 38; 39, 76 Fn. 44, 77 Fn. 48, 90, 96, 172, 195, 227, 232 f.
Memphis 194 Fn. 7
miles → Soldat
Militäranarchie → Anarchie
Militärangehörige 111 f., 110 Fn. 3, 230 f., 232
Militärdelikt 96 f., 97 Fn. 40, 156
Militärdienst → Soldat
Militärdiplom → Veteranenprivileg
Militarisierung 49, 61
Militärrecht → *ius militare*
minor viginti quinque annis 40 Fn. 11, 98 f., 104 f., 256 Fn. 87
Misenum 56
missio (Entlassung) 55, 96 f., 135, 155, 156
Mitgift → *dos*
Modestinus (Herennius Modestinus – Jurist) 54, 121, 137 Fn. 48, 226–228, 239, 241 f., 244, 259, 261
Moesia inferior 49, 59, 218
Momigliano (Arnaldo Momigliano) 21
Mommsen (Theodor Mommsen) 19, 71 Fn. 24, 97 Fn. 41, 128 Fn. 3, 148 Fn. 72
Montanus (Flavius Montanus Maximillianus – Statthalter) 216 f., 217 Fn. 12
Mord 77 Fn. 48, 78, 80 Fn. 62, 90, 92, 93, 97, 173, 173 Fn. 4
Mündel → *pupillus*
munera 192–195, 196, 197, 199–201, 203, 205
Munizipalisierung 195 Fn. 12, 203
Munizipalverwaltung 39, 40 Fn. 11, 128, 186

N

nachgeborenes Kind 114 f.
Nachlassbesitz → *bonorum possessio*
Nachrichtensystem 51, 53
narratio 259
Narses (Feldherr) 93 Fn. 28

Neapel 186
negotiorum gestio (Geschäftsführung) 101 f.
Nero (Claudius Caesar Augustus Germanicus – Kaiser) 233
Nicopolis ad Istrum 218
Niebuhr (Barthold Georg Niebuhr) 18
Niedermösien → Moesia inferior
Nobilität 17, 174
Nomos Arsinoites 193
Nordafrika 49, 195
nota (zensorische) / notare 96, 128, 132, 135–140, 145, 148, 152–156
Numerian (Marcus Aurelius Numerius Numerianus – Kaiser) 90, 143 f., 240, 244, 246, 259

O

M. Oclatinius Adventus (Prätorianerpräfekt) 174 Fn. 16
Odaenathus (Septimius Odaenathus – König von Palmyra) 24
officium 129, 172, 175, 180, 185, 189
Offiziere → Militärkader
onera hereditaria → Erbschaftsschulden
opinio 127, 134, 136
oratio in senatu habita 151
ordo decurionum 137 Fn. 49
ordo lenuncularii 218
Ostia 218
otium 54 f.
Oxyrrhynchos 201, 204

P

pactum → Vergleich
Palmyra 24, 204
Pannonien 59, 70
Papinianus (Aemilius Papinianus – Jurist) 82, 83 Fn. 75, 115, 124, 135, 137 Fn. 48, 142, 144, 164, 168, 226–228, 239, 242, 243 Fn. 25, 244–246, 255 Fn. 82, 256 f., 259 f., 263
patres → Senat
patria potestas 94
patrimonium Caesaris 234
Patronatsverhältnis 129 Fn. 17
patronus (Freilasser) 129, 175, 177, 180, 182–184, 230
patronus fisci 231
Paulus (Iulius Paulus – Jurist) 82, 135, 139, 144 Fn. 65, 149 Fn. 79, 151, 226–228, 239, 243, 244, 245 Fn. 32, 255–257, 259, 263 f.
Paulussentenzen 93, 105 Fn. 77
paupertas → Armut
Perser 24
Pertinax (Publius Helvius Pertinax – Kaiser) 66 Fn. 5, 68 f., 69 Fn. 15; 16, 70
Pescennius Niger (Lucius Pescennius Niger – Kaiser) 69–71, 81 Fn. 65
petitio 48, 94, 99, 213, 219, 262
Pfandrecht → *pignus*
Pflegschaft → *cura minorum*
Philippus Arabs (Marcus Iulius Philippus – Kaiser) 17, 45, 65 Fn. 1, 90–92, 97 Fn. 42, 99 Fn. 53, 101–103, 105 f., 116, 122, 130, 142 f., 156, 182 f., 187, 192–195, 203–205, 215, 218
Philippus *iunior* (Sohn des Philippus Arabs) 142, 194
Philostratus (Flavius Philostratos – Sophist) 229
Phrygien 50–53
phylarchos 201 f.
pignus 103 f., 162, 166
Plautianus (Gaius Fulvius Plautianus – Prätorianerpräfekt) 226
plebs 69, 76 Fn. 44, 77, 173
Plinius der Jüngere (Gaius Plinius Caecilius Secundus – Senator) 230
pluralis maiestatis 137 Fn. 46
populus Romanus 73 f., 77, 79 f.
postulatio 129, 142, 149
Postumus (Marcus Cassianus Latinius Postumus – Kaiser) 23, 24, 45
postumus → nachgeborenes Kind
praefectus Aegypti 193, 198, 204
praefectus annonae 226 Fn. 2, 227, 254
praefectus castrorum 232
praefectus praetorio 39, 39 Fn. 11, 68, 73, 77 Fn. 48, 82, 83, 83 Fn. 75, 174 Fn. 16, 197, 226
praefectus urbi / Stadtpräfekt 172–189, 172 Fn. 2, 254 Fn. 76
praefectus vehicolorum 226, 234, 234 Fn. 42
praefectus vigilum 144 Fn. 65, 227
Prälegat / Vorausvermächtnis 242, 246
praepositio 161, 232

praeses provinciae 72, 144, 216, 218, 220, 246, 256
Prätor 129 Fn. 15, 138 f., 145–153, 155, 167, 178, auch → Edikt (prätorisches)
Prätorianer 56, 59, 67 f., 69, 71 f., 74 f., 77 Fn. 48, 78, 81, 99, 173, 173 Fn. 4
Prätorianerpräfekt → *praefectus praetorio*
presbyteroi komes (Kollegien der Dorfältesten) 201
primus pilus 232 f.
princeps → Kaiser
Privileg 55, 99, 106, 109, 110, 257
preces → *petitio*
Privatreskript → Reskript
pro herede gestio 163
Probus (Marcus Aurelius Probus – Kaiser) 24, 90, 174, 218
proconsul / Prokonsulat 52, 93, 216 f., 220, 228 Fn. 15
Proculus (Sempronius Proculus – Jurist) 250–253
procurator (kaiserl. Beamter) 75, 103, 166, 173, 192, 202, 215 f., 216 Fn. 11
procurator a libellis (magister libellorum) 131, 137 Fn. 49, 212, 212–215, 212 Fn. 6, 216 Fn. 10, 217–222, 234
procurator a rationibus 196, 197 Fn. 20, 231
procurator ab epistulis 213 f., 216, 220–222
procurator summarum rationum 197 Fn. 21
Provinz 166, 203, 220
provocatio 215
Prozessprotokoll 193, 205
Prozessvertretung 128
Prügelstrafe 137, 139, 144 Fn. 65
Prytanis 204
pudor 134, 136, 144 Fn. 68, 150, 152, 257, 257 Fn. 93
Pupienus (Marcus Clodius Pupienus Maximus – Kaiser) 76–78, 77 Fn. 49
pupillus 102 f., 106, 136, 147, 149, 164, 256

Q

Quaden (Volksstamm der Germanen) 57
quaestiones (Gerichtsbarkeit) 176, 179 Fn. 47
querela inofficiosae donationis 182
querela inofficiosi testamenti 109, 112, 181 f.
Quintillus (Marcus Aurelius Claudius Quintillus – Kaiser) 90

R

rationalis Aegypti 196, 197 Fn. 20
Raub 176, 178 f.
Ravenna 56
Reallast 161
Rechtsentwicklung 38, 44, 89, 172, 264
Rechtsfortbildung 31, 32, 38, 40, 106, 120 f., 160
Rechtsgelehrter → Jurist
Rechtskenntnis 81 Fn. 65, 95, 106, 248 Fn. 45
Rechtsprechung 31, 61, 174, 189 Fn. 96, 196
recitatio 262
rector Orientis 196
Reform 24, 48, 80, 103, 186 Fn. 75, 192, 194
regimen morum 128
rei vindicatio → Eigentum
Rekrutierung 23, 53, 59,
relegatio in insulam 93, 141 Fn. 60, 142, → Exil
Religionsedikt (Decius) 24, 160
res publica 17, 47, 70, 166
restitutio in integrum 40 Fn. 11, 42, 98 f., 103–105, 129 f., 142, 153, 181, 181 Fn. 59, 184 f.
Requisitionen 49
Reskripte / Reskriptenpraxis 31 f., 34–39, 42–44, 89–106, 112 f., 160, 161, 163–167, 165 Fn. 51, 168, 196, 211, 213, 214 Fn. 8, 217, 219 f., 238–242, 244, 246–248, 255 f., 258–260, 262, 264
Reskriptenproduktion (Anzahl) 36, 41
Reskripte (Publikation) 161, 219, 262
Reskripte (Überlieferung) 91 f., 92 Fn. 19, 31–45, 131
responsum 219, 228, 235, 240 f., 241–243, 244 Fn. 27, 245 f., 246, 246 Fn. 34, 247 f., 253, 253 Fn. 71, 254–258, 259 Fn. 106; 107; 110; 260–263
restitutio in integrum 129, 153, 181, 184 f.
Rhetorik / Rhetorisierung 136 f., 168, 222
Richter → *iudex*
Ritter (*equites*) 82, 174, 174 Fn. 16, 225, 230
Rom 22, 70 Fn. 19, 73 f., 76 Fn. 44, 77, 156, 172, 174, 175, 184, 186–189
römische Republik 16 f., 70, 71, 78, 112, 127 Fn. 2, 212 Fn. 4
Rostovtzeff (Michael Rostovtzeff) 18
Licinius Rufinus (Marcus Gnaeus Licinius Rufinus – Jurist) 226–228
rusticitas 149, 149 Fn. 79

S

Sarmaten (iranische Reitervölker) 57
Saturninus (P. Messenius Saturninus – *advocatus fisci*) 83 Fn. 75
SC de imperio 69, 71, 77
SC Turpillianum 145 f.
Schamhaftigkeit → *pudor*
Schauspieler 128
Schreibstil (Stil, Rhetorik) 49, 105, 136 Fn. 42, 137, 168, 213 f., 217 f., 221, 235, 248
Schreibtafel → *tabulae ceratae*
Schenkung (*donatio*) 130 Fn. 19, 164, 180–185
Seeck (Otto Seeck) 19
Selbsthilfe 99 f.
Semnonen (Stammvolk der elbgermanischen Sueben) 23
Senat / *patres* 47, 65, 67, 67 Fn. 12; 13, 70 f., 71 Fn. 23, 72 Fn. 25, 73–75, 73 Fn. 30; 31, 75 Fn. 38, 77–80, 82, 83 Fn. 75, 128, 172, 212, 212 Fn. 4
Senator 175 f., 232
Senatorenfamilien → Nobilität
senatusconsultum 74 Fn. 34, 76, 130, 138, 151
Sendschreiben → *epistula*
sententia 146 Fn. 70
servitus → Grunddienstbarkeit
servus → Sklave
Septimius Severus (Lucius Septimius Severus Pertinax – Kaiser) 21, 45, 55, 70 f., 71 Fn. 20, 71 Fn. 21, 72, 72 Fn. 26, 81 Fn. 65, 82, 82 Fn. 72, 89, 104 Fn. 76, 132, 135, 142 Fn. 62, 151, 172, 192, 194 f., 199, 204, 226 f., 229, 232, 248, 253, 255, 263
Severer / severische Kaiser / Severerzeit 20, 53, 65, 78 f., 81 Fn. 65, 82 Fn. 72, 83, 89, 109, 112, 122, 135, 137, 160, 205, 212, 214, 238 f., 253, 255, 260, 263 f.
Silbernominale 24, 24 Fn. 21
sitologoi (Getreide- und Speicherverwalter) 200, 202
Skaptopara 99
Sklave 20, 42, 92, 93, 118, 175, 179, 217 f.
Sol Invictus 24
Soldat 21, 46, 51, 53 f., 79, 89–92, 94 f., 96 f., 97 Fn. 44, 98 f., 99 Fn. 53, 100, 101–103, 104 f., 152, 230 f.
Soldatenkaiser (als Epochenbezeichnung) 15, 18, 21–23, 46, 65 f., 80, 80 Fn. 62, 112, 123 f., 165 Fn. 51, 173–176, 180, 189, 194
Soldatenrecht → *ius militare*
Soldatentestament 40 Fn. 11, 95, 109–125
Sold 55, 233
Sonderreiche 24, auch → Palmyra
Spätantike 20–22, 69 Fn. 17, 123, 174, 180, 183, 188, 189,
sponsalia (Verlobung) 152, 184
Stadt / Städte 20, 172, 174, 176, auch → Munizipalverwaltung
Stadtkohorten 59, 68
Stadtpräfekt → *praefectus urbi*
stationarius 53
Statthalter → *praeses provinciae*
status dignitatis 128 Fn. 8
Steuerwesen 192, 194, 197, 200–202, 204 f.
Stipulation / *stipulatio* 100, 145
Stockschläge (*ictus fustium*) 137, 139–141, 144 Fn. 65
Strafen 92 f., 139–143
Strafverfahren (*iudicium publicum*) 51, 97, 128 Fn. 10, 137, 139–141, 145 f., 154, 176, 257
Strategos 200, 205
stuprum → Unzucht
subscriptio 160, 211, 213–215, 217, 222
Sybillinisches Orakel 24
Syrien 69, 205

T

tabulae ceratae 57, 58, 60
Tacitus (Marcus Claudius Tacitus – Kaiser) 22, 45
Tacitus (Publius Cornelius Tacitus – Historiker) 17 f.,60 Fn. 54, 70, 167 Fn. 60
tempus lugendi (Trauerzeit) 135 Fn. 38, 136, 151 f.
Tertullian (Quintus Septimius Florens Tertullianus – Autor) 112, 115
Testament 106, 167, 242, 250
testamentum militis → Soldatentestament
Tetrarchie 17 Fn. 4, 196, 197 Fn. 20
Tetricus (Gaius Pius Esuvius Tetricus – Kaiser) 24, 45
Thaumaturgus (Gregorius Thaumaturgus – griechisch-kleinasiatischer Theologe und Bischof der Alten Kirche) 234
thesauros (Speicheranlage) 200
Thrakien 49, 59
Tiberius (Tiberius Claudius Nero – Kaiser) 72

Toparchie 199, 201 f.
topogrammateis 201
Totschlag 93, 97
traditio 165, 168
Trajan (Marcus Ulpius Traianus – Kaiser) 53, 121, 203 Fn. 50
Trajanstempel 186 Fn. 75
transactio → Vergleich
Transportsystem 51, 53
Trebonianus Gallus (Gaius Vibius Trebonianus Gallus – Kaiser) 22, 45, 90
Tribut 66 Fn. 5, 219
Tryphonin (Claudius Tryphoninus – Jurist) 112, 113, 135
tutela / tutor → Vormund / Vormundschaft
Tyrann 15, 76, 96

U
Ulpianus (Domitius Ulpianus – Jurist) 82 f., 82 Fn. 72, 83 Fn. 74; 75, 93, 113, 118–120, 124, 135, 137 Fn. 48, 139, 144–150, 154, 226–228, 239, 241, 250, 254 f., 257–259, 261, 263
unde cognati 167, → *bonorum possessio*
Unmündige → *pupillus*
Unschuldsvermutung 92
Unzucht (*stuprum*) 153
urbs → Rom
usucapio → Ersitzung
Usurpation 16, 47, 61, 75, 80 Fn. 62

V
vacatio 96 Fn. 38, 219, 220
Valerian (Publius Licinus Valerianus – Kaiser) 22, 45, 92, 103–106, 119, 130, 132 Fn. 32, 138 f., 147, 149–152, 174, 182, 184
P. Valerius Comazon (Prätorianerpräfekt) 174 Fn. 16
Valerius Firmus (Präfekt von Ägypten) 197 f.
väterliche Gewalt → *patria potestas*
verbera fustium 140 f.
Verfall des Rechtssystems 121
Vergil (Publius Vergilius Maro – Autor) 100
Vergleich (*transactio, pactum*) 104 f., 138 f.
Verleumdung (Diffamierung) 135, 137, 140, 144, 146 f.
Verlobung → *sponsalia*
Verpfändung → *pignus*
Vertragsstrafe 100
Veteran 54, 89, 96, 106, 155 f.
Veteranenprivileg 56–60, 61, 96 f.
Vexillation 52, 232
Vierkaiserjahr (193 n. Chr.) 21
Virius Lupus (Senator) 174 Fn. 18, 175 Fn. 21
virtus 77 Fn. 49, 252
Vogt (Joseph Vogt) 22
Volksversammlung 212, 212 Fn. 4
Volusianus (Gaius Vibius Afinius Gallus Veldumnianus Volusianus – Kaiser) 90
Vorausvermächtnis → Prälegat
Vormundschaft / Vormund 40 Fn. 11, 102 f., 136 f., 146 Fn. 44, 147–151, 165 175, 185, 219, 245

W
Waage 187 Fn. 85, 188
Weber (Max Weber) 18, 20, 26
Weltalter-Lehre 16
Wiedereinsetzung → *restitutio in integrum*

Z
Zensor 127 f., auch → *nota*
Zenturionen → *centuriones*
Zeugenfähigkeit 129 Fn. 16
Zitierpraxis (Kaiser / Juristen) 165 Fn. 51, 240, 244, 247, 249, 255, 258, 264
Zivilisten 49 Fn. 10, 51 Fn. 19, 52 Fn. 23, 55, 60, 60 Fn. 54, 81 Fn. 65, 92, 106, 113
Züchtigung 92 f., 93 Fn. 26, 137 f.
Zwillingskonstitutionen (doppelt überlieferte Konstitutionen) 90, 131, 131 Fn. 31
Zwölftafelgesetz 146, 148 Fn. 74

Quellenregister

Literarische Quellen

Agathias, Historien 2,7 93 Fn. 28

Auct. ad Her. 1,3,5 252 Fn. 66

Aug. serm. Dolbeau 15,4,2–6 54 Fn. 33

Aur. Vict. Caes. 26,5 173
Aur. Vict. Caes. 33,31 173 Fn. 9, 231 Fn. 28
Aur. Vict. Caes. 33,32 173 Fn. 9
Aur. Vict. Caes. 35,6 173 Fn. 10, 231 Fn. 29
Aur. Vict. Caes. 39 17 Fn. 4
Aur. Vict. Caes. 39, 14–16 91 Fn. 15

Cass. Dio 53,32,5–6 78 Fn. 53
Cass. Dio 63,8–11 234 Fn. 39
Cass. Dio 63, 14 234 Fn. 39
Cass. Dio 71,36,4 16 Fn. 2
Cass. Dio 76,17,1 229 Fn. 19
Cass. Dio 78,11,2 81, 81 Fn. 65
Cass. Dio 79(78),11,3 82 Fn. 71
Cass. Dio 80,4,2 227 Fn. 7

Charisius, Gramm. V 128 Fn. 4

Chronogr. a. 354, Chron. min. I 174 Fn. 14

Cic. inv. 1,20 252 Fn. 66

Don. vita Verg. 63 100 Fn. 54

Eutr. 9,14 231 Fn. 29

Fronto, ad Anton. Pium 9,1, 9,2 230 Fn. 23
Fronto, ad Marcum 5,37 230 Fn. 23
Fronto, ad amicos 1,1 230 Fn. 23
Fronto, ad amicos 1,5 230 Fn. 23

HA Carac. 8,2 226 Fn. 3
HA Macr. 2,1 81
HA Macr. 7,1 81
HA Macr. 13,1 81
HA Sev. Alex. 1,2–3 74 Fn. 35
HA Max. 4,1 41
HA Gord. 25,3 216 Fn. 12
HA Gord. 31,4 41
HA Gall. 3,6–7 41
HA Gall. 4,3 41
HA Gall. 6,4–6 41
HA Gall. 7,4 41
HA Aur. 8,4–5 189 Fn. 96
HA Aur. 11,3 189 Fn. 96
HA Aur. 11,5 189 Fn. 96
HA Aur. 18,3–21,9 173 Fn. 12
HA Aur. 35,3 41
HA Aur. 38,1 231 Fn. 29
HA Aur. 38,2 173 Fn. 10

Herodian. 1,2,3 70
Herodian. 1,2,5 68, 70 Fn. 20
Herodian. 1,5,1 68
Herodian. 1,5,5 68
Herodian. 2,2,1 68
Herodian. 2,2,9–10 68
Herodian. 2,3,2 68
Herodian. 2,3,3 68
Herodian. 2,3,4–10 69
Herodian. 2,3,11 69
Herodian. 2,6,5–6 69
Herodian. 2,6,9 69
Herodian. 2,6,10 69
Herodian. 2,7,1 69
Herodian. 2,8,4–6 69
Herodian. 2,8,7 69
Herodian. 2,8,9 70
Herodian. 2,9,4 70 Fn. 20
Herodian. 2,9,6 70 Fn. 20, 72 Fn. 25
Herodian. 2,9,11–13 70
Herodian. 2,10,6 70
Herodian. 2,10,9 70
Herodian. 2,12,3 70
Herodian. 2,12,4–7 71
Herodian. 2,13,4pr. 72
Herodian. 2,14,3 72 Fn. 25
Herodian. 2,15,3–5 72
Herodian. 2,15,6–7 70 Fn. 20
Herodian. 3,7,3 70 Fn. 20
Herodian. 3,7,8 72 Fn. 26
Herodian. 4,4,8 72

Herodian. 4,12,1 81
Herodian. 4,12,4 72 Fn. 28
Herodian. 4,14,3 73
Herodian. 4,14,4 73
Herodian. 4,15,7 73
Herodian. 4,15,9 73
Herodian. 5,1,1–8 73
Herodian. 5,2,3 73
Herodian. 5,4,12 73
Herodian. 5,5,1 73 f.
Herodian. 5,5,2 74, 80
Herodian. 5,5,6–7 70 Fn. 20
Herodian. 5,7,4 74 Fn. 33
Herodian. 5,8,4 74 Fn. 33
Herodian. 5,8,10 74, 74 Fn. 34
Herodian. 6,1,1 74 Fn. 34
Herodian. 6,8,5 75
Herodian. 6,9,5 75
Herodian. 7,1 15 Fn. 1
Herodian. 7,1,1 75
Herodian. 7,1,2 75
Herodian. 7,2,1–8 70 Fn. 20
Herodian. 7,3 41
Herodian. 7,4,2–6 75
Herodian. 7,5,7–8 75
Herodian. 7,6,1 75
Herodian. 7,6,3 75
Herodian. 7,6,4 75
Herodian. 7,6,5–9 77 Fn. 48
Herodian. 7,7,2 76, 173 Fn. 4
Herodian. 7,7,3–4 173 Fn. 4
Herodian. 7,7,5 76
Herodian. 7,7,1 66 Fn. 5
Herodian. 7,7,5 66 Fn. 5, 76 Fn. 44
Herodian. 7,8,6 66 Fn. 5, 76 Fn. 44
Herodian. 7,9 76
Herodian. 7,10,2–3 76
Herodian. 7,10,5 77
Herodian. 7,10,7 77
Herodian. 7,10,9 77
Herodian. 7,11 77 Fn. 48
Herodian. 8,7,2–7 77
Herodian. 8,7,3 77
Herodian. 8,8,2 77
Herodian. 8,8,7–8 78

Iuv. 16 55

Lact. mort. pers. 7,2 17 Fn. 4
Lact. mort. pers. 22,5,2 90 Fn. 14

Lucian. Alexander 27–37 229 Fn. 20
Lucian. Alexander 49 229 Fn. 20

Philostr. Ap. 5,27–36 229 Fn. 21
Philostr. Ap. 8,1–6 229 Fn. 21
Philostr. soph. 511–628 229 Fn. 17
Philostr. soph. 520 229 Fn. 17
Philostr. soph. 521 229 Fn. 17
Philostr. soph. 524 229 Fn. 17
Philostr. soph. 571 229 Fn. 17
Philostr. soph. 590 229 Fn. 17
Philostr. soph. 607 229 Fn. 21
Philostr. soph. 628 229 Fn. 21

Plin. epist. 1,14,3 230 Fn. 23
Plin. epist. 2, 13,2 230 Fn. 23
Plin. epist. 10, 4,1 230 Fn. 23
Plin. epist. 10, 26,1 230 Fn. 23
Plin. epist. 10, 87,1 230 Fn. 23
Plin. epist. 10, 94,1 230 Fn. 23
Plin. epist. 10,106–107 99 Fn. 53

Plut. Flam. 12,8 234 Fn. 39

Quint. 1,4,41 252 Fn. 66
Quint. 3,7,6–28 241 Fn. 16
Quint. 3,7,15 241 Fn. 16
Quint. 4,1,42 252 Fn. 67
Quint. 5,11,6 258 Fn. 102
Quint. 5,11,36 247 Fn. 41, 248 Fn. 46
Quint. 8,3,24 260 Fn. 116

Sch. Bern. Verg. ecl. 9 pr. 100 Fn. 54

Serv. Aen. ecl. pr. 100 Fn. 54
Serv. Aen. ecl. 9,1 100 Fn. 54
Serv. Aen. ecl. 9,10 100 Fn. 54
Serv. Aen. ecl. 9,24 100 Fn. 54

Suda φ 447 67 Fn. 10

Suet. Claud. 12,23 167 Fn. 60
Suet. Claud. 45,2 93 Fn. 23
Suet. Vit. 2,4 72
Suet. Vesp. 10 181 Fn. 58

Tac. ann. 12,60 167 Fn. 60
Tac. hist. 4,3,3 70

Verg. ecl. 9,14 100 Fn. 54

Zos. 1,37,1–2 173 Fn. 11
Zos. 1,49,1 173 Fn. 12

Inschriften und Papyri

AE 1903,346 186 Fn. 75
AE 1908,70 185 Fn. 74
AE 1911,216 185 Fn. 74
AE 1941,156 186 Fn. 78
AE 1954,79 218 Fn. 14
AE 1960,247 232 Fn. 31
AE 1984,919 232 Fn. 31
AE 1989,475 186 Fn. 75
AE 2004,867 55 Fn. 39

BGU III 981,16 200 Fn. 38
BGU IV 1069,3 200 Fn. 38

BL VIII 260 197 Fn. 23
BL IX 24 200 Fn. 38

CIL II 4962,2 185 Fn. 74
CIL II 6245,1 185 Fn. 74
CIL III 1573 187 Fn. 81
CIL III 12 336 99 Fn. 51
CIL III p. 12 415 186 Fn. 78
CIL III 14 191 89 Fn. 3, 99 Fn. 53
CIL V 1874 189 Fn. 96
CIL V 4341 189 Fn. 96
CIL V 4468 186 Fn. 78
CIL V 8119,1 185 Fn. 74
CIL VI 1333 (cf. VI 31633) 231 Fn. 26
CIL VI 1517 231 Fn. 26
CIL VI 1520 187 Fn. 81
CIL VI 1531f. (cf. CIL VI 31673) 231 Fn. 26
CIL VI 1711 188 Fn. 89
CIL VI 1770f. 188 Fn. 87
CIL VI 1879 218 Fn. 14
CIL VI 4076 218 Fn. 14
CIL VI 37 163 218 Fn. 14
CIL VI 41 232 187 Fn. 81
CIL VIII 3294 186 Fn. 78
CIL VIII 9666 186 Fn. 78
CIL IX 250 218 Fn. 14
CIL IX 980 186 Fn. 78; Fn. 79
CIL IX 1656 186 Fn. 78
CIL IX 2324 186 Fn. 78
CIL IX 3046 186 Fn. 78
CIL IX 4213 186 Fn. 78
CIL IX 6088,1 185 Fn. 74
CIL X 793 186 Fn. 78
CIL X 1453 186 Fn. 78
CIL X 6017 186 Fn. 78
CIL X 8067,3 186 Fn. 75
CIL X 8068,5 a–d 185 Fn. 74
CIL XI 377 189 Fn. 96
CIL XI 5695 186 Fn. 77; Fn. 78
CIL XI 6375 186 Fn. 78
CIL XI 6726,1 a–h 185 Fn. 74
CIL XI 6726,3 186 Fn. 78
CIL XI 6727,1 186 Fn. 75
CIL XI 8135 185 Fn. 74
CIL XII 1856 232 Fn. 31
CIL XIII 10 030,10 a–g 185 Fn. 74
CIL XIV 250 218 Fn. 14
CIL XIV 376 186 Fn. 78

CILA II 1,92 185 Fn. 74

Collection Froehner 5,266 185 Fn. 74
Collection Froehner 11,602–603 185 Fn. 74

CPR XXIII 17 196 Fn. 18, 198 Fn. 25, 198 Fn. 27, 204, 204 Fn. 56

IDR III 1,66 187 Fn. 81

IGBulg II 645 218 Fn. 14

IGRR I 582 218 Fn. 14
IGRR I 1262 51 Fn. 17
IGRR III 301 53 Fn. 27
IGRR III 55 53 Fn. 27
IGRR III 280 53 Fn. 27
IGRR IV 728 53 Fn. 26
IGRR IV 786 53 Fn. 25 u. 27
IGRR IV 811 53 Fn. 27

ILAfr 412 218 Fn. 14

ILS 115 189 Fn. 96
ILS 461 74
ILS 1077 231 Fn. 26
ILS 1080 231 Fn. 26
ILS 1118 189 Fn. 96
ILS 1189 187 Fn. 81
ILS 1190f. 231 Fn. 26
ILS 1353 232 Fn. 31
ILS 5590f. 186 Fn. 78
ILS 5602–5613 186 Fn. 78
ILS 5604 186 Fn. 79
ILS 5612 186 Fn. 77
ILS 5616 186 Fn. 78
ILS 5617 186 Fn. 78
ILS 6147 186 Fn. 78
ILS 6174 218 Fn. 14
ILS 8628 186 Fn. 75
ILS 8629 186 Fn. 75
ILS 8632 186 Fn. 75
ILS 8638 185 Fn. 74
ILS 8794 234 Fn. 39

Lex Irnit. c. 19 Z. 6–7 186 Fn. 78

P. Amh. II 70 195 Fn. 13

P. Bremen 38 202 Fn. 46

P. Laur. I 4 201 Fn. 41

P. Lond. III 1177 195 Fn. 13

P. Lugd. Bat. XIX 14 203 Fn. 52

P. Mil. Vogl. II 97 197 Fn. 21

P. Oxy. XIV 1662 204, 204 Fn. 55
P. Oxy. XXXIII 2664 197 Fn. 23, 198 Fn. 28, 201 Fn. 43
P. Oxy. XLII 3046–3050 197 Fn. 22
P. Oxy. XLIII 3114 203 Fn. 52
P. Oxy. XLIII 3133 202 Fn. 49

P. Sijp. 19 201 Fn. 45

SB V 7696 193, 194 Fn. 5, 194 Fn. 7, 198 Fn. 28, 199, 204, 204 Fn. 57
SB XIV 11938 198 Fn. 28
SB XVIII 13852 205 Fn. 60

SEG XVI 754 53 Fn. 28
SEG XVII 755 51 Fn. 17
SEG XXVI 1392 51 Fn. 17
SEG XXXIII 577 51 Fn. 17
SEG XXXVII 1186 52 Fn. 22, 53 Fn. 28
SEG XLVIII 1514 52 Fn. 24

Sel. Pap. II 341 5204 Fn. 55

Vorjustinianische Rechtsquellen und Sammelwerke

App. LRV I,1 131 Fn. 31, 140

Cod. Theod. 2,16,2 (s.a.) 98 Fn. 47
Cod. Theod. 9,9 (s.a.) 93 Fn. 28
Cod. Theod. 9,9,1 (s.a.) 93 Fn. 26
Cod. Theod. 9,12 (s.a.) 93 Fn. 28
Cod. Theod. 9,12,1 (a. 319) 93 Fn. 26
Cod. Theod. 9,12,2 (a. 329) 93 Fn. 26
Cod. Theod. 9,30,1 (a. 364) 97 Fn. 41
Cod. Theod. 12,6,19 188 Fn. 91
Cod. Theod. 14,4 188 Fn. 90
Cod. Theod. 14,4,4 188 Fn. 87

Coll. 3,2 (Paul. 5 sent.) 93 Fn. 27
Coll. 3,3 (Ulp. 8 off. proc.) 93 Fn. 22
Coll. 3,4 (a. 285) 93 Fn. 21; Fn. 24
Coll. 12,7,4–6 (Ulp. 1 ad ed.) 249 Fn. 52
Coll. 10,6,1 (a. 294?) 133

Cons. 6,17 Diocl./Maxim. (a. 294) 89 Fn. 5
Cons. 9,8 Anton. (a. 215) 90 Fn. 6

FIRA I 106 99 Fn. 51
FIRA I 107 89 Fn. 3, 99 Fn. 53

Gai. 1,5 78
Gai. 1,53 93 Fn. 23
Gai. 1,64 243 Fn. 24
Gai. 2,104 111 Fn. 10
Gai. 2,119 111 Fn. 11
Gai. 2,130 113 Fn. 29
Gai. 2,131–132 113

Gai. 2,154 128 Fn. 12
Gai. 2,185–188 119 Fn. 53
Gai. 3,75 164 Fn. 33
Gai. 4,182 128 Fn. 7; Fn. 11, 138

Nov. Maior. 7,15 188 Fn. 92

Paul. Sent. 1,2,1 129 Fn. 15
Paul. Sent. 1,21,13 135
Paul. Sent. 4,1,13 104 Fn. 76, 105 Fn. 77
Paul. Sent. 5,23,6 93 Fn. 25

UE 22,14 113

Vat. Fragm. 30 90 Fn. 10
Vat. Fragm. 240 149 Fn. 79
Vat. Fragm. 244 149 Fn. 79
Vat. Fragm. 272 90 Fn. 12
Vat. Fragm. 288 90 Fn. 11
Vat. Fragm. 320 152
Vat. Fragm. 270 182 Fn. 60
Vat. Fragm. 313 183 Fn. 68

Corpus iuris civilis

Inst. Iust. 2,22pr. 117 Fn. 40
Inst. Iust. 1,2,6 78 Fn. 55

Const. *Deo Auctore* 12 124 Fn. 69
Const. *Tanta* 21 124 Fn. 69

D. 1,3,31 (Ulp. 13 ad leg. Iul. et Pap.) 110
D. 1,4,1pr. (Ulp. 1 inst.) 78 Fn. 55
D. 1,4,1,1 (Ulp. 1 inst.) 143 Fn. 64
D. 1,4,1,2 (Ulp. 1 inst.) 257 Fn. 94
D. 1,12,1pr. (Ulp. l. sing. de off. praef. urbi) 175 Fn. 26
D. 1,12,1 (Ulp. l. sing. de off. praef. urbi) 175 Fn. 27
D. 1,12,1,2 (Ulp. l. sing. de off. praef. urbi) 175 Fn. 25, 180 Fn. 53
D. 1,12,1,3 (Ulp. l. sing. de off. praef. urbi) 175 Fn. 26
D. 1,12,1,4 (Ulp. l. sing. de off. praef. urbi) 175 Fn. 26, 176 Fn. 29
D. 1,12,1,5 (Ulp. l. sing. de off. praef. urbi) 175 Fn. 24
D. 1,12,1,6 (Ulp. l. sing. de off. praef. urbi) 180 Fn. 52
D. 1,12,1,7 (Ulp. l. sing. de off. praef. urbi) 148, 175 Fn. 24
D. 1,12,1,8 (Ulp. l. sing. de off. praef. urbi) 175 Fn. 27
D. 1,12,1,9 (Ulp. l. sing. de off. praef. urbi) 175 Fn. 23
D. 1,12,1,10 (Ulp. l. sing. de off. praef. urbi) 175 Fn. 24
D. 1,12,1,11 (Ulp. l. sing. de off. praef. urbi) 175 Fn. 23
D. 1,12,1,12 (Ulp. l. sing. de off. praef. urbi) 175 Fn. 22, 175 Fn. 23
D. 1,12,1,13 (Ulp. l. sing. de off. praef. urbi) 175 Fn. 22
D. 1,12,1,14 (Ulp. l. sing. de off. praef. urbi) 175 Fn. 26
D. 1,12,1,2 (Paul. l. sing. de off. praef. urbi) 175 Fn. 23, 175 Fn. 25
D. 1,12,2 (Paul. l. sing. de off. praef. urbi) 180 Fn. 54
D. 1,15,3,1 (Paul. l. sing. de off. praef. vig.) 144 Fn. 65, 175 Fn. 26, 175 Fn. 32
D. 1,15,3,2 (Paul. l. sing. de off. praef. vig.) 175 Fn. 26, 175 Fn. 32
D. 2,1,11pr. (Gai. 1 ad ed. prov.) 249 Fn. 52
D. 2,4,25 (Mod. 1 poen.) 178 Fn. 44
D. 2,14,7,5 (Ulp. 4 ad ed.) 244 Fn. 27
D. 3,1,1pr.–1 (Ulp. 6 ad ed.) 147
D. 3,1,1,5–6 (Ulp. 6 ad ed.) 135 Fn. 39, 147
D. 3,1,1,7 (Ulp. 6 ad ed.) 135 Fn. 39
D. 3,1,1,9 (Ulp. 6 ad ed.) 129 Fn. 18
D. 3,1,1,11 (Ulp. 6 ad ed.) 129 Fn. 15, 148
D. 3,1,8 (Pap. 2 quaest.) 142
D. 3,1,11,1 (Tryph. 5 disp.) 135 Fn. 34
D. 3,2,1 (Iul. 1 ad ed.) 135 Fn. 39, 138, 140, 145, 152, 153, 155
D. 3,2,2 (Ulp. 6 ad ed.) 139 Fn. 54
D. 3,2,2pr. (Ulp. 6 ad ed.) 155
D. 3,2,2,2 (Ulp. 6 ad ed.) 135 Fn. 36
D. 3,2,4 (Ulp. 6 ad ed.) 139 Fn. 54
D. 3,2,4,4 (Ulp. 6 ad ed.) 140
D. 3,2,5 (Paul 5 ad ed.) 138
D. 3,2,6 (Ulp. 6 ad ed.) 139 Fn. 54
D. 3,2,6pr. (Ulp. 6 ad ed.) 135 Fn. 36

D. 3,2,6,3 (Ulp. 6 ad ed.) 139 Fn. 55
D. 3,2,13,6 (Ulp. 6 ad ed.) 143
D. 3,2,20 (Pap. 1 resp.) 144 Fn. 68
D. 3,2,21 (Paul. 2 resp.) 135 Fn. 37
D. 3,2,22 (Marcell. 2 de iud. publ.) 140
D. 3,2,13,8 (Ulp. 6 ad ed.) 128 Fn. 10
D. 4,4,3pr. (Ulp. 11 ad ed.) 43
D. 4,4,16,5 (Ulp. 11 ad ed.) 181 Fn. 59
D. 4,4,17 (Hermogen. 1 iur. epit.) 181 Fn. 59
D. 4,4,38pr. (Paul. 1 decret.) 180 Fn. 52
D. 5,1,2,4 (Ulp. 3 ad ed.) 248 Fn. 51
D. 5,1,10 (Ulp. 10 ad ed.) 145
D. 5,2,8,4 (Ulp. 5 ad ed.) 112 Fn. 19
D. 5,2,27,2 (Ulp. 6 op.) 112 Fn. 20
D. 8,5,15 (Ps.-Ulp. 6 op.) 101 Fn. 61
D. 10,4,3,15 (Ulp. 24 ad Sab.) 256 Fn. 85
D. 11,7,6pr. (Ulp. 25 ad ed.) 249 Fn. 51
D. 12,1,26 (Ulp. 5 op.) 103 Fn. 71
D. 12,2,9,2 (Ulp. 22 ad ed.) 138
D. 13,7,13 (Ulp. 38 ad ed.) 248 Fn. 51
D. 14,6,3,1 (Ulp. 29 ad ed.) 248 Fn. 51
D. 15,1,52pr. (Paul. 4 quaest.) 103 Fn. 69
D. 17,1,6,2 (Ulp. 31 ad ed.) 97 Fn. 45
D. 17,1,6,7 (Ulp. 31 ad ed.) 249 Fn. 51
D. 17,1,22,2 (Paul. 32 ad ed.) 102 Fn. 67
D. 17,1,40 (Paul 9 ad ed.) 102 Fn. 68
D. 18,1,80,2 (Lab. 5 post. a lav. epit.) 244 Fn. 27
D. 19,5,8 (Pap. 27 quaest.) 256 Fn. 85
D. 20,5,12 (Paul. 28 ad ed.) 226 Fn. 4
D. 22,1,3,3 (Pap. 20 quaest.) 226 Fn. 4
D. 22,5,3,5 (Call. 4 cogn.) 129 Fn. 16
D. 23,2,43, 12–13 (Ulp. 1 ad leg. Iul. et Pap.) 154
D. 23,2,59 (Paul. L. sing. de adsign. libert.) 151
D. 23,2,64pr.-1 (Call. 2 quaest.) 151
D. 23,2,65,1 (Paul. 7 resp.) 243
D. 24,1,11,3 (Ulp. 32 ad Sab.) 244 Fn. 27
D. 24,1,32,8 (Ulp. 33 ad Sab.) 119 Fn. 49
D. 24,1,55 (Paul. 6 quaest.) 103 Fn. 73
D. 24,3,45 (Paul. 5 quaest.) 254 Fn. 78
D. 26,4,3,2 (Ulp. 38 ad ed.) 175 Fn. 27
D. 26,7,2pr. (Ulp. 9 ad ed.) 247 Fn. 44
D. 26,7,7,14 (Ulp. 35 ad ed.) 249 Fn. 51
D. 26,7,9pr. (Ulp. 36 ad ed.) 103 Fn. 69
D. 26,7,46,2 (Paul. 9 resp.) 103 Fn. 69
D. 26,9,2 (Ps.-Ulp. 1 op.) 103 Fn. 69
D. 26,10,1 (Ulp. 35 ad ed.) 147 Fn. 71
D. 26,10,1pr. (Ulp. 35 ad ed.) 148 Fn. 73
D. 26,10,1,2 (Ulp. 35 ad ed.) 148 Fn. 74
D. 26,10,1,4 (Ulp. 35 ad ed.) 175 Fn. 24
D. 26,10,1,6 (Ulp. 35 ad ed.) 148 Fn. 75
D. 26,10,1,7 (Ulp. 35 ad ed.) 148 Fn. 76
D. 26,10,1,8 (Ulp. 35 ad ed.) 175 Fn. 24
D. 26,10,3,18 (Ulp. 35 ad ed.) 148
D. 26,10,4pr.-1 (Ulp. 1 de omn. tribun.) 148
D. 26,10,7,1 (Ulp. 1 de omn. tribun.) 149 Fn. 77
D. 26,10,3 (Ulp. 61 ad ed.) 175 Fn. 224
D. 26,10,8 (Ulp. 61 ad ed.) 150 Fn. 80, 175 Fn. 224
D. 26,10,14–15 (Ulp. 61 ad ed.) 175 Fn. 224
D. 27,1,5 (Ulp. 1 sing. de off. praet. tut.) 247 Fn. 44,
D. 27,1,6,19 (Mod. 2 excusat.) 149 Fn. 78
D. 27,1,7 (Ulp. l. sing. excus.) 149 Fn. 79
D. 27,1,8,3 (Mod. excus. 3) 96 Fn. 38
D. 27,1,8,5 (Mod. excus. 3) 97 Fn. 42
D. 27,3,1,15 (Ulp. 36 ad ed.) 248 Fn. 51
D. 27,9,11 (Ulp. 3 de off. proc.) 256 Fn. 87
D. 27,9,13,1 (Paul. l. sing. ad orat. div. Sev.) 257 Fn. 89, 257 Fn. 90
D. 28,2,13,1 (Jul. 29 dig.) 113 Fn. 113
D. 28,3,6,6 (Ulp. 10 ad. Sab.) 119 Fn. 49
D. 28,5,1,5 (Ulp. 1 ad Sab.) 246 Fn 36
D. 28,5,9,2 (Ulp. 5 ad Sab.) 249 Fn. 52
D. 28,5,24 (Cels. 16 dig.) 113 Fn. 23
D. 28,5,34 (Pap. 1 def.) 98 Fn. 45, 113
D. 28,5,89 (Gai. lib. sing. de cas.) 113 Fn. 24
D. 28,6,2,4 (Ulp. 6 ad Sab.) 249 Fn. 52
D. 29,1,1pr. (Ulp. 45 ad ed.) 110, 111
D. 29,1,6 (Ulp. ad Sab.) 112
D. 29,1,7 (Ulp. 9 ad ed.) 114
D. 29,1,11pr. (Ulp. 45 ad ed.) 118 Fn. 46
D. 29,1,11,2 (Ulp. 45 ad ed.) 112 Fn. 17
D. 29,1,12 (Pap. 6 resp.) 112 Fn. 17
D. 29,1,13 (Ulp. 45 ad ed.) 120 Fn. 54
D. 29,1,15,4 (Ulp. 45 ad ed.) 113, 97 Fn. 45
D. 29,1,18pr. (Tryph. 18 disp.) 118 Fn. 42
D. 29,1,19,2 (Ulp. disp. 4) 97 Fn. 45
D. 29,1,24 (Flor. 10 inst.) 111 Fn. 8
D. 29,1,33 (Tert. lib. sing. de castr. pecul.) 115
D. 29,1,36,2 (Pap. 6 resp.) 114
D. 29,1,37 (Paul. 7 quaest.) 112 Fn. 16
D. 29,1,41pr. (Tryph. 18 disp.) 98 Fn. 45, 113 Fn. 25
D. 29,2,6,3 (Ulp. 6 ad Sab.) 163 Fn. 30
D. 30,37pr. (Ulp. 21 ad Sab.) 249 Fn. 52
D. 30,87 (Pap. 18 quaest.) 242 Fn. 20
D. 30,90 (Pap. 18 quaest.) 242 Fn. 20
D. 31,67,9 (Pap. 19 quaest) 249 Fn. 52

D. 31,77,12 (Pap. 8 resp.) 246 Fn. 34
D. 32,1,4 (Ulp. 1 fideicom.) 175 Fn. 26
D. 32,22,1 (Herm. 4 iur. epit.) 119 Fn. 49
D. 34,8,1 (Jul. 78 dig.) 246 Fn. 34
D. 35,1,7pr. (Ulp. 18 ad Sab.) 249 Fn. 52
D. 35,1,48 (Marcell. 5 dig.) 249 Fn. 52
D. 35,2,15,1 (Pap. 13 resp.) 117 Fn. 41
D. 35,2,49pr. (Paul. 12 ad Plaut.) 253 Fn. 71
D. 36,1,3,1 (Ulp. 3 fideic.) 118 Fn. 42
D. 36,4,5,27 (Ulp. 52 ad ed.) 180 Fn. 52
D. 37,5,5,6 (Ulp. 40 ad ed.) 249 Fn. 52
D. 37,10,1,5 (Ulp. 41 ad ed.) 249 Fn. 51
D. 37,12,1,4 (Ulp. 45 ad ed.) 112 Fn. 19
D. 37,13,1 (Ulp. 45 ad ed.) 110 Fn. 3
D. 37,14,1 (Ulp. 9 de off. proconsulis) 252 Fn. 63
D. 37,14,10pr. (Clem. 9 ad l. Iul. et Pap.) 251 Fn. 58
D. 37,14,17pr. (Ulp. 11 ad leg. Iul. et Pap.) 250
D. 37,14,17,1 (Ulp. 11 ad leg. Iul. et Pap.) 137 Fn. 48
D. 38,2,12 (Ulp. 44 ad ed.) 115
D. 38,2,14pr. (Ulp. 45 ad ed.) 251 Fn. 58
D. 38,12,1 (Mac. 2 de re mil.) 119 Fn. 49
D. 38,12,2 (Pap. 16 resp.) 119 Fn. 52
D. 40,1,5pr. (Ulp. 5 fideicomm.) 175 Fn. 27
D. 40,5,24,9 (Ulp. 5 fideicomm.) 249 Fn. 51
D. 40,11,5,1 (Mod. 7 reg.) 136 Fn. 44, 137 Fn. 48
D. 40,1,20pr. (Pap. 10 resp.) 175 Fn. 27
D. 41,1,53 (Mod. 14 ad Q. Muc.) 256 Fn. 85
D. 41,2,24 (Iav. 14 epist.) 256 Fn. 85
D. 41,2,44,1 (Pap. 23 quaest.) 165 Fn. 50
D. 41,3,4,2 (Paul. 54 ad ed.) 165, 165 Fn. 41
D. 41,3,32,2 (Paul. 15 ad Sab.) 245 Fn. 29,
D. 42,1,63 (Macer. 2 de appell.) 247 Fn. 44
D. 42,4,7,16 (Ulp. 59 ad ed.) 249 Fn. 51
D. 42,8,7 (Paul. 62 ad ed.) 249 Fn. 51
D. 42,8,10,1 (Ulp. 73 ad ed.) 253 Fn. 71
D. 43,16,1,4 (Ulp. 69 ad ed.) 256 Fn. 85
D. 47,2,52,20 (Ulp. 37 ad ed.) 227 Fn. 10
D. 47,2,72pr. (Iav. 15 ex Cassio) 100 Fn. 56
D. 47,2,93 (Ulp. 28 ad Sab.) 256 Fn. 85
D. 47,10,1pr.–3 (Ulp. 56 ad ed.) 177 Fn. 35
D. 47,10,7,8 (Ulp. 57 ad ed.) 178 Fn. 42
D. 47,10,15,25 (Ulp. 57 ad ed.) 146
D. 47,10,15,27 (Ulp. 57 ad ed.) 146
D. 47,10,35 (Ulp. 3 de omn. trib..) 179 Fn. 45
D. 47,10,45 (Hermog. 5 epit.) 141 Fn. 58
D. 47,19,3 (Marc. 2 publ. Iud.) 175 Fn. 26
D. 48,1,14 (Pap. 16 resp.) 135 Fn. 35
D. 48,2,6 (Ulp. 2 de off. proc.) 141 Fn. 59
D. 48,2,8 (Mac. 2 publ.) 97 Fn. 44
D. 48,2,11pr. (Mac. 2 publ.) 97 Fn. 44
D. 48,2,93 (Ulp. 28 ad Sab.) 256 Fn. 85
D. 48,5,7 (Marc. 10 inst.) 151 Fn. 82
D. 48,19,8 (Ulp. 9 de off. Procos.) 175 Fn. 26
D. 48,19,1,3 (Ulp. 8 disp.) 179 Fn. 45
D. 48,19,26 (Call. 1 de cogn.) 136 Fn. 44, 137 Fn. 48
D. 48,19,28pr.-1 (Call. 6 de cogn.) 141 Fn. 60
D. 48,19,28,2 (Call. 6 de cogn.) 141 Fn. 58
D. 48,22,6,1 (Ulp. 9 de off. procos.) 175 Fn. 26
D. 49,16,3,1 (Mod. 4 poen.) 97 Fn. 40
D. 49,16,6 (Arr. Men. 3 re mil.) 119 Fn. 47
D. 49,16,7 (Tarrunt. 2 de re mil.) 119 Fn. 48
D. 49,16,10,1 (Ps.-Paul. Sg. Reg.) 96 Fn. 35
D. 49,16,13,3 (Macer. 2 de re mil.) 155
D. 49,18,3 (Marci. 2 reg.) 97 Fn. 41
D. 49,20,1pr. (Call. 1 de iure fisc.) 118 Fn. 44
D. 50,1,15pr. (Pap. 1 resp.) 135 Fn. 35
D. 50,2,2,2 (Ulp. 1 disp.) 136 Fn. 44, 137 Fn. 48
D. 50,2,5 (Pap. 2 quaest.) 135 Fn. 35
D. 50,13,5,1 (Call. 1 cogn.) 127 Fn. 1
D. 50,13,5,2 (Call. 1 cogn.) 128 Fn. 8
D. 50,13,5,3 (Call. 1 cogn.) 141 Fn. 57
D. 50,17,7 (Pomp. 3 ad Sab.) 111
D. 50,17,122 (Gai. 5 ad. ed.) 111 Fn. 14
D. 50,17,189 (Cels. 13 dig.) 165, 165 Fn. 42; Fn. 50

C. 1,23,2 Aurel. (a. 270) 90 Fn. 7; Fn. 10
C. 1,26,1 Alex. (a. 230) 39, 39 Fn. 11, 90 Fn. 7
C. 1,26,2 Alex. (a. 235) 90 Fn. 7
C. 1,54,1 Sev./Ant. (a. 205) 133
C. 1,54,2 Alex. (a. 228) 247 Fn. 44, 254 Fn. 74
C. 2,1,8 Alex. (a. 225) 255 Fn. 80
C. 2,3,1 Sev. (a. 200) 104 Fn. 76, 253 Fn. 72
C. 2,3,13 Maximin. (a. 236) 90 Fn. 7, 253 Fn. 72
C. 2,3,14 Gord. III. (a. 241) 100 Fn. 57
C. 2,3,16 Diocl./Maxim. (a. 286) 104 Fn. 76
C. 2,3,19 Diocl./Maxim. (a. 290) 104 Fn. 76
C. 2,4,7 Gord.III. (s.a.) 89 Fn. 1, 90 Fn. 6
C. 2,4,5 Alex. (a.227) 89 Fn. 1
C. 2,4,11 Valer./Gall. (a. 255) 104 Fn. 75
C. 2,50,6 Valer./Gall. (a. 254) 89 Fn. 4
C. 2,7,1 Ant. (a. 213) 134, 135 Fn. 40
C. 2,9,2 Gord. III. (s.a.) 94 Fn. 30
C. 2,11,1 Sev./Ant. (s.a., 197 ?) 133
C. 2,11,3 Sev./Ant. (a. 197) 133

C. 2,11,4 Sev./Ant. (a. 198) 133, 142 Fn. 62
C. 2,11,5 Sev./Ant. (a. 198) 134
C. 2,11,6 Sev./Ant. (a. 203) 133
C. 2,11,7 Sev./Ant. (a. 205) 133
C. 2,11,8 Sev./Ant. (a. 205) 133, 134, 140
C. 2,11,9 Sev./Ant. (a. 208) 133
C. 2,11,10 Sev./Ant. (a. 208) 134
C. 2,11,11 Alex. (a. 223) 133
C. 2,11,12 Alex. (a. 224) 133
C. 2,11,13 Sev. (a. 229) 133
C. 2,11,14 Gord. III. (a. 238) 130 Fn. 20, 131 Fn. 31, 133, 134, 140
C. 2,11,15 Gord. III. (a. 239) 130 Fn. 20; 134; 152
C. 2,11,16 Gord. III. (a. 240) 130 Fn. 20; 133; 134; 135 Fn. 40; 140
C. 2,11,17 Gord. III. (a. 242) 130 Fn. 20; 133; 134; 143; 262 Fn. 128
C. 2,11,18 Val./Gallien. (a.260) 130 Fn. 22; 133; 134; 253 Fn. 72; 138
C. 2,11,19 Carinus/Numer. (a. 284) 130 Fn. 23; 133; 143; 144
C. 2,11,20 Diocl./Maxim. (a. 290) 134
C. 2,11,21 Diocl./Maxim. (a. 293) 134
C. 2,11,22 Diocl./Maxim. (a. 294) 133
C. 2,16,1 Probus (a. 278) 90 Fn. 11
C. 2,18,8 Anton. (a. 218) 91 Fn. 17
C. 2,18,16 Gallus/ Volus (a. 252) 90 Fn. 8
C. 2,19,1 Alex. (a. 223) 254 Fn. 74
C. 2,19,5 Gord. III. (a. 239) 99 Fn. 53
C. 2,21,2 Gord. III. (a. 238) 90 Fn. 7
C. 2,22,1 Gord. III. (a. 238) 98 Fn. 45
C. 2,31,1 Sev./Ant. (s.a.) 253 Fn. 72
C. 2,39,1 Gord. III. (a. 238) 253 Fn. 72
C. 2,40,1 Alex. (a. 229) 255 Fn. 80
C. 2,44,1 Aurel. (a. 274) 42; 90 Fn. 10
C. 2,44,2 Constant. (a. 321) 43
C. 2,50,6 Valer./Gall. (a. 254) 103 Fn. 74
C. 2,52,1 Gord. III. (a. 238) 98 Fn. 46
C. 2,52,2 Gord. III. (a. 238) 98 Fn. 48
C. 2,52,3 Gord. III. (a. 238) 98 Fn. 49
C. 2,57,1 Constant./Constans (a. 342) 176 Fn. 33
C. 3,3,1 Gord. III (a. 242) 167
C. 3,8,3 Gallien. (a. 262) 184 Fn. 69
C. 3,22,2 Decius (a. 250) 166
C. 3,28,8 Alex. (a. 223) 90 Fn. 6
C. 3,28,14 Gord. III. (a. 239) 253 Fn. 72
C. 3,29,3 Val./Gallien. (a. 257) 182 Fn. 63
C. 3,32,1pr. Sev./Ant. (a. 210) 253 Fn. 72
C. 3,32,4 Gord. III. (a. 238) 98 Fn. 49
C. 3,32,6 Gord. (a. 239) 90 Fn. 6
C. 3,32,8 Philipp (a. 246) 101 Fn. 62
C. 3,33,5 Alex. (a. 226) 89 Fn. 1
C. 3,34,5 Philipp (a. 246) 101 Fn. 59
C. 3,34,6 Claud. (a. 269) 90 Fn. 9
C. 3,34,9 Diocl./Maxim. (a. 239) 101 Fn. 61
C. 3,36,6 Gord. III. (a. 238/239) 94 Fn. 31; 100 Fn. 55
C. 3,36,12 Gallus/Volus (a. 252) 90 Fn. 8
C. 3,38,1 Ant. (a. 211) 253 Fn. 72
C. 3,42,5 Gord. III. (a. 239) 239 Fn. 7; 227, 240; 259 Fn. 110; 262 Fn. 127
C. 4,1,2 Alex. (a. 223) 255 Fn. 80
C. 4,13,1 Gord. III. (a. 238) 98 Fn. 45
C. 4,16,2 Dec. (a. 249) 162 Fn. 13; 253 Fn. 72
C. 4,21,3 Alex. (a. 226) 256 Fn. 84
C. 4,21,7 Diocl./Maxim. (a. 286) 90 Fn. 6
C. 4,31,8 Gord. III. (a.238–241) 94 Fn. 31
C. 4,32,2 Sev./Ant. (s.a.) 99 Fn. 50
C. 4,34,3 Gord. III. (s.a.) 90 Fn. 6; 100 Fn. 55
C. 4,34,10 Diocl./Maxim. (a. 294) 133
C. 4,35,6 Gord. III. (a. 239) 97 Fn. 45
C. 4,39,7 Diocl./Maxim. (s.a.) 254 Fn. 74
C. 4,44,1 Alex. (a. 222) 91 Fn. 17
C. 4,44,6–7 Diocl./Maxim. (a. 239) 105 Fn. 80
C. 4,50,5 Diocl./Maxim. (a. 290, ev. 287) 89 Fn. 1
C. 4,52,1 Gord. III. (s.a.) 89 Fn. 1
C. 4,52,2 Gord. III. (a. 238–241) 94 Fn. 31
C. 4,52,4 Diocl./Maxim. (s.a.; 294?) 94 Fn. 29; 105 Fn. 80
C. 4,54,5 Gord. III. (s.a.) 89 Fn. 1; 94 Fn. 31
C. 4,56,1 Alex. (a. 223) 254 Fn. 76
C. 4,57,2 Alex. (a. 222) 175 Fn. 27
C. 4,58,1 Ant. (a. 214) 253 Fn. 72
C. 4,64,1 Gord. III. (a. 238) 99 Fn. 50
C. 4,65,4,1 Alex. (a. 222) 82, 255 Fn. 79
C. 4,65,15 Val./Gallien. (a. 259) 253 Fn. 72
C. 5,3,5 Val./ Gallien. (a. 258) 130 Fn. 22; 132 Fn. 32; 153
C. 5,3,6 Aurel. (s.a.) 42; 90 Fn. 10
C. 5,3,15 Constant. (a. 319) 185 Fn. 71
C. 5,4,6 Gord. III. (a. 239) 239 Fn. 7; 242f.; 259 Fn. 107
C. 5,4,9 Probus (s.a.) 90 Fn. 11
C. 5,6,1 Sev. (a. 215) 150
C. 5,6,7 Diocl./Maxim. (s.a.) 133
C. 5,5,2 Diocl./Maxim. (a. 285) 134
C. 5,12,6 Alex. (a. 236) 90 Fn. 7

C. 5,12,9 Decius (a. 250) 166
C. 5,13,1,5a Just. (a. 530) 103 Fn. 72
C. 5,14,6 Diocl./Maxim. (a. 293) 254 Fn. 74
C. 5,16,6,1 Alex. (a. 229) 254 Fn. 74
C. 5,36,4 Valer./Gall. (a. 260) 130 Fn. 22; 148
C. 5,39,2 Alex. (s.a.) 103 Fn. 69
C. 5,42,2 Valer./Gall. (a. 260) 130 Fn. 22; 132; 133; 148
C. 5,43,6 Gord. III. (a. 238) 130 Fn. 20; 133; 134; 147
C. 5,43,9 Diocl./Maxim. (a. 294) 133
C. 5,47,1 Sev./Ant. (a. 197) 133
C. 5,53,3 Ant. (a. 215) = Cons. 9,8 90 Fn. 6
C. 5,56,1 Ant. (a. 213) 175 Fn. 27, 253 Fn. 72
C. 5,56,2 Alex. (a. 223) 175 Fn. 27
C. 5,62,4 Ant. (a. 216) 133, 150
C. 5,62,10 Alex. (a. 229) 219
C. 5,62,17 Valer./Gall. (a. 265) 130 Fn. 22; 134; 150
C. 5,65,1 Ant. (a. 213) 97 Fn. 42; 134; 156
C. 5,65,2 Gord. III. (a. 239) 89 Fn. 2; 253 Fn. 72,
C. 5,70,2pr. Gord. III. (a. 238) 162 Fn. 21
C. 5,71,14 Diocl./Maxim. (a. 293) 256; 260 Fn. 113; 261; 262 Fn. 127
C. 5,72,2 Aurel. (s.a., 273?) 42f.; 90 Fn. 10
C. 6,11,1. Alex. (a. 223) 90 Fn. 6
C. 6,20,4 Gord. III. (a. 239) 253 Fn. 72
C. 6,21,1 Ant. (a. 212) 112
C. 6,21,2 Ant. (a. 213) 112
C. 6,21,6pr. Alex. (a. 225) 255 Fn. 80
C. 6,21,7. Alex. (a. 229) 155
C. 6,21,8 Gord. III. (a. 238) 97 Fn. 45, 113
C. 6,21,9 Gord. III. (a. 238) 114; 115
C. 6,21,10 Philipp (a. 246) 114f.
C. 6,21,11 Philipp (a. 246) 116
C. 6,21,12 Philipp (a. 246) 117, 118
C. 6,21,13 Philipp (a. 254) 118, 119
C. 6,24,3. Alex. (s.a.) 90 Fn. 6
C. 6,30,2 Alex. (s.a.) 90 Fn. 6
C. 6,30,4 Decius (a. 250) 163
C. 6,30,22pr. Just. (a. 531) 95 Fn. 33
C. 6,32,3 Diocl./Maxim. (a. 294) 132
C. 6,37,3 Sev./Ant. (a.211) 253 Fn. 72
C. 6,37,12 Gord. III. (a. 240) 262
C. 6,37,12pr. Gord.III. (a. 240) 259 Fn. 107
C. 6,37,12pr.-1 Gord. III. (a. 238) 239 Fn. 7, 241, 242, 243 Fn. 25, 262 Fn. 127
C. 6,38,1pr. Ant. (a. 213) 253 Fn. 72
C. 6,39,2pr. Philipp (a. 245) 253 Fn. 72
C. 6,42,16 Carus/Carinus/Numer. (a. 283) 239 Fn. 7, 245, 259 Fn. 111, 261 Fn. 123
C. 6,50,4 Alex. (a. 222) 255 Fn. 80
C. 6,50,5 Alex. (a. 223) 255 Fn. 80
C. 6,54,6 Alex. (a. 225) 255 Fn. 80
C. 6,58,1 Alex. (a. 223) 168 Fn. 66
C. 6,85,3 Decius (250) 167
C. 7,4,10,1 Val./Gallien. (a. 260) 253 Fn. 72
C. 7,8,6 Alex. (s.a.) 255 Fn. 80
C. 7,11,2 Alex. (s.a.) 217
C. 7,16,7 Aurel. (s.a.) 42f., 90 Fn. 10
C. 7,18,1,1 Gord. III. (a. 239) 259 Fn. 109
C. 7,32,3 Decius (a. 250) 164, 168, 239 Fn. 7, 244, 245 Fn. 29, 259 Fn. 108, 261 Fn. 123
C. 7,45,5 Philipp (s.a.) 215
C. 7,57,1 Alex. (a. 224) 89 Fn. 2
C. 7,57,3 Alex. (a. 227) 247 Fn. 44, 254 Fn. 74
C. 7,58,3 Alex. (s.a.) 256 Fn. 84
C. 8,1,1 Alex. (s.a.) 89 Fn. 1, 90 Fn. 6
C. 8,10,3 Alex. (a. 224) 89 Fn. 1, 90 Fn. 6
C. 8,16,4 Alex. (a. 225) 89 Fn. 1
C. 8,23,1 Gord. III. (a. 238) 253 Fn. 72
C. 8,27,6 Gord. III. (a. 238) 162 Fn. 21
C. 8,37,4 Alex. (a. 222) 259 Fn. 106
C. 8,38,4 Alex. (a. 222) 254
C. 8,40(41),18 Philipp (a. 244) 162 Fn. 20
C. 8,44,6 Alex. (a. 222) 91 Fn. 17
C. 8,52,1 Alex. (a. 224) 89 Fn. 1, 90 Fn. 6
C. 8,53,3 Decius (a. 250) 163, 253 Fn. 72
C. 8,53,4 Probus (a. 280) 90 Fn. 11
C. 8,53,7-8 Diocl./Maxim. (a. 290) 162 Fn. 13
C. 8,55,1pr Phil (s.a.) 90 Fn. 12
C. 8,55,2 Probus (a. 277) 90 Fn. 11
C. 9,1,2 Sev./Ant. (a. 205) 134
C. 9,1,3 Alex. (a. 222) 145, 91 Fn. 17
C. 9,1,15 Diocl./Maxim. (a. 294) 133, 134, 135 Fn. 40
C. 9,1,8 Gord. III. (a. 238) 97 Fn. 43
C. 9,1,10 Gord. III. (a. 239) 97 Fn. 44
C. 9,2,7 Gord.III. (s.a.) 93 Fn. 24
C. 9,2,8-9 Diocl./Maxim. (s.a.) 93 Fn. 24
C. 9,9,6 Alex. (a. 223) 132, 135 Fn. 40
C. 9,9,13 (12) Gord.III. (a. 240) 130 Fn. 20, 133, 154
C. 9,9,18 Valler./Gall. (a. 258) 130 Fn. 22, 132 Fn. 32, 134, 153
C. 9,9,20 Diocl./Maxim. (a. 290) 134
C. 9,9,24 (25) Diocl./Maxim. (a. 291) 134

C. 9,20,3 Alex. (a. 224) 256 Fn. 85, 133, 146 Fn. 70
C. 9,21,1,1 Diocl./Maxim. (a. 300?) 256 Fn. 85, 133
C. 9,22,2 Alex. (a. 223) 255 Fn. 80
C. 9,22,11 Diocl./Maxim. (a. 287) 255, 259 Fn. 106, 261 Fn. 123
C. 9,22,16 Diocl./Maxim. (a. 294) 256 Fn. 85
C. 9,32,6 Philipp (a. 249) 90 Fn. 12
C. 9,35,3 Gord.III. (a. 239) 130 Fn. 20, 134, 146
C. 9,35,9 Diocl./Maxim. (a. 294) 133
C. 9,35,10 Diocl./Maxim. (a. 294) 133
C. 9,41,6 Gord. III. (a. 240) 253 Fn. 72
C. 9,41,8 Diocl./Maxim. (s.a., 286–290?) 132
C. 9,41,9 Diocl./Maxim. (a. 290) 162 Fn. 13
C. 9,41,11pr. Diocl./Maxim. (a. 290) 257 Fn. 93
C. 9,41,11 Diocl./Maxim. (a. 290) 134, 261
C. 9,41,11,1 Diocl./Maxim. (a. 290) 257, 260 Fn. 112
C. 9,45,2 Gord. III. (a. 239) 130 Fn. 20, 134, 145
C. 9,45,1 Ant.. (s.a.) 145
C. 9,46,3 Sev. (s.a., post 224?) 133
C. 9,51,7 Philipp (s.a.) 130 Fn. 21, 134, 142
C. 9,51,8 Val./Gallien. (s.a.) 253 Fn. 72
C. 10,16,2 Val. (a. 260) 39
C. 10,16,3 Decius (a. 249) 39, 161
C. 10,32,8 Diocl./Maxim. (a. 294) 133
C. 10,32,12 Diocl./Maxim. (a. 293) 132, 133
C. 10,39,2 Gord.III. (s.a.) 253 Fn. 72
C. 10,42,10 Diocl./Maxim. (s.a.) 132 Fn. 13
C. 10,46,1 Gord. III. (s.a.) 254 Fn. 74, 262 Fn. 128
C. 10,52,2 Philipp (s.a.) 253 Fn. 72
C. 10,55,1 Ant. (s.a.) 132
C. 10,55,2 Diocl./Maxim. (a. 285–290) 89 Fn. 2, 96 Fn. 38
C. 10,55,3 Diocl./Maxim. (a. 285–290) 90 Fn. 6, 96 Fn. 38, 97 Fn. 42
C. 10,59,1 Diocl./Maxim. (s.a.) 254 Fn. 74
C. 10,60,1 Alex. (s.a.) 247 Fn. 44, 254 Fn. 74, 255 Fn. 80
C. 10,61,1 Ant. (a. 212) 133
C. 10,62,2 Aurel. (s.a.) 42f., 90 Fn. 10
C. 11,55,1 Diocl./Maxim. (s.a.) 162 Fn. 13
C. 12,35,3 Ant. (s.a.) 132, 134, 155
C. 12,35,4 Alex. (s.a.) 255 Fn. 80
C. 12,35,5 Gord. III. (s.a.) 95 Fn. 34, 96 Fn. 36
C. 12,35,6 Gord. III. (s.a.) 96 Fn. 36
C. 12,35,7 Gord. III. (s.a.) 89 Fn. 2, 96 Fn. 39, 130 Fn. 20, 132, 133, 134, 155
C. 12,35,8 Philipp (s.a.) 97 Fn. 42, 130 Fn. 21; 134, 155
C. 12,36,4 Gord. III. (s.a.) 94 Fn. 32

Bas. 23,1,26 103 Fn. 71

Bei Fragen zur Produktsicherheit wenden Sie sich bitte an:
If you have any questions regarding product safety,
please contact:

Walter de Gruyter GmbH
Genthiner Straße 13
10785 Berlin
productsafety@degruyterbrill.com